Unterrichtspraxis Aufsatz
Handbuch für Sekundarstufe I

verfasst von Peter Thalheim

Unterrichtspraxis Aufsatz

Handbuch für Sekundarstufe I

Peter Thalheim

Oldenbourg

Die Deutsche Bibliothek – CIP-Einheitsaufnahme

Thalheim, Peter:
Unterrichtspraxis Aufsatz: Handbuch für Sekundarstufe I/
Peter Thalheim. – 1. Aufl. – München, Oldenbourg 1998
  ISBN 3-486-82005-2

© 1998 Oldenbourg Schulbuchverlag GmbH, München
www.oldenbourg-bsv.de

1. Auflage 1998

Unveränderter Nachdruck 12 11 10 09 08
Die letzte Zahl bezeichnet das Jahr des Drucks.
Alle Drucke dieser Auflage sind untereinander unverändert
und im Unterricht nebeneinander verwendbar.

Umschlag: Greenstuff Grafik und Fotodesign, München
nach einer Konzeption von Mendell & Oberer
Lektorat: Ruth Bornefeld
Herstellung: Christa Schauer
Satz: Text- und Software-Service Manuela Treindl, Regensburg
Druck und Bindung: MB-Druck Max Ballas, Schrobenhausen

ISBN 978-3-486-82005-8
ISBN 978-3-637-82005-0 (ab 1. 1. 2009)

Inhalt

Grundlagen zur Konzeption

Einleitung

Die bundesweiten und bundesländerübergreifenden Diskussionen in Germanistikkreisen, in Kultusbehörden, in der Kultusministerkonferenz der Bundesländer (KMK), in Lehrplanausschüssen, in Lehrerzimmern, in Verbänden der deutschen Wirtschaft zur Rettung des „guten Deutsch", verbunden mit dem Wunsch nach besseren Trainingsmöglichkeiten zu Techniken der Aufsatzgestaltung und des angemessenen Stils, zeigen den Bedarf an Handreichungen, Nachschlagewerken und Hilfestellungen zur Aufsatzerziehung im Deutschunterricht. Dabei stellen sich u. a. folgende Fragen:

- Sind die traditionellen Aufsatzformen in einer Ära neuartiger Anforderungen noch zeitgemäß?
- Sind Textanalysen und Interpretationen im Medienzeitalter immer noch eine sinnvolle Lernzielkontrolle?
- Ist ein Erlebnis wie „Mein schönster Ferientag" noch abfragbar?
- Gibt es neue Schreibanlässe für Jugendliche zu Beginn des 21. Jahrhunderts?
- Ist die Kategorisierung der Aufsatzarten und Textsorten in sachliche auf der einen Seite und kreative auf der anderen überhaupt berechtigt?

Mögen einige der Fragen als rhetorische formuliert sein, deutlich wird das Bemühen um neue Vorschläge und Lösungen. Die Lehrpläne der einzelnen Bundesländer zeigen unabhängig vom Schultyp, dass den Anstrengungen durchaus eine gemeinsame didaktische Konzeption zugrunde liegt. Ablesbar sind das Bemühen um die Schaffung größerer Freiräume im Bereich „Kreativ mit Sprache umgehen, produktionsorientiert Texte gestalten", die Ablehnung einer Erziehung zum „Schubladendenken", die Einführung unterrichtsübergreifender Inhalte sowie die Erhöhung der Bandbreite der Unterrichtsmethoden.

Freilich wird damit nicht einer „heillosen Relativierung" didaktischer Konzepte Tür und Tor geöffnet, vielmehr werden traditionelle Schreibprozesse und -muster, die sich bewährt haben, ergänzt durch Anleitungen und Anforderungen an eine veränderte Schul-, Ausbildungs-, Arbeits- und Berufswelt. So werden auch fließende Übergänge der Aufsatz- und Textarten berücksichtigt. Eine Fantasieerzählung mit der Vorgabe, sie sei als Märchen oder Sciencefiction-Story zu gestalten, verlangt trotz größtmöglichen Freiraums während des Schreibprozesses bestimmte Kriterien, mithilfe derer sich Schüler/innen orientieren können. Andere Textsorten wie die Niederschrift/das Protokoll erfordern schon aufgrund ihres Dokumentationscharakters die Einhaltung von Vorschriften, die einem strengen Regelkatalog folgend erlernt werden können/müssen. Aufsatzarten wie Erzählung, Schilderung und Bericht weisen fließende Übergänge auf. Und warum sollte nicht (im Zeitalter des „Infotainments") in eine zu gestaltende Rede oder Erörterung ein zu erzählendes Erlebnis eingebaut werden können? Die Lehrpläne der einzelnen Bundesländer gehen auf diese Fragestellung unterschiedlich ein.

Stellungnahmen, Argumentation, Erörterungen, „Problem- und Besinnungsaufsätze" sind immer auch Ergebnis subjektiver und damit selektiver Wahrnehmungsprozesse. Entsprechende Freiräume stehen in einer pluralistischen Gesellschaft zur Verfügung. Die gemeinsame Plattform inhaltlicher Gestaltung darf nicht durch Vorgaben zu sehr begrenzt werden, es sei denn, der Boden des Grundgesetzes (Art. 1–20) reicht nicht aus um das Plateau mit aufnehmen zu können. Der gemeinsame Konsens der Aufsatzbeurteilung liegt vor allem in der Beachtung und Wahrung der Menschenrechte, in den Gesetzen der Logik, in den Freiräume bietenden Vorschriften zur Gestaltung von Orthographie, Wortwahl, Satzbau und Stil.

Lehrerinnen und Lehrer in ihrer akribischen Detailarbeit vor, während und nach den Unterrichtsstunden zur Aufsatzerziehung im Fach Deutsch zu unterstützen, ist Anliegen des vorgelegten Buches.

Aufbau des Bandes

Der vorliegende Aufsatzratgeber ist vorwiegend für die Hand des Deutschlehrers/der Deutschlehrerin konzipiert, kann aber durchaus auch Lernwilligen an den Hochschulen, im Berufsleben oder zur autodidaktischen Weiterbildung eine Hilfe sein, Schreibtechniken zu verbessern. Um den verschiedenen Lehrplänen der einzelnen Bundesländer gerecht zu werden, wurde von einer strengen Einteilung nach Jahrgangsstufen und Schularten abgesehen und eine Gliederung vorgenommen, die die unterschiedlichen Formen der Schreiberziehung (erzählend-sachlich-argumentativ) berücksichtigt.

Ein übersichtliches Schema zu Beginn des jeweiligen Kapitels gibt Einblick in die einzelnen, von bestimmten Schreibtechniken abhängigen Aufsatzarten. Eine sich daran anschließende Tabelle zur jeweiligen Aufsatzart beinhaltet ein Spektrum von Lerninhalten um sowohl die unterschiedlichen Lehrplanansätze der verschiedenen Bundesländer als auch die jahrgangsspezifischen Gewichtungen im Anforderungsprofil und die daraus resultierenden Lernzielkontrollen zu berücksichtigen. So können zum Beispiel die sich steigernden Anforderungen zur Erlebniserzählung von der 5. bis zur 7. Jahrgangsstufe (oder in Abhängigkeit vom Lehrplan des jeweiligen Bundeslandes von der 5. bis zur 9. Klasse) leicht abgelesen werden. In den *methodisch-didaktischen Überlegungen* werden Fragen zu den einzelnen Aufsatzarten erörtert und didaktische Neuerungen einbezogen. Um zu zeigen, in welcher Ausgangssituation die Lehrkraft bei Einführung einer neuen Aufsatzart steht, werden Anforderungen an den Schreibprozess der Schüler/innen reflektiert und mögliche Unterrichtsmethoden angesprochen. Eine *Synopse* in tabellarischer Form gibt Auskunft über minimale wie maximale Anforderungen (in Abhängigkeit von der jeweiligen Jahrgangsstufe) zur jeweiligen Aufsatzart. Um eine weitere ra-

sche Orientierung zu garantieren, enthält der nächste Abschnitt *Hinweise zur Definition der Aufsatzart.* Sie kann als Maßstab zur weiteren Vorgehensweise im Unterricht oder als Zielsetzung dienen. Die sich daran anschließende detaillierte Darstellung einer Aufsatzart gliedert sich in *mögliche Unterrichtsschritte* und beinhaltet jeweils einen grafischen Überblick zur Reihenfolge und Gewichtung der sich daran anschließenden konkreten Unterrichtsvorschläge. Je nach der zur Verfügung stehenden Unterrichtszeit und nach Leistungsstand der jeweiligen Klasse kann variiert werden. Die einzelnen Anregungen sind jeweils nicht auf eine Unterrichtsstunde bezogen, sondern dem pädagogischen Ermessensspielraum der Lehrkraft überlassen. Sie können auch als „Ideenbörse" oder Bausteine verstanden werden, die nicht zwingend eine Lernprogression beinhalten. In diesen Vorschlägen finden produktions- und handlungsorientierte Vorgehensweisen besondere Berücksichtigung. Ihnen sind Merktexte beigefügt, die als Tafelanschrieb, Hefteintrag oder vervielfältigter Lerntext fungieren bzw. Ergebnis unterrichtlicher Erarbeitung sein können. Zahl und Volumen dieser Texte können wiederum je nach bereits erreichtem Leistungsstand der Klasse ergänzt oder reduziert werden.
Eine *Zusammenfassung* weist nochmals auf spezifische Eigenheiten der besprochenen Aufsatzart hin.
Hinweise zur Aufsatzbewertung und -beurteilung erleichtern die Bildung eines Maßstabs zur Korrektur. Fehler- und Aufsatzbeispiele oder/und Auszüge daraus sowie Übungstexte und Ratschläge zu einzelnen *Übungen zur Lernzielkontrolle* ergänzen die Tipps für den Unterrichtsalltag.
Themenvorschläge runden das jeweilige Kapitel ab. Weiterhin sind viele Anregungen ohne Weiteres zur Erarbeitung ähnlicher Aufsatzformen zu transferieren.

Legende
Alle Kapitel beinhalten die oben genannten und zusätzliche Rubriken:
* *Schemata bzw. Grafiken:* Sie geben Einblick in die von einer Schreibtechnik oder einer übergeordneten Aufsatzart abhängigen Textsorten bzw. Varianten von Aufsatzarten sowie in Alternativen der Vorgehensweise und der Reihung der Unterrichtsvorschläge.
* *Methodisch-didaktische Überlegungen* (MdÜ): Fragen zur entsprechenden Aufsatzart werden erörtert und didaktische Überlegungen/Probleme angesprochen. Mögliche Unterrichtsmethoden werden vorgeführt, die Anforderungen an den Schreibprozess der Schülerin/des Schülers reflektiert.
* *Synopse* (S): Es handelt sich um eine Gegenüberstellung der Minimalund Maximalanforderungen zu verschiedenen Aufsatzarten. Sie dient der Zuordnung zu den verschiedenen Lehrplänen entsprechend den einzelnen Jahrgangsstufen. Je nach Lehrplananforderung ist eine Zuordnung leicht möglich.

- *Definition* (Def): Neben der Begriffsbestimmung der Textsorte wird eine Kurzfassung der für die jeweilige Aufsatzart typischen Merkmale gegeben.
- *Mögliche Unterrichtsschritte:* Eine Grafik bietet eine Übersicht zur möglichen Reihenfolge und Gewichtung der Unterrichtsvorschläge. Durchgezogene und gestrichelte Pfeile verbinden die einzelnen Vorschläge miteinander. Schattierungen betonen die Bedeutung. Nichtschattierte Vorschläge sind fakultativ. Die Auswahl trifft die Lehrkraft je nach Gewichtung des länder- und jahrgangsspezifischen Lehrplans sowie gemäß der erforderlichen Dringlichkeit im Unterrichtsgeschehen.
- *Vorschlag* (V): Im Anschluss an den Überblick werden die Vorschläge gemäß ihrer Abfolge nummeriert. Sie beinhalten Übungen und ergeben im Baukastensystem verschiedene Möglichkeiten für Lehrer/innen in der Vorgehensweise und Unterrichtsgestaltung. Die Vorschläge sollen, ausgehend von einer Einstiegsfrage, einer Arbeitsanweisung oder einem vorbild- oder fehlerhaft zu setzenden Beispiel helfen, den Ablauf der Unterrichtsstunde(n) wie Einstieg, Motivationsphase, weitere Durchführung, Abrundung und Zusammenfassung zu gestalten. Bewusst wird weitgehend auf eine Angabe der Unterrichtsstundenzahl je Vorschlag verzichtet. Zahl der Unterrichtsstunden und Intensität der Besprechung können entsprechend variiert werden. So mag der eine oder andere Vorschlag mehrere Unterrichtsstunden in Anspruch nehmen, während andere Vorschläge auch aufgrund der Verlagerung in die Hausaufgabenstellung unterhalb des Zeitaufwandes einer Unterrichtsstunde bleiben können. Obligatorische Vorschläge als Minimalanforderungen für die Behandlung der Aufsatzart sind in der jeweiligen Übersicht schattiert dargestellt.
- *Merktext* (M): Er fungiert als Text für den Tafelanschrieb, als Folie, Hefteintrag etc. Der Merktext kann je nach Leistungsstärke der Schüler/innen abgeändert werden. Die verschiedenen Merktexte sind jeweils eingebunden in den Gesamtkontext der Unterrichtsvorschläge bzw. der jeweiligen Lernschritte während des Unterrichtsgeschehens.
- *Zusammenfassung* (Z): Überblick zu den wichtigsten Besonderheiten einer bestimmten Aufsatzart, der (leicht abgeändert) auch als Merktext für die Schüler/innen verwendet werden kann.
- *Hinweise zur Aufsatzbewertung und -beurteilung* (AB): Sie sind gemäß den Anforderungen der Lehrpläne formuliert, die unterschiedlichen Bundesländer und Schultypen berücksichtigend, und stellen in allgemeiner Form die Kriterien dar, die helfen sollen, einen Beitrag zur Objektivierung der Notengebung zu leisten (im Wissen um die Unmöglichkeit von wertneutraler Objektivität). Sie beinhalten häufig erörternde Überlegungen zur Beurteilungspraxis im Deutschunterricht.
- *Aufsatzbeispiele:* Sie bieten Hilfen zur Besprechung der jeweiligen Aufsatzart und den dazugehörigen jeweiligen Anforderungen. Sie sind bewusst auf eine geringe Zahl beschränkt, da erstens bereits ausreichend Literatur zur Aufsatzerziehung mit Beispielaufsätzen existiert und zweitens die

Lehrkräfte vor Ort zumeist klassenspezifisch über zu ihrem Unterrichts-
ablauf passende Übungsaufsätze verfügen, aus denen sich Verbesserungen und Ableitungen für die Regeln der jeweiligen Aufsatzart ergeben. Ein
Teil der vorbildlichen wie fehlerhaften Aufsatzbeispiele zeigt den kreativen Umgang mit Sprache.

- *Übungen zur Lernzielkontrolle* (Ü): Sie dienen (im Kontext mit der Besprechung der Beispielaufsätze) der Vertiefung der Lerninhalte und der
  Verbesserung von häufig gemachten Fehlern. Im Gegensatz zu den *Vorschlägen* beschäftigen sie sich in der Regel nicht mit der komplexen Struktur und Gestaltung einer Aufsatzart, sondern zielen ab auf die Verbesserung der einzelnen Schreibtechniken (Verwendung der korrekten Zeitstufen, korrekte Wortwahl und Grammatik, Stil, Gliederung).

- *Themenvorschläge:* Sie zeigen Beispiele und Anregungen zur Formulierung von Themen bezogen auf die einzelnen Aufsatzarten. Rahmenthemen
  ergeben die Möglichkeit für Schüler/innen, selbstständig individuelle
  Überschriften zu den Aufsätzen zu bilden. Auf Textbeispiele wird aufgrund reichhaltig publizierter Literatur weitgehend verzichtet.

Sonstige Abkürzungen:

EA	Einzelarbeit	Ref	Referat
FA	Formen der Freiarbeit	StA	Stillarbeit
GA	Gruppenarbeit	SV	Schülervortrag
HA	Hausaufgabe	TA	Tafelanschrieb/Hefteintrag
LV	Lehrervortrag	UG	Unterrichtsgespräch
PA	Partnerarbeit		

I Erzählende Aufsatzformen

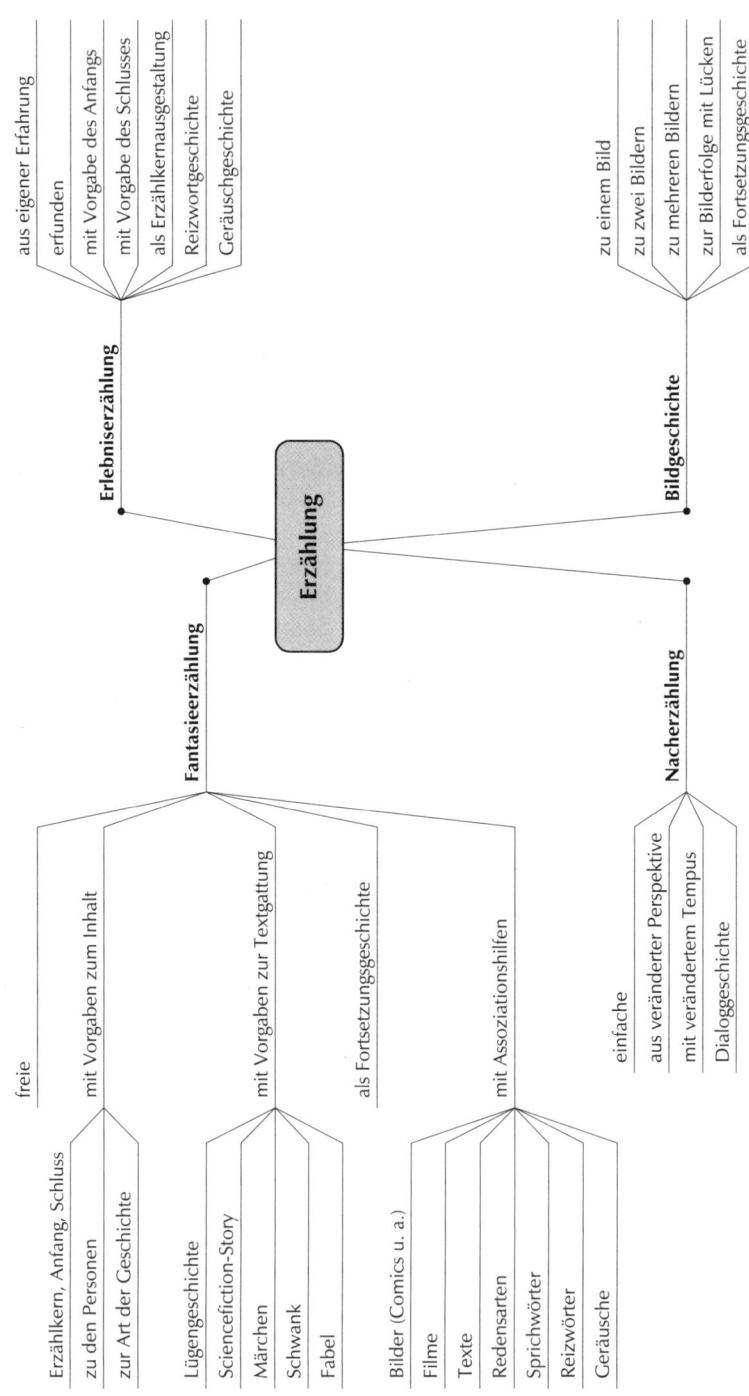

Erlebniserzählung
- aus eigener Erfahrung
- erfunden
- mit Vorgabe des Anfangs
- mit Vorgabe des Schlusses
- als Erzählkernausgestaltung
- Reizwortgeschichte
- Geräuschgeschichte

Bildgeschichte
- zu einem Bild
- zu zwei Bildern
- zu mehreren Bildern
- zur Bilderfolge mit Lücken
- als Fortsetzungsgeschichte

Erzählung

Fantasieerzählung
- freie
  - Erzählkern, Anfang, Schluss
- mit Vorgaben zum Inhalt
  - zu den Personen
  - zur Art der Geschichte
- mit Vorgaben zur Textgattung
  - Lügengeschichte
  - Sciencefiction-Story
  - Märchen
  - Schwank
  - Fabel
- als Fortsetzungsgeschichte
- mit Assoziationshilfen
  - Bilder (Comics u. a.)
  - Filme
  - Texte
  - Redensarten
  - Sprichwörter
  - Reizwörter
  - Geräusche

Nacherzählung
- einfache
- aus veränderter Perspektive
- mit verändertem Tempus
- Dialoggeschichte

1 Erlebniserzählung

1.1 Methodisch-didaktische Überlegungen

Die Erlebniserzählung baut wie kaum eine andere Aufsatzart auf den Erfahrungen der mündlichen Kommunikation auf. Deshalb bietet es sich an, dass den schriftlichen Übungen in der 5. bis 7. (beziehungsweise 8.) Klasse zahlreiche mündliche Artikulationsmöglichkeiten vorausgehen. Diese mündlichen Trainingseinheiten sollten zur schrittweisen Sicherung des Gelernten von Hefteinträgen oder vervielfältigten Merktexten flankiert werden. Handlungsorientierter Unterricht, GA, FA, Kreativitätsübungen dienen genauso wie UG, Interview und/oder Rollenspiel der Erarbeitung der Begriffe Erlebnis, Erzählen, Erzählung, Erlebniserzählung sowie dem Erlernen wirkungsvoller Erzähltechniken. Die von Schülern und Schülerinnen geschriebene Erzählung sollte wahr beziehungsweise erlebt sein. Sie kann sich freilich auch in der Fantasie des Kindes ereignet haben, muss dann aber die Bedingung erfüllen, dass sie sich in der Tat so abgespielt haben könnte. *Methodenvielfalt*

Die Arbeit an der Tafel (TA) dient unter anderem dazu, den Schreibprozess der Schüler/innen langsam entwickeln zu helfen. Der Schreibanlass wird nicht nur mit der schulischen Testsituation oder Lernzielkontrolle begründet, sondern als kreative Leistung dargestellt, die Anstrengung und Mühe voraussetzt, der Kommunikation und Mitteilung dient und intellektuelle Fähigkeiten steigert. Die Schreibabsicht erfordert eine konzeptionelle Planung. Techniken des Brainstorming und des Brainwriting können gezeigt und geübt werden (siehe auch Themenvorschläge). Im Anschluss an eine Vorbereitungsphase ist FA möglich, die in den Unterrichtsschritten operationalisiert wird. Das Motto „Hilf mir es selbst zu tun!" kann gerade im Rahmen des schriftlichen, freien Erzählens in dafür festgelegten Unterrichtsstunden motivationsfördernd wirken. Interessenbezogene Selbstbestimmung und Selbstorganisation fördern einen kooperativen Lern- und Arbeitsprozess.

Nach der Vergabe eines Themas oder mehrerer Themen kann ein Stichwortkatalog (eine Stoffsammlung) angefertigt werden. Die Didaktik des Deutschunterrichts bewertet die Stoffsammlung zur Erlebniserzählung in den Jahrgangsstufen 5 und 6 unterschiedlich. Die Anschauungen reichen von der These, die Stoffsammlung töte den Erzählfluss und die Kreativität im Schreibakt gänzlich ab, bis zur Behauptung, allein die Stoffsammlung ermögliche den Schreibprozess. Lehrkräfte können das Problem umgehen, indem sie auf die individuellen Fähigkeiten der Schüler/innen eingehen. Den Schülerinnen und Schülern ist die Verwendung eines Stichwortzettels zur Anfertigung einer Stoffsammlung gestattet. *Einstieg*

Die vorgeschlagenen Übungen und Trainingsmöglichkeiten liefern einen Beitrag zum Gelingen der Erstellung einer Erlebniserzählung. Sie geben den Schülern und Schülerinnen zumindest Gelegenheit, die eigenen sprachlichen Fähigkeiten zu überprüfen und in ihrer Qualität zu steigern (siehe auch Aufsatzbewertung).

Sinnvollerweise sind je nach Leistungsniveau der Jahrgangsstufen die einzelnen Lernschritte noch nicht unbedingt in der 5. Klasse zu vollziehen. So kann die Erlebniserzählung in der 5. Jahrgangsstufe noch durchaus auf die Erzähltechnik, der Höhepunkt sei im Präsens zu gestalten, verzichten. (Vergleiche unten Synopse 1, der die je nach Zielsetzung in der 5., 6., 7. Jahrgangsstufe zu vermittelnden Lerninhalte entnommen werden können.)

Aufsatzerziehung bedingt häufig Grammatikunterricht. Übungen zur Rechtschreibung, zur Zeichensetzung und anderes können integriert werden. Beispiele: das-dass-Konstruktionen; direkte Rede und deren Zeichensetzung; Groß- und Kleinschreibung; starke und schwache Verben und deren Beugung; Zeitenfolge, unterschiedliche Funktion von Perfekt und Präteritum und anderes.

Synopse 1: Erlebniserzählung in verschiedenen Jahrgangsstufen

Erlebniserzählung	minimale Anforderung (5. Klasse)	maximale Anforderung (7. Klasse)
Stoffsammlung	= fakultativ	= obligatorisch
Struktur	Aufbau der einfachen Erzählung	Aufbau der Erzählung
Inhalt	Hinführung von der äußeren zur inneren Handlung	Betonung der Darstellung der inneren Handlung
	Einbau von Gedanken und Gefühlen (z. B. ausgesprochenes Denken in direkter Rede)	Wiedergabe von Stimmungen Darstellung von Handlungsmotiven und Konsequenzen
Adressatenbezug	Verständlichkeit	Steigerung der Berücksichtigung des Lesers/der Leserin (hier Lehrer/in)
Stil und Form	sprachliche Mittel der einfachen Erzählung, Wortschatz- und Satzbauübungen	sprachliche Mittel der Erzählung, Übungen zu Wortfeldern und Gliedsatzkonstruktionen
	Ich-Erzähler	Ich-, Wir-, Er-/Sie-Erzähler
	Gestaltung im Präteritum	Gestaltung im Präteritum, Höhepunkt im Präsens
	einfache Formen der direkten Rede (Zeichensetzung)	Einbindung der direkten Rede in komplexeren Satzbau (Zeichensetzung)

1.2 Definition

Eine Erzählung ist eine Geschichte von tatsächlichen oder erfundenen Begebenheiten. Der Name Erzählung steht in der Regel für Geschichten kürzeren Umfangs (im Gegensatz zum Roman oder zur Novelle).

Die Erlebniserzählung hat eine kurze Einleitung, in der mitgeteilt wird, wo und wann die Handlung spielt. Die Zeit- und Ortsangabe kann mehr oder weniger genau sein (z. B. letzte Woche bei einem Waldspaziergang). Handelnde Personen werden benannt (Ich, Freunde, Verwandte, Fremde). Der Anlass des Ereignisses (zum Beispiel Geburtstagsfeier) wird beschrieben. Im Hauptteil steigert sich die Spannung und führt zum Höhepunkt. Erwartungen, Gedanken, Gefühle, Wahrnehmungen werden erzählerisch ausgestaltet. Die direkte Rede macht den Aufsatz lebendig. Der Höhepunkt zeigt, was in der Geschichte besonders wichtig ist/war. Nach dem Höhepunkt lässt die Spannung nach. Im Schlussteil werden die Folgen des Ereignisses und der Handlung deutlich.

Die gesamte Erzählung wird im Präteritum wiedergegeben. Möglich ist das Präsens (Gegenwart) in der direkten Rede sowie in wenigen Sätzen zur Gestaltung des Höhepunktes. Vorzeitig abgelaufene Ereignisse stehen im Plusquamperfekt. Die Ich-Form ist (gegenüber der Wir- und Er-/Sie-Form) zu bevorzugen.

1.3 Mögliche Unterrichtsschritte

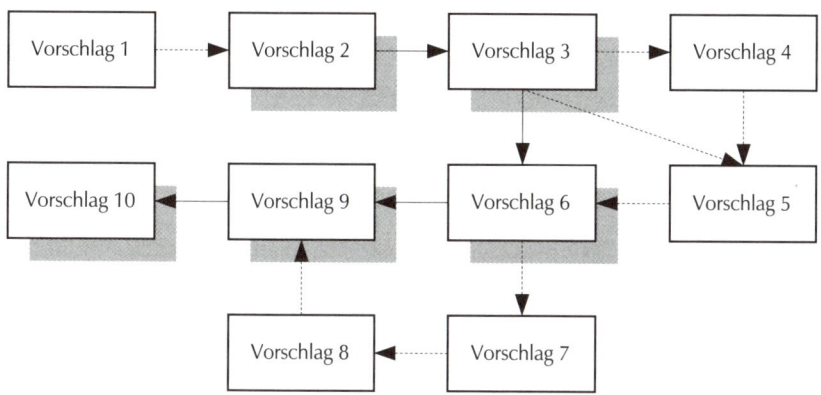

Erläuterung: V 2, 3, 6, 9, 10 sind obligatorisch, die Einbindung der übrigen Vorschläge ist fakultativ.

Vorschlag 1:
Den affektiven Lernbereich erfassend kann ein UG in einer Einführungsstunde zu folgenden Fragen Aufschluss geben:
- Warum erzählt man/erzählen wir gern?
- Was erzählt man gern?
- Was ist erzählenswert?
- Wann und warum hört man gern zu?
- Was bereitet Freude beim Erzählen/Zuhören?
- Was will man erreichen, wenn man jemandem etwas erzählt?
- Welche Situationen sind es, in denen wir auffordern: „Erzähl mal!"

Vorschlag 2:
UG oder GA mit schriftlicher Fixierung der Antworten (TA, Stichwortzettel) zu der Frage: Was heißt das, wenn wir sagen, ich erzähle? Welche Bedeutung hat das Verbum „erzählen"? Schüler/innen werden recht spontan andere Verben an die Stelle des Tätigkeitswortes „erzählen" setzen um deutlich zu ma-

chen, was sie unter „erzählen" verstehen. „Das große Lexikon der Synonyme" (Hrsg.: Herbert Görner und Günter Kempcke, München 1974 ff.) setzt an die Stelle des Tätigkeitswortes „erzählen" plaudern, plauschen, schnacken, klönen, äußern, schwatzen, schwafeln, unterhalten, schildern, zum Besten geben, sagen, fabeln, fabulieren, mit Worten malen, bekannt geben, berichten, beschreiben, einreden. Drei Sinn- und Bedeutungsebenen werden dabei angeschnitten:

- in zwangloser Form (miteinander) reden
- einen unterhaltsamen Bericht (= Erzählung!) geben
- suggerieren

Im Deutschunterricht wird freilich deutlich unterschieden zwischen Erzählung, Fabel, Bericht und Beschreibung. Klar wird dem Schüler/der Schülerin im Gespräch, dass Erzählen viele Dimensionen hat. Eine Wortschatzübung ist ratsam, z. B. Wortfeld „sprechen" (TA/Heft).

Vorschlag 3:

UG: Mithilfe der Arbeitsanweisung: Erzähle (mündlich) dein letztes (schönes) Erlebnis. Mitschüler/innen stellen ergänzende Fragen dazu um die Geschichte zu verstehen oder Unklarheiten zu beseitigen. Ähnlich einer Stoffsammlungsübung werden an der Tafel die Fragen, die Schüler/innen stellen, notiert (mithilfe der W-Fragen: wann, wo, warum, wer, wie?). Auf diese Weise wird schnell deutlich, wo Mängel und Informationslücken liegen, um in der Kommunikationssituation der Klasse inhaltliche Lücken der mündlich erzählten Geschichte zu schließen. In diese Übung wird bereits die Beantwortung der Frage eingebunden, wie die Einleitung und Hinführung zum Thema gestaltet werden kann. Die Einbindung der Erkenntnisse in einen Merktext erfolgt später, kann aber im Unterrichtsgeschehen vorgezogen werden (siehe M, S. 19 und Z, S. 21).

Vorschlag 4:

Gemeinsames Brainstorming der Schüler/innen zur Themenfindung in der Klasse erfolgt durch folgenden Impuls:
Ihr habt in eurem Leben sicherlich schon eine Menge erlebt, sei es im Urlaub oder in den Ferien, sei es bei Spiel und Sport, im Kindergarten, zu Hause, mit Freunden/innen, im Kino, beim Fernsehen usw. Versucht nun auf einem Blatt Papier mehreren von euren Erlebnissen eine Überschrift zu geben (Brainwriting).

Alternative: Nach jeweils drei Minuten können die Blätter an Mitschüler/innen weitergereicht werden. Die erhaltene Liste der Überschriften wird ergänzt, dabei sind Abänderungen und Umformulierungen der Themen denkbar. Nicht die notierte Anzahl der Themen ist entscheidend, sondern die Originalität des Titels. Am Ende der Übung dürfen Schüler/innen ihre Ideen und Assoziationen erläutern.

Vorschlag 5:
Zwei Schüler/innen befragen sich im Dialog (oder interviewen sich gegenseitig) nach dem letzten besonderen Erlebnis, das sie in Erinnerung haben. Zwischenfragen dürfen gestellt werden. Am Ende des Interviews werden die wichtigsten Fragen an der Tafel festgehalten. Die Interviews können auch in GA vorgenommen werden. In der GA stehen zwei Beobachter/innen („Protokollanten") zur Seite. Zur Darstellung der Ergebnisse können mehrere Stunden zur Verfügung stehen.

Vorschlag 6:
UG zur Frage: Wie erzähle ich ein Erlebnis?
Schüler/innen der 5. und 6. Klasse erzählen in Beispielen. In diesen werden Formen der inneren Handlung angesprochen und an der Tafel festgehalten (Stoffsammlung). Um ein Erlebnis als Hörer/in oder Leser/in zu verstehen, muss das Geschehen neben der äußeren Handlung (Aktion) auch Gefühle, Gedanken, Beobachtungen, Wünsche, Hoffnungen, Befürchtungen beinhalten.

Vorschlag 7:
Rollenspiel mit Vorgabe: Ein Junge oder Mädchen führt eine Oma über die Straße. Diese will die Straße aber gar nicht überqueren, bedankt sich oder ist verärgert. Zwei Schüler/innen nehmen die beiden Rollen an und spielen, was sie in der Zeit gefühlt, gedacht, empfunden haben könnten.
Auch wenn die Spieler/innen die Situation nicht „realistisch" darstellen, kann eine humorvolle Kommunikationssituation entstehen, die Anlass gibt, auf innere Vorgänge einzugehen.

> Was ist ein Erlebnis?
> Wenn du etwas erlebst, bist du ganz beteiligt. Du denkst, fühlst, riechst, schmeckst, siehst, handelst, ohne es immer bewusst zu bemerken. So können beliebige Ereignisse zum Erlebnis für dich werden, vor allem dann, wenn du etwas Besonderes, eine innerliche Spannung empfunden hast. Beachte nun die Schwierigkeiten, die sich für dich ergeben, wenn du ein Erlebnis schriftlich erzählst.

Vorschlag 8:
Rollenspiel (handlungsorientiert) mit Vorgabe: Wir filmen eines der erzählten Erlebnisse. Wir sind die Regisseure und/oder das Kamerateam. (Das Filmen kann natürlich auch tatsächlich stattfinden!). Welche (Teil-)Handlungen können wir filmen, welche müssen wir erklären und erläutern, in welchen Szenen müssen wir die Personen sprechen lassen? Wie äußern sie sich? An die Äußerungen der Ideen der Schüler/innen kann eine Wortschatzübung geknüpft werden: Auf welche Weise kann man sprechen, sich äußern (vgl. V 2)?
Durch Fernsehkonsum sind die Schüler/innen medienerfahren und durchaus in der Lage, die Probleme der filmischen Umsetzung von äußeren und vor

allem inneren Vorgängen zu verbalisieren. Die Technik der Aufnahme ist ihnen zwar nicht weitgehend genug bekannt, Annahmen der Schüler/innen, wie ein Vorgang gefilmt werden könnte, führen aber in der Regel zu guten Ergebnissen.

M

> Fast jedes Erlebnis weist eine äußere und eine innere Handlung auf, hat äußere und innere Vorgänge. Das Gespräch (= der Dialog) kann innere Vorgänge äußerlich erkennbar machen. Die Gesprächsteilnehmer äußern sich leise, laut, wütend, sanft, aggressiv, gefühlvoll, traurig, fröhlich, zitternd, ausgelassen, verärgert, ängstlich, erregt, aufgeregt, hastig usw.

V

Vorschlag 9:
Diskussion zur Frage: Sind mit dem Gespräch, der direkten Rede, alle Gedanken, Gefühle, Sinneswahrnehmungen, Ideen, Hoffnungen, Befürchtungen, Wünsche erfasst? Welche weiteren Möglichkeiten der Darstellung hast du als Erzähler/in?
Schülern und Schülerinnen soll bewusst gemacht werden, dass der Erzähler/die Erzählerin alle möglichen Vorgänge erfinden kann, dass er aber dem Leser/der Leserin gegenüber glaubwürdig sein muss, da es sich um eine Erlebniserzählung handelt. Die Gestaltung einer Geschichte erlaubt und verlangt andere Möglichkeiten der Umsetzung innerer Vorgänge, als sie Regisseure haben. Sie kann aus verschiedenen Perspektiven erzählt werden. Die Ich-Perspektive fällt den Schülern und Schülerinnen am leichtesten (in Abhängigkeit von Thema und Jahrgangsstufe).

M

> Wir stellen fest: Weitere innere Vorgänge können in der Erzählung dargestellt werden. Art und Umfang dieser Vorgänge und ihrer Wiedergabe sind abhängig davon, ob die Geschichte in der
> ☞ Ich-Form,
> ☞ Wir-Form oder
> ☞ Er-/Sie-Form gestaltet wird.

V

Vorschlag 10:
UG zur Frage: Wie erziele ich Spannung in einer Erzählung? Vor oder nach der Erarbeitung des Ms sollten im Unterricht (vorbild- oder fehlerhafte) Beispiele (mündlich) gegeben werden. Da die Ereignisse in der Vergangenheit erlebt wurden, neigen Schüler/innen ohnedies dazu, im Präteritum zu erzählen. Dieses Bestreben ermöglicht die schriftliche Fixierung einer im Unterrichtsgeschehen abzuleitenden Empfehlung oder Regel. Die tatsächlich erlebte Wirklichkeit veranlasst Schüler/innen lebendig zu erzählen. Diese Schülererfahrungen können genutzt werden. Die Ergebnisse des Gesprächs werden als TA festgehalten. Sie dienen entweder als Hilfestellung zu Assoziationen und damit zur Fortsetzung der gewählten Unterrichtsmethode oder als

Korrekturmöglichkeit bisher falsch oder noch nicht verstandener Lerninhalte. (Siehe auch M auf dieser Seite sowie Ü in Kap. 1.6, S. 23).

Spannung erziele ich, indem ich
☞ nicht gleich alles verrate
☞ Auskunft über Ort, Zeit, Personen möglichst am Anfang gebe
☞ innere und äußere Handlung bis zu einem Höhepunkt steigere
☞ die Geschichte nicht abrupt abbreche, sie ausklingen lasse
☞ im Präteritum erzähle.
Vergiss nicht den Sinn der Überschrift. Der Höhepunkt der Erzählung muss zum Thema passen. Vermeide Abschweifungen, Übertreibungen, Wiederholungen (die Wortwahl, den Satzbau, den Inhalt betreffend). Schreibe nichts Selbstverständliches oder zu viele Details. Erzähle glaubhaft, lebendig, anschaulich und spannend, sodass deine Leser/innen deine Geschichte ohne Probleme anderen Personen weitererzählen können.

M

Die *Einleitung* der *Erlebniserzählung* beinhaltet die knappe Hinführung zum (bevorstehenden) Ereignis. Die W-Fragen sind hilfreich: Wann spielt die Handlung? Wo spielt sie? Warum findet das Ereignis statt? Wer ist daran beteiligt? Wodurch wird Spannung erzeugt?
Der *Hauptteil* der Erlebniserzählung zeigt, was im Einzelnen geschah, in welcher Reihung welche äußeren und inneren Vorgänge aufeinander folgten, in welcher Weise sie sich abspielten, was dabei gedacht, gesagt, gefühlt, gesehen, gerochen, geschmeckt, getan wurde. Die Abfolge der Mitteilungen sorgt für Spannungssteigerung bis zum Höhe- oder Wendepunkt.
Der *Schlussteil* bietet die Folgen der Handlung, die (fiktiven) Konsequenzen, eine mögliche, erzielte Verhaltensänderung, die aus dem Geschehen gezogene Erfahrung oder Erkenntnis oder auch den Abschluss eines (äußeren/inneren) Geschehens.

Z

zur Erlebnis-erzählung

1.4 Hinweise zur Aufsatzbewertung und -beurteilung

Beurteilungskriterien wie Ökonomie, Verständlichkeit, Fehlerhaftigkeit (inhaltlicher und formaler Art) und Effektivität müssen im Rahmen der Kommunikationssituation der jeweiligen Altersgruppe gesehen werden. Beurteilungen von Schülerleistungen sind immer auch abhängig von der familialen Sozialisation, Übungsmöglichkeiten in der Unterrichtssituation, der häuslichen Vor-, Zu- und Aufbereitung der verschiedenen Techniken des Erzählens und Schreibens. Je nach Alters- oder Klassenstufe wird mehr oder weniger Gewicht auf die Beachtung und Erfüllung formaler Kriterien (Rechtschreibung, Satzbau, Stil, Zeichensetzung) gelegt. Die Beibehaltung einer Perspektive, die Zeitstufe des Präteritums, die Verwendung der direkten Rede spielen eine wichtige Rolle. Der Realitätsgehalt der Erzählung kann überprüft werden, sollte aber eine kindlich-subjektive Erlebniswelt nicht gängelnd einschränken. Die Vorgabe des Themas sollte nicht zu eng gezogen werden.

Realitätsgehalt der Erzählung

Lebendigkeit des Inhalts

Spannung erzielen

Maßstab zur Bewertung (in Worten) kann der erlernte Kriterien- oder Regelkatalog sein: Lebendigkeit, Anschaulichkeit des Inhalts und des Stils sowie Spannungsmomente der Erzählung müssen gewürdigt werden. Die Intention der Erlebniserzählung liegt in erster Linie nicht darin, unmittelbares Handeln zu erreichen, sondern darin, zu unterhalten. Das eigene Bedürfnis, Teilnahme, Bestätigung, Erstaunen oder (Ent-)Spannung zu erzielen, sollte bei der Korrektur berücksichtigt werden. Wer gut erzählt, versetzt seine Leser/innen und Zuhörer/innen in einen Zustand der Neugier, der Identifikation, des Miterlebens und Mitgefühls. Erzählen erfüllt so auch eine soziale Funktion. In den Köpfen der Leser/innen entstehen Reflexionen und Assoziationen, die eine filmische Sequenz zu dem erzählten Geschehen bewirken (sollten). Korrekturrichtlinien und Korrekturerfahrungen dieser Art sollten auch um der Transparenz willen den Schülern und Schülerinnen mitgeteilt bzw. vermittelt werden.

1.5   Aufsatzbeispiele

Schüleraufsatz 1 (6. Klasse, Gymnasium): Die Vorgabe ist, eine Erlebniserzählung zu dem Thema anzufertigen „Wie ich einmal meine Hausaufgabe (meine zu Hause anzufertigende Schularbeit) vergessen habe." Eine passende Überschrift ist selbst zu formulieren.

War das aufregend

Schüleraufsatz 1

An einem Mittwoch Nachmittag fuhren meine Eltern und ich zu meiner Oma, die Geburtstag hatte. So war ich verhindert, die Hausaufgaben zu erledigen.

Am nächsten Morgen verschlief ich und musste dadurch hetzen. Schon auf dem halben Weg zur Schule fiel mir ein, dass meine Mutter vergessen hatte, mir eine Entschuldigung mitzugeben. In Eile schrieb ich den Aufsatz, den wir in Deutsch aufbekommen hatten, von meinem Banknachbarn ab. Die Deutschstunde kam immer näher und mir war ganz mulmig zumute. Unser Deutschlehrer kam herein und rief sogleich meinen Nachbarn auf: „Franz, bitte lies du vor!"

Sobald mein Freund fertig war, sagte der Lehrer lächelnd: „Wir wollen noch einen zweiten Aufsatz hören, dann werden wir lesen. Nun du, bitte!" Ich merkte gar nicht, dass der Lehrer mich gemeint hatte. Zitternd schlug ich das Heft auf und ließ es mit Absicht vom Tisch fallen, damit ich Zeit hatte, mir etwas zu überlegen. Karin, die vor mir saß, bückte sich und hob das rot eingebundene Heft auf. Mein Herz schlug recht heftig, denn unser Lehrer, Herr Rumpel, ist ziemlich streng. Ich konnte einfach nicht vorlesen, und inzwischen war ich knallrot angelaufen. Da hörte ich die ungeduldige Stimme: „Na, wird's bald oder willst du nicht vorlesen? Aber ich brauche mündliche Noten von dir! Also los!" Und ich fing an zu lesen, aber nicht das, was in meinem Heft stand, sondern ich erzählte das, was in meinem Kopf wie auf einer Schriftrolle ablief. Als ich endlich am Schluss war, kam ich wieder zu mir. Ich erwartete, dass mein Lehrer mich ausschimpfen würde, aber er sagte strahlend: „Das war ja toll, haben dir deine Eltern geholfen?" Verneinend schüttelte ich den Kopf. Ich war wirklich überglücklich und wusste gar nicht, wie mir geschah. So dachte ich, könnte es immer sein, und mein Lehrer trug mir eine Zwei plus in sein Notenbuch ein.

Anmerkung: Der insgesamt gelungene Aufsatz weist eine Lücke im Handlungsablauf auf. Die Erzählerin merkt nicht, dass der Lehrer sie gemeint hat, schlägt aber dennoch zitternd das Heft auf. Diese Lücke im Handlungsablauf kann im Unterrichtsgespräch oder schriftlich leicht geschlossen werden.

Schüleraufsatz 2 (5. Klasse, Realschule): Der Arbeitsauftrag lautet, eine Erlebniserzählung anzufertigen, die einen ungewöhnlichen Schultag zum Inhalt hat. Eine passende Überschrift ist selbst zu formulieren.

Die unterbrochene Deutschstunde
An irgendeinem Tag hatten wir, die Klasse 5 a, gerade zufällig Deutsch und hörten uns Geschichten an. Plötzlich erklang ein schriller Ton durch die Klasse schallend. Was war passiert? Wir verschlossen die Fenster. Wir nahmen unsere Jacken mit und gingen hinaus. Draußen im Schulhof sprachen wir mit der Lehrerin über den Alarm. Als wir unten sind, zappelten wir nervös. Nach ein paar Minuten sagte eine Stimme aus dem Lautsprecher, dass wir wieder reingehen können. Nachdem die Lehrerin uns gesagt hatte, dass es nur ein Probefeueralarm gewesen ist, gingen wir erleichtert in das Klassenzimmer zurück. *Schüleraufsatz 2*

Anmerkung: Schüler/innen sind aufgefordert, eine Beurteilung zu diesem (oder ähnlichen) Arbeiten anzufertigen. Anschließend wird mithilfe eines Fragenkatalogs die Fehlerhaftigkeit des Aufsatzes genau betrachtet wie Gliederung und Aufbau, Zeitstufen und Zeitenfolge, Adressatenbezug, Aufbau der Spannungskurve und Ausdrucksweise. Nahezu sämtliche in den Merktexten genannten Anforderungen sind nicht erfüllt.

1.6   Übungen zur Lernzielkontrolle

Lehrer/innen geben unten stehende fehlerhafte oder absurde Beispiele (schriftlich oder mündlich), die zeigen, wie Schüler/innen nicht schreiben sollten. Den Schülern und Schülerinnen wird rasch klar, welche groben Fehler sie vermeiden können. Im UG erarbeiten sie die Mängel, die die angeführten oder herangezogenen Beispiele zeigen. (Im Anschluss an diese Übung ließen sich ebenfalls einige der oben angeführten Ms besprechen.)

Beispiel 1: Was ist möglicherweise fehlerhaft, wenn eine Erzählung mit dem Titel „Der Sprung in die Tiefe" oder „Ein Erlebnis im Schwimmbad" wie folgt beginnt? „Ich fiel vom Dreimeterbrett, obwohl ich mir noch gerade überlegte, dass ..."

Beispiel 2: Begründe, warum du den folgenden Auszug eines Aufsatzes anders gestalten und warum du anders vorgehen würdest.
„Als ich auf dem Dreimeterbrett stand, dachte ich daran, was es wohl heute Abend zu essen geben würde. Neulich waren wir im Gasthaus essen. Ich aß Pommes frites. Meine Mutter und mein Vater ..."

Beispiel 3: „Das Dreimeterbrett war genau drei Meter von der Wasseroberfläche entfernt."

Beispiel 4: „Ich dachte, ich wäre hundert Meter von der Wasseroberfläche weg und würde in die Felsenschlucht stürzen. Inzwischen hatte ich Tausende von Zuschauern. ...“

Beispiel 5: „Meine Oma hatte sich einen neuen Pfeiftopf (Flötenkessel) zum Geburtstag gewünscht. Opa musste darüber sehr lachen. ...“

Beispiel 6: „Heute gehe ich ins Schwimmbad. Schon stehe ich auf dem Dreimeterbrett. ...

Beispiel 7: „Damals, als ich im Schwimmbad gewesen war, hatte ich zuerst keine Probleme gehabt. ... Schließlich war ich doch ins Wasser gefallen. ...“

1.7 Themenvorschläge zur Erlebniserzählung

Eine tolle Überraschung! – Ein überraschender Besuch – Mein schönster Geburtstag – Eine gefährliche Radwettfahrt – Abends allein zu Hause – Ein Besuch bei meiner Oma – Ein lustiges Erlebnis mit meiner Familie – Wie ich einmal auf frischer Tat ertappt wurde – Ein aufregendes Erlebnis in der Natur – Ein Erlebnis im Schnee – Ein Regentag im Urlaub – Ein ungewöhnlicher Schultag – Fast eine Prügelei – Ein heftiger Streit – Der erste Schultag in der neuen Klasse (Schule) – Wie ich einmal verschlafen habe – Ich habe (hatte) meine Hausaufgaben vergessen – Diesen Schultag vergesse ich nie – Was mir im Bus (in der U-Bahn, Straßenbahn) passierte – Wanderung zu einem einsamen See – In Seenot – Wenn das nur gut geht! – Ein Wandertag (im Tierpark) – Ein Besuch im Museum – Unser letzter Klassenausflug – In den Ferien (Ein verregneter Ferientag – Mein schönster Ferientag – Eine nette Ferienbekanntschaft) – So eine Enttäuschung – Lügen haben kurze Beine – Gerade noch Glück gehabt – Glück im Unglück – Ein Unglück kommt selten allein – Pech gehabt – Ein Vorfall, der mir heute Leid tut – Ein bedauerliches Missgeschick – Ein unberechtigter Vorwurf – Eine ungerechte Behandlung – Ein ganz schlauer Trick – Wie ich einmal meinem Freund/meiner Freundin/meinem Vater/meiner Mutter/meinem Lehrer/meiner Lehrerin einen lustigen Streich spielte – Ende gut, alles gut – Das hätte ins Auge gehen können – Hoffentlich geht alles gut – Daran muss ich ein Leben lang denken – Selten so gelacht – Das war ein Schrecken – Da packte mich die Angst – Verirrt! – Als ich mich einmal sehr fürchtete – In Gefahr – Ein toller Streich – Ein spannendes Sportereignis – Eine freudige Überraschung – Eine aufregende Autofahrt – Eine aufregende Fahrt in den Urlaub – So eine Geheimnistuerei – Oje, mein Fahrschein (Fahrausweis) ist weg – Und so haben wir Freundschaft geschlossen – Wie ich einmal reingelegt wurde – Immer haben die Erwachsenen Recht – Wenn das meine Eltern gewusst hätten – Der Vogelkäfig war offen – Mein Hase (Meerschweinchen, Hamster, Hund, Vogel usw.)

Die eher allgemein gehaltenen Rahmenthemen (Ein Abenteuer, ein Erlebnis mit meinem Haustier, ein Reise-, Ferienerlebnis u. a.) geben den Schülern und Schülerinnen Anlass selbst Überschriften zu bilden. Hier kann die Anweisung gegeben werden, dass die endgültige Überschrift erst nach Anfertigung des Aufsatzes erfolgen kann, darf, soll, da häufig die Schüler/innen erst nach Gestaltung des Erlebnisses eine treffende (evtl. vom Höhepunkt der Geschichte abhängige) Formulierung finden.

Sind Sprichwörter Unterrichtsgegenstand gewesen, können folgende Themen gestellt werden:
- Allzu viel ist ungesund.
- Wer den Pfennig nicht ehrt, ist des Talers nicht wert.
- Einem geschenkten Gaul schaut man nicht ins Maul.
- Wer im Glashaus sitzt, sollte nicht mit Steinen werfen.
- Die Sonne bringt es an den Tag.
- Aller Anfang ist schwer.
- Der Klügere gibt nach.
- Man soll den Tag nicht vor dem Abend loben.

2 Fantasieerzählung

2.1 Methodisch-didaktische Überlegungen

Analog zu den Erfahrungen mit der Erlebniserzählung gehen der schriftlichen Anfertigung von Fantasieerzählungen mündlicher Sprachgebrauch und in der Kommunikationssituation des Unterrichts mündlich durchgeführte *analog zur* Übungen voraus. Nicht nur für die Fantasieerzählung gilt, dass das überge- *Erlebnis-* ordnete Richtziel der Förderung und Steigerung der sprachlichen Kommuni- *erzählung* kationsfähigkeit der Schüler/innen eher erreicht werden kann, wenn narrative Textrezeption (v. a. im Hinblick auf die jeweiligen Wirkungsabsichten bestimmter Textarten) und Textproduktion miteinander verknüpft sind.

Als Anregung zur Steigerung der Kreativität erweist sich häufig die gemeinsame Klassenlektüre von fantasievollen Lesebuchgeschichten, Erzählungen, Lügengeschichten, Comics, Romanen, Märchen u. a.
Die Bücher bzw. Texte der Autoren und Autorinnen:
- Bürger, Dragt, Ende, Härtling, Hebel, Herburger, Janosch, Kipling, Krüss, *Lektüre-*
  Lindgren, Nöstlinger, Pausewang, Preußler, Tolkien, Torossi, Verne u. a. *vorschläge*

eignen sich in diesem Kontext gut als Lektüre. Zweierlei wird beabsichtigt: Schüler/innen erfahren durch neue Texte, wie kreativ und fantasievoll Geschichten konstruiert werden, und sie schöpfen Mut selbst in kreativer Weise zu erzählen und zu formulieren.

Im soziokulturellen Bereich des Schülers/der Schülerin liegen Ursprung und Basis der Fantasie und Kreativität. Daraus ergeben sich recht unterschiedliche individuelle Voraussetzungen innerhalb einer Klasse, was deutlich in den Inhalten der verschiedenen Geschichten und Erzählungen zum Tragen kommen kann. Diese Erkenntnis leugnet nicht allgemeine, gemeinsame gesellschaftliche Einflüsse, die durch Moralvorstellungen, Wertekodex, Fernsehkonsum, Verbrauchermentalität und anderes bedingt sind. Vielmehr geht es darum, Schülern und Schülerinnen, die durch Massenmedien entstellte Wirklichkeit und Fantasieprodukte vermittelt bekommen, nicht durch kulturpessi-

Fiktion und Wirklichkeit

mistische Moral- und Zielvorstellungen im Unterricht das vorhandene Kreativitätspotenzial zu zerstören. Erst die Akzeptanz der Funktion der (Ersatz-)Befriedigung von kindlichen Bedürfnissen mithilfe der Massenmedien eröffnet die Möglichkeit (auf)klärend fließende Übergänge von Wirklichkeit, Fiktion und (wirklich erlebter) Fantasie, von Unwahrscheinlichkeit und Wahrheit aufzuzeigen. Aufsatzerziehung hat insofern auch vermittelnde Funktion für tief greifende Wertvorstellungen. Als Beispiel möge die Thematik „Gewalt und der Umgang mit ihr" dienen: Hintergrundwissen und Fingerspitzengefühl des Lehrers/der Lehrerin in der Behandlung und Besprechung von aggressiven Fantasieprodukten der Schüler/innen können ein korrigierendes Gegengewicht zu den Verhaltenssteuerungen, Manipulationen und Instruktionen der Massenmedien sein.

Einbindung der Erzähl-strategien

Die Erzählstrategie des Fabulierens und Fantasierens lässt sich im Deutschunterricht in verschiedene voneinander unabhängige Unterrichtszusammenhänge einbinden (Auswahl):

- Bild(er) und Wirklichkeit in
  - Printmedien (Comic, Illustrierte)
  - Funk und Fernsehen (Hörspiel, Spielfilm, Spielfilmserie)
- Drehbuch und Kamera (Überlegungen zur Umsetzung von Fantastischem im Film)
- Text und Wirklichkeit in
  - Münchhausiaden und Eulenspiegeleien
  - Märchen, Legenden, Sagen, Fabeln und Parabeln, Kalendergeschichten, Balladen
  - Zauber-, Wunsch- und Traumgeschichten
  - Sciencefiction-Storys, Gespenster- und Schauergeschichten, Kriminalgeschichten.

Wird die Besprechung der Fantasieerzählung in den Rahmen eines der vorgeschlagenen oder ähnlicher Unterrichtsprojekte gestellt, werden deutlich(er) mögliche Übereinstimmungen, Abhängigkeiten und Gegensätze zwischen der durch den medialen Vermittlungsprozess abgeänderten Wirklichkeit und der durch die Fantasie und Kreativität der Schüler/innen veränderten Realität vermittelt.

Lernziele

- kognitiver Art (literarische Bildung)
- instrumenteller Art (Erzählweisen und -strategien) und
- affektiver Art (Reflexion über Gefühle und Empfindungen im Kontext mit den eigenen Fantasieprodukten)

gehen eine Verbindung ein und können somit leichter in Einklang gebracht werden.

Synopse 2: Fantasieerzählung in verschiedenen Jahrgangsstufen

Fantasieerzählung	minimale Anforderung (5. Klasse)	maximale Anforderung (7. Klasse folgende)
Stoffsammlung	= fakultativ	= obligatorisch
Struktur	Aufbau der einfachen Erzählung	Aufbau der Erzählung
Inhalt	Hinführung von der äußeren zur inneren Handlung	stärkere Betonung der Darstellung der inneren Handlung
	Einbau von Gedanken und Gefühlen (z. B. ausgesprochenes Denken in direkter Rede)	Wiedergabe von Stimmungen
		Darstellung von Handlungsmotiven und Konsequenzen
		Einbindung des Fantasieprodukts in textartgebundene Vorgaben textartgebundene Intention
Adressatenbezug	Verständlichkeit	deutlicherer Adressatenbezug (Lehrer/in), auch möglicher fiktionaler Adressatenbezug (z. B. im „Club der Lügner" oder im „Club der Fantasten")
Form	sprachliche Mittel der einfachen Erzählung, Wortschatz- und Satzbauübungen	sprachliche Mittel der Erzählung, Übungen zu Wortfeldern und Gliedsatzkonstruktionen
	Ich-Erzähler	Ich-, Wir-, Er-/Sie-Erzähler
	Gestaltung im Präteritum	Gestaltung im Präteritum, Höhepunkt im Präsens
	einfache Formen der direkten Rede (Zeichensetzung)	Einbindung der direkten Rede in komplexeren Satzbau (Zeichensetzung)

2.2 Definition

Im Gegensatz zur Erlebniserzählung ist die Fantasieerzählung eine frei erfundene Geschichte. Sie spielt meist fern von der Wirklichkeit oder dem wirklichen Alltag. Bekannte oder erfundene Lebewesen und Dinge verfügen über Eigenschaften und Fähigkeiten, die nicht alltäglich und ungewöhnlich sind. Aufbau und formale Gestaltung der Fantasieerzählung gleichen der Erlebniserzählung. Für die Fantasieerzählung ist ein besonders guter Einfall wichtig, der dem Leser/der Leserin letztendlich zeigt, dass es sich um eine erfundene, unwirkliche Geschichte handelt. Lügengeschichten sind eine besondere Art fiktionaler Texte. In ihnen werden die Vorstellungen und Erwartungen der Leser/innen nicht erfüllt. Die Texte bieten mehr noch als die bloße Fantasieerzählung unwahrscheinliche, unmögliche Vorgänge und Lösungen, sodass die Leser/innen vor allem durch die Lüge(n) in der Geschichte überrascht werden.

2.3   Mögliche Unterrichtsschritte

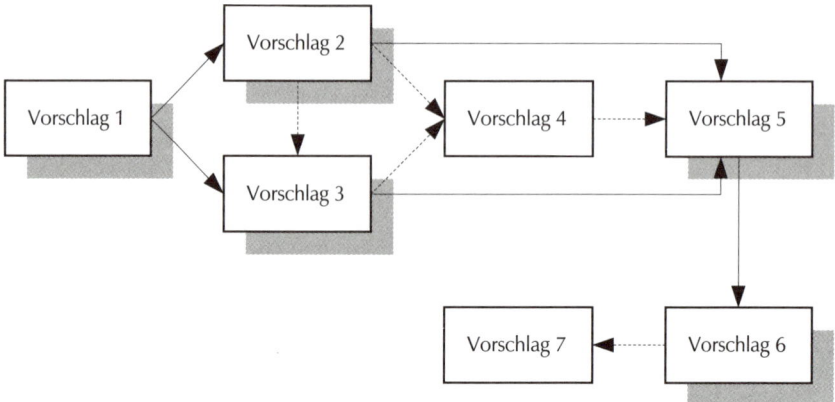

Erläuterung: V1, 2 oder 3, 5, 6 stehen für die obligatorische Grundlage im Unterricht.

Vorschlag 1:
In GA werden (z. B. sechs) verschiedene Plakate mit Abbildungen (Karikaturen, Comics, Fotos, Reizwörtern) als Impuls für fantasievolle Geschichten herangezogen. Die Gruppen entwickeln eine rege Aktivität, da es ungewöhnlich ist, in dieser Kommunikationssituation Fantasien auszutauschen. Der Klasse ist der Hinweis dienlich, dass Fernsehserien (Tierfilme, Krimis, Western, Sciencefiction) häufig das Ergebnis mehrerer Verfasser/innen sind, die sich zuerst über Personen- und Ortsbeschreibungen, Dialoge, Spannungsmomente, Situationskomik, Anfang und Schlussteil einigen. (Vgl. auch V 4, S. 29 f.) Die Gruppen sind angehalten sich bei der schriftlichen Fixierung auf ein möglichst gemeinsames Ergebnis zu einigen. Nicht von der Mehrheit der Gruppenmitglieder akzeptierte Ideen können als „Minderheitenvotum" ebenfalls schriftlich festgehalten werden. Die Ideen müssen nicht ausformuliert werden, sollten aber ausreichen um die mündliche Erzählung vollständig durchführen zu können. In einer weiteren Stunde werden die Ergebnisse von einzelnen oder abwechselnd von mehreren Gruppenmitgliedern vorgetragen.

Alternative: Mit dem Lernziel Fantasieaufsatz können die Ideen auch schriftlich ausgestaltet werden.

Vorschlag 2:
UG oder GA mit schriftlicher Fixierung der Antworten (TA) zu folgenden Fragen:
* Was heißt das, wenn wir sagen, ich fantasiere?
* Was bedeutet „fantasiereich", was „Fantasterei" im Gegensatz zur „Fantasie"?
* Was bedeutet „Ich habe viel, wenig, keine Fantasie."?
* Was bedeutet der Imperativ „Fantasier' nicht (die ganze Zeit)!"?

Wortbedeutungen

Schüler und Schülerinnen werden ein breites Spektrum von (sich zum Teil ausschließenden) Wortbedeutungen zu den Begriffen finden. Unterstützung erhalten sie durch Fragen nach den Bedeutungen von blühender, dichterischer, reicher, schmutziger Fantasie. Die zu ermittelnden Bedeutungsebenen sind pejorative wie positive:

* irrereden, Trugbilder und Wahngebilde schaffen
* im Fieber unzusammenhängende Dinge reden
* schwärmen, Träumereien nachgehen, in wachem Zustand träumen
* sich wechselnden Bildern der Fantasie hingeben
* frei erfinden und gestalten.

Vorschlag 3:
Für einen Rund- oder Staffellauf wird die Klasse in (z. B. sechs) Gruppen eingeteilt. In ausreichendem Abstand sind an den Wänden des Klassenzimmers entsprechend viele (z. B. sechs) Plakate mit Abbildungen (Gegenstände, Tiere) aufgehängt bzw. festgeklebt und mit den Nummern (z. B. eins bis sechs) versehen. Gruppe 1 beginnt stehend oder sitzend – mit Schreibmaterial ausgerüstet – an Darstellung 1 fantasievolle Gedanken und Empfindungen zu entwickeln, die aus der Perspektive des dargestellten Gegenstandes oder Tieres später in der Ich-Form erzählt bzw. vorgetragen werden müssen. Gruppe 2 an Darstellung 2 usw. Nach drei (oder mehr) Minuten gibt die Lehrkraft das Signal die Positionen zu wechseln und die Gruppen begeben sich zur nächsten Darstellung (zum nächsten Plakat). Auch hier notieren sie stichpunktartig nach Absprache ihre Ideen. (Das jeweils gleiche Zeitmaß muss streng eingehalten werden, selbst wenn eine Gruppe noch kein Ergebnis notiert hat.) Am Ende des Rundlaufs erzählt aus jeder Gruppe der/die Gruppensprecher/in, welche Fantasien an den Bilddarstellungen entwickelt wurden, indem er/sie in die Rolle des jeweiligen Gegenstandes/Tieres schlüpft. Der folgende Merkkasten könnte die Ergebnisse der Gruppenvorträge zusammenfassen.

Rund- oder Staffellauf

Die *Fantasieerzählung* soll unterhalten, deshalb muss sie anschaulich und spannend erzählt werden. Ein überraschendes Ereignis bildet den Höhepunkt. Leser/innen der Geschichte müssen sich auch Unbekanntes und Ungewöhnliches gut vorstellen können. Fantasiegestalten, Tiere, Gegenstände und Bilder erzählen (zumeist) in der Ich-Form. Die Regeln der Erlebniserzählung behalten ihre Gültigkeit (innere und äußere Handlung, Spannungskurve, Ich-Form oder andere Erzählperspektiven, wörtliche Rede, Gestaltung von Einleitung und Schluss betreffend).

Vorschlag 4:
Eine Unterrichtsstunde dient dem UG über Träume. Folgende Leitfragen können die These unterstützen, dass Träume durchaus auch „eingefangen" werden können:

Träume aufschreiben

- Was versteht man unter einem Traum, was ist Träumerei?
- Was fällt mir zu meinem letzten zusammenhängenden Traum ein?
- Wovon ist im Traum die Rede, welche Überschrift würde ich ihm geben?
- Welchen Schluss würde ich meinem unvollständigen Traum geben?
- Welche Erinnerungen weckt mein Traum?
- Wie habe ich mich im Traum gefühlt? Habe ich Angst, Freude, Trauer empfunden?
- Welche Personen, Tiere, Gegenstände, Landschaften kamen im Traum vor?
- In welchen Gestalten komme ich selbst im Traum vor?
- Welchen Sinn könnte der Traum insgesamt haben? Was kann ich aus ihm lernen?

Im Anschluss an die Übung können Traumgeschichten (reale oder fiktive) schriftlich festgehalten und ausgewertet werden.

Vorschlag 5:

V

Erzählschlange

Die Schüler/innen der Klasse bilden eine „Erzählschlange". Der/die Lehrer/in gibt den Impuls. Beispiel: „Ich stelle mich vor. Ich bin das Klassenzimmer der Klasse x und will euch heute eine Geschichte erzählen. Morgens kurz vor acht bin ich schon recht aufgeregt ..." Schüler/in A muss nun die Geschichte mit ein bis drei Sätzen fortführen. Sitzt die Klasse im Kreis, lässt sich die mündliche Übung besser durchführen. Der/die nächste Schüler/in setzt die Erzählung fort. Ein Kassettenrekorder kann die Äußerungen in der Erzählschlange aufzeichnen. Das Ergebnis wird vorgespielt und besprochen. Will oder muss man auf technischen Geräteeinsatz verzichten, so könnte z. B. jeder fünfte oder der von der Lehrkraft beliebig bestimmte Schüler die bisher fantasierte Geschichte wiederholen. Diese Geschicklichkeits- und Gedächtnisübung erfordert große Konzentration und sorgt für Ruhe in der Klasse. Die Ü kann zu einem guten Ergebnis führen, Spannungskurve, Höhepunkt und anderes können sehr wohl auch misslingen. Die geäußerten Assoziationen stellen möglicherweise ein Sammelsurium an Ideen dar. Dies sollte im Hinblick auf Unstimmigkeiten und Übertreibungen besprochen werden.

M

> Versuche dich genau in die Rolle hineinzuversetzen, von der du erzählst, die dich erzählen lässt. Einfallsreichtum ist gefragt, nicht zu ausführliches Erzählen und maßlose Übertreibung.

Vorschlag 6:

V

Sciencefiction Lügengeschichten Schwänke

Die gemeinsame Lektüre von Fantasiegeschichten, Sciencefiction-Romanen, Lügengeschichten, Märchen (vgl. MdÜ) weist den Weg zu eigener Kreativität. Informationen zu den Textsorten, zu den Autoren/innen, zu bestimmten literarischen Gestalten wie Münchhausen oder Eulenspiegel können eingeholt werden durch verschiedene Formen von FA, durch Anfertigung von HA (in Einzelaufträgen), durch Kurzvorträge mithilfe lexikalischer Artikel und anderem.

Beispiele: Wer ist Baron Münchhausen? Wer ist Till Eulenspiegel? Was bedeutet Jägerlatein, Seemannsgarn, Anglerlatein? Wodurch sind ein Schwank, ein Märchen, eine Sage, eine Legende gekennzeichnet?
TA oder Arbeitsblätter können die Informationen ergänzen.
Vorschläge für mögliche Einträge (abhängig von der jeweiligen Klassenlektüre):
• Baron von Münchhausen lebte von 1720 bis 1797. In seinen berühmten Lügengeschichten, die er gerne im Freundeskreis erzählte, befindet er sich meist in einer sensationellen Notlage, hat eine außergewöhnliche Idee und führt eine verblüffende Tat aus, die den Höhepunkt darstellt. Als Erzähler übertreibt er häufig so, dass ihm niemand mehr glaubt. Dennoch verblüfft, überrascht und belustigt er die Zuhörer/innen und Leser/innen.
• Till Eulenspiegel lebte wahrscheinlich tatsächlich (14. Jhdt.). Er vollführt Streiche und stellt damit meist die Schwächen seiner Mitmenschen bloß.
• Märchen sind Fantasieerzählungen, in denen sich Natürliches mit Fantastischem mischt und die ursprünglich im Volk mündlich (weiter-)erzählt, manchmal auch gesammelt wurden (Volksmärchen). Sie führen eine wunderbare, unwirkliche Welt vor Augen, in der das Böse bestraft und das Gute belohnt wird.

Vorschlag 7:
Semantische Übungen im UG: „Heute nehmen wir einmal alle Wörter, bildhaften Ausdrücke, Begriffe, Redewendungen wörtlich!"
Beispiele:

• Seehund, Seekuh, Seelöwe, Seepferdchen, Ameisenlöwe, Angsthase, Großer Wagen, Gesichtspunkt, Mitesser, Mitgift, Eulenspiegel usw.
• Etwas ist an den Haaren herbeigezogen, es regnet Bindfäden, die Gelegenheit beim Schopf packen, jemandem den Kopf waschen, jemandem den Buckel runterrutschen, sich ein Luftschloss bauen, jemanden auf den Arm nehmen, sich krank (tot, krumm) lachen, sich schwarz (grün und blau) ärgern, in die Luft gehen, jemanden aufs Glatteis führen, sich einen Ast lachen, ein Wink mit dem Zaunpfahl, sich die Finger verbrennen, wie gewonnen – so zerronnen, jemand reißt sich ein Bein aus, jemand staunt Bauklötze, jemand spuckt Gift und Galle, jemand lügt, dass sich die Balken biegen usw.

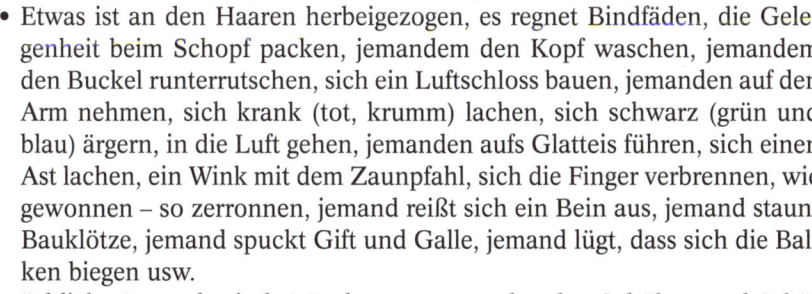

Begriffe analysieren

Tatsächliche (metaphorische) Bedeutungen werden den Schülern und Schülerinnen ebenso wie die ursprüngliche, wörtlich aufgefasste verdeutlicht.
Münchhausen und Eulenspiegel sind zwei literarische Gestalten, die vermeintlich aus Dummheit und/oder in berechnender Absicht Begriffe und Redewendungen wörtlich auffassen und damit Überraschungen bei den Lesern und Leserinnen provozieren.

M

Auch die Lügengeschichten (z. B. Münchhausiaden) gehören zur Aufsatzart der *Fantasieerzählung*. Aber nicht jede Fantasieerzählung ist eine Lügengeschichte oder ein Schwank.

☞ Vermeide allzu große Übertreibungen und reihe nicht beliebige Lügen aneinander.

☞ Gehe möglichst von einer Situation aus, die wirklich vorkommen kann. Erst dann erfinde – auf den Höhepunkt zusteuernd – unmögliche Ereignisse und Begebenheiten.

☞ Du solltest in einem Stil schreiben, der so klingt, als sei alles wahr und wirklich. Die Leser/innen merken selbst, wann und wo gelogen wird. Versuche, die Leser/innen zum Lachen zu bringen und/oder sie nachdenklich zu stimmen.

Z

zur Fantasie-
erzählung

Die *Fantasieerzählung* wird nach den Regeln der Erlebniserzählung gestaltet. Ihre Eigenart liegt in der Tatsache, dass sie als erfundene Geschichte in der Wirklichkeit niemals so ablaufen kann. Es gibt viele Arten von fantastischen Erzählungen (Fantasieerzählung ohne Vorgabe, textgebundene Fantasieerzählung und andere). In der Weltliteratur sind viele derartige Geschichten wie Lügengeschichten, Märchen, Fabel, Schauer- und Gespenstergeschichten, Sciencefiction-Storys u. a. überliefert.

2.4 Hinweise zur Aufsatzbewertung und -beurteilung

Die zur Erlebniserzählung geäußerten Überlegungen zur Aufsatzbeurteilung gelten auch für die Fantasieerzählung. Die in der „Öffentlichkeit", im Elternhaus, in der Presse, in Diskussionen über Erinnerungen an die Schulzeit kritisierte Aufsatzbeurteilung (besonders im Kontext mit Anforderungen an das kreative und freie Schreiben) führt Lehrkräfte in ein Dilemma, und zwar deshalb, weil die Befähigung zur Schreibleistung dennoch als zu erreichendes Ziel betrachtet wird.

Als Beispiel möge der Aufsatz „Ein Lippenstift erzählt aus seinem Leben" (s. S. 33 f.) dienen. Er ließe mehrere negative Worturteile zu: Der Lippenstift sei zu wenig aktiv, sei nur Beobachter, die Sprache sei stellenweise zu salopp, das Plusquamperfekt habe in der Fantasieerzählung nichts zu suchen. Es muss nicht näher erläutert werden, dass diese Art der Bewertung nicht gerade Feingefühl beweisen würde. Das Plusquamperfekt erhöht in dieser Erzählung die Spannung, und in Abhängigkeit vom Arbeitsauftrag („Ein Gegenstand ist frei zu wählen, dem fantasievoll Leben eingehaucht wird, der eine Geschichte aus seinem Leben erzählt.") darf die besondere Kreativitätsleistung nicht übersehen werden. Kritik soll konstruktiv sein und den Schülerinnen und Schülern ermöglichen Fehler abzubauen. Zeigt ein Aufsatz der oben genannten Art eine Menge Formalfehler, ist dies sicher jahrgangsstufenabhängig zu beurteilen. Im Urteil kann ohne weiteres die großartige inhaltliche Leistung gewürdigt werden um dann möglicherweise das Herabstufen der Note mit der hohen Formalfehlerquote zu begründen.

2.5 Aufsatzbeispiele

Schüleraufsatz 1 (5. Klasse, Gymnasium): Der Arbeitsauftrag lautet: Erzähle eine Fantasiegeschichte, in der ein Riese vorkommt. Verfasse selbst eine Überschrift.

Ein Riese stand in unserem Schulhof

An einem schönen Morgen stieg ich wie gewöhnlich aus dem Bus und ging auf den Schulhof zu. Als ich in ihn eintrat, bemerkte ich einen riesigen Schatten. Ich blickte hoch und traute meinen Augen kaum, stand da doch ein Riese, der größer war als das Schulgebäude. Die Schüler, die eben noch gelärmt hatten, waren im Schulhaus verschwunden. *Schüleraufsatz 1*

Angst lähmte mir die Glieder und ich konnte nicht schreien. Wie gebannt starrte ich auf die vor Schmutz strotzenden bloßen Füße mit den grässlichen krallenförmigen Zehennägeln. Zaghaft versuchte ich schließlich doch das Ungeheuer genauer zu beobachten. Ich musste den Kopf weit zurücklegen um an seiner massigen Gestalt emporzusehen. An ihr hingen nur einige Kleiderfetzen. Im mächtigen Gesicht glühten riesige Augen.

Nachdem ich den Riesen so betrachtet hatte, bückte sich der wüste Kerl und hob mich auf seine Hand. Während ich auf seiner Hand herumkullerte, brüllte er mich an: „Du bist gerade das richtige Frühstück für mich!" Ich zitterte und dachte: Ob ich da noch eine Chance habe? Plötzlich fiel ich durch einen Spalt zwischen seinen Fingern hindurch. Gerade noch konnte ich mich an seiner Kleidung festhalten, an der ich, so schnell ich konnte, herunterkletterte. Kaum hatte ich den Boden erreicht, rannte ich in den Hof und verschwand hinter einer Tonne. Das Ungeheuer griff sofort nach den Tonnen und wirbelte sie durcheinander. Durch rasches Hin- und Herhüpfen gelang es mir, mich immer wieder zu verstecken. Voller Zorn über das entgangene Frühstück richtete sich der Riese in seiner ganzen Größe auf um gewaltig Luft zu holen. In diesem Moment überflog eine Düsenmaschine unseren Schulhof und ich sah, wie die dunklen Auspuffwolken in den Riesennasenlöchern verschwanden. Der fürchterliche Koloss schwankte und stürzte mit gewaltigem Getöse ohnmächtig auf den Boden. Nun nahm ich allen Mut zusammen und sauste an ihm vorbei ins Schulhaus. Ich kam gerade noch rechtzeitig zum Unterricht.

Schüleraufsatz 2 (7. Klasse, Realschule): Die Arbeitsanweisung ist folgende: Ein Gegenstand ist frei wählbar. Du sollst ihn lebendig machen, ihm Leben einhauchen, indem er eine Geschichte aus seinem Leben einem Freund oder einer Freundin oder dir erzählt.

Ein Lippenstift erzählt aus seinem Leben

Ich erzähle euch jetzt eine Geschichte aus meinem Leben, die mir wirklich passiert ist. Meine eitle Besitzerin wurde eines Tages zu einem Konzert von einem dickbäuchigen Herrn eingeladen. Ich muss dazu sagen, sie wollte zuerst nicht, aber sie hatte noch nie ein Konzert besucht, deshalb wollte sie unbedingt mitgehen. *Schüleraufsatz 2*

Bevor es dazu kam, badete sie über eine Stunde, probierte hundert Sachen aus, was ihr am besten stand. Als sie endlich fertig war, hatte sie leider nur noch wenig Zeit für ihre

Kosmetik, nämlich gerade noch eine Viertelstunde. Sie schmierte sich eine teure Creme ins Gesicht, so wie es in der Gebrauchsanweisung stand. Dies dauerte acht Minuten. Jetzt wirst du fragen: „Woher weißt du denn das so genau?" Das kann ich dir sagen: Meine Besitzerin hatte den Wecker gestellt, damit sie rechtzeitig fertig wurde.

Als die Creme vom Gesicht verschwunden war, klingelte der Wecker. Sie wurde nervös. Schnell beschmierte sie ihre Augendeckel. Jetzt kam ein Lippenstift an die Reihe. Ich fürchtete schon, sie würde nach mir greifen und mich verkleinern. Ich fragte mich: „Wer hat das Pech, auf ihre Lippen geschmiert zu werden?"

Die Besitzerin zitterte schon vor Aufregung. Sie nahm einen Lippenstift in die Hand und zog ihn an ihren Lippen entlang. Nun klingelte es an der Tür. Sie wurde verlegen. Sie wollte gerade die Lippen noch einmal nachziehen, da brach der Stift ab. Sie schmiss ihn zu Boden und grapschte nach dem nächsten. Der hatte eine etwas andere Farbe, also wischte sie die alte wieder weg. Und wieder brach der Lippenstift ab, und meine Angst um mein Leben steigerte sich. Inzwischen klingelte es Sturm an der Tür. Da nahm sie mich in die Hand und entfernte meine Kappe und zog mich über ihre Lippen. Ich dachte: „Ach, wie grausam! Muss das sein!" Sie blickte in den Spiegel, grinste und sagte: „Endlich, toll, der Lippenstift passt!" Dann stürmte sie zur Tür hinaus und stand erstaunt davor. Niemand war da. Zulange hatte sie sich geschminkt und den dicken Herrn warten lassen. Sie dachte: „Schuld daran, dass ich nicht öffnen konnte, sind meine Lippenstifte!" Schluchzend rannte sie ins Schlafzimmer und schmiss sich aufs Bett. Verwirrt sah sie um sich und brüllte: „Verfluchte Lippenstifte! Verdammt nochmal!" Sie stand auf, packte zwei Lippenstifte, warf mich aber nur um, schmiss die Stifte auf den Boden und trampelte darauf herum. Aber nicht auf mir. Ich war inzwischen weggerollt, von der Kante des Tischs gefallen und hatte mich unter dem Bett versteckt.

Ja, das ist unser Leben, liebe Angelika, erst wird man dringend gebraucht und dann weggeschmissen oder zertreten.

Anmerkung: Bemerkenswert ist das Kreativitätspotenzial der Aufsatzschreiberin. Um der Forderung nach Dialogisierung in der Fantasieerzählung nachzukommen, erfindet sie eine Gesprächspartnerin. Fiktionalität und wörtliche Rede werden verknüpft, moralischer Anspruch der Geschichte und seelische Probleme (innere Handlung) werden festgehalten. Die Wiederholungen im Handlungsablauf müssen nicht negativ sanktioniert werden.

Schüleraufsatz 3 (6. Klasse, Gymnasium): Arbeitsauftrag: Fertige eine Fantasiegeschichte an, in der du dich auf einer gefährlichen Reise befindest. Finde eine passende Überschrift.

Meine gefährliche Reise durch den Urwald

Schüler-aufsatz 3

Als ich in meinem Kanu saß, warf ein Alligator mich um. Ich schwamm ans Ufer. Kokosnüsse fielen auf mich. Jemand lachte. Aber es waren Affen. Da hatte sich das Krokodil genähert. Da bin ich auf das Krokodil gestiegen. Doch da kam ein Löwe. Er griff mich an. Ich fiel ins Wasser. Das Krokodil fraß den Löwen. Ich saß auf einem Baumstamm. Doch der Baumstamm war kein Baumstamm, sondern eine Schlange.

Das war eine gefährliche Reise. So ein Mist – war mein Gedanke. Aber die Schlange schlich davon. Gerettet.

Anmerkung: Leicht erkennbar ist unabhängig von der vorangegangenen Besprechung im Unterricht die Problematik des Arbeitsauftrags. Soll hier ein erfundenes Erlebnis erzählt oder eine reine Fantasieerzählung gestaltet werden? Der Aufsatz freilich weist eine Menge an Schwächen und Fehlern auf; er dient zur Besprechung im Sinne des „trial and error" und kann verbessert und ausgebaut werden mithilfe der folgenden Fragen:

- Welche Informationen werden verschwiegen?
- Welche Mängel zeigen Orts- und Zeitangaben?
- Warum wirkt der Satzbau monoton?
- Wie lässt sich die direkte Rede besser einbauen?
- Wie kann der Höhepunkt besser gestaltet werden?
- Welche Fehler weist die Zeitenfolge auf?

2.6 Übungen zur Lernzielkontrolle

Verschiedene Vorgaben sind als Schreibimpulse denkbar, zu denen die Arbeitsaufträge jeweils ähnlich lauten.

Ü 1: Schreibe eine Fantasieerzählung, die von der folgenden Information (Sensationsmeldung) ausgeht: Ein Junge/ein Mädchen hat einen Roboter (ein *Schreibimpulse* U-Boot, eine Zeitmaschine u. a.) erfunden, mit dem er/sie ...

Ü 2: Schreibe eine fantastische Geschichte, die das folgende Rätsel löst: Ein Zeitungsartikel hat folgende Überschrift: „Riese feiert Weihnachten in netter Familie". Dazu berichtet die Zeitung: Vater/Mutter holt den Sohn/die Tochter von der Schule ab. Schneeverwehungen verhindern die Einfahrt in die Garage. Am nächsten Tag findet sich das Gefährt auf dem Dach der Garage. Die Feuerwehr muss das Auto mit einem Kran vom Dach herunterholen. ...

Ü 3: Schreibe eine Fortsetzungsgeschichte; sie beginnt so: *Fortsetzungs-* Hallo, hier ist euer Baron von Münchhausen. Ich erzählte euch schon von *geschichte* Erlebnissen in den Alpen. Häufig holte ich mir dort meine Bärenkräfte. Ihr fragt mich wie. Ihr wisst doch, dass man durch Verspeisen eines gebratenen Omeletts, das aus Geiereiern angefertigt ist, sehr, sehr stark wird. Das war jedes Mal ganz einfach. Ich fuhr zum Watzmann, bestieg den Gipfel, seilte mich zu einem Geiernest ab, holte mir zwei Eier aus dem Nest und steckte sie in meine Tasche. Doch beim letzten Mal wurde ich beobachtet. Mein Diebstahl war entdeckt.

Ü 4: Eine Vorgabe dient als Impuls für eine Lügengeschichte, die aber abge- *Lügen-* ändert werden soll. Arbeitsauftrag: Du hast hier zwei mögliche Anfänge einer *geschichte* fantastischen Lügengeschichte vor dir. Entscheide dich, welchen du für deinen Aufsatz verwenden willst. Den Text, den du hier findest, musst du in eigene Worte für deine Einleitung abwandeln. Beachte dabei, dass die Information zur Einleitung der Münchhausen-Geschichte im Präsens geschrieben ist. Münchhausen erzählt aber in der Vergangenheit.

a) Münchhausen landet bei der Rückkehr vom Mars im Schlaraffenland. Da er das Rezeptbuch seiner Großmutter bei sich hat, wird er in der Hofbäckerei angestellt. Er wird ein angesehener Bäcker und man gestattet ihm nicht mehr, das Land zu verlassen. Da erfindet er eines Tages ein neues Backpulver. ...

b) Münchhausen überquert mit seinem Fesselballon die Alpen. Über den Dolomiten schwebend hört er ein tickendes Geräusch. Er sieht nach oben und erblickt einen Buntspecht, der auf die Haut des Ballons einpickt. Ein Gewehr, mit dem er den Vogel verjagen könnte, hat er nicht bei sich. Zischend beginnt schon die Luft zu entweichen. ...

2.7 Themenvorschläge zur Fantasieerzählung

Das Auto meines Vaters/meiner Mutter erzählt – Wenn mein Schuh sprechen könnte – Mein Füller, mein Fahrrad, mein Goldhamster, mein Atlas, mein Klassenzimmer erzählt – Der wunderbare Stein – Mein Walkman macht, was er will – Allein mit dem Schlossgespenst – Wenn ich eine Tarnkappe hätte – Drei Wünsche habe ich frei – Unterwegs auf (mit) dem fliegenden Teppich – Mit dem Raumschiff auf einem anderen Stern – Flug in die Zukunft – Ich kann fliegen! – Ein Ufo landete vor meiner Haustür – Mein Freund/meine Freundin, der Marsmensch – Was ich einmal als Indianer/in, Raumfahrer/in erlebte – Eine seltsame Begegnung – Das verwunschene Schloss – Ein schrecklicher/schöner Traum – Mein größter Traum wurde wahr – Eine seltsame Begegnung – Eine gruselige Geschichte – Besuch im Geisterschloss – Wenn ich einmal reich wäre – Der verhexte Computer/Roboter/Walkman/Fernseher – Ein Tag als Dackel – Als Maus/Ente/Hase hat man es schwer – Eine Gute-Nacht-Geschichte.

Lügengeschichten: Mit Münchhausen unterwegs – Die spannende Mäusejagd – Wie ich von einer Riesenkrake entführt wurde – Meine neueste Erfindung – Ausgetrickst – Eine Riesenleistung – Klüger als alle anderen – Eine Unterwasserfahrt – Wie ich schnell reich/berühmt wurde – So wurde ich Popstar, Fernsehstar, Fabrikbesitzer/in, Tierparkdirektor/in – Was ich mit meinem Lottogewinn anstellte.

3 Nacherzählung

3.1 Methodisch-didaktische Überlegungen

Die Nacherzählung gibt einen literarischen Erzähltext, einen dramatischen Text (Monolog, Dialog, Sketch, Einakter, Theaterstück kleineren und größeren Umfangs, Film, Hörspiel, Musical und anderes), einen Zeitungsnachrichtentext, eine Reportage und Ähnliches mit eigenen Worten wieder. Lehrpläne und Sprachbücher zeigen bundesweit eine unterschiedliche Konzeption zu dieser Aufsatzart, wobei sich diese Ansätze im Folgenden nicht ausschließen müssen. In den unten aufgeführten Voraussetzungen kommen beide Ansätze (Forderung nach Gedächtnisschulung und Paraphrasierung versus Anweisung zum selbstständigen Formulieren) zur Geltung.

Der Erzähler oder die Erzählerin erfindet demnach keine eigene Geschichte, er/sie erzählt nicht eigene Fantasievorstellungen, Erlebnisse und Erfahrungen, sondern er/sie hält sich möglichst genau an die Vorgaben von Inhalt und Zielsetzung und möglicherweise an Aufbau und Sprache des vorgegebenen _Ereignisse_ Textes. In erster Linie dient so die Nacherzählung der Schulung des (Kurz- _vollständig und_ zeit-)Gedächtnisses und der Einübung der Fähigkeit, Ereignisse, Abhandlun- _folgerichtig_ gen, Geschehnisse, Informationen, Handlungsabläufe möglichst lückenlos, _wiedergeben_ folgerichtig, anschaulich – wenn notwendig lebendig und spannend – wiederzugeben. Die Nacherzählung aus veränderter Sicht fordert zudem einen Perspektivenwechsel. Positions- und Rollentausch können der Identifikation mit der (fiktiven oder realen) Figur dienen oder aber die Funktion haben, sich in jemanden (Person, Gestalt) oder in etwas (Gegenstand, Tier) hineinversetzen zu müssen, ohne dass eine Identifikation im psychologischen Sinne stattfindet. Unabhängig von diesen Bedingungen sind jeweils besondere (kreative) Schreibtechniken Ziel dieser Übungen. Folgende Lernziele sind anzustreben:

- Fähigkeit zur Konzentration, um aufmerksames Zuhören und/oder Nachlesen des Textes zu gewähren;
- Fähigkeit zur Erfassung und Erschließung eines Textes bzw. des Sinns des Textes;
- Fähigkeit zur Strukturierung einzelner Erzählschritte bzw. (Teil-)Handlungsabläufe;
- Fähigkeit zur Paraphrasierung oder (in Abhängigkeit vom Arbeitsauftrag) zur Formulierung mit eigenen Worten;
- Fähigkeit zur Erkenntnis der Intention, des Spannungsbogens, des Höhepunktes, des Ausgangs des Geschehens;
- Fähigkeit zur Nachgestaltung des Wesentlichen (unter Ausschaltung der eigenen Fantasie);
- Fähigkeit zur Veränderung des Standpunktes (der Perspektive);
- Fähigkeit, den veränderten Standpunkt sprachlich stringent und logisch zu gestalten.

Synopse 3: Nacherzählung in verschiedenen Jahrgangsstufen

Nacherzählung	minimale Anforderung (5.Klasse)	maximale Anforderung (7.Klasse)
Vorbereitungs- und Konzentrationsphase	als Gedächtnisübung die Nacherzählung orientiert sich sehr nahe am literarischen Erzähltext und wird ein- oder zweimal (mit Zeitvorgabe) (vor-)gelesen	als Gedächtnisübung die Nacherzählung verbietet eine Anhäufung von Paraphrasen und kann sich an dramatischen Texten wie dem Hörspiel, dem Musical orientieren der Text wird vorgelesen bzw. angehört
Stoffsammlung	Notizen, Stichpunkte	Notizen, Stichpunkte
Struktur	Aufbau gemäß (vor-)gelesenem Text	Strukturierung nach chronologischer Abfolge (nicht immer identisch mit dem Ablauf im dramatischen Text, in der Reportage, in der Zeitungsnachricht oder im (mit der Methode der Montage gestalteten) Erzähltext
Inhalt	analog der Vorgabe	analog der Vorgabe unter Berücksichtigung der Arbeitsanweisungen die Form betreffend, evtl. Perspektivenwechsel
Adressatenbezug	Berücksichtigung des Adressaten bei größtmöglicher Nähe zum Originaltext	komplizierterer Handlungsablauf wird in (chrono-)logischer Reihung gestaltet
Stil und Form	geringes Wortschatzniveau (je nach Jahrgangsstufe und Übungseinheiten)	größtmögliche Eigenständigkeit und (in Abhängigkeit vom Arbeitsauftrag) Loslösung vom Original (inhaltlich wie formal), Anwendung von Synonymen anstelle einfacher Wortwiederholungen Umwandlung des (dramatischen) Präsens in narratives Präteritum Wechsel der Erzählperspektive als zusätzliche Forderung möglich (= Nacherzählung aus anderer Sicht)

3.2 Definition

Eine Nacherzählung im engeren Sinne ist eine in Prosa verfasste Wiedergabe von literarisch dargestellten Ereignissen. Sie richtet sich weitgehend nach der Vorlage, sodass Einleitung, Hauptteil und Schluss der Erzählung vom Primärtext abhängig sind.

Im weiteren Sinne umfasst die Nacherzählung auch die Wiedergabe von in Filmen, Hörspielen, Musicals, Zeitungsnachrichten und -reportagen dargestellten Begebenheiten.

Bei beiden Arten der Nacherzählung kann eine Abänderung des Tempus sowie der Perspektive (= Nacherzählung aus anderer Sicht) im Sinne einer Anhebung des Anspruchsniveaus verlangt werden.

3.3 Mögliche Unterrichtsschritte

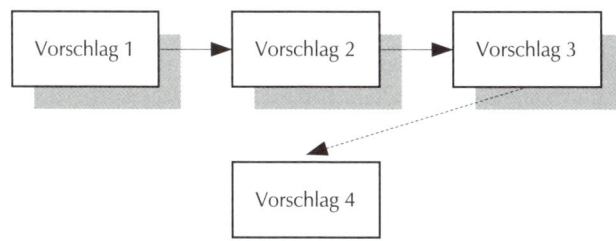

Erläuterung: V 1, 2, 3 bilden die Voraussetzung für den abzuleitenden M sowie die Z; V 4 ist fakultativ.

Vorschlag 1:
In der folgenden Unterrichtssituation (Gespräch und Erfahrungsaustausch) geht es vor allem um die Herstellung einer besonderen Kommunikationsbedingung. Eine eigene Klassenordnung kann hergestellt werden, in der die Formen des Zuhörens, des Ausredenlassens, des höflichen Entgegenkommens festgelegt werden. Einstiegsübung und Motivationsphase ist, die Schüler/innen Urlaubs- und Ferienerlebnisse (oder eine beliebige Geschichte) erzählen zu lassen. Die Schüler und Schülerinnen werden angehalten Gleichaltrigen *Geschichten* zuzuhören. Anschließend werden die Mitschüler/innen dazu aufgefordert, den *erzählen* Inhalt der Erzählung des Vorredners nachzuerzählen, erneut wiederzugeben, ohne zu verfälschen oder Wichtiges wegzulassen. Im kommunikativen Bedingungsrahmen der Schulklasse erklärt die Lehrkraft, dass von den Erfahrungen und (Er-)Kenntnissen der gleichaltrigen Schüler/innen gelernt wer- *mündliches* den kann. Nur die sich in der Rolle des Moderators zurücknehmende Lehr- *Nacherzählen* kraft kann bei den Schülern und Schülerinnen erreichen, Bewusstsein und Akzeptanz derart zu entwickeln, dass die unterschiedlichen Lebenserfahrungen der Kinder und Jugendlichen innerhalb der Klasse als ernst zu nehmende und pluralistische aufgefasst und angenommen werden können. Voraussetzung hierfür ist das Einüben der Fähigkeit des Zuhörens. Von Vorteil ist hierbei unabhängig von den Techniken, die zur Einübung der Aufsatzart Nacherzählung geübt werden, die Vereinbarung, es dürfe nur der/die Schüler/in spre-

chen, der/die inhaltlich das wiederhole, was der unmittelbar vorher sich äußernde Gesprächspartner mitgeteilt habe. Die ständigen Wiederholungen in einer derartig ablaufenden Stunde haben den Nebeneffekt, dass Schüler/innen dem Moderator sowie den potenziellen Gesprächspartnern der Klasse Vertrauen schenken wollen dahingehend, dass die Kommunikation auch ohne diese (lästige) Übung funktionieren werde. Eine weitere Methode, die Konzentration auf das Unterrichtsgespräch zu lenken, ist, einen Gegenstand an die jeweiligen Sprecher auszuhändigen (das mag ein Tennisball, ein Kuscheltier, ein Stein oder anderes sein), den der/die sich Äußernde während seines Beitrages in der Hand behält, um ihn nach Abschluss seines Beitrages weiterreichen zu können. Allein der Inhaber des Gegenstandes darf sich äußern. Im Laufe der Zeit achtet die Gruppe bzw. Klasse selbst darauf, dass sich die Erzähler/innen an die Vereinbarungen halten. Im Plenum werden im Anschluss an die mündliche Nacherzählung physiologische Übertragungsfehler (Verhören, Überhören), Ungenauigkeiten der Wiedergabe (Auslassungen, Über- und Untertreibungen) und sprachliche Probleme der Wiedergabe besprochen. Nähert sich die Nacherzählung der Inhaltsangabe, so kann eruiert werden, worin die Gründe für die gegebene Art der Darstellung liegen.

Vorschlag 2:

gemeinsames Vorlesen

Schüler/innen lesen im Klassenverband eine Lesebuchgeschichte. Das übliche Verfahren, Schüler/innen zeilen- und abschnittweise laut vorlesen zu lassen, erfreut sich nach wie vor großer Beliebtheit. Die Aufforderung zu Beginn der Vorlesephase, den Text nach dem Vorlesen auch nacherzählen zu müssen, führt zu einer besonderen Gewichtung der Konzentration. (Vorleser/innen wissen häufig nicht, völlig unabhängig von ihrer Altersstufe, welchen Inhalts der vorgetragene Text ist, weil sie sich lediglich auf die Form und den Vortrag konzentrieren. In besonderen Fällen kann der Text zweimal gelesen werden um diese Erkenntnis zu vermitteln.) Der Text wird beiseite gelegt und die Übung der Nacherzählung kann nun mündlich oder schriftlich erfolgen. Sowohl die mündliche als auch die schriftliche Verbalisierung kann im Klassenverband verschiedenen Rollenträgern zugeordnet werden. Die jeweilige Fortsetzung der mündlichen Nacherzählung wird von verschiedenen Schülern und Schülerinnen vorgenommen. Auch die schriftliche Fixierung der Erzählung kann gemeinsam erfolgen, indem die Blätter der Schüler/innen im Zehnminutentakt weiter gereicht werden (A an B, B an C usw.). Die Fertigstellung der Nacherzählung kann als individuelle HA fortgesetzt werden.

Vorschlag 3:

Die Schüler/innen werden nach dem gemeinsamen Betrachten eines Films oder Theaterstücks, nach dem gemeinsamen Anhören einer Schulfunksendung oder eines Hörspiels (im UG) aufgefordert, den Inhalt der Handlung oder Sendung mündlich nachzuerzählen. Verbesserungen, Nachträge, Ergänzungen können im Klassenverband erfolgen. Eine andere Möglichkeit besteht darin, die Nacherzählung von einer gewählten oder einer bestimmten Jury (drei bis fünf Schüler/innen) ergänzen und beurteilen zu lassen.

Vorschlag 4:

In Zweiergruppen (PA) erzählen Schüler/innen der Klasse von ihrem Freizeitverhalten, ihren Hobbys, von ihrem letzten schönen Erlebnis oder Abenteuer, ihrem Ferienerlebnis oder einem spannenden Fernsehfilm, sie erzählen eine witzige Anekdote, ein unvergessliches Ereignis oder Ähnliches. Die Lehrkraft gibt die Erzählzeit vor. Nach ungefähr fünf bis zehn Minuten wechseln die Gesprächspartner ihre Rollen, der Erzähler wird zum Zuhörer und umgekehrt. Im Anschluss an diese Kommunikationssituation müssen ausgewählte Schüler/innen vor dem Plenum der Klasse wiedergeben, was ihnen erzählt wurde. Verzerrungen oder gar falsche Wiedergabe bzw. Missverständnisse werden geklärt und besprochen.

vor dem Plenum der Klasse erzählen

Um eine *Nacherzählung* anfertigen zu können muss ich den Text richtig verstehen. Voraussetzung dafür ist äußerste Konzentration, unabhängig davon, ob ich den Text höre oder lese. Ich muss demnach genau zuhören bzw. den Text genau lesen. Dabei ermittle ich die wichtigsten Erzählschritte der Handlung und halte sie im Gedächtnis fest. Da die Geschichten und Ereignisse meist einen Höhepunkt aufweisen, achte ich besonders auf diesen.

Je nach Aufgabenstellung orientiere ich mich mehr oder weniger an der Sprache des Verfassers und setze den Text ins Präsens oder Präteritum. In der Regel muss ich mich nicht an den Wortlaut der Vorlage halten. Ich erzähle mit eigenen Worten. Sollte ein Erzählen aus anderer Sicht verlangt werden, kann ich schon während des Zuhörens oder Lesens annehmen, dass ich oder eine andere Person die Geschichte erlebe/erlebt.

Die *Nacherzählung* in ihrer einfachsten Form ist die Wiedergabe einer Textvorlage. Das Anforderungsprofil variiert von der bloßen möglichst textgetreuen Nacherzählung bis hin zur Nacherzählung mit Wechsel von Tempus und Perspektive (aus anderer Sicht). Der Schwierigkeitsgrad der Nacherzählung wird wesentlich erhöht, wenn der Text nicht visuell, sondern lediglich auditiv dargeboten wird.

zur Nacherzählung

3.4 Hinweise zur Aufsatzbewertung und -beurteilung

Messbar sind folgende Lernziele, die vor der Aufsatzarbeit zur Nacherzählung festgelegt und geübt werden und Gegenstand der Beurteilung sein sollten:

- Reichhaltigkeit des Wortschatzes
- syntaktische Fähigkeiten
- das Verständnis des vorgegeben Textes:
  - Erkennen der Erzählschritte, des Höhepunkts der Handlung, der Problematik des Textes, der eingeforderten Veränderung gegenüber dem Original (u. Ä.).

keine Paraphrasierung der Textvorlage

Die bloße Paraphrasierung des gebotenen Textes eignet sich weniger für eine über die bloße Gedächtnisleistung hinausgehende Arbeit. Je nach Intensität der Vorbungen und Trainingseinheiten, je nach Textsorte und Inhalt müssen zwei weitere Aspekte, nämlich der

- Schwierigkeitsgrad der Nacherzählungen und die
- Beurteilung des Wortschatzreichtums

berücksichtigt werden.

folgerichtige Wiedergabe des Geschehens

Didaktische Überlegungen, die sich an der Alltagskommunikation orientieren, führen sinnvollerweise dazu, Wortwiederholungen nicht stets zu sanktionieren. Von größerer Bedeutung in der Bewertung sind die syntaktischen Strukturen und ihr Variationsreichtum. Vorangestellt wird der formalen Beurteilung freilich stets die Fähigkeit, den Inhalt des Geschehens folgerichtig wiedergeben zu können.

3.5 Aufsatzbeispiele

An dieser Stelle wird lediglich die Empfehlung ausgesprochen mithilfe von fehlerhaften Nacherzählungen aus dem Fundus der Übungsaufsätze der Klasse zu besprechen, wo Verbesserungsmöglichkeiten liegen, um stilistisch, sprachlich und inhaltlich korrekte Nacherzählungen formulieren zu können.

3.6 Übungen zur Lernzielkontrolle

Ü 1: Um Schülerinnen und Schülern zu vermitteln, dass für eine erfolgreiche Nacherzählung vorliegender Texte stets ein Film im Kopf ablaufen muss, erprobt die Lehrkraft in einer kleinen Übung die Gedächtnisleistung mithilfe verbaler Visualisierung. Der lernpsychologische Hintergrund ist die Aktivierung beider Gehirnhälften. Die Schüler/innen werden aufgefordert sich le-

Gedächtnisübung

diglich den folgenden vorgesprochenen Text zu merken:

„Ein Zweibein sitzt auf einem Dreibein und isst ein Einbein. Des Weges kommt ein Vierbein und stiehlt oder entwendet dem Zweibein das Einbein, was das Zweibein wütend macht. Das Zweibein packt das Dreibein, rennt dem Vierbein hinterher, bedroht es mit dem Dreibein, das Vierbein lässt das Einbein fallen, woraufhin das Zweibein froh ist, das Einbein nimmt und sich auf das Dreibein setzt, das Einbein aber nicht mehr essen will."

Die wenigsten Schüler/innen werden imstande sein, den Text unverfälscht nachzusprechen, da sie in der Zeit des Vorsprechens beziehungsweise Zuhörens lediglich ihre linke Gehirnhälfte beziehungsweise ihr Zahlengedächtnis aktivieren, anstatt den fortlaufenden Text zu visualisieren (Aktivierung der rechten Gehirnhälfte). Erst nach dem Hinweis, dass ein Verwandter, man selbst oder die Lehrkraft auf einem dreibeinigen Schemel sitze, eine Hühnchenkeule, ein Eisbein (eine Schweinshaxe) oder Ähnliches verzehre, ein Hund des Weges komme, die Speise wegschnappe, der Betroffene mit dem Schemel dem Tier hinterherrenne, das Tier bedrohe, dies wiederum die geraubte Speise fallen lasse usw., werden die Schüler/innen verstehen, dass sie sich die im Kopf visualisierten Geschichten und Erzählungen leicht(er) einprägen können. Der Transfer zur zu entwickelnden Fähigkeit, man müsse sein eigener

(Film-)Regisseur im Kopf sein um Nacherzählungen besser erstellen zu können, fällt dann relativ leicht. Ähnliche Konzentrationsübungen im Kontext mit virtueller Visualisierung sind denkbar.

Ü 2: Im Rahmen eines Rätselspiels werden das Gedächtnis und die Fähigkeit nachzuerzählen geübt. Die von der Lehrkraft vorgetragenen Rätsel müssen von den Schülerinnen und Schülern, bevor es zur gemeinsamen Lösung kommt, mündlich wiederholt (nacherzählt) werden. Die folgenden Beispiele können sprachlich redundant erweitert werden. Im Weiteren möge die knappe Fassung der Beispiele lediglich als Anregung dienen.

Übungen zum mündlichen Nacherzählen

Beispiel 1: Wie muss ein Ball geworfen werden, damit er plötzlich anhält, stehen bleibt, seine Richtung ändert und den entgegengesetzten Weg nimmt, ohne dass der Ball an eine Wand geworfen wird oder gar festgebunden ist?
Lösung: Er muss senkrecht in die Luft geworfen werden.

Beispiel 2: Hannelore macht im Schlaf- oder Kinderzimmer das Licht aus und ist trotzdem imstande, ins Bett zu gehen, bevor es dunkel ist. Das Bett steht mindestens drei Meter vom Lichtschalter entfernt. Eine Kabelverbindung oder Infrarotschaltung zwischen Schalter und Bett existiert nicht. Wie bringt Hannelore dies zustande?
Lösung: Sie geht tagsüber ins Bett, um einen Mittagsschlaf zu halten.

Beispiel 3: Zwei Mütter (zwei Väter) und zwei Töchter (Söhne) begeben sich in eine Tierhandlung um jedem/jeder einen Goldhamster (ein Schoßhündchen, ein Kätzchen) zu kaufen. Der Besitzer der Tierhandlung hat noch drei dieser Tierchen. Jeder Kunde verlässt den Laden mit einem Tier. Niemand muss auf sein erworbenes Haustier verzichten, obwohl nur drei Haustiere verkauft worden sind. Wie ist dies möglich?
Lösung: Niemand hat behauptet, dass es sich um vier Personen gehandelt hat. Frau, Tochter, Enkelin ergeben zwei Mütter und zwei Töchter bzw. Mann, Sohn, Enkel zwei Väter und zwei Söhne bei jeweils drei Personen.

Beispiel 4: Wir spielen Detektiv. Eine Londonerin und ihr Ehemann fahren in den österreichischen Alpen Ski. Der Ehemann fällt in einen Abgrund und kommt ums Leben. Als der Angestellte der Fluggesellschaft in London nach der Rückkehr der Ehefrau in England in der Zeitung liest, welches Unglück sich da ereignet hat, zeigt er die Frau bei der Polizei an. Warum tut er das?
Lösung: Besagte Frau hatte für den Hinflug zwei Tickets gelöst, für den Rückflug nur eines.

Beispiel 5: Zwei Geschwister müssen sich ein großes Stück von der übrig gebliebenen Geburtstagtorte teilen. Es ergibt sich ein Streit darüber, wer das Stück teilen darf. Jeder glaubt vom anderen, dass er das größere Stück für sich beanspruche. Vater oder Mutter mischen sich ein und haben einen Plan, wie man am besten vorgehe. Die Kinder sind sofort einverstanden. Was hat Vater oder Mutter vorgeschlagen?
Lösung: Der Plan fordert, dass eine Münze geworfen wird oder ein Los gezogen wird, um festzulegen, wer die Torte schneiden oder teilen darf. Der-/diejenige, der/die den Kuchen nicht schneidet, darf sich das Stück Torte aussuchen, das er/sie essen möchte.

Beispiel 6: Der Verkäufer der Tierhandlung garantiert der Kundin, dass der bunte Papagei jedes Wort nachspricht, das er hört. Zu Hause stellt die Kundin fest, dass der Papagei nicht imstande ist ein einziges Wort nachzusprechen. Der Verkäufer hat aber nicht gelogen. Wie ist das zu erklären?
Lösung: Der Papagei ist taub.
Beispiel 7: Eine Fliege in der Tasse Kaffee des Gastes im Restaurant führt zum Streit. Als der Gast eine neue Tasse Kaffee serviert bekommt, rastet er aus. Er behauptet, es handle sich um dieselbe Tasse Kaffee, die er zurückgehen habe lassen. Woher weiß der Gast dies?
Lösung: Er hatte seine Tasse Kaffee vorher mit Zucker gesüßt.
Beispiel 8: Am Wandertag wählt die Klasse einen Weg, der durch drei bestimmte Dörfer führt. Auf dem Weg zum zweiten Dorf kommen die Schüler/innen und die Lehrkraft an eine Wegegabelung, an der der Wegweiser umgeworfen am Boden liegt. Niemand weiß, welcher Weg der richtige zum zweiten Dorf ist. Was ist zu tun? Auch die Lehrkraft kennt die Strecke nicht; man hatte ihr erklärt, die Strecke sei gut ausgeschildert.
Lösung: Jemandem fällt der Name ein von dem Dorf, das die Klasse vorher gerade hinter sich gelassen hat. Wenn nun der Wegweiser wieder so aufgestellt wird, dass der Name des Dorfes in die Richtung zeigt, aus der die Klasse gekommen ist, zeigen die übrigen Schilder in die richtige Richtung.
Die Beispiele sind frei erweiterbar. Das Rätselraten kann nach der Einteilung der Klasse in z. B. drei Gruppen als Wettbewerb durchgeführt werden, wobei zur strengen Regel erhoben wird, dass eine Lösung erst dann verbalisiert werden darf, wenn die „Nacherzählung" des jeweiligen Rätsels durch einen Schüler oder eine Schülerin der Klasse erfolgt ist. Eine fehlerhafte Wiedergabe des Rätsels wird im Plenum korrigiert.

3.7 Themenvorschläge zur Nacherzählung

Hier sei lediglich hingewiesen auf die verschiedenen Lesebuchgeschichten, auf die unterschiedlichen Lektüreempfehlungen, die teilweise in den Lehrplänen der Bundesländer abgedruckt sind, sowie auf ein reichhaltiges Angebot an Geschichten aus den Anthologien der (Taschenbuch-)Verlage.

4   Bildgeschichte

4.1   Methodisch-didaktische Überlegungen

Die Bildgeschichte als Aufsatzart ist im Deutschunterricht mannigfaltig einsetzbar. Unabhängig von der Art der Gestaltung des Bildes, der Bilder(folge) ist der Weg, der zur Vollendung der Bildgeschichte führt, nicht immer ein steiniger, sondern häufig ein vergnüglicher. Die Welt der Bilder ist Schülerinnen und Schülern durch unterschiedliche Sehgewohnheiten vertraut. Bilder bieten auch zurückhaltenden Schülerinnen und Schülern Anlässe, die zum Erzählen reizen. Die Erfahrung zeigt, dass sowohl die Unterrichtsbeteiligung kommunikationsscheuer Schüler/innen steigt (quantitativer Aspekt) als auch die Komplexität der Sätze und Satzkonstruktionen zunimmt (qualitativer Aspekt). Psychologisch mag dies aus der Tatsache ableitbar sein, dass der Erkenntnisprozess über die Stationen Wahrnehmung – Sehen – Betrachten – Erkennen – Sammeln der Erkenntnisse – verbale Umsetzung der Eindrücke einer anderen Motorik unterliegt als der in den Einübungsphasen der Aufsatzarten ohne konkreten visuellen Anlass. Geschichten, die die Bilder schreiben, können aufgrund sehr unterschiedlicher Anlässe entstehen. Die vielfältige Art der Darstellung im Bild (Fotografie, Karikatur, Cartoon, Comic, Gemälde, Zeichnung und anderes), ob farbig oder schwarz-weiß, sowie die Zahl der Bilder in einer vollständigen oder mit Lücken versehenen Bildersequenz, mit oder ohne Sprechblasen und/oder Kommentaren/Erläuterungen, ergeben reichhaltiges Variationsmaterial für die Anwendung im Unterricht. Entsprechend unterschiedliche Bilder lösen Gedanken und Gefühle aus. Bilder bewirken in der Regel mehrdeutige Reize, die häufig zu verschiedenen Eindrücken führen. Vor allem in Bilderfolgen ist eine Wahrnehmung von einer anderen abhängig. Relative Deutungen korrespondieren dann nicht nur mit subjektiv gemachten Seherfahrungen, sondern auch mit der Verarbeitung des Reizes durch kognitive und kreative Operationen. So werden Bilder zum Leben erweckt, ihnen wird Bewegung zuteil, sie erfordern kombinatorische Fähigkeiten, aus der Zwei- wird eine Dreidimensionalität, die Konstituenten des Bildes/der Bilder wird/werden in ihren Wechselbezügen erkannt, nichtsprachliche Mittel werden in Text umgesetzt. Ähnlich wie in den MdÜs der anderen Aufsatzarten können in den Übungen zur Bildgeschichte Schwerpunkte zum Aufsatztraining, zur Grammatik, zu Satzbau und Wortschatz gesetzt werden. In den Lese- und Sprachbüchern der einzelnen Bundesländer sind mannigfaltig Bildgeschichten abgedruckt, die Möglichkeiten bieten für Übungen zur Lernzielkontrolle. Im Folgenden wird deshalb auf die Kapitel „Übungen" sowie „Themenvorschläge" verzichtet. Im Abschnitt „Aufsatzbeispiele" ist eine bisher unveröffentlichte Bildgeschichte des mittlerweile berühmten Grafittikünstlers Loomit abgedruckt. Ein Aufsatz zu dieser Bildgeschichte ist angefügt.

Synopse 4: Bildgeschichte in verschiedenen Jahrgangsstufen

Bildgeschichte	minimale Anforderung	maximale Anforderung
Vorbereitungs- und Konzentrationsphase	mündliche Verbalisierung von Assoziationen zu vorgelegten oder selbst gewählten Bildern	mündliche Verbalisierung von Assoziationen zu vorgelegten oder selbst gezeichneten Bildern
Stoffsammlung	tabellarische Stoffsammlung, Notizen zu jedem einzelnen Bild	(tabellarische) Stoffsammlung, Notizen zu jedem einzelnen Bild, selbstständiges (assoziatives) Schließen der Lücken in der Bilderfolge
Struktur	Aufbau eines leicht verständlichen Bildes oder einer entsprechenden Bilderfolge	Aufbau eines komplexeren Bildes oder einer entsprechenden Bilderfolge ohne Anfang oder Schluss oder mit Lücken in der Folge Korrektur der vertauschten Reihenfolge der Bilder
Inhalt	Erschließen des Inhalts der Bildgeschichte anhand der Fragen: Wo? Wer? Wann? Warum? Betonung der äußeren Handlung (Nacherzählung des sichtbaren Geschehens)	Erschließen des Inhalts der Bildgeschichte anhand der Fragen: Wo? Wer? Wann? Warum? Sind Ergänzungen notwendig? Betonung der inneren Handlung Formulierung einer passenden Überschrift Puzzle-Variante: Korrektur der falschen Vorgabe der Reihung der Bilder, inhaltlich logische Anordnung
Adressatenbezug	Bildgeschichte richtet sich an Leser/innen, die das Bild bzw. die Bilderfolge nicht kennen	Bildgeschichte richtet sich an Leser/innen, die das Bild bzw. die Bilderfolge nicht kennen Schreiber/innen (= Schüler/innen) sind imstande, die Bildgeschichte in eine vollständige logische Bildersequenz zu formen

Bildgeschichte	minimale Anforderung	maximale Anforderung
Stil und Form	sprachliche Mittel einer einfachen Erzählung; bildbezogene Wortschatz- und Verbalisierungsübungen	sprachliche Mittel mit größerer Bandbreite der zum Bild / zu den Bildern passenden Wortwahl unter genauerer Berücksichtigung von Gestik, Mimik, Statik und Dynamik in der Körperhaltung der Figuren
	Gestaltung im Präteritum (auch im Präsens denkbar)	Gestaltung im Präteritum (auch im Präsens denkbar)
	einfache Formen der direkten Rede	Wechsel der Perspektive (außerhalb wie innerhalb des Bildes: Betrachter versus betroffene Person im Bild)
		mono- oder dialogreiche Szenerie; inhaltliche Ergänzungen zu fehlenden Bildern in logischer ¡Konsequenz
		formal korrekte Gestaltung einer Überschrift

4.2 Definition

Ein Bild ist eine Darstellung von etwas oder von jemand auf einer Fläche (Gemälde, Zeichnung, Druck, Fotografie). Eine Abbildung ist eine Darstellung einer Sache durch eine andere. Eine Bilderfolge oder -sequenz bezeichnet mindestens zwei aufeinander folgende, voneinander abhängige, in der Regel im logischen Zusammenhang stehende Darstellungen, die in sich eine Information (Geschichte) bergen.

Der Terminus Bildgeschichte beinhaltet zwei Bedeutungen, da er sowohl eine Geschichte in Bildern bezeichnet als auch die Geschichte, die zum Bild, zu den Bildern erzählt wird. Zur Geschichte im Bild gehört, was im, vor, zwischen und nach dem Bild/den Bildern geschieht. Die Bilder „erzählen" in der Regel eine Handlung, einen Vorgang, ein Geschehen. Diese Tatsache muss vor Beginn mit der Aufsatzart Bildgeschichte berücksichtigt werden. In der Art und Weise der Gestaltung unterliegt die Bildgeschichte nahezu den gleichen Bestimmungen wie die Erlebniserzählung (vgl. Def. Erlebniserzählung, S. 16). Äußere und innere Handlung sowie der Aufbau des Aufsatzes sind allerdings abhängig von der Vorgabe der Bilder bzw. der Absicht des Zeichners, Malers, Fotografen.

4.3 Mögliche Unterrichtsschritte

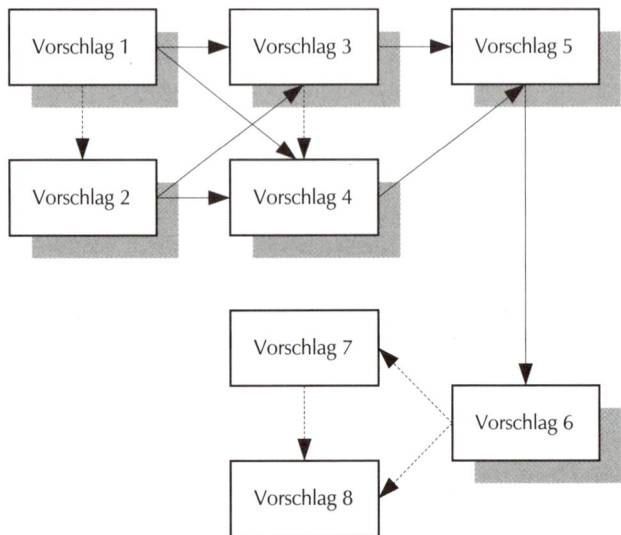

Erläuterung: In der Grafik wird weniger eine Minimalanforderung deutlich als vielmehr unterschiedliche Alternativen zum Unterrichtsangebot: V1 oder V2, dazu V3 oder V4, gefolgt von V5 und V6 sowie die Ergänzungen V7 oder V8 ergeben ein mögliches Gesamtbild.

Vorschlag 1:

 Im UG äußern sich Schüler/innen zu beliebigen Bilddarstellungen. Je nach zur Verfügung stehender Unterrichtszeit sollen Schüler/innen zu Hause oder im Unterricht ein Bild oder eine Bilderfolge zeichnen (Alternativen: Anfertigung einer Collage, Ausschneiden eines Comics) und mündlich vorstellen. Eine weitere Möglichkeit liegt in dem Auftrag, zur nächsten Unterrichtsstunde ein beliebiges Bild (private Fotografie, Zeichnung, Abbildung aus einer Zeitschrift) mitzubringen (das Motivationspotenzial der Schüler/innen nutzend, erzielen HAs, die möglichst große Entscheidungsfreiheit gewähren, gute und erstaunliche Erfolge). Ist schon die Vielfalt von angefertigten Zeichnungen ein motivierender Anlass zur Verbalisierung der Bildinhalte, so werden sich in ähnlicher Weise Überraschungen einstellen, wenn, von unterschiedlichen Bildern ausgehend, unterschiedliche Geschichten von den Schülern erzählt werden. Die Verbalisierungsübung mithilfe eines Episkops dient vor allem dem Ziel, genaue, aber auch subjektive Deutungen des Bildmaterials im Klassenverband anzubieten.

Vorschlag 2:

 Eine weitere Möglichkeit, das genaue Betrachten mit anschließender Verbalisierung zu üben, liegt in der Methode des Rundlaufs (vgl. Fantasieerzählung, V 3, S. 29). Fotos, Zeichnungen, Karikaturen an sechs Stationen (Wände des Klassenzimmers) müssen gruppenweise betrachtet und Stichpunkte zu dem, was eine Gruppe jeweils sieht, festgehalten werden. Nach drei bis vier Minuten wechselt Gruppe 1 zu Karikatur 2, Gruppe 2 zu 3 usw. und schließlich 6 zu 1. Nach zirka 30 Minuten verfügen alle sechs Gruppen über Notizen zu jedem Bild. Im anschließend gebildeten Plenum äußern sich die Schüler/innen zu den Bildern. In der nächsten Unterrichtsstunde wird diese Verbalisierungsübung fortgesetzt.

Erfassung des Bildes/der Bilder als Handlungszusammenhang
- ☞ Betrachte das Bild, die Bilder sehr genau.
- ☞ Erfasse mithilfe der W-Fragen das Geschehen:
  - Wer oder was ist zu sehen?
  - Welche Namen gebe ich den Personen?
  - Wo spielt die Geschichte?
  - Wann und wie lange etwa dauert das Geschehen?
  - Was geschieht? Was tun die Personen, Tiere? Was haben sie miteinander zu tun?
  - Wie sehen die Personen, Tiere, Gegenstände, Landschaften aus?
  - Welche Körperhaltung, Gebärden, Gefühle, Gesichtsausdrücke, Veränderungen, Bewegungen zeigen sie?
  - Warum ist das Geschehen so gestaltet bzw. was will uns das Bild, die Bilderfolge sagen?
  - Wann passiert das Wichtigste? Wo liegt der Höhepunkt?
  - Welche Lücken muss ich schließen (am Anfang, am Schluss, innerhalb der Bilderfolge)?

M

Vorschlag 3:
Wahlweise unter Berücksichtigung des Methodenwechsels wird im Frontalunterricht (bei Einsatz von Dia- oder Overheadprojektor, Episkop), im UG, in PA oder GA eine Bild(er)folge verbalisiert. Hierzu wird eine Stichwortsammlung (z. B. Stoffsammlung in Tabellenform) angelegt. Neben der rein inhaltlichen Komponente (Bildinhalt) ist eine medienkritische Reflexion möglich, abstumpfende wie anregende Wirkungen von Zeitschriften und Fernsehen in Relation zur Wirklichkeit können angesprochen und diskutiert werden. Bilder erweisen sich immer auch als Gesprächsanlass über Sehgewohnheiten und eigene Erfahrungen der Schüler/innen im Hinblick auf die (Aus-)Wirkungen des Medienangebotes. Übergeordnetes Ziel sollte dabei stets sein, lediglich Art und Weise des Betrachtens, Sehens, Erkennens bewusst zu machen.

Vorschlag 4:
Ähnlich wie in V 3 können unter Berücksichtigung des Methodenwechsels komplexere, mit Lücken versehene Bildsequenzen erarbeitet werden. Sind

Korrektur der Bilderfolge

die Einzelbilder der Bildgeschichte aus der Reihe geraten, muss von den Schülern und Schülerinnen die richtige Abfolge hergestellt werden. (Der Vergleich mit einem Puzzle liegt nahe.) Chronologische und sinngerechte Reihung der Bilder kann nur erzielt werden, wenn die Bildsignale erkannt werden. Es ist also notwendig, auf Details im Bild genauer zu achten. Im Gruppengespräch oder im Plenum räumen die Schüler/innen ihre Täuschungen und falschen Schlüsse relativ rasch und selbstständig aus und erzielen Einigung. Unabhängig vom Schwierigkeitsgrad der Übung sollten am Ende im Unterricht oder als HA Einleitung, Hauptteil und Schluss der Bildgeschichte (oder Teile davon) schriftlich fixiert werden. Im Anschluss an die schriftliche Darbietung muss sie verbessert werden, sei es im UG, nachdem Schüler/innen ihre Arbeit vorgelesen haben, oder sei es, dass die Lehrkraft einzelne Aufsätze oder den Klassensatz korrigiert hat. Die Korrektur erfolgt (nicht nur aus schulrechtlichen Gründen) jeweils ohne Notenabstufung, da der Schreibvorgang sowie die Korrektur zum nächsten M (oder zu den nächsten zwei M) führen soll.

M

> ☞ Fasse dich in der *Einleitung* der *Bildgeschichte* kurz, berücksichtige aber auf jeden Fall, welches Geschehen vor dem ersten Bild vorausgegangen sein kann.
> ☞ Fehlt zwischen den einzelnen Bildern ein Teil der Handlung, so stelle eine inhaltlich-logische Verbindung her.
> ☞ Überlege, wann und wo der Höhepunkt zu gestalten ist. Er muss auch in deiner Erzählung besonders deutlich hervortreten.
> ☞ Bedenke genau, ob das letzte Bild für die Handlung wirklich einen Schlusspunkt setzt. Wenn dies nicht der Fall ist, überlege dir selbst einen passenden Schluss. Fasse dich aber auch hier kurz.
> ☞ Je nach Aufgabenstellung: Formuliere eine treffende Überschrift, die zum Inhalt der Geschichte passt.

Vorschlag 5:

An einer beliebigen Bilderfolge soll den handelnden Personen jeweils ein Name (Vorname und/oder Familienname) zugeordnet werden. Die Schüler/innen begründen im UG ihre Entscheidung. Geht dieser Übung die spielerische HA voraus, die Eltern zu befragen, warum sie ihren Kindern den jeweils bestimmten (Vor-)Namen gegeben haben, lässt sich eine Unterrichtsstunde zur Namenkunde durchführen. Die Erfahrung zeigt, dass das an die HA sich anschließende UG mit zahlreichen Anekdoten der Schüler/innen angereichert wird. Herkunft und Bedeutung der Namen der Schüler/innen sowie den Entscheidungsakt, den in den Bildern agierenden Personen Namen zu geben, die jeweils eine bestimmte Bedeutung haben, zu reflektieren, ist als Lernziel deshalb ausreichend, weil ungleich mehr Emotionen als im üblichen UG ausgelöst werden.

Vorschlag 6:

Analog zu den Vorschlägen zur Erlebnis- und Fantasieerzählung können verschiedene Wortschatzübungen sowie Übungen zur Grammatik und Zeichensetzung im Aufsatzunterricht durchgeführt werden; jeweils in Abhängigkeit vom Leistungsstand der Klasse. An frei zu wählenden Bilderfolgen können nun Begriffe gesucht werden, die Gestik, Mimik, Körperhaltung der Personen beschreiben oder bezeichnen. Mithilfe von Fotografien, Karikaturen, Zeichnungen, Bilderfolgen werden Wortgruppen gebildet. Die folgende Tabelle gibt je Spalte die Eindrücke zu einer Zeichnung oder Karikatur wieder. Sie ist in sich nicht stringent logisch aufgebaut. Als Ergebnis einer Unterrichtsstunde zeigt sie in Ansätzen, wie unterschiedlich subjektiv bestimmte Gesichtsausdrücke, Gesten, Körperhaltungen interpretiert werden können. Die Übung soll zur Erweiterung des Wortschatzes beitragen.

erregt	verliebt	freundlich	gelang-weilt	dreist	sauer	müde
wütend	betrun-ken	aufge-weckt	ängstlich	frech	zornig	wegge-treten
aufgeregt	verwirrt	fröhlich	verblödet	lustig	böse	traurig
ängstlich	verdreht	lustig	verwirrt	dusselig	grimmig	selig
entsetzt	abwesend	heiter	überheb-lich		verärgert	verträumt
traurig		lieb				verstockt

Vorschlag 7:

Im Rollenspiel sowie im sich daran anschließenden UG führt eine Wortschatzübung zu einem ähnlichen Ergebnis wie V 6. Auf Kärtchen (DIN-A4-Bögen werden mit einer Schere geachtelt) steht jeweils einer der in V 6 angeführten Begriffe, die charakteristisch oder typisierend sind für Gestik, Mimik, Körperhaltung der Personen. Hilfreich sind kennzeichnende Partizipien, Eigenschaftswörter. (Beispielsweise könnte auf einem Kärtchen die Wortgruppe „ängstlich, verwirrt, gebeugt" stehen.) Die Schüler/innen sollen die Karten ziehen und den Zustand bzw. die Eigenschaft der Figuren oder Personen der Klasse vorspielen. Die Klasse muss den betreffenden Ausdruck erraten (Zuruf möglich). Die Reihenfolge der Methoden (Rollenspiel, UG) bleibt der Entscheidung der Lehrkraft überlassen (in Abhängigkeit von der Motivation und dem Leistungsstand der jeweiligen Jahrgangsstufe).

Wortschatz-übung

Vorschlag 8:

Im Kontext mit der Besprechung der Bildgeschichte ist ein eigenes Projekt zu „Comics" denkbar. Kennzeichen des Comic sind sprachliche und nichtsprachliche Konstituenten wie

- (bunte) Bilder in Reihung angeordnet mit karikierenden Konturen
- Sprechblasen mit monologischen, dialogischen Redeteilen, Ausrufen, gedachten Aussagen, lautmalenden (onomatopoetischen) Sprachzeichen

- Sprachkästchen mit Erläuterungen
- Krasser Gegensatz von Held und Gegenspieler (Schwarz-Weiß-Gegensatz, ingroup – outgroup).

Die Abfolge der Unterrichtsmethoden sei hier nur skizziert:

- Stilles Lesen eines ausgewählten Comics
- Fixierung der Ergebnisse als TA
- evtl. Erörterung der Hintergründe der Geschichte
- Klärung des Verhältnisses der Personen zueinander
- Analyse der Konstituenten

Den Schülern und Schülerinnen wird bewusst, dass allein die gleichzeitige Wahrnehmung und Verbindung aller Konstituenten die Geschichte verstehbar macht. Die Frage nach der Beliebtheit und Verschiedenheit der Comics kann zu Beginn oder am Ende des Projekts stehen. Die Typisierung der Figuren lässt sich verbinden mit einer Wortschatzübung oder einer Wortgruppenbildung in tabellarischer Form:

gut – böse, fleißig – faul, lustig – traurig, groß – klein, dick – dünn, stark – schwach, sauber – schmutzig, tapfer – feige usw.

M

☞ Präge dir alle Merktexte und Hinweise zur Erlebniserzählung ein. Sie sind sehr nützlich für die *Bildgeschichte*.

☞ Gib den Personen möglichst schon in der Einleitung Namen und stelle die Situation dar, in der sie sich befinden.

☞ Verändere nicht Folge und Inhalt der Bilder (Ausnahme: Puzzle). Erzähle die Geschichte so, dass Leser/innen, die die Bilder nicht kennen und sehen dürfen, die Handlung verstehen.

☞ Bedenke, was zwischen den Bildern passiert sein könnte und baue deine Entdeckungen und Schlussfolgerungen mithilfe von Überleitungen in deine Geschichte ein.

☞ Lege im Hauptteil der Geschichte besonderes Gewicht auf den Höhepunkt. Vergiss dabei nicht, Gedanken und Gefühle der Handelnden auszudrücken. Lass die Personen sprechen (direkte Rede, Ausrufe).

☞ Runde deine Erzählung im Schlussteil ab. Je nach Darstellung der Bilder(folge) kannst du einen Ausblick auf das weitere Geschehen, auf die Zukunft, eine Mahnung, eine Moral von der Geschichte, eine Lehre formulieren. Fasse dich auch hier kurz.

Z

zur Bildgeschichte

Die *Bildgeschichte* ist wie kaum eine andere Aufsatzart geeignet, Medienerziehung im engen wie im weiten Sinne in den Unterricht miteinzubeziehen.

Folgende vielfältige Formen der Gestaltung können der Bildgeschichte subsumiert werden:

☞ Art und Form, Sequenz, Lichteinwirkung, Art der Wiedergabe, dargestelltes Handeln, Statik, Dynamik, notwendige Ergänzungen, Aussagewert, Anlass zu Assoziationen.

Geschichten, die zu Bildern erzählt werden, erliegen den Regeln der Erlebniserzählung. Sie bieten damit Schülerinnen und Schülern Gelegenheit, Gelerntes anzuwenden und Neues im Sinne des kreativen Schreibens zu schaffen, da Aufbau, Einleitung, Hauptteil, Schluss, Steigerung der Spannung, Auflösung (trotz vorgegebener Bildinhalte) gleichermaßen Kombinationsvermögen und Fantasie erfordern.

4.4 Hinweise zur Aufsatzbewertung und -beurteilung

Durch die Vorgabe der Bilder wird die Beurteilung der Aufsatzart Bildgeschichte erleichtert, weil eine größere Objektivierbarkeit möglich ist. Die Bewertungskriterien zum Aufbau, zur Gedankenführung, zum Satzbau und zur Wortwahl entsprechen in etwa dem Maßstab, der an die Erlebniserzählung gelegt wird. Weitere folgen:

- Der Erzählkern muss klar herausgearbeitet, der Höhepunkt klar erfasst und gestaltet werden.
- Der Aufsatz soll insgesamt nicht eintönig und langweilig geartet sein.
- Das Verständnis der gesamten Bilderfolge, der lückenlosen, logischen und folgerichtigen Darstellung des Zusammenhangs ist wichtig.

Freiheit sollte den Schülern und Schülerinnen dahingehend gewährt werden, dass das vor, zwischen und nach den Bildern liegende Geschehen unterschiedlich verbalisiert werden kann. Die sprachliche Gestaltung weist in Abhängigkeit davon ebenfalls ein breites Spektrum auf, das von eher nüchtern-sachlicher Wortwahl bis lustig-witzig-kreativer Dialogisierung reichen kann.

4.5 Aufsatzbeispiele

Loomit: Der gestohlene Apfel (Bilderfolge S. 55)

Karli schlenderte über die Wiese, da entdeckte er am Ende des Ackers, der vor ihm lag, ein Grundstück, in dem ein Apfelbaum stand. Da er Lust auf einen Apfel spürte, wollte er gerne einen haben. Karli ging auf den Zaun zu und was sah er da? In dem Drahtzaun war ein ziemlich großes Loch. Er dachte: „Da sind wohl schon andere Kinder vor mir in diesen Garten durch den Zaun gekrochen, um sich am Apfelbaum zu bedienen!" Karli spürte, wie ihm das Wasser im Mund zusammenlief, er schmeckte schon den süßen Apfelgeschmack, kroch durch das Loch im Zaun, rannte auf den Baum zu und kletterte hoch. Er konnte sich nicht beherrschen, blieb auf einem Ast sitzen und aß den rot-gelb farbigen, reifen Apfel gleich auf. Aber Karli hatte nicht damit gerechnet, dass der Besitzer des Gartengrundstücks ihn die ganze Zeit beobachtete. Vor Angst machte Karli fast in die Hose, kletterte herunter, wollte davonlaufen, da packte der grimmig schauende Mann, der einen Stock in der Hand hielt, Karli am Genick und legte ihn übers Knie. Karli dachte: „Was soll das? Kinder verprügeln ist out. Nur weil ich einen Apfel genommen habe. Einen Apfel von so vielen." Seine Gedanken wurden aber schnell unterbrochen, da ihn sein Hinterteil schmerzte. Der Mann brüllte: „Du bist nicht der Erste, der hier stiehlt. Das soll dir eine Lehre sein!"

Tags darauf schaute Karli in den Garten, in dem die Äpfel immer noch nicht geerntet waren. Er traute sich nicht seinen Eltern die Geschichte zu erzählen. Er wusste, sie würden ihn schimpfen. Schließlich hatte er ja geklaut.

Erst als nur eine Woche später der Baum von einem Bagger aus der Erde gerissen wurde und zwei Monate danach an gleicher Stelle ein Supermarkt errichtet wurde, erzählte Karli den Vorfall seiner Mutter. Karli packte jedes Mal die Wut, wenn er zum Einkaufen geschickt wurde, denn ausgerechnet am Eingang des Supermarkts wurden Äpfel zum Verkauf angeboten.

Anmerkung: Die Bildgeschichte folgt recht getreu der Vorlage, ist als gelungen zu bezeichnen, könnte allerdings Gefühle und Gedanken betreffend noch ausgebaut werden.

Der Schüleraufsatz zur Bildgeschichte „Der gestohlene Apfel" wurde in einer 6. Klasse des Gymnasiums angefertigt. Die Bildgeschichte wurde wie abgedruckt den Schülerinnen und Schülern vorgelegt. Freilich sind weitere Vorgehensweisen zur Anfertigung einer Bildgeschichte denkbar: Die einzelnen Zeichnungen der Bildergeschichte bzw. der Comiczeichnung können ausgeschnitten und den Schülerinnen und Schülern als Puzzlespiel dargeboten werden, damit sie selbstständig die Reihenfolge der Bilder bestimmen. Die einzelnen Bilder können aber nicht nur vertauscht werden. Bild 1 oder 3 oder 4 oder 6 oder 7 und/oder 8 können weggelassen werden, um die Erzählung, die die Schüler/innen entwerfen, freier gestalten zu können.

① ② ③

④ ⑤

⑥ ⑦ ⑧

© *Loomit*

5 Schilderung

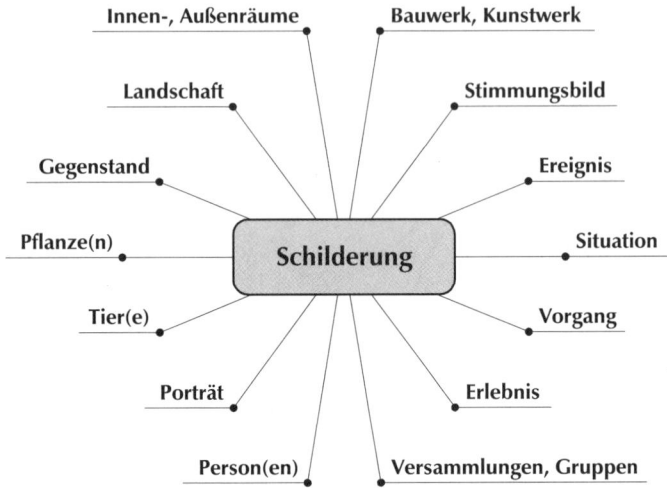

5.1 Methodisch-didaktische Überlegungen

Die Sprechhaltung „Schildern" ist in realen, partnerbezogenen Kommunikationssituationen selten. Erst das zu erarbeitende Regelwerk, das dem (schulischen) Schreibakt vorangestellt wird, veranlasst den Schreibenden, sich bestimmte Hilfestellungen und Vereinbarungen anzueignen. Die im Alltag und in der Unterrichtssituation wechselnden Sprechsituationen werden in den verschiedenen Lehrplänen der einzelnen Bundesländer mehr oder weniger berücksichtigt, wohl auch deshalb, weil es schwierig ist, im Rahmen einer möglichst verbindlichen Aufsatzlehre Mischformen zu berücksichtigen und stringent zu ordnen. So wird die Aufsatzart der Schilderung zwar in den Deutschlehrplänen der Realschulen und der Gymnasien in ihrer reinen Form zumeist in der 8. Jahrgangsstufe gefordert, sie kommt aber auch als Mischform bei anderen Aufsatztypen vor: als Erzählung mit schildernden Elementen (in der 6. und 7. Klasse), als Schilderung mit beschreibenden und/oder berichtenden Elementen (8. und 9. Klasse) oder als Schilderung im Kontext mit der Umgestaltung vorgegebener fiktionaler Texte (ab der 8. Klasse). Entsprechend wird in den unterschiedlichen Sprach- und Lesebüchern verfahren und eine Hierarchisierung des Schwierigkeitsgrades in Abhängigkeit von der Jahrgangsstufe vorgenommen. Schilderungen, die sich vor allem mit Menschen, Bau- und Kunstwerken beschäftigen, werden zur Bearbeitung den höheren Jahrgangsstufen zugeordnet. Ausgehend von handlungsorientierten und praxisbezogenen Schreibakten ist es allerdings hinfällig, die Erarbeitung bestimmter Gegenstands-, Landschafts- oder Personenschilderungen willkürlich abhängig von einer Altersstufe zu machen. Die Anforderungen, die die Schilderung kennzeichnen, zum Beispiel Stimmungen, Eindrücke und Gefühle zu vermitteln, sollten sich an den Lebenserfahrungen der Schreibenden orientieren. Schilderungen können je nach den abgelaufenen Trainings-

Stellenwert der Schilderung

Schilderung: Mischform, die auch bei anderen Aufsatzarten vorkommt

einheiten im Unterricht sowie in HAs unterschiedlichste Erlebnisse und Empfindungen zum Gegenstand haben. Persönliche Erlebnisse, Natur- und Stadtlandschaften, architektonische Gegebenheiten (außen wie innen), einzelne Personen, Menschengruppen oder Massenversammlungen, Kunstwerke, kulturelle und Freizeitveranstaltungen, Tiere, Pflanzen, Gegenstände können Anlass zur Schilderung bieten.

Mehr denn je wird die Schilderung im Deutschunterricht als eine Schreibtechnik innerhalb der Aufsatzformen wie Erzählung, Beschreibung, Bericht, Charakteristik geübt werden müssen, da der eigenständige Aufsatztyp Schilderung *Schildern als Schreibtechnik*

- erstens oft nicht deutlich genug von anderen Formen des Schreibens abgrenzbar ist,
- zweitens im Medienzeitalter nicht in seiner Gänze den Lebenserfahrungen Jugendlicher entgegenkommt,
- drittens Anweisungen zur Aufsatzart in der Vergangenheit häufig viel zu vage waren.

Die Erlebnisschilderung verlange die packende Darstellung eines Erzählkerns, Gefühle müssten stark betont werden, die Satzmelodie solle bewegt sein, der Rhythmus verhalten. Diese Beispiele zu den Anweisungen aus gängigen Aufsatzlehrbüchern erschweren das Erlernen der Technik des Schilderns und führen zwangsläufig zu Fehlleistungen. Deutlicher muss erarbeitet werden, wie die Aufsatzart der Schilderung sich von der Erzählung, dem Bericht, der Beschreibung abgrenzen lässt, zumal der Terminus schildern in der Alltagskommunikation häufig synonym zu den Verben erzählen, berichten, beschreiben verwendet wird.

Synopse 5: Schilderung in verschiedenen Jahrgangsstufen

Schilderung	minimale Anforderung	maximale Anforderung
Stoffsammlung	= obligatorisch	= obligatorisch
Struktur	Aufbau wie in den artverwandten Aufsatzarten (verschiedene Formen der Erzählung)	Aufbau der Schilderung, Gliederung der wichtigsten Gesichtspunkte
Inhalt	Hinführung von der äußeren zur inneren Handlung, Einbau von Gedanken und Gefühlen	Betonung der Darstellung der inneren Handlung, Wiedergabe von Beobachtungen, Eindrücken, Stimmungen
		Darstellung der Atmosphäre, die von dem zu schildernden „Gegenstand" oder Thema ausgeht
Adressatenbezug	Verständlichkeit	stärkere Berücksichtigung des/der nicht eingeweihten Lesers/Leserin

Schilderung	minimale Anforderung	maximale Anforderung
Stil und Form	sprachliche Mittel der einfachen Schilderung, Wortschatz- und Satzbauübungen	sprachliche Mittel der Schilderung, begleitende Übungen zur Verbesserung des Wortschatzes (Suche nach Synonymen im Bereich der Verben und Adjektive)
	Ich-Erzähler	
	Gestaltung im Präsens	Gestaltung im Präsens
		Übungen zum komplexeren Satzbau (Zeichensetzung)

5.2 Definition

Eine Schilderung ist eine in Prosa abgefasste Darstellung von Empfindungen und Sinneseindrücken

- während eines Erlebnisses in einem Raum, einer Landschaft, einer Situation;
- von einer Person, einem Tier, einer Pflanze oder einem Gegenstand.

Ursprünglich meint Schilderung das „Bemalen eines (Ritter-)Schildes mit Bildern oder Wappen". Der Begriff Schilderung drückt den Prozess aus, der im Schreibakt Empfundenes, Beobachtetes und Erlebtes zur bildlichen Darstellung werden lässt, die in der Regel in der Zeitstufe des Präsens gestaltet wird. Die subjektive Wiedergabe des Erlebten verlangt genaues Beobachten und/oder Einfühlungsvermögen und bedingt anschauliche, ausdrucksstarke und charakterisierende Begriffe. Die Redewendung „etwas in leuchtenden Farben schildern" weist auf die Erwartungshaltung der Kommunikationspartner hin. Häufig wird zwischen Erlebnis-, Landschafts- und Personenschilderung unterschieden. Situation, Erlebnis, Geschehen, Natur- und Kulturlandschaft, Architekturen (innen wie außen), Menschen, Tiere, Pflanzen, Gegenstände werden stets aus der Sicht des Autors oder der Autorin schildernd gestaltet. Persönliche Anteil- und Stellungnahme sind somit im Gegensatz zur Beschreibung und zum Bericht integriert, sodass dem Leser oder der Leserin die entsprechende Atmosphäre und Stimmung hautnah vor Augen geführt werden.

5.3 Mögliche Unterrichtsschritte

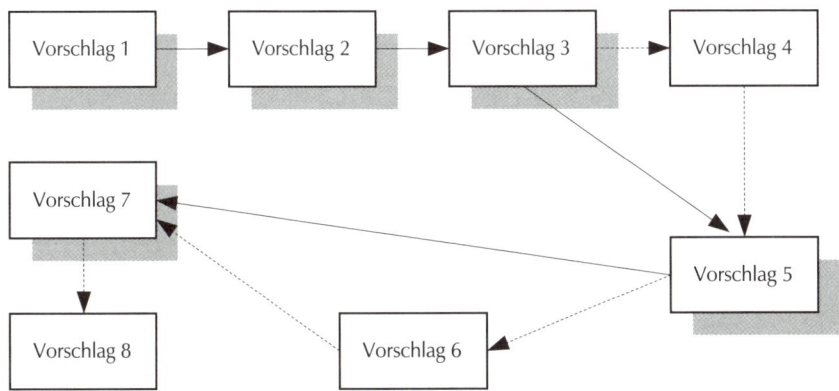

Erläuterung: V1, V2, V3, V5, V7 können durch die weiteren Vorschläge zur Unterrichtskonzeption ergänzt werden.

Vorschlag 1:
Im UG werden die Erzählung, ihre Definition und die Merksätze zur Textsorte wiederholt. Sodann wird die Erkenntnis vermittelt, dass auch im mündlichen Sprachgebrauch Textstellen, die die Erzählung besonders eindrucksvoll gestalten sollen, häufig farbenfroh ausgemalt werden, womit ein erster Schritt in Richtung Gestaltung der Schilderung bereits vollzogen wird. Die Schüler/innen sammeln schriftlich in GA Eindrücke zu Situationen (Situationsbilder), die Anlass für ein Gespräch im Klassenverband geben sollen, schildernde Elemente in die Darstellung einzubauen. Die Lehrkraft gibt um des Einstiegs willen hierzu stichpunktartig einige einfache Beispiele (TA). Analogieschlüsse und freie Assoziationen werden somit gefördert.
Beispiele: Winterlandschaft, Frühlingsgefühle, Unwetter, Tanz im Freizeitheim, Reiseeindrücke beim Überqueren einer Landes- oder Stadtgrenze, Fußgängerzone, U-Bahn-Station, Klassenzimmer, Waldspaziergang, Bergwanderung, meine Lieblingssendung im Fernsehen usw.

Vorschlag 2:
Schilderungen, Erzählungen oder Gedichte mit schildernden Elementen, die in Sprach- und Lesebüchern abgedruckt sind, werden als gemeinsame Klassenlektüre gelesen. Um die Texte zu erschließen, wird mit den Schülerinnen und Schülern ein Fragenkatalog entwickelt, der ermöglicht, dass erzählende, schildernde, beschreibende, berichtende Textteile voneinander geschieden werden (TA):

Textarbeit, Lektüre

- Inwiefern beinhaltet der Text Handlung, Reflexion, Stimmungen, Gefühle?
- Wo zeigen sich inhaltliche und sprachliche Besonderheiten?
- Wie werden Einzelheiten von Vorgängen, Gegenständen, Landschaften, Menschen geschildert?

- Welche Wirkung erzielen die schildernden Textpassagen beim Leser/der Leserin?
- Welche Funktion erfüllen sie im gesamten Kontext?
- Sind die Darstellungen wirklichkeitsnah?

Hierzu können die Techniken des Markierens, Zitierens, Exzerpierens geübt werden. Wortschatzübungen schließen sich an:

- Welche Verben und Eigenschaftswörter tauchen im Text oder der schildernden Passage auf?
- Durch welche Synonyme lassen sie sich ersetzen, ohne die Aussage der Schilderung wesentlich zu verändern?

Sinnesein-drücke schildern

Vorschlag 3:

Die Lehrkraft gibt ein Situationsbild vor (Beispiel: Im Treppenhaus unserer Schule), um zum Rollenspiel überzuleiten. Einige Sinnesorgane werden personifiziert und zu eigenständigen Kommunikationspartnern. Schüler A personifiziert die Nase, die Schülerin B die Augen, C die Ohren, D stellt die Schaltzentrale Gehirn dar. So meldet nun zum Beispiel Nase an D den morgendlichen Geruch von Reinigungsmitteln, die Augen verbalisieren kahle, schmutzige oder bemalte, neu gestaltete Flur- und Treppenhauswände, die Ohren teilen mit, was für ein Lärmpegel entsteht, wenn viele Schüler/innen zum Unterrichtsbeginn das Treppenhaus betreten. Die Eindrücke werden stichpunktartig von den Schülern festgehalten (Notizblatt oder Heft).
Weitere Beispiele für Situationsvorgaben: im Kaufhaus, auf der Rolltreppe, im Lift, in der Turnhalle, im Omnibus, in meinem Kinder- oder Jugendzimmer.

Die *Schilderung* ist die Gestaltung eines Situationsbildes aus persönlicher Sicht. Das Situationsbild kann in ein Erlebnis oder in ein Geschehen eingebunden sein.
Sinneseindrücke, Empfindungen, Gefühle, Stimmungen gehen von Menschen aus oder von Landschaften, Räumen, Tieren und Pflanzen, natürlichen und technischen Gegenständen. (Sie alle haben eine gewisse Ausstrahlung.)

☞ Deshalb beobachte genau und versuche Typisches zu erkennen und (schriftlich) festzuhalten, damit ein ausdrucksstarkes Gesamtbild entstehen kann.

☞ Lasse dabei Situationen und Personen auf dich wirken. Sammle die Sinneseindrücke und lass deine Gefühle sprechen.

☞ Male mit Worten aus, fertige sprachliche Bilder an und verwende dazu auch Vergleiche und anschauliche Wendungen.

Vorschlag 4:

Die Schüler/innen bringen Fotos oder Dia-Aufnahmen von ihrem letzten Ferienaufenthalt mit. Sie schildern im UG die entsprechend abgebildete Situation. Die Beiträge werden stichpunktartig festgehalten und eine Tabelle wird erstellt (Wortschatzübung), die die verwendeten Begriffe in Rubriken beziehungsweise Spalten (Stimmungen, Gefühle, Sinneseindrücke) beinhaltet.

Vorschlag 5:
Die Schüler/innen verwenden in den verschiedenen Sprechsituationen (hier: UG, Textarbeit), in denen sie schildern, häufig das Präteritum. (Diese Zeitstufe kann zunächst zugelassen werden, allerdings wird in der Regel die Schilderung im Präsens zu gestalten sein. Die Eindrücke und Stimmungen sollen gegenwärtig werden.) Umstände des alltäglichen Lebens werden von Schülerinnen und Schülern im mündlichen Vortrag vor der Klasse verbalisiert: Alltagserfahrungen werden dargestellt (Schulweg, Einkaufszentrum, Sportverein, Freundeskreis, Jugendgruppen, Eindrücke zu Landschaften, Bildern, Räumen, Gegenständen). Sinnliche Wahrnehmung wird besser vermittelt durch die Zeitstufe des Präsens. Grammatische Umformulierungen der Zeitstufen Perfekt und Präteritum zum Tempus des Präsens können spielerisch erfolgen. Vorzeitig abgelaufenes Geschehen, dessen Darstellung bei chronologischem Ablauf der Schilderung zwar ähnlich wie in den verschiedenen Erzählformen vermieden werden kann, wird vom Plusquamperfekt ins Perfekt gesetzt. Die Schüler/innen sammeln auf Notizzetteln oder gemeinsam an der Tafel oder auf Plakaten (GA) schildernde Verben im Infinitiv und formen sie in die entsprechende(n) Zeitstufe(n) um in Abhängigkeit von einer bestimmten Perspektive (meist Ich- oder Wir-Perspektive). Ähnlich wie in V 2 können auch literarische Texte oder Schüleraufsätze als Vorlage dienen, um neue Zeitstufen zu bilden.

Alltags-erfahrungen schildern

Vorschlag 6:
Auch im Rollen- und Planspiel kann die Aufsatzform der Schilderung geübt werden. Annahme: Ein Gemeinde- oder Stadtrat hat beschlossen, den Tourismus anzukurbeln. Der Klassenrat (alias Gemeinderat) will die Vorzüge der Kommune und ihre (Freizeit-)Einrichtungen sowie infrastrukturelle Angebote schildern. Einzelne Gruppen bearbeiten verschiedene Stadtteile oder schildern den Erholungswert des Hinterlandes. Ein Werbeprospekt soll am Ende der gemeinsamen Arbeit entworfen werden. Wichtig ist dabei, dass schildernde Passagen eingefügt und auf ihre Wirkung hin erprobt werden müssen, um das Schildern wirklich zu üben.
Variante: „Hier möchte ich gerne wohnen." Die Gruppen erarbeiten einen Prospekt, der zum Ziel hat, eine reale oder fiktive Wohngegend zu schildern beziehungsweise anzupreisen.

Erstellung eines Prospekts

Vorschlag 7:
Im Kontext mit V 6 kann auch festgestellt werden, dass Schilderungen in ihrer reinen Form häufig auf (längere) Einleitungen sowie Schlussteile verzichten. Der Werbeprospekt der betreffenden Stadt, Kommune, Landschaft oder Wohngegend führt bereits im ersten Satz unmittelbar hin zu einer Attraktion. Beispiel: „Die imponierende Kulisse des Doms zu Köln (Münster, München,

Gestaltung von Einleitung und Schluss

Ulm, Paderborn, Speyer) veranlasst viele Reisende, ihre Kameras bereitzuhalten."

Unabhängig von V 6 wird an ausgewählten Textbeispielen folgende Erkenntnis vermittelt: Die Einleitung der Schilderung führt im mündlichen wie schriftlichen Sprachgebrauch unmittelbar zur verbalisierenden Situation. Der Schluss beschränkt sich häufig auf eine abschließende gefühlsbetonte Bemerkung, Zusammenfassung oder auch wertneutrale Feststellung (Freude oder Ärger, Glücksgefühl oder Ablehnung gegenüber einem Gegenstand, einer Person, einem Tier, einer Landschaft) oder gibt einen Ausblick auf eine veränderte Situation in der Zukunft.

Vorschlag 8:

Schüler/innen schreiben (in einer Kreativitätsübung) triviale Texte, in denen übermäßige Übertreibungen zulässig sind (satirischer Effekt). Das Verfahren kann verkürzt werden, indem den Schülerinnen und Schülern ein oder zwei Texte dieser Art vorgelegt werden. Beispiel: „Das Pärchen geht Arm in Arm zum nächsten Bächlein, in dem die Forellen süß springen und sich tummeln. Beide Liebenden setzen sich unter eine hübsche Linde, atmen den Duft der Blüten ein, umarmen sich und genießen das Zirpen der Vöglein. Sie rücken nahe zusammen und hören eine Nachtigall schön singen." (Zitiert nach einer Schülerarbeit einer 7. Klasse.) Eine gemeinsame Fehleranalyse in entsprechenden Texten im UG oder in GA führt zur notwendigen Abgrenzung von trivialen Elementen gegenüber der Aufsatzart Schilderung.

Trivial heißt allgemein, alltäglich, abgetreten. Kennzeichen der Trivialliteratur sind:

- unglaubwürdige, überladene und übertriebene Gefühlsäußerungen
- blumige, unpassende Begriffe
- Verleugnung von Problemen
- Vereinfachung der Wirklichkeit
- illusionäre Darstellung
- immer wiederkehrende Themen

Die Besprechung der Textqualität „kitschig" ist fakultativ. Eine Reduzierung auf Erkennen von Über- und Untertreibungen und von so genannten schiefen Bildern reicht aus, um Fehlerquellen im Schreibakt zu umgehen. Beispielsätze (auch Stilblüten) weisen im UG den Weg.

Fehlerquellen

Beispiele: „Es regnet nicht mehr, und die Ameisen rasen am Waldboden und im Haufen wie verrückt herum." „Vom See steigt massiver Dampf auf, Nebelschwaden wirbeln herum." „Mein neues Mountainbike blitzt mir riesig entgegen. Ich mache einen Handstand und hüpfe vor Freude in die Höhe über die schöne rote Lackfarbe." „Hinter der Stadtgrenze fahren wir hinein in ein tiefes, schwarzes Loch, als müssten wir durch die Hölle." „Im Treppenhaus riecht es angenehm nach Putzmitteln, sodass die Kinder am ersten Schultag feierlich fröstelnd das Schulgebäude betreten." „Aus dem Hallenbad höre ich jubilierende Kinderstimmen." „Der Luftzug im U-Bahnschacht wirbelt die Leute durcheinander." „Wie ein Wurmfortsatz ziehen sich die Menschenmassen dahin, die die Bahnhofsstation verlassen." „Im Wald und auf der Wiese riecht es schön."

Die *Schilderung* verlangt von dir zwar auch, dass du anschaulich und lebendig erzählst. Du kannst also durchaus Stilmittel des Erzählens einsetzen. Du musst allerdings nicht auf die Steigerung der Spannung achten. Beachte vielmehr die Gestaltung der Bilder, der Gedankenströme, der Gefühle, der Sinneseindrücke (Klang, Licht, Farbe, Form, Duft), die du am besten im Tempus des Präsens wiedergibst. Beschränke deine Schilderung räumlich und zeitlich. Vermeide eine übersteigerte und übertriebene Ausdrucksweise. Die Gefahr, in den Kitsch abzugleiten, solltest du stets im Auge behalten. Einleitung und Schluss kannst du in der reinen Schilderung auf einen Satz oder wenige Sätze beschränken.

M

Die *Schilderung* gibt aus persönlich-subjektiver Sicht Situationsbilder und Eindrücke zu Landschaften, Menschen, Tieren, Pflanzen und Gegenständen wieder. Mithilfe der Zeitstufe des Präsens verwenden wir anschauliche Sprachelemente, die die sinnliche Wahrnehmung unmittelbar zeigen und die Sinne der Leser/innen ansprechen. Durch einstimmende Adjektive, sinnliche Wahrnehmung vermittelnde und lebendige Verben, eindrucksvolle Bilder, Metaphern und Vergleiche werden bezeichnende Einzelheiten vergegenwärtigt. Direkte Rede zu Gedanken und Gefühlen ist zulässig. (Sachlicher Stil wie im Bericht und der Beschreibung sowie überladene Gefühlsäußerungen und Übertreibungen wie in der Trivialliteratur sind zu vermeiden.)

Z
zur Schilderung

5.4 Hinweise zur Aufsatzbewertung und -beurteilung

Da die Unterscheidung zwischen Erlebniserzählung und Erlebnisschilderung schwer fällt, sollten Schüleraufsätze nicht im Sinne eines starren Vorschriftenkatalogs bewertet werden. Klare Absprachen in den einzelnen Klassen (zur Zeitstufe, Perspektive, zur Gestaltung von Einleitung und Schluss usw.) dienen der Orientierung für den Bewertungsmaßstab. Die Anhebung der Qualität des Aufsatzes gelingt

- bei spürbarer Dramatik und gefühlsbetonter Sprache in den zu schildernden Situationen (im Sinne einer Abgrenzung gegenüber der reinen Erzählung)
- bei deutlicher Ausgestaltung und Hervorhebung der inneren Vorgänge (im Sinne einer Abgrenzung gegenüber der Beschreibung)
- sowie bei persönlicher Sichtweise (im Sinne einer Abgrenzung gegenüber dem Bericht).

Stimmungen sollen so vermittelt werden, dass die Leser sie nachempfinden können. Eine aus diesen Kriterien ableitbare, zufriedenstellende Operationalisierung des Bewertungsmaßstabs gelingt schon deshalb nicht, weil die gefor-

63

derte kreative Schülerleistung durch die genannten Teilaspekte des Anforderungsprofils zur Schilderung (auch) subjektiver Sichtweise unterliegt. Die Lehrkraft muss sich stets vergegenwärtigen, dass die Lebenswelt und der Erfahrungshorizont der Schüler/innen nicht den eigenen Erwartungen und Vorstellungen entspricht. Übertreibt der Aufsatzschreiber, wenn er seine Gefühle schildert, die er beim Computerspiel empfindet? Stellt er die vermeintlich erlebte Situation so dar, dass sie schwer nachvollziehbar, aber denkbar ist? Ausdrucksstärke, Leistung der Verben und Adjektive, Struktur des Satzes, Gestaltung der Abschnitte, Reduzierung der Handlung um der Stimmung willen können nie losgelöst von subjektiven Empfindungen der Schüler/innen betrachtet werden. Anders als in Textsorten sachlich-nüchterner Darstellung erfordert die Bewertung der Schilderung demnach ein sehr breites Toleranzspektrum.

5.5   Aufsatzbeispiele

Schüleraufsatz 1 wurde von einer Schülerin der 6. Klasse des Gymnasiums angefertigt. Um den Einstieg in die Schilderung zu erleichtern wurde das Thema „Wanderung an einen einsamen See" mit einer bereits vorgegebenen Einleitung versehen (analog den Fortsetzungsgeschichten der Aufsatzart Erlebniserzählung). Die Vorgabe lautete: In den Ferien unternahm ich eine Wanderung zu einem See, der einsam in einem waldreichen Mittelgebirge liegt. Um das Gewässer zu erreichen, musste ich einen großen Höhenunterschied überwinden. Auf meiner Wanderung zu dem Bergsee benutzte ich zunächst eine Landstraße und bog später in einen steilen Gebirgspfad ein. (Die Schülerin setzt die Schilderung fort:)

Schüleraufsatz 1

Der schmale Weg war von dichten Fichten und Tannen umgeben und es drangen nur ein paar wenige Sonnenstrahlen durch die dunklen Kronen der Nadelbäume hindurch. Da es ein sehr kühler Herbstmorgen war, hüllte ich mich in meine warme Wolljacke ein. Als ich das Ende des Pfades erblickte, freute ich mich endlich an eine Lichtung zu kommen. Ich setzte mich auf einen umgefallenen Baumstamm und aß ein wenig Brot. Nun wollte ich weiter meines Weges wandern und stieg wieder bergwärts. Die Wolken bedeckten die Sonne wie eine weiße Decke. Es war mucksmäuschenstill und ich nahm nicht ein einziges Vogelpfeifen wahr. Mich überkam ein Gefühl der Einsamkeit und ich fühlte mich verlassen. Dennoch setzte ich meinen Weg zwischen den Bäumen fort. Nun kam ein leiser Wind auf und die Äste begannen zu schaukeln. Das Knistern der Fichten erweckte in mir Beruhigung. Die Sonne wollte nicht mehr hinter den Wolken hervorkommen, das gefiel mir nicht. Als ich weiter emporstieg, erreichte ich einen klaren Gebirgsbach. Ein bisschen rastete ich an dem ruhigen Ort und lauschte dem Rauschen des Baches. Schließlich ging ich weiter meines Weges und für eine Moment war mir, als ob mich etwas Kaltes berührte. Inzwischen war die Sonne vollkommen verschwunden und es begann leise und zart zu schneien. Eine große Freude überkam mich, als ich den lustigen Schneeflocken beim Tanzen zuschaute. Je höher ich kam, desto mehr Schnee fiel auf mein Haar.

Endlich erreichte ich mein Ziel: Der romantische See lag vor mir wie ein Spiegel. Ich konnte noch nicht sagen, ob er zugefroren war oder nicht. Als ich näher kam, erblickte ich zu meinem Erstaunen, dass ein paar Bereiche noch nicht zugefroren waren. Enten tummelten sich dort im Wasser. Nachdenklich spazierte ich um den See herum. Ich hatte Glück, denn die schon tief stehende Sonne kam wieder zum Vorschein. Ich atmete auf und trat nach kurzer Verschnaufpause meinen Rückweg an.

Anmerkung: Im Unterricht besprochene literarische Beispiele von Schilderungen der Autoren Stifter, Mörike, Meyer, Storm u. a. mögen die Schülerin angeregt haben. Der Aufsatz wurde als Test in der Schule geschrieben, zeigt Selbstständigkeit, gibt Stimmungen sehr gut wieder, ist lebendig und anschaulich gestaltet.

Schüleraufsatz 2 wurde von einem Schüler der 7. Klasse des Gymnasiums angefertigt. Um den Einstieg in die Schilderung zu erleichtern, wurde das bewusst im Präsens formulierte Thema „Ich erlebe einen Wintereinbruch im Gebirge" mit einer bereits vorgegebenen Einleitung versehen (analog den Fortsetzungsgeschichten der Aufsatzart Erlebniserzählung). Die Vorgabe lautete: An einem Samstagvormittag bin ich in ein einsames Gebirgstal gefahren. Es herrscht sonniges Wetter. Noch liegen die Berge mit ihren Felsen, Nadelwäldern und Wasserfällen in klarem Licht. Doch dieses Bild ändert sich rasch. (Der Schüler setzt die Schilderung fort:)

Ich wandere langsam weiter und genieße die frische und klare Luft. Es ist ziemlich kalt und ich schließe meinen Anorak zu. Die Ruhe tut mir richtig gut, denn ich wohne in einer Großstadt. Der Himmel ist über mir noch eisblau, doch von Osten ziehen schon dunkle, Schnee bringende Wolken auf. Es wird immer dunkler und ein schneidender Wind erhebt sich. Plötzlich fallen die ersten Schneeflocken vom Himmel. Der Wind wird stürmischer und kälter. Ich stecke meine kalten Hände in die Taschen um sie zu wärmen. Viele Flocken wirbeln vom Himmel. Ich kämpfe gegen den heftigen Sturm an um vorwärts zu kommen. Inzwischen sehe ich fast nichts mehr von dem Tag, weil die Landschaft im Nebel liegt. *Schüleraufsatz 2*

Auf den Bäumen liegen schon große Schneemassen, die Äste der Sträucher am Wegrand gefrieren. Unter meinen Füßen knirscht der Schnee. Ich zittere am ganzen Körper, weil ich nicht warm genug bekleidet bin. Am Morgen strahlte ja noch die Sonne vom Himmel. Mein größter Wunsch ist jetzt eine heiße Tasse Tee und ein gemütliches, warmes Bett. Der eisige Sturm macht mir zu schaffen, ich sehe fast nichts mehr und habe Mühe auf dem Weg zu bleiben. Um mich herum ist es still und ich habe Angst. Da erblicke ich in der Ferne eine kleine Hütte. Als ich nah genug bin, erkenne ich, dass es eine Scheune ist. Das Tor ist nicht verschlossen, ich betrete sie und kann mich in dem duftenden Heu ausruhen und wärmen. Ich muss wohl vor Erschöpfung eingeschlafen sein, denn als ich auf meine Armbanduhr blicke, erschrecke ich, es ist schon kurz vor drei Uhr. Ich öffne die Tür der Scheune und bin erneut überrascht. Es herrscht herrlicher Sonnenschein, der ein schneeweißes Tal beleuchtet, was meinen Augen einen kleinen Stich versetzt, dermaßen bin ich geblendet. Nun begebe ich mich heiter auf den Weg zu meinem Auto. Endlich kann ich die friedliche Stimmung im Tal genießen.

5.6 Übungen zur Lernzielkontrolle

Ü 1: Zu verschiedenen Situationen werden Eindrücke gesammelt, um Ausdrucksweise und Wortvielfalt zu verbessern. Beispiele: Welche Eindrücke gewinne ich bei einer Wanderung? Ein Flugzeug überquert unseren Häuserblock. Bäume beginnen zu blühen. Die Sonne scheint. Im Regen gehe ich die Straße entlang. Schnee fällt rings um mich. Ich friere. Viele Menschen streben zum Kaufhaus, weil Sommerschlussverkauf ist. Wir stehen mit unserem Auto im Stau.

*Wortschatz-
übung*

Ü 2: Wir sammeln Wörter für Lichteindrücke, Geräusche, Düfte, Gebäude, Kleidung, Stimmungen usw.

Ü 3: Wir führen eine Wortfeldübung durch. Vorgegebene Wörter könnten sein: groß – klein, schön – hässlich, dick – dünn, leise – laut. Dabei beachten wir, welchen Sprachebenen (Hoch-, Alltags-, Umgangs-, Gruppen-, Modesprache, Mundart) die gesammelten Wörter entnommen sind. (Eine tabellarische Darstellung an der Tafel und im Heft ist möglich.)

Wortfeldübung

Ü 4: Wir machen uns auf den Weg und sammeln mit Fotoapparat, Tonbandgerät bzw. Kassettenrekorder und/oder Notizblock Material zu Ereignissen, Gegenständen, Vorgängen, Zuständen, Eigenschaften. Beispiele: Verkaufsoffener Samstag in der Fußgängerzone – Das Denkmal in der City – Ein Gewitter zieht auf – In der Bahnhofshalle – Die Sitzung in der Schülerzeitungsredaktion – Beobachtungen zu unseren Projekttagen.

Textauswertung

Ü 5: Wir werten Vorlagen-Texte aus Zeitungen (z. B. Reportagen), Zeitschriften oder der Schönen Literatur (z. B. Balladen von Goethe, Schiller, Heine, Kästner, Brecht) aus, indem wir die schildernden Elemente in diesen Texten auf ihre Funktion im Kontext hin untersuchen. Wir streichen sie an und schreiben sie raus, exzerpieren sie. Wir begründen, warum wir die Textpassagen zu den schildernden zählen.

Exzerpieren

Ü 6: Ist die Form des Briefes bereits in der Klasse besprochen, lassen sich Schilderungen leichter in einen realen oder fiktiven Situationsbezug einbauen. Beispiele: Wir schreiben einen Brief an Vater, Mutter, Geschwister, Tante, Oma und Opa, Freunde aus einem Ferienort (Zeltlager). Wir schildern im Brief Eindrücke zu einem Geschenk (Gegenstand, Tier, Pflanze usw.), in dem die entsprechenden thematisch vorgegebenen oder von den Schülerinnen und Schülern selbst gewählten Situationen oder Situationsbilder umschrieben werden. Unsere Lösungen werten wir in PA aus.

*Schildern im
Brief*

Ü 7: Mithilfe der Technik des Brainstorming und/oder Brainwriting erarbeiten wir eine Tabelle, die uns einem bestimmten Schilderungsthema näher bringt. Beispiel (einer Schüler-GA) zum Themenbereich „Ein Nachmittag im Freibad" oder „Der Sprung vom Dreimeterbrett" (Die in GA erstellte tabellarische Übersicht dient als Stoffsammlung zur individuellen oder kollektiven Ausarbeitung der Schilderung.):

Situation	Eindrücke	Stimmung	Deutung
Freibad, Sommer	Hitze, hoher Lärmpegel	herrliches Gefühl	Wunsch nach Erfrischung
Sprungturm	lachende Badegäste, viele Kinder	Unruhe, Fröhlichkeit, gute Laune	Frohsinn, „Gaudi", Spaß, Scherze
Menschenschlange am Dreimeterbrett	Gedränge, Kontrolle durch den Bademeister	Lampenfieber	Angst, Lampenfieber im Wechsel mit Vorfreude
auf dem Sprungbrett	Größe des Beckens, Tiefe des Wassers	Frösteln, Schwitzen, schnellerer Atem	Mutprobe
Anlauf, Absprung	Griff an die Stirn, Hoffnung auf Erfolg	Herzklopfen	Flug durch die Luft, erlösendes Eintauchen ins Wasser
Wiederholung des Vergnügens (erneuter Sprung)	Freude	Beruhigung und Abbau der Angst	Vorherrschen des Vergnügens

5.7   Themenvorschläge zur Schilderung
1. Situationen

Ohne Regenbekleidung ins Unwetter geraten – Ein Unwetter (zieht auf) – Beim Zahnarzt – Auf dem Flohmarkt – Der Schulbus fährt ab – In der Straßenbahn (U- oder S-Bahn) – Am Bahnübergang – Auf der Autobahnbrücke – Im Stau auf der Autobahn – An der Fußgängerampel – Auf dem Dachboden – Im Keller – Das Entscheidungsspiel – Heimweg im Nebel – An der Hauptverkehrsstraße – Im Supermarkt – Auf dem Marktplatz – Auf dem Volksfest – Im Stadion (Fußball, Eishockey u. a.) – Skiabfahrt im dichten Schneetreiben – Eine Abfahrt auf steiler Strecke (Ski, Mountainbike, Rollerskates, Snowboard, Schlitten, Skibob, Achterbahn, Rutschbahn) – Am Flugplatz – Ein Flugzeug landet – Ein Zug fährt ein – Am Bahnhof – Auf dem Wasser – Eine Bootsfahrt – Mein erster Flug – Mit der Bahn unterwegs – Ein blamabler Zwischenfall – Ein kritischer Augenblick – Eine unheimliche Wanderung – Fußballfieber – Prüfungsangst – Wir spielen Theater – Zum ersten Mal im Theater (Konzert) – Im Freibad (Hallenbad) – Eine Erdkundestunde (Biologie, Deutsch u. a.) – Kurz vor eins in der letzten Unterrichtsstunde – Vor der Schulaufgabe (Klassenarbeit) – Ein Test steht unmittelbar bevor – Ein verkaufsoffener Samstag – Ein Fehler mit Folgen – Das war unheimlich – Wenn man's kann, macht's Spaß (Radfahren, Schwimmen, Skifahren, Basteln usw.) – Beinahe verunglückt (gestürzt, abgestürzt, ertrunken, überfahren, erfroren, eingebrochen) – Vorsicht, Lebensgefahr! – Sommerschlussverkauf in der Fußgängerzone – Eine Geburtstagsparty – Familienausflug – Im Zirkus – Im Museum.

2. Landschaften/Räume

Landschaft in der Mittagsglut – Eine Winterlandschaft – Tauwetter – Abstieg ins Tal (in der Dunkelheit) – Nachts – Heimwärts im Nebel – Am Wattenmeer – Am Strand – Der Sonnenuntergang – Hier würde ich gerne wohnen – Ein Ausflug nach ... – Eine Reise nach ... – Eine Fahrt nach ... – In einer fremden Stadt – Im Park – Im Wald – Am Fluss – Am Wasser – Eine Landschaft im April – Auf dem Naturlehrpfad – Im Freizeitpark – Im Freilichtmuseum – In der Fußgängerzone – Ankunft in einer Stadt – Zum ersten Mal in Berlin (München, Köln, Hamburg, Mainz, Leipzig, Dresden, Rostock, Rothenburg, Soest).

3. Personen, Tiere, Pflanzen

Mein Banknachbar (in der Schule) – Ein Selbstporträt – Ein Porträt (Meine Freundin – Mein Freund – Das Nachbarkind – Mein liebster Popstar – Mein Bruder – usw.) – Im Botanischen Garten – Im Tierpark (Im Zoo) – Bei den Elefanten – Bei den Schimpansen – Bei der Raubtierfütterung – Vor dem Löwenkäfig – Auf der Blumenwiese – Im Kornfeld – Beim Blumenpflücken – Eine schöne Blume – Ein alter Mann – Eine alte Frau – Ein Pilz – Ein seltsamer Baum – Ein Schäferhund (Pudel, Dackel, Boxer, Bernhardiner) – Spielende Tiere – Mein Reitpferd – Mein Kanarienvogel (Wellensittich) – Fische im Aquarium – Meine Lieblingspflanze.

4. Gegenstände

Ein imponierendes Denkmal – Ein tolles (schönes) Geschenk – Mein Geburtstagsgeschenk (Weihnachtsgeschenk) – Meine Schultasche und ihr Inhalt (Ich krame in der Schultasche) – Mein Computerspiel.

II   Sachliche Aufsatzformen

6   Beschreibung

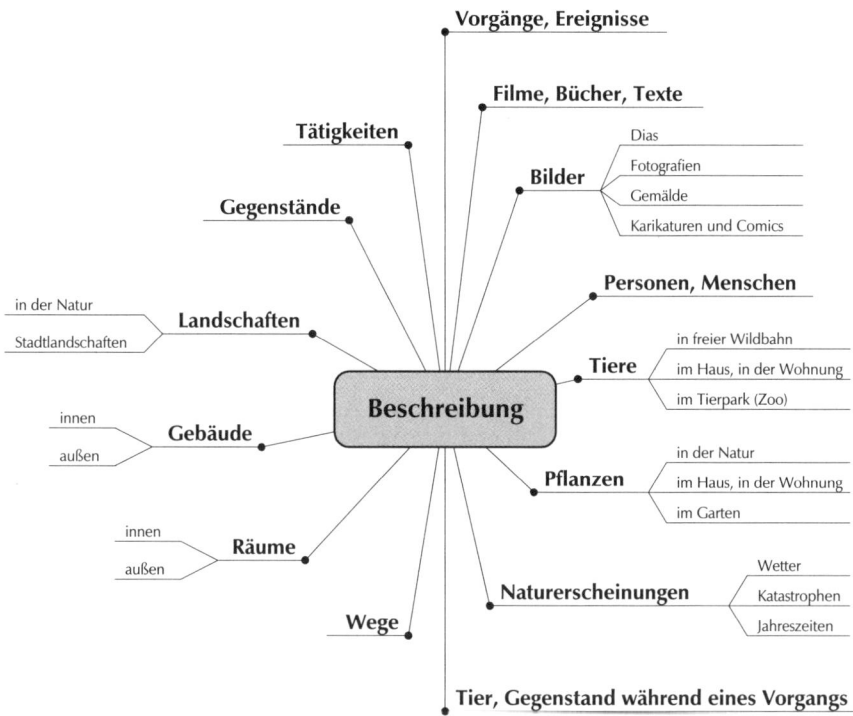

6.1   Methodisch-didaktische Überlegungen

Die nicht nur innerhalb der Schulen häufig angesprochene Klage, Jugendliche würden durch die im Deutschunterricht gestellten Anforderungen ihre Kreativität verlieren, da mit dem Hineinwachsen in höhere Jahrgangsstufen die persönlichen Darstellungsweisen (wie die Erzählung) gegenüber den rein sachlichen Aufsatzarten (wie der Beschreibung) zurücktreten, ist auch auf die Vernachlässigung einer genaueren Definition des Begriffes Kreativität zurückzuführen. Kreativität wird in der Regel nicht nur verstanden als freies Schreiben, Assoziieren oder Fantasieren. Fähigkeiten wie Flexibilität, Spontaneität, Schöpferkraft schließen weitere Kompetenzen ein wie Methodentraining, Umsetzung und Verwirklichung von sinnlicher Wahrnehmung, die Verbindung von Sinn und Sinnlichkeit, von Kenntnis und Affekt/Emotion, von Theorie und Praxis, von Denken und Handeln, von Erfinden in Abhängigkeit vom einsehbaren Sinn und dem Bezug zu konkreten Lebenssituationen und Alltagserfahrungen (in der Schule, in der Arbeitswelt, im Privat- oder Freizeitbereich).

sachliches
(Be-)Schreiben

Dass im Deutschunterricht im Laufe der Jahre bei einer Zahl von Schülern und Schülerinnen die Motivation nachlasse, sich schreibend und entdeckend schöpferisch auszudrücken, mag eine die Realität erfassende Feststellung sein, unabhängig von den dafür bisher herangezogenen Begründungen (entwicklungspsychologische Bedingung, Medienüberflutung, Stofffülle, Reduzierung der Deutschstunden und Trainingsmöglichkeiten bei gleichzeitiger Anhebung des Anspruchsniveaus, Schulunlust und anderes). Umso bedeutender ist die Aufgabe der Deutschlehrer/innen, die konkrete Verbindung zu den Alltagserfahrungen Jugendlicher auch im Aufsatzunterricht herzustellen. Schülerinnen und Schülern abzuverlangen, die Ich-Bindung zum eigenen Text (sachlicher Prägung) aufzugeben (im Gegensatz zu den Erzählungen, Schilderungen oder frei zu gestaltenden Texten), bedeutet eine Erhöhung des Schwierigkeitsgrades der Aufgabe, die nicht ohne weiteres von einer Jahrgangsstufe zur nächsten bewältigt werden kann. Der in vielen Abhandlungen zur Aufsatzart der Beschreibung geforderte Abschied von der Bindung zwischen der Person und der Sache oder dem Vorgang aufgrund der Ausschaltung von Empfindungen und Gefühlen während des Schreibprozesses erklärt allein keineswegs den bei Schülern und Schülerinnen auftretenden geminderten Motivationsgrad.

Motivation der
Schüler/innen
fördern

Die Scheu oder Angst vor dem schwerer zu erfüllenden Schreibauftrag kann eher überwunden werden, wenn die Erfahrungswelt der Kinder und Jugendlichen berücksichtigt wird. Eine freie Wahl der zu beschreibenden Gegenstände oder Prozessabläufe ist nach anfänglichen Übungen denkbar, zumal die Erfahrungen der Lehrergeneration im Umgang mit Medien, Gebrauchsgegenständen des Alltags, Eindrücken zu Kunst, Musik, Sport, Hobby im Allgemeinen häufig nicht den Kenntnissen und Erfahrungen der Schülergeneration entsprechen. Dass Jugendliche heute häufig rascher als ihre Elterngeneration Spielanweisungen (nicht nur am Computer), Bedienungsanleitungen (nicht nur zum Videogerät), Regeln neu entstandener Sportarten und Spiele, Beschreibungen verschiedener Stilrichtungen der Musik und des Tanzes (nicht nur Techno) begreifen und praktisch umzusetzen imstande sind, widerlegt die Auffassung, Textverständnis und analytisches Denken seien im Absterben begriffen.

Vermutlich kann allein im Sinne eines handlungsorientierten, praxisbezogenen Unterrichts und eines schülermotivierenden Agierens deutlich gemacht werden, dass auch innerhalb der Übungen sachlicher Darstellungsweisen ein Kreativitätspotenzial gefordert wird (nicht nur bezogen auf das Lay-out von Geschäftsbriefen, Anträgen, Lebensläufen und anderem). Die selbstständige (von den Lehrkräften im Stile der Moderationstechnik geleitete) Planung der nächsten Deutschunterrichtsstunden, die Bewältigung von Konflikten, die Gestaltung der Unterrichtssituation (mithilfe der vorgegebenen Inhalte der Lehrpläne) fordern eben gerade auch von Jugendlichen soziale Verantwortung, Flexibilität, Spontaneität. Der Kommunikationsprozess in der Klasse führt zur Erkenntnis, dass die Aufsatzart der Beschreibung einen vielfältigen Bezug zwischen Unterricht und (außerunterrichtlichem) Alltag hat. Die Beschreibung der Klassensituation, der zukünftigen Ausstattung der Schule und des Klassenzimmers, die Erstellung einer Klassenordnung oder die Auswer- tung und Kritik an einer (verwirrenden) Gebrauchsanweisung zum Video-rekorder, zum Tageslicht- oder Diaprojektor, die Beschreibung eines Ausflugs („Wir planen unseren Wandertag") oder die fiktive Beschreibung einer Person (für die Vermisstenanzeige oder aus der peer-group) oder die Darstellung eines verloren gegangenen oder gestohlenen Gegenstandes („Meine Schulta-sche ist verschwunden", „Fahrradklau vor der Schule – eine Anzeige gegen unbekannt") sollten im Sinne einer Ökologie des Lernens ein wichtiger Lern-schritt in Richtung Verstehen und Begreifen der eigenen Alltagswelt sein. Die Aufgabe des Deutschunterrichts kann hier nur darin bestehen, eine Orientie-rung und Hilfe zu sein, im Alltag verwendete beschreibende Texte besser ver- *Aktualität* stehen und gestalten zu können. Das Computerzeitalter fordert diese Fähig-keit geradezu heraus.

In den Anweisungen, Vorschlägen, Übungen und Merktexten geht es also – ähnlich wie in den Kapiteln über die persönlichen Darstellungsformen – we-niger darum, die Textproduzenten zu knebeln, als vielmehr darum, ein Instru-mentarium im Sinne der berechtigten Frage nach dem Sinn, dem Wann und Wozu des Beschreibens an die Hand zu geben, was ermöglicht, praktische Mitteilungsformen zu begreifen und selbstständig zu gestalten.

Da die Lehrpläne der Bundesländer sowie die entsprechenden Sprachbücher an den Realschulen und Gymnasien die verschiedenen Formen der Beschrei- *Lehrplanbezug* bung in unterschiedlichen Jahrgangsstufen vorschreiben, bietet sich im Kapi-tel zur Unterrichtsplanung einerseits eine puzzleartige Zusammensetzung der Vorschläge an, andererseits ist in Abhängigkeit von den jeweiligen Lehrplä-nen die Lehrkraft verantwortlich für die Reihung und Gestaltung.

Sinnvoll ist eine Differenzierung zwischen Vorgangs-, Gegenstands-, Bild-, Personen-, Landschafts- und Raumbeschreibung, da die Methodik in Relati-on zum Inhalt gesehen werden muss. Weitere Formen (siehe Mindmap zur Beschreibung, S. 69) sind durch Analogieschluss, Kombination und Variati-on der Vorschläge im Unterricht zu gestalten. Eine Einbindung in einen über den Unterricht hinausgehenden Kontext sowie eine Zweck- und Funktions-bindung der verschiedenen Beschreibungsarten ist sinnvoll. Je nach vorgege-benem Zweck (Brief an einen Freund, Bastelanweisung, Bedienungsanleitung, Kochrezept, Inserat, Such- oder Verlustanzeige und anderes) erfolgt eine Text-sortendifferenzierung, die in Abhängigkeit von der Funktion erlaubt, dass Ein-leitung und/oder Schluss sowie verschiedene Einzelheiten in der Beschrei-bung des Objekts weggelassen werden können (vgl. AB, S. 85).

Je nach Bundesland und/oder Sprachbuchausgabe werden manchmal Perso- nenbeschreibungen den Vorgangsbeschreibungen vorangestellt. Das psycho-logische Argument der persönlichen Erfahrung im Umgang der Jugendlichen mit ihren Mitmenschen (Vater, Mutter, Geschwister, Schulfreund, Banknach-bar, Lehrerin usw.) leuchtet ein. Ähnlich sinnvoll ist freilich auch, die Perso-nenbeschreibung wegen ihrer Komplexität als Übergangsform zur Aufsatzart der (literarischen) Charakteristik zu nutzen, die in allen Lehrplänen erst im Anschluss an die Aufsatzform der Beschreibung gefordert wird.

Synopse 6: Beschreibung in verschiedenen Jahrgangsstufen

Beschreibung	minimale Anforderung	maximale Anforderung
Stoffsammlung	Stichwortsammlung (zum zu beschreibenden Vorgang/Objekt), assoziativ	Stichwortsammlung in Tabellen oder als Mindmap (Ideennetz)
Struktur	grundsätzlich: mit der Vorgangsbeschreibung sollte in den unteren Jahrgangsstufen zunächst begonnen werden	
	Struktur ist abhängig von der Art der Beschreibung: chronologisch (Vorgangsbeschreibung) vom Auffälligen zum weniger Hervorstechenden (Gegenstands-, Tier-, Personenbeschreibung)	klarer Aufbau in Abhängigkeit von der Textsorte und deren Funktion (von der Anzeige bis zur Zeugenaussage)
Inhalt	sachlich, aber noch ich- oder wir-bezogene Darstellung unter Heranziehung eigener Erfahrungen (aus Unterricht und Alltagsleben), Darstellung von Gefühlen und Empfindungen während des Schreibprozesses ist zu vermeiden	sachlich-knappe und klare, eindeutige Beschreibung unter Berücksichtigung eigener Kenntnisse und Heranziehung von Bildern, Sachtexten, literarischen Texten, die den Vorgang oder das Objekt zum Inhalt haben Einbeziehung fächerübergreifender Anregungen und Überlegungen (Biologie, Physik, Geschichte, Kunst, Musik, Erdkunde)
Adressatenbezug	persönliches Umfeld (Beschreibung eines Vorgangs für den Freund, die Freundin, die Geschwister, Vorstellung eines Gegenstandes im Brief)	Beteiligung an einem Projekt für die Zeitung, ein Lexikon, einen Katalog, einen Werbeprospekt, ein Regelwerk zu einer Sportart, für eine Spielesammlung usw.

Beschreibung	minimale Anforderung	maximale Anforderung
Stil und Form	einfache Wortwahl	Ausweitung des Wortschatzes (Metaphern, Synonyme, Fachausdrücke, umschreibende Adjektive für komplexere Vorgänge)
	einfacher Satzbau, Hauptsatzkonstruktionen, Ellipse	Verwendung von Konjunktionen in Gliedsatzkonstruktionen, Verknüpfungen um des besseren Verständisses willen
		sachliche, wertneutrale Darstellung
	Ich- und Wir-Erzähler, d. h. die Möglichkeit der durchgehenden Verwendung der Tätigkeitsform (des Aktivs)	distanzierte Perspektive (auch Anwendung des Passivs), deutlichere Abhängigkeit von der Zweckgebundenheit sowie dem textexternen Kontext
	Gestaltung im Präsens	Gestaltung im Präsens

6.2 Definition

Die Beschreibung ist ein in Prosa abgefasster, informierender, sachlicher Text, der in der Regel genau Auskunft gibt über einen Vorgang, eine Tätigkeit, eine Person, ein Tier, eine Pflanze, eine Landschaft, einen Innen- oder Außenraum, ein Bild oder einen (Gebrauchs-)Gegenstand.

Die Einleitung benennt in sachlicher Darstellungsweise das zu beschreibende Objekt ohne Umschweife, wobei Funktion, Zweck und Kontext deutlich gemacht werden müssen.

Im Hauptteil werden in der richtigen Reihenfolge (in Abhängigkeit vom Objekt, dessen Funktion sowie vom Adressaten der Information) die Zusammenhänge hergestellt, die zwischen den einzelnen Schritten, Teilen oder zu beschreibenden Einzelheiten des Objekts bestehen. Subjektive Empfindungen und Standpunkte sind dabei auszuschalten. Je nach Aufgabenstellung bieten sich unterschiedliche Vorgehensweisen an: den Kontext chronologisch, vom Gesamteindruck zum Detail, vom Wichtigen oder Auffälligsten zum Nebensächlichen oder Unauffälligen, vom Großen zum Kleinen, vom Allgemeinen zum Besonderen, von oben nach unten, von links nach rechts oder vom Mittelpunkt zu den Randerscheinungen zu beschreiben. Die jeweils umgekehrte Reihung ist denkbar, wenn eine Art Steigerung vom weniger Wichtigen zum eigentlich Interessanten angestrebt wird. Die Beschreibung verzichtet in der Regel auf die Ausgestaltung eines Höhepunktes.

Die stets wiederholbare Handlungsfolge von Abläufen und Vorgängen sowie der sich nicht oder kaum verändernde Typus und Modellcharakter des gewählten leblosen oder lebendigen Welt- und Erfahrungsausschnitts erfordern die Zeitstufe des Präsens. Die Beschreibung soll vergegenwärtigen.

73

Der Schlussteil verlangt je nach Aufgabenstellung eine Zusammenfassung, einen Ausblick, eine Anweisung, eine adressatenbezogene Empfehlung, eine zusätzliche Information oder eine Wiederholung des wichtigsten Aspektes des Hauptteils. Allerdings können die Forderung nach Sachlichkeit, Knappheit und die Informationsfunktion der Beschreibung auch bedingen oder bewirken, dass der Schlussteil fehlt.

6.3 Mögliche Unterrichtsschritte

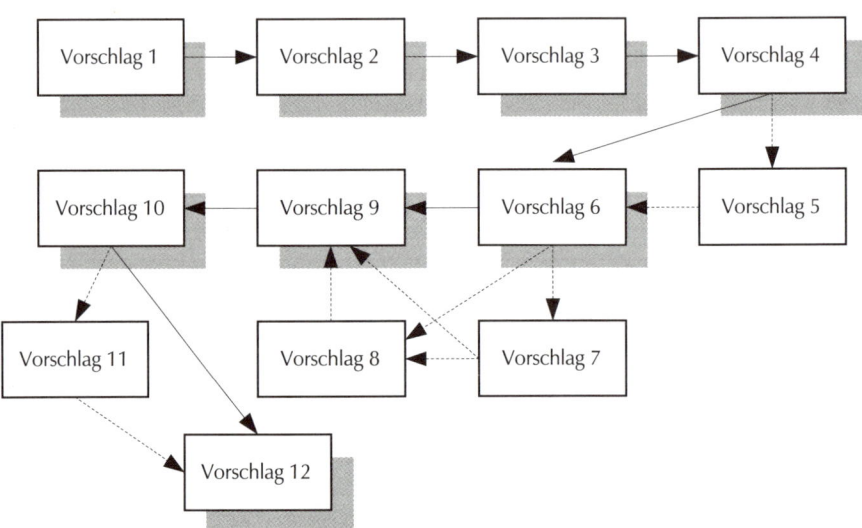

Erläuterung: V1 und V2 beziehen sich auf die Beschreibung im Allgemeinen; V3, V4 und V5 auf die Vorgangsbeschreibung, V6, V7, V8 und V9 auf die Gegenstandsbeschreibung, V10, V11 und V12 auf die Personenbeschreibung. Auswahl und Reihung erfolgen demnach je nach Unterrichtsgegenstand. V5, V7, V8, V11 stellen Erweiterungen oder Alternativen dar.

Vorschlag 1:

Begriffsklärung von beschreiben, Beschreibung

Im UG oder in GA werden sämtliche Bedeutungsebenen der Begriffe „beschreiben" und „Beschreibung" erarbeitet. Dazu werden Lexikonartikel oder Wörterbücher und freie Assoziationen genutzt. In leistungsschwächeren Klassen oder um Zeit zu sparen kann ein Fragenkatalog zur Semantik und Pragmatik der Begriffe vorgelegt werden.
Was bedeuten folgende Formulierungen oder Sätze?
- eine Tafel, Folie, ein Stück Papier (dicht, eng) beschreiben
- eine beschriebene Heftseite
- eine beschriebene Person
- ein beschriebener Gegenstand, Eindruck
- ein Gebäude, ein Spiel genau, ausführlich, gut beschreiben
- Die Täterbeschreibung war unvollständig.

- Wer beschreibt meine Freude, meine Angst, meinen Schrecken, meine Kleidung?
- Der Zustand des Zimmers ist nicht zu beschreiben.
- Das lässt sich nicht beschreiben (Papier, Ereignis).
- Das Chaos (seine Frisur und anderes) spottet(e) jeder Beschreibung.
- Die Beschreibung des Videokassettenrekorders reichte nicht aus, um eine Fernsehaufnahme zustande zu bringen.
- Der Genuss der roten Grütze war unbeschreiblich.
- Die Stimmung während des Konzerts ist unbeschreiblich.
- Das Flugzeug beschreibt einen Kreis.

Die Ergebnisse werden schriftlich festgehalten. Der minimale Hefteintrag lautet sinngemäß:

Beschreiben bedeutet einerseits, etwas (ein Kuvert, ein Papier, eine Folie) mit Schriftzeichen zu versehen, andererseits ganz allgemein etwas (einen Vorgang, ein Ereignis, ein Gefühl, einen Gegenstand, eine Person) mündlich oder schriftlich in Worte zu fassen, um es dem Kommunikationspartner anschaulich vor Augen zu führen.

Vorschlag 2:
Das textanalytische Verständnis der Schüler/innen außerhalb des Deutschunterrichts ist in vielen Fällen bei entsprechendem Praxisbezug bereits geweckt. Schüler/innen erzählen gerne von ihren Erlebnissen mit schlecht und vertrackt geschriebenen Gebrauchs-, Bedienungs- oder Bastelanweisungen. Sie entdecken dabei häufig den fehlenden Adressatenbezug, den Schwierigkeitsgrad der notwendigen detaillierten Anweisung, die Nachlässigkeit mancher Produkthersteller.

Analyse von Gebrauchsanweisungen

Im UG wird eine Begründung erarbeitet, warum die Tätigkeit des Beschreibens eine wichtige gesellschaftliche Funktion hat. Folgende Fragen können mündlich oder schriftlich der Klasse gestellt werden:
- Warum beschreibt man?
- Was beschreibt man?
- Was ist beschreibenswert?
- In welchen Situationen sind Beschreibungen notwendig?
- Warum sollten Beschreibungen sachlich sein?
- Welche persönlichen Erfahrungen musste ich schon mit Beschreibungen machen?
- Welche Rolle spielt in der Aufsatzart Beschreibung die Darstellung von Gefühlen und Empfindungen?

Funktion der Beschreibung

Der Fragenkatalog kann erweitert werden. Die Antworten oder wichtige Ergebnisse werden stichpunktartig festgehalten.

M

Die *Beschreibung* ist eine sachliche Aufsatzform. Sie dient der Information. Sie lässt deshalb die Darstellung von Gefühlen und Empfindungen nicht zu. Eine genaue, anschauliche, (zu)treffende, sinnvolle, sachlich-logische Sprachverwendung ist unbedingt erforderlich. Um der Vergegenwärtigung willen muss die Beschreibung im Präsens formuliert werden.

In der Hauptsache kann zwischen Vorgangs-, Gegenstands-, Bild-, Personen-, Tier-, Pflanzen-, Landschafts- und Raumbeschreibung unterschieden werden.

Die Vorgangsbeschreibung

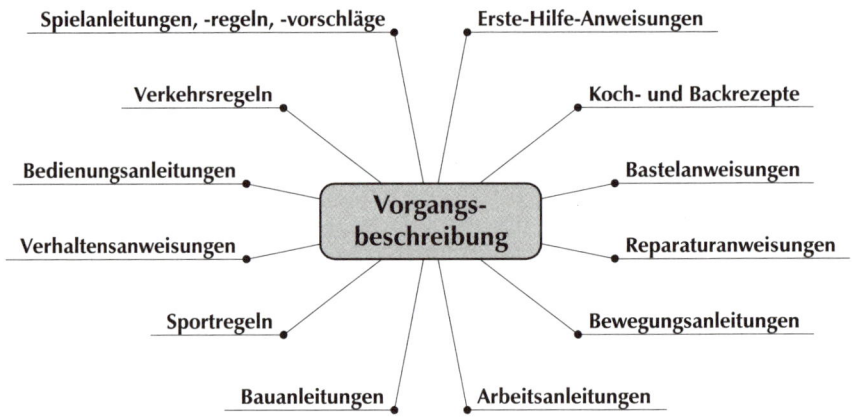

V

Vorschlag 3:
Die Besonderheit der Vorgangsbeschreibung wird im Frage-Antwort-Spiel oder mithilfe des Brainwriting abgeklärt. Den Schülern und Schülerinnen können mithilfe einer vorgelegten Frageliste Anregungen gegeben werden:

- Wann und wo habt ihr schon einmal Anleitungen (Vorgangsbeschreibungen) verwenden (gebrauchen) können?

Funktion der Vorgangsbeschreibung

- Wozu beschreiben wir Vorgänge?
- Welche Vorgänge sind leichter, welche schwerer zu beschreiben?
- Welche Vorgehensweise bei der Darstellung eines Vorgangs ist sinnvoll?
- Warum ist die Verwendung von treffenden Formulierungen (Substantiven, Adjektiven, Verben) und Fachausdrücken erwünscht oder gar notwendig?
- Warum sind Ich- und Wir-Perspektive weitgehend (oder gänzlich) zu vermeiden?
- Welche Zeitstufe ist sinnvoll und warum?

Vorschlag 4:
Rollen- oder Planspiele ermöglichen eine vielfältige Gestaltung von einzelnen Lernschritten. Die Lehrkraft tritt als Firmenmanager/in oder -koordinator/in auf. Der Auftrag an die Mitarbeiter/innen der Firma (= Klasse), im beschriebenen Fall eines Heimwerkereinkaufszentrums, lautet, sich rege an der Gestaltung eines Handbuchs für Heimwerker zu beteiligen. Auch einfachste Tätigkeiten sollen den Kunden genau beschrieben werden, um den Verkauf der Produkte des Hauses zu steigern. Die Klasse wird in Gruppen eingeteilt, die einzelne Arbeitsaufträge erledigen:

Rollen- und Planspiel

- Ein Spiegel oder Spiegelschrank soll im Bad aufgehängt werden.
- Ein Zimmer soll einen neuen Anstrich (eine neue Tapete) erhalten.
- Auf der Terrasse soll ein Blumenbeet angelegt werden.
- Ein neuer Parkett-, Teppich-, Stragulaboden soll verlegt werden.
- Ein Schrank, Bücherregal wird aufgebaut.
- Eine Lampe wird an die Stromleitung der Zimmerdecke angeschlossen.
- Eine Jalousie wird am Fenster angebracht.
- Ein Vorhang soll die Schlafnische verbergen. Usw.

Innerhalb der einzelnen Gruppen sollten die Rollen wegen der Textproduktion gleichrangig verteilt und die Arbeitsschritte gemeinsam erfüllt werden (Materialbeschaffung, Erstellung eines Planes zur Vorgehensweise und eines Regelwerkes zur Vorgangsbeschreibung, gemeinsames Brainstorming, Schreibakt, Vervielfältigung, Broschur).

Themenbereiche, die sich für die Vorgangsbeschreibung eignen

Analog zu diesem Vorschlag kann je nach Erfahrung der Schüler/innen ein anderer Themenblock oder -bereich gewählt werden. Beispiele:

- gastronomischer Betrieb, Café mit Konditorei, Restaurant-Küche (Ziel: Erstellung von Back- und Kochrezepten)
- Gartenbaucenter (Ziel: Broschüre mit Anweisungen zur Pflege von Pflanzen u. Ä.)
- Vertrieb von Material für Hand- und Bastelarbeiten
- karitative Organisation (Ziel: Beschreibungen für erste Hilfe bei Unglücksfällen)
- Institut für Körperpflege (Ziel: Prospekt mit Ernährungshinweisen, Tipps für die Hausapotheke zur gesunden körperlichen Ertüchtigung)
- Reisebüro (Ziel: Prospekt mit Vorschlägen zur Urlaubsplanung)
- Elektroladen (Ziel: Bedienungsanleitungen für ausgewählte Geräte)
- Spielwarenkonzern (Ziel: Katalog mit Beschreibungen von Spielen)
- Fahrradhändler (Ziel: Broschüre mit Anweisungen zur Pflege der verschiedenen Fahrradtypen sowie zur Durchführung leichterer Reparaturen)
- Verkehrspolizei (Ziel: Verkehrsverhaltensregelwerk zur besseren Schulwegsicherung)
- Schulbuchverlag (Ziel: verschiedene Beschreibungen zu Versuchen in den Fächern Physik, Chemie, Biologie, Erdkunde; für Bastelarbeiten in den Fächern Handarbeit, Werken, Kunsterziehung; für die Ausrichtung und Ausgestaltung von Schulfesten)

- Sportverein (Ziel: Erstellung einer Broschüre über die verschiedenen angebotenen Sportarten)
- kirchliche/nichtkirchliche Jugendorganisation oder Freizeitheim (Ziel: Erstellung eines Prospektes über das nachmittägliche, Abend- oder Wochenendprogramm im Jugendzentrum, ein Angebot für Jugendliche)

Verschiedene Gruppen in einer Klasse können auch unterschiedliche Themenblöcke behandeln.

Vorschlag 5:

V

*Spielan-
leitungen
beschreiben*

Die Schüler/innen bringen für eine Spielstunde verschiedene (Karten-, Brett-, Computer-, Rätsel-, Rollen-)Spiele in den Unterricht mit, um in Gruppen, deren Mitglieder sich aus Eingeweihten und Nichtwissenden zusammensetzen, die Spielregeln zu erklären. Im Anschluss daran kann durch die Praxis des Spielens gezeigt werden, ob die Anleitungen verstanden wurden. Einzelne Spielregeln können auch schriftlich festgehalten und sprachlich untersucht werden, um auf diese Weise Anregungen für außerschulische Beschäftigung zu geben.

M

*zur Vorgangs-
beschreibung*

Vorgangsbeschreibungen begegnen uns in vielfältiger Form: Spiel-, Bau-, Bastel-, Bewegungs-, Bedienungs-, Arbeits-, Reparaturanleitungen, Spiel-, Sport- und Verkehrsregeln, Koch- und Backrezepte, Verhaltensanweisungen und -vorschläge beschreiben Vorgänge. Sie müssen nachvollziehbar und klar erfassbar sein. Deshalb empfiehlt sich um der Eindeutigkeit willen ein zeitlich-chronologischer sowie ein sachlich-logischer Aufbau. Das Nacheinander der Prozessschritte erleichtert den Lesern und Leserinnen, den Anweisungen und Aufforderungen der Beschreibung zu folgen, um in der praktischen Anwendung zum Erfolg zu kommen. Das stichpunktartige Festhalten der einzelnen logischen Schritte stellt bereits eine Gliederung des Aufsatzes dar.

Weitere Tipps für den Schreiber/die Schreiberin:
- ☞ Baue – wenn notwendig – Fachausdrücke ein.
- ☞ Vermeide die Ich- und Wir-Erzählperspektive.
- ☞ Verwende das Präsens, da die Vorgänge zeitlos und in der Regel wiederholbar sind.

Die Gegenstandsbeschreibung

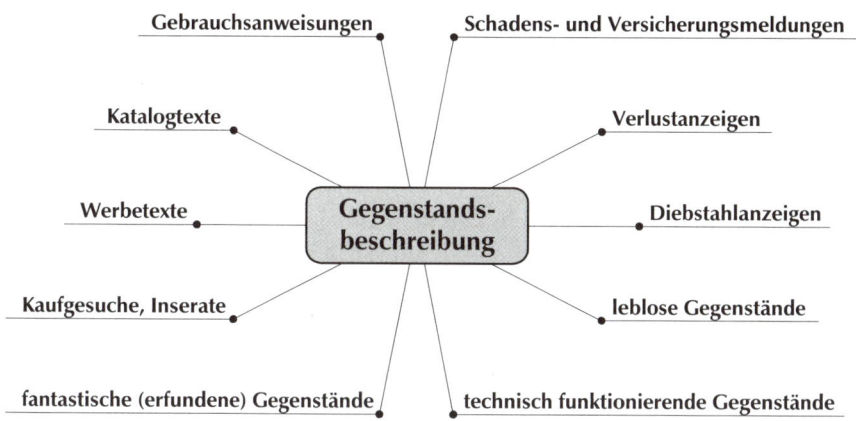

Vorschlag 6:

Die Besonderheit der Gegenstandsbeschreibung erfordert ein umfangreiches Training, in dem schrittweise Aussehen (Größe, Form, Farben) und Funktion des Gegenstands bestimmt werden. Die Schüler/innen wählen selbst einen Gegenstand aus, den sie beschreiben. Am besten eignet sich ein Gegenstand, den sie im Unterricht dabeihaben (wie Füller, Schultasche, Schulheft oder -buch, Kleidungsgegenstände wie Schuhe, Armbanduhr, Brille und anderes). Für die Stoffsammlung ist StA oder GA empfehlenswert. Die Schüler/innen werden aufgefordert, zu auftauchenden Problemen Fragen an die Lehrkraft zu stellen. Die Schwierigkeiten werden notiert, um später im Klassenverband über sie zu sprechen. Ein nächster Schritt ist die Auswahl eines der mitge- führten Gegenstände, mithilfe dessen gemeinsam möglichst an der Tafel die Methodik einer Stoffsammlung aufgezeigt wird. Verschiedene Varianten sind denkbar: Ideennetz, Tabelle (nach der Wortart, nach den Eigenschaften der Bestandteile u. Ä.).

Probleme bei der Gegen- stands- beschreibung erkennen

Beispiel 1: Eine Brille

Eine Brille setzt sich zusammen aus der Fassung der Gläser, den beiden Halte- bügeln, den Scharnieren, den Gläsern. Weitere Differenzierung in Stichwor- ten:

Brille – Gestell – Bügel – Fassung der Gläser – Gläser

a) Gläser: Art des Schliffs (Halbschliff), Wölbung nach vorne, Durchmesser, kreisrund oder nahezu oval, oben breiter als unten, Dicke der Gläser

b) Fassung und Gestell: Farbe (beige, schwarz gesprenkelter Bügel, Kunst- stoff, stellenweise trüb durchsichtig im beigen Bereich); Dicke, Stärke der Fassung; abgerundete, gewölbte Zungen, die sich den Nasenwänden an- passen, die den Druck auf die Nase mildern, abschwächen; Ausmaß der Fassung in Zentimetern; Art der Verstärkung, der Verbreiterung; Art der Scharniere, anschraubbar, Verbindung zu den Haltebügeln, Funktion des Auf- und Einklappens, Art des Winkels, Verlauf der Haltebügel hin zu den Ohren (dünner werdend), Funktion

Beispiel 2: Eine Armbanduhr

Eine unsortierte, chaotisch angelegte Stoffsammlung kann vorgegeben werden, um aufzuzeigen, dass schon der Prozess des Betrachtens und Notierens sinnvollerweise einen einigermaßen logischen Aufbau beziehungsweise eine die Arbeit erleichternde Reihung haben sollte: Möglich ist auch, die einzelnen Stichpunkte auf verschiedene Kärtchen zu schreiben und das „Wortpuzzle" sortieren zu lassen.

Notizen für Gegenstandsbeschreibung ordnen

Arbeitsauftrag: Bringe die angegebenen Eigenschaften und Kennzeichen einer Armbanduhr in eine vernünftige Reihenfolge:

gesondertes Sekundenlaufwerk in Miniaturform im linken unteren Viertel des Zifferblattes, wasserdicht, Phosphorstreifen, Markenname Y, leicht geröteter fünf Millimeter langer Zeiger, Ziffern, gelochtes Armband, braun, „shock absorber", schmale lang gestreckte Stundenzeiger, Minutenzeiger, bei Dunkelheit leuchtende Zahlen und Zeiger, ovales Gehäuse, Viertelstundenmarkierung durch drei Striche, flaches Uhrwerk, farbig, braunes Lederband, Höhe der Uhr ca. fünf Millimeter, römische Ziffern.

Vorschlag 7:

V Mithilfe von mitgebrachten Romanen, Sachbüchern, Atlanten, Lexika und Wörterbüchern beschreiben Schüler/innen (schriftlich oder mündlich) die Unterschiede zwischen den verschiedenen Büchern.

Vorschlag 8:

V Weitere Abgrenzungen und Unterschiede zwischen verschiedenen Gegenständen werden herausgearbeitet. Beispiele: Landkarte – Stadtplan; verschiedene Fahrräder wie Mountainbike – Rennrad; Fernsehgerät – Monitor des Computers; Schlittschuhe – Inline-(Roller-)Skates usw.

M 1

zur Gegenstandsbeschreibung

Bereits bei der Formulierung der Stichpunkte kannst du an den logischen *Aufbau der Beschreibung* denken. Du solltest deshalb nicht hier einen Teil, dann dort einen anderen Teil des Gegenstands beschreiben, sondern bedenken, dass jeder einzelne Bestandteil an der Stelle genau und vollständig nachgezeichnet werden muss, an der er immer wieder in Beziehung zum Ganzen gebracht werden kann. Wähle für deine Vorgehensweise jeweils die für den Gegenstand am besten passende der folgenden Methoden:

- ☞ vom Ganzen zu den Einzelteilen in ihrer Zusammengehörigkeit
- ☞ vom Auffälligen zum weniger Wichtigen
- ☞ von außen nach innen
- ☞ von links nach rechts
- ☞ von vorne nach hinten oder
- ☞ je nach Bedarf in umgekehrter Reihenfolge

80

Vorschlag 9:

Als schriftliche Übung wird eine Suchanzeige, Verlust- oder Diebstahlmeldung in Teilen oder ganz ausformuliert. (Denkbar sind auch die Gestaltung eines Werbetextes, eines ausführlichen Kaufgesuchs, einer Schadensmeldung für die Versicherung oder eines Katalogtextes.) Arbeitsauftrag: Beschreibe für eine Diebstahlanzeige ein Motorrad, das Auto deines Vaters/deiner Mutter, deine Turnschuhe, deinen Füller, dein Fahrrad, deine Gitarre, dein Skateboard und anderes.

V

Diebstahl-anzeige

Die produzierten Texte beziehungsweise Auszüge werden im Plenum (Klassen-verband) im Hinblick auf Aussagekraft und Informationswert untersucht und besprochen. Verbesserungsvorschläge werden festgehalten und allgemeine Regeln der Beschreibung wiederholt oder im Bedarfsfall neu eingeführt. Eine Visualisierung des beschriebenen Gegenstands mithilfe von Zeichnungen er-leichtert die Fehleranalyse.

In der Einleitung und im Schlussteil kannst du möglicherweise Äußerun-gen in der Ich-Form gestalten („Meine Armbanduhr besteht aus ..."). In der Regel ist allerdings, um sachlich beschreiben zu können, die subjektive Sichtweise zu vermeiden. Die Zeitlosigkeit deiner Beschreibung erreichst du durch die Verwendung des Präsens. Formuliere sachlich, genau, an-schaulich, möglichst unverwechselbar und informativ.

Regeln der Gegenstandsbeschreibung kannst du auch auf die Bildbeschrei-bung anwenden. Je nach dargestelltem Bild kannst du auch Erfahrungen zu den anderen Formen der Beschreibung heranziehen.

M 2

zur Gegen-standsbe-schreibung

Die Personenbeschreibung

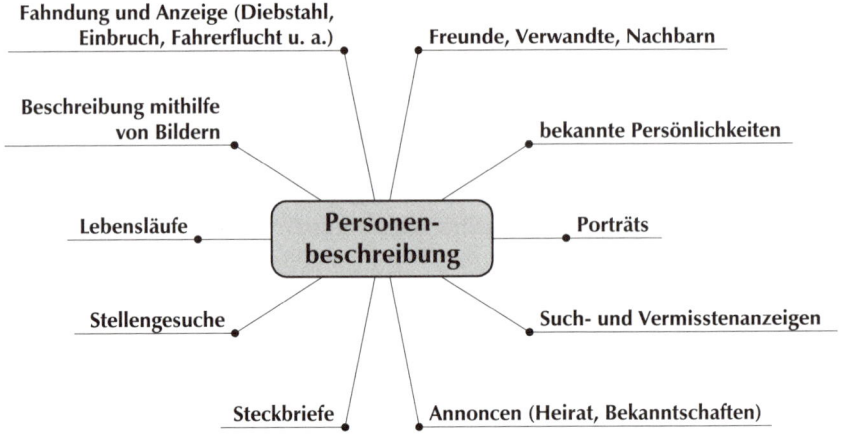

Fahndung und Anzeige (Diebstahl, Einbruch, Fahrerflucht u. a.)

Freunde, Verwandte, Nachbarn

Beschreibung mithilfe von Bildern

bekannte Persönlichkeiten

Lebensläufe

Personenbeschreibung

Porträts

Stellengesuche

Such- und Vermisstenanzeigen

Steckbriefe

Annoncen (Heirat, Bekanntschaften)

Welche Angaben sind wichtig, um Personen zu beschreiben?

Vorschlag 10:
Mithilfe des Prozesses des Brainwriting wird eine Liste erstellt, welche Angaben zur Person notwendig sind, um sie scharf nachzeichnen zu können (Alter, Geschlecht, Staatszugehörigkeit, Beruf, Wohnort, Gestalt beziehungsweise Größe, Gewicht und Körperbau, Figur, Haltung, Anatomie, Gesicht und seine Form, Art der Augen und der Augenbrauen, Form der Nase, des Mundes, des Kinns, der Ohren, Frisur, Mimik, Gestik, Gang, (Be-)Kleidung, unveränderliche Kennzeichen, besondere Merkmale u. Ä.).

Arbeitsauftrag: Zeichne einen Menschen, eine Person, eine Figur, die du beschreiben sollst. Überlege dann und sammle alle Daten, die erforderlich sind um eine Person beschreiben zu können.

Variante 1: Was verstehen wir unter Personalien? Welche Angaben will der Polizist von dir wissen, wenn du dich als Zeuge eines Unfalls meldest? Welche Angaben benötigt er, wenn du einen Unfallflüchtigen beschreibst? Nach welchen Angaben fragt dich dein neuer Hausarzt beim ersten Gespräch? Welche Informationen verlangt das Sekretariat der neuen Schule, an der du dich angemeldet hast?

Variante 2: Notiere die zu einer von dir zu beschreibenden Person notwendigen Daten und ergänze, welche weiteren Informationen erforderlich sind, damit die Leser/innen deiner Beschreibung sich ein Bild von der Person machen können. Erfasse dabei den Gesamteindruck, Aussehen und Eigenschaften von Kopf, Gesicht, Gestalt, Figur und Kleidung in einer Tabelle.

Beispiel:

Gesamteindruck	Kopf, Gesicht	Gestalt, Figur	Kleidung
schön – abschreckend	oval – kantig	wohl geformt – verkrampft	gut – schlecht sitzend
unauffällig – beeindruckend	groß – klein	athletisch – unsportlich	modisch – konservativ
elegant – schlampig	glatt – zerfurcht	aufrecht – geduckt	armselig – Eindruck schindend
imponierend – wenig auffällig	länglich – rund	gedrungen – erhaben	gepflegt – zerrissen (schlampig)
einschüchternd – vertrauensvoll	Haarfarbe blond – schwarz – brünett – rot	dick – dünn	jugendlich – altmodisch

Vorschlag 11:
Die Schüler/innen bringen Fotos oder Abbildungen von ihren Freunden, Verwandten und/oder beliebten Popstars in den Unterricht mit. Die Aufgabe besteht darin, die entsprechenden Personen zu beschreiben (mündlich oder schriftlich). Im UG werden Unklarheiten besprochen und beseitigt.

V

Auch die *Personenbeschreibung* ist sachlich zu gestalten und dient der Information beziehungsweise dem Erkennen und der Identifizierung einer Person.
Deshalb beschränken wir uns häufig auf die Darstellung wenig veränderbarer Kennzeichen wie Haare (Frisur), Gesicht (Augen, Ohren, Nase, Mund, Kinn, Bart, Make-up, Brille), Gesichtszüge und -ausdruck, Stimme, Sprechweise, Gestalt (Figur), Geschlecht, Alter, Haltung (Gang, Bewegungen), Körperbau, Hände, Arme, Oberkörper, Beine, Füße, Gesundheitszustand, Kleidung, Besonderheiten wie Schuhwerk und Schmuck, Umgangsformen (in bestimmten Situationen).
Die recht knappe Beschreibung im Steckbrief, in der Such- und Vermisstenanzeige oder in der Täterbeschreibung erfordert nicht alle aufgezählten Merkmale, muss aber ihre Funktion der Kennzeichnung einer Person erfüllen.
Sinnvoll für die Beschreibung von Personen ist eine Vorgehensweise, die vom Gesamteindruck und den Informationen der gesamten Person ausgehend eine Darstellung von oben nach unten bevorzugt.
Erfolgt die Personenbeschreibung nach Abbildungen, kannst du – je nach Aufgabenstellung – von den äußeren Merkmalen Schlüsse ziehen zu Eigenschaften sowie zur sozialen Stellung der Person. Dabei kannst du genauer interpretieren, welche Schlüsse die Umgebung der Person zulässt und welches Verhältnis zwischen mehreren abgebildeten Personen besteht. Beschreibst du eine bekannte Person, kannst du auch Aussagen machen

M
zur Personenbeschreibung

über die Stimme, die Art der Bewegungen, der Gewohnheiten, des Verhältnisses der Person zu anderen Menschen.

Vermeide eine Vermengung in der Reihenfolge der Darstellung, d. h. vermische nicht die Beschreibung der Haltung, der äußerlichen Erscheinung mit dem Gesichtsausdruck und anderem. Gehe besser von dem Gesamteindruck aus, um dann auf die Details eingehen zu können. Vermeide Wertungen und Beleidigungen.

Vorschlag 12:

Beschreibung des/der Banknachbarn/ -nachbarin

Schüler/innen beschreiben ihre/n Banknachbarn/in oder sich selbst oder die eigene Person aus der Sicht des/der Nachbarn/in (mündliche oder schriftliche Verbalisierung). Erweitert werden kann die Beschreibung der äußerlichen Kennzeichen durch funktionspsychologische Feststellungen (nach Max Lüscher). Dennoch wird der Mensch nicht nur eingeschätzt nach seinen abbildbaren Eigenschaften oder fotografisch erfassbaren Merkmalen, sondern auch danach, welche Wirkung von ihm ausgeht. In spielerischer Form kann in dieser Übung neben der Feststellung der äußeren Merkmale wie Haarfarbe, Gesichtsform, Körperwuchs auch angemerkt werden, was die Persönlichkeit des Nachbarn, der Nachbarin, des eigenen Ich ausmacht. Der Übergang zur Einübung der Gestaltung der Charakteristik wird somit schon in ersten Ansätzen berücksichtigt. Die Aufgabenstellung führt dann umso eher zu einem guten Lernergebnis, wenn die Schüler/innen der Klasse sich gegenseitig respektieren. Das heißt auch, dass Lehrer/innen vorbereitet sein müssen auf etwaige schwierig zu lenkende gruppendynamische Prozesse. Beispiel: Ein Schüler wird als ein Junge beschrieben, der bei jeder Gelegenheit errötet. Der Rest der Klasse findet das sehr lustig. Die erweiterte Aufgabenstellung kann zu bisher nicht verbalisierten Problemlösungen innerhalb der Klassenstruktur beitragen.

zur Beschreibung allgemein

Die sachlich-genaue, logisch-stringente Beschreibung von Vorgängen, Gegenständen, Personen, Tieren, Landschaften und anderem erfordert eine im Präsens formulierte Nachzeichnung des Prozesses oder Objekts.

Einleitung, Hauptteil und Schluss können – in Abhängigkeit von der Jahrgangsstufe – noch aus der Ich-Perspektive betrachtet werden. Der Satzbau kann einfach parataktisch gestaltet sein, erfordert aber stellenweise die Verwendung von Konjunktionen, um Teile des Objekts oder Teilprozesse mithilfe des hypotaktischen Satzbaus in den funktionellen Zusammenhang des Ganzen bringen zu können. Eine reine Aneinanderreihung oder Addition von Feststellungen ergibt noch keine vollkommene Beschreibung.

Die Fülle der im täglichen Leben formulierten Beschreibungen (vgl. Schemata S. 69 u. 79) erleichtert den Bezug zu den Adressaten.

6.4 Hinweise zur Aufsatzbewertung und -beurteilung

Die sachliche Darstellungsweise in der Aufsatzart der Beschreibung ermöglicht nur auf den ersten Blick eine größere Objektivierung in der Beurteilung. Die in den Abschnitten Definition, Merktexte und Zusammenfassung angegebenen Merkmale der Beschreibung dienen als Vorgabe. Eine unterschiedliche individuelle Sichtweise gegenüber dem Vorgang, der Person, dem Gegenstand oder Bild erfordert allerdings erneut einen vorsichtigen, defensiven, schülerfreundlichen Korrekturgang unter der Voraussetzung, dass der Mittel-Zweck-Zusammenhang in der Beschreibung sichtbar wird, der dann besser zur Geltung kommt, wenn Gesamteindruck, Stil, Aufbau, Inhalt, grammatische, orthographische Korrektheit ebenfalls Beachtung finden.

Die Ratschläge und Regeln zur Beschreibung haben auch die Funktion, Beurteilungen zu erleichtern, dienen aber in erster Linie den Schülerinnen und Schülern als Orientierung in einem langwierigen Entscheidungs- und Übungsprozess, innerhalb dessen die Lernenden immer wieder auf noch bestehende Mängel hingewiesen werden. Der Bewertungsgrad in Form der entsprechenden Note ist damit auch abhängig von der Zahl der durchgeführten Trainingseinheiten. Hilfreich während der Übungsphasen ist eine schriftlich formulierte Selbsteinschätzung der Lernenden, um zu ermitteln, wie die Schüler/innen mit bestimmten Anforderungen zurecht kommen und welche Methoden und Lerneinheiten zur Lösung der Aufgaben noch geübt werden müssen. Der Grund für schlechte Schreibleistungen liegt häufig in der Unsicherheit im Erkennen von eigenen, verbesserungswürdigen Fehlern. Hinweise auf den häufig in der Testsituation ausgeübten Zeitdruck sowie die subjektiv bedingten Unterschiede im Arbeitstempo der Schüler/innen relativieren hier ebenfalls den Bewertungsmaßstab.

Bedingt durch die Vorgaben und Bindungen zur sachlichen Aufsatzart der Beschreibung kann sich eine Zeitersparnis durch die Verwendung von standardisierten (Verbesserungs-)Kommentaren ergeben.

6.5 Aufsatzbeispiele

Dem Schüleraufsatz 1 (Vorgangsbeschreibung einer Schülerin einer 7. Gymnasialklasse) liegt der Arbeitsauftrag zugrunde, der Schwester oder dem Freund einen Brief zu schreiben, aus dem hervorgeht, wie man Bratkartoffeln zubereitet:

Liebe Nina,

da ich heute schon früher zum Sportunterricht muss, sollst du dir dein Essen selbst machen. Ich habe für dich aufgeschrieben, wie man die Kartoffeln brät: Als erstes holst du dir ungefähr fünf Kartoffeln aus dem Küchenschrank und schälst sie. Du weißt ja, wie es geht, denn du hast Mutti oder Vati ja schon öfter zugeschaut oder auch geholfen. Jetzt schneidest du die Kartoffeln in Scheiben, ungefähr einen halben Zentimeter dick. Du stellst nun eine kleine Pfanne auf den Herd, schüttest einen Esslöffel Öl hinein und erhitzt dieses auf der Stufe drei. Inzwischen schälst du eine Zwiebel und schneidest sie in kleine viereckige Stücke. Wenn das Fett oder Öl heiß ist, legst du

Schüleraufsatz 1 zur Vorgangsbeschreibung

85

die Zwiebelstücke in die Pfanne und lässt sie hellbraun werden. Die Herdplatte musst du auf Stufe zwei herunterdrehen, sonst brennen die Zwiebeln an. Sodann verteilst du die Kartoffelscheiben gleichmäßig in der Pfanne. Das Braten dauert allerdings etwas länger als bei Mama, weil die Kartoffeln noch roh und nicht gekocht sind. Sie schmecken deshalb, wenn sie fertig sind, eher wie Pommes frites, aber die magst du ja gerne. Du musst die Kartoffeln nun noch würzen mit etwas Pfeffer und Salz. Du kannst auch noch ein bisschen trockene Petersilie hinzugeben. Ob die Kartoffeln unter der Kruste weich genug sind, merkst du, wenn du sie mit einer Gabel anstichst. Du könntest dir ja noch Rühreier dazumachen.

Ich hoffe, durch meine Beschreibung sind die Bratkartoffeln einigermaßen gut geworden. Ich komme in zwei Stunden zurück, also um vier. Guten Appetit!

Deine Conny

Anmerkung: Die Anleitung zum Zubereiten von Bratkartoffeln kann als gelungen bewertet werden. Die Briefform stellt einen sinnvollen Adressatenbezug her und wird durch die besondere Anrede im Brief selbst korrekt umgesetzt.

Der Schüleraufsatz 2 (Vorgangsbeschreibung in einer 7. Klasse, Gymnasium) dient wegen seiner Anhäufung von Fehlern als Korrekturübung für die Klasse, die den Aufsatz nach seiner sachlichen Richtigkeit überprüft:

Schüleraufsatz 2 zur Vorgangsbeschreibung

Thema: Wie ein Fahrradschlauch geflickt wird

Als überglücklicher Besitzer von einem Fahrrad komme ich oft in den Umstand, das Fahrrad zu richten. Die Luft im Reifen hält nicht mehr, deshalb die Beschreibung. Der Schaden ist zum Ausbessern da. Das Rad steht jetzt auf dem Sattel. Mit verschiedenen Schlüsseln wird der Schlauch gelöst, nachdem das kaputte Vorderrad demontiert worden ist. Die Schachtel mit dem Flickzeug liegt schon längst bereit. Und eine Tube mit dem Klebstoff. Die Ventilschraube vom Reifen musst du lösen, und schon habe ich den Fahrradschlauch in der Hand. Der Mantel liegt beiseite, das aufgepumpte Fahrrad wird in eine Wasserschüssel getaucht, und schon schlägt es Blasen. Daraufhin merke ich mir das Loch. Mit Schmirgelpapier wird nun der trockene Schlauch aufgeraut und zugeklebt, da, wo ich mir das Loch gemerkt habe. Das gibt dann zwar einen Gummiflecken, aber nach der Reparatur sieht man ihn nicht mehr. Dann beschwere ich die zugepappte Stelle mit einem Stein, entferne ihn nach einer langen Zeit, führe noch eine Wasserprobe durch, trockne das Rad und montiere es in das restliche Fahrrad hinein, damit ich wieder fahren kann.

Anmerkung: Die hohe Fehlerquote ermöglicht allen Schülerinnen und Schülern in EA, PA oder GA Entdeckungen für die notwendige Korrektur: Fehler und Mängel in der Ausdrucksweise, im Satzbau, in den logischen Verknüpfungen, der Zeitstufe und Abfolge des Vorgangs, in der subjektiven Perspektive und anderes. Endergebnis der Verbesserungen kann ein Musteraufsatz sein.

Schüleraufsatz 3 ist als adressatenbezogene Vorgangsbeschreibung in einer 7. Klasse einer Realschule angefertigt worden. Oma und Opa sollten den Wellensittich des Enkelkindes während der Ferien versorgen. Hierzu musste eine Beschreibung für die Großeltern formuliert werden:

Liebe Oma, lieber Opa,
meinen Wellensittich habe ich euch ja schon gebracht. Da ich aber noch nicht genauer erklärt habe, wie ihr meinen Vogel versorgen könnt, habe ich es euch aufgeschrieben: Die Sachen, die ihr benötigt, habe ich euch bereits gegeben. Jeden Morgen müsst ihr das Futter wechseln. Dieses befindet sich in dem Glas mit dem braunen Deckel. Von dem frischen Futter gebt ihr ungefähr drei Teelöffel in das Näpfchen und stellt es wieder in den Käfig. Das Wasserschüsselchen holt ihr heraus und reinigt es mit einem Lappen, natürlich ohne Spülmittel. Anschließend füllt ihr es mit kaltem Leitungswasser und stellt es auf seinen alten Platz. Genauso könnt ihr bei dem Austausch des Wassers für die kleine Badewanne verfahren. Alle zwei Tage solltet ihr den Sand im Käfig wechseln. Das geht so vor sich: Zuerst nehmt ihr Futter und Wasserbehälter, die Schaukel und die Leiter aus dem Käfig. Jetzt entfernt ihr nach Lösen der Klammern den oberen Teil des Käfigs und stellt ihn auf die Ablage neben das Spülbecken. Den Vogel lasst ihr währenddessen im Vogelbauer oder ihr lasst ihn frei in der Küche herumfliegen (Fenster bitte schließen), danach zieht ihr den Bodenteil des Käfigs mit dem Sand auf der rechten Seite des Käfigs heraus und schüttet den Sand weg, säubert den Boden, trocknet ihn, damit der Sand später nicht kleben bleibt. Ihr schüttet dann den neuen Sand aus dem Päckchen auf den Bodenteil und verteilt ihn gleichmäßig auf diesem. Jetzt räumt ihr alles wieder ein, was ihr vorher aus dem Käfig entfernt habt. Die kleine Glocke, mit der mein Vogel leidenschaftlich gerne spielt, legt ihr bitte immer neben den Bauer, und wenn es euch nichts ausmacht, lasst meinen Wellensittich immer wieder frei, natürlich nur bis zum Abend. Wenn ihr ihn zum Schlafen einsperrt, solltet ihr das weiße Tuch über den Käfig legen, die Tür muss dabei geschlossen sein. Falls ihr neues Futter braucht, kauft bitte Fitkraft, denn ein anderes mag mein Vogel nicht. Ich hoffe, es macht euch trotz der Arbeit ein bisschen Spaß, auch mit meinem Wellensittich ein wenig zu spielen.

> Vielen Dank.
> Eure Sabine

Schüleraufsatz 3: adressatenbezogene Vorgangsbeschreibung

Anmerkung: Der vorliegende Aufsatz ist lediglich in Zeichensetzung und Rechtschreibung für den Abdruck verbessert worden. Die in einer siebten Klasse angefertigte Beschreibung erfüllt sehr gut den Kommunikationsprozess und zeichnet sich durch besondere Ausführlichkeit aus.

Schüleraufsatz 4 (ist Ergebnis einer GA in der 8. Klasse eines Gymnasiums, die im Plenum verbessert wurde). Die Arbeitsanweisung lautet: Fertigt einen Artikel in der Tageszeitung an, der ein Fest der Inline-Skater im Olympiapark ankündigt.
Der Aufsatz verlangt Fertigkeiten für die Vorgangs-, Raum- und Gegenstandsbeschreibung.

Das Fest der Inline-Skater
Endlich bietet auch unsere Stadt in den nächsten Tagen nach dem Vorbild anderer Städte eine Großveranstaltung der Inline-Skater. Am Sonntag, dem 9. Oktober, treffen sich die Sportler und Fans der neuen Massensportart im Stadtpark zum „Ersten Inline-Skater-Cup".

Schüleraufsatz 4: Mischung verschiedener Beschreibungsarten

Teilnahmeberechtigt sind all diejenigen, die bereits mehr oder weniger oft mit diesem neuen Typus von Rollschuhen unterwegs waren. Es können auch Anfänger auf einer eigens dafür gekennzeichneten Übungsstrecke teilnehmen. Den qualifizierten Freizeitsportlern und -sportlerinnen wird die Durchführung eines Rennens auf dem Maschsee-Ring vor dem Fußballstadion ermöglicht. Start und Ziel befinden sich auf der Haupttribünenseite, wenige Meter links vom Haupteingang des Stadions entfernt. In fünf verschiedenen Altersklassen und vier unterschiedlichen Leistungsklassen wird gestartet. Der Beginn ist auf 10.30 Uhr festgelegt. Anmeldungen können ab 8.00 Uhr morgens bereits vorgenommen werden. Die Anmeldeschalter liegen in unmittelbarer Nähe von Start und Ziel. Die Rennstrecke weist eine Länge von drei Kilometern auf. Je nach Alter und Leistungsstärke werden ein bis drei und sechs Runden gelaufen. Die Fun-Klasse begnügt sich mit einer Strecke von drei Kilometern, während die Skater der Fitness-Klasse neun Kilometer zurücklegen müssen, die Speed-Klasse bringt es schließlich auf 18 Kilometer, die vermutlich von den besten Sprintern in nicht einmal einer halben Stunde zurückgelegt werden. Die gut und sehr ebenmäßig betonierten Zugangswege innerhalb einer üppig angelegten Bepflanzung des Stadtparks eignen sich sehr gut als Rennstrecke für die Sportler/innen auf den schnellen Rollen. Der Spaß und die Freude an der Teilnahme, die unter dem Motto steht „Mitmachen ist alles, denn der Weg ist das Ziel!" sollen im Vordergrund stehen. Überprüft wird vor jedem Rennen allerdings um der Gesundheit der Teilnehmer/innen willen das entsprechende Rüstzeug wie ausgepolsterte (Hartschalen-)Knie- und Ellenbogenschoner, (fingerlose) Handschuhe mit Hartplastikschienen und helmartige Kopfbedeckung.
Ein Rahmenprogramm mit artistischen Einlagen wird den Zuschauern geboten werden: eine Rollerblade-Show, Halfpipe-Akrobatik, Inline-Demos, Straßenhockey, Streetdance. Die Hersteller der neuen Fortbewegungsgeräte geben in einem eigens dafür errichteten Inline-Markt sowohl Auskünfte über die wichtigsten Neuerungen in der Herstellung als auch Einblick in die Regeln der verschiedenen Möglichkeiten des sportlichen Wettbewerbs. Viele aufgebaute Stände sorgen dafür, dass Zuschauer/innen und Sportler/innen ihren Hunger oder Durst stillen können. Heißer Skater-Sound erklingt als musikalische Untermalung über installierte Lautsprecheranlagen. Das Startgeld beträgt DM 10,– für Kinder und DM 20,– für Erwachsene. Eine Menge Geld- und Sachpreise kann gewonnen werden. Die Organisatoren der Veranstaltung hoffen auf strahlenden Sonnenschein und gute Stimmung. Info-Hotline: XCN 888 888 SL.

Anmerkung: Lange Diskussionen ergeben sich aufgrund der Festlegung der Reihenfolge der zu leistenden Informationen sowie um die Zahl der mehr oder weniger detaillierten Angaben zur Veranstaltung. Was soll noch genauer beschrieben werden? Wo liegen für den interessierten Leser Informationsdefizite? Reflektiert werden kann im Klassenverband die Anhäufung der Anglizismen und ihre Funktion als ein allgemein auftretendes (Verständigungs-)Problem (Sprache der Werbung, der Privatsender des Fernsehens und Rundfunks, Popmusik, Sportartikelhersteller, Computerhersteller und Ähnliches).

6.6   Übungen zur Lernzielkontrolle

Ü 1: In einer Wortschatzübung sammeln die Schüler/innen Eigenschaften beziehungsweise Eigenschaftswörter, die Personen in ihrer Anatomie beschreiben. Die Klasse kann in Kleingruppen eingeteilt werden, um so die verschiedenen Körperteile zu erfassen. Die Aufgabe kann in den Funktionsrahmen einer Fahndungsmeldung, eines Steckbriefs u. Ä. gestellt werden. Ebenso ist eine tabellarische Erfassung der verschiedenen Körperteile denkbar (vgl. V 10, S. 82). *Wortschatzübung*

Ü 2: Die Schüler/innen erhalten den Auftrag, sich leise einen beliebigen Gegenstand vorzustellen. Auf einem Blatt Papier notieren sie zu dem erdachten Gegenstand die ihrer Meinung nach wichtigen Beobachtungen und Eigenschaften. Im Anschluss an diese stichpunktartigen Notizen werden die Blätter mit den jeweiligen Nachbarn oder einem Partner der Wahl oder mit dem/der im Alphabet nachstehenden Schüler/in oder einer zugelosten Person ausgetauscht. Aufgabe des/der Austauschpartners/in ist es nun, den Gegenstand gemäß den aufgeschriebenen Kennzeichen zu benennen. In PA wird gemeinsam erarbeitet, welche Eigenschaften noch ergänzt werden können, um den Gegenstand noch genauer erfassen zu können. Im Anschluss an diese Übung wird im Plenum über die jeweiligen Entdeckungen und Erfahrungen berichtet. *StA* *PA* *Plenum*

Ü 3: Ähnlich wie in Ü 2 werden in dieser Übung Notizen angelegt, allerdings diesmal unter der Prämisse, dass für den zu kennzeichnenden Gegenstand Attribute der Werbung und der Werbesprache verwendet werden sollen, sodass der Austauschpartner nicht nur den Gegenstand erkennen kann, sondern dass auch sein Wunsch, den Gegenstand käuflich zu erwerben, geweckt wird. (In beiden Übungen darf freilich nicht der Gegenstand als solcher benannt werden, wobei die bewusst vorgenommene Verschleierung in Ü 3 durchaus statthaft ist.) *Werbesprache für Gegenstandsbeschreibung*

Ü 4: Ein fremdes Auto (Motorrad, Autobus, LKW, Taxi, Fahrrad und anderes) soll beschrieben werden, um als Zeuge zu einem Unfall mit Fahrerflucht eine eindeutige Aussage für die Polizei zustande zu bringen. Gemeinsam kann erarbeitet werden, welche Merkmale (in diesem Fall unter Berücksichtigung der Zweckgebundenheit) besonders wichtig sind (Kennzeichen, Farbe, Typ, Form, Alter).

Ü 5: In GA wird jeweils zu einem vorgegebenen oder selbst gewählten Vorgang eine Stoffsammlung angefertigt (Variationen von Techniken zur Stoffsammlung: Clustertechnik, Mindmapping, Ideenbaum, Kästcheneinteilung auf dem Stichwortzettel, Tabellenform und anderes).

Ü 6: Schüler/innen beschreiben ihrem jeweiligen Partner ihre Lieblingsspeise, ihr Lieblingsbuch, einen schönen oder spannenden Film, eine Lieblingslandschaft und Ähnliches. Die punktuelle Auswertung erfolgt im Plenum.

Beispiel: Wie wäscht man zu Hause in der Waschmaschine Bettwäsche? (Bettwäsche abziehen, Kopfkissen, Decke, Wäschekorb bereitstellen, Waschküche/Badezimmer, Waschpulver in vorgesehenen Behälter für Vorwäsche, *Beispiel für Vorgangsbeschreibung*

Hauptwäsche, Wasserhahn beziehungsweise Zuleitung zur Waschmaschine aufdrehen, evtl. Münze einwerfen, Programm wählen wie Koch- oder Buntwäsche, selbstständiger Waschvorgang, Wäsche aus der Trommel nehmen, aufhängen)

Ü 7: Die Schüler/innen fertigen eine Vorgangsbeschreibung nach einer vorgegebenen Skizze an. Im Sinne eines fächerübergreifenden Unterrichts bieten sich Skizzen aus den Lehrbüchern der folgenden Fächer an:

- Erdkunde: Wie ein Wasserkraftwerk arbeitet – Wie ein Windkraftwerk Energie erzeugt – Wie Steinkohle abgebaut wird – Wie eine Flurbereinigung durchgeführt wird – Untersuchung von Umweltproblemen im Zusammenhang mit Wasserversorgung und Abwasserentsorgung
- Geschichte: Eine Pyramide wird gebaut – Ein Ritter rüstet sich für den Kampf
- Biologie: Wir beobachten, wie ein Vogelnest entsteht – Tiere bereiten sich auf den Winterschlaf vor – Auslese und Züchtung von Getreidesorten

Stilübung **Ü 8:** Stil- und Wortschatzübung: Das Verbum „haben" in Kombination mit bestimmten Eigenschaften soll möglichst durch verbale Konstruktionen ersetzt werden.

Beispiele: Statt „sie hat schöne, dunkelbraune Augen …" kann der Satz nun lauten: Ihre Augen leuchten, wenn sie von etwas spricht, das ihr Freude macht usw. Statt „auf seinem Hals hat er einen Kopf" kann der Satz so formuliert werden: „Sein rundes Gesicht lächelt freundlich, sein Hals zeigt erste Falten" usw. Statt „an den Armen hat er zwei große Hände …" heißt der neu gebildete Satz: „Seine schmalen Arme lassen die relativ großen Hände nicht vermuten" usw.

Ü 9: Zur körperlichen und psychischen Auflockerung, zur Entspannung für bessere Konzentration werden im Klassenverband rhythmische, gymnastische oder kinetische Übungen durchgeführt. Sie können im Anschluss an die Ausführung beschrieben werden. Durch die Bewegungen im Gruppenverband hat das Handeln der Schüler/innen nicht den Vorzeigecharakter, der mit schlechten Erfahrungen verbunden ist. Ziel ist unter anderem, individuelles (Körper-)Darstellen wieder positiv besetzen zu können, Erlangung eines differenzierten Körpergefühls, Partnerübungen, Wege und Plätze im Raum zu finden anstatt gewohntes Sitzen auf einem Platz. Begleitende Musik ist motivationsfördernd und bewegungsstimulierend. Der oft beklagten Diskrepanz zwischen Fühlen – Denken – Handeln, Aussagekraft, Wohlergehen im Unterrichtsgeschehen wird in dieser Übung ein wenig Einhalt geboten.

Werden die Üs nicht erst mit den Lernzielen der Aufsatzerziehung verbunden, ist sie den Schülerinnen und Schülern bereits bekannt. Die schriftliche Fixierung des Bewegungsablaufs wird adressatenbezogen gestaltet.

Beispiel: Teile deinem Brieffreund oder deiner Brieffreundin mit, welche der Übungen nachahmenswert sind, und beschreibe sie.

Als Anregung können auch verschiedene Beschreibungen von Körper- und Gymnastikübungen den Wochen- und Monatszeitschriften oder Taschenbüchern mit Fitnessprogrammen entnommen werden.

6.7 Themenvorschläge zur Beschreibung

Die unterschiedlichen Themen der Beschreibung können in sehr verschiedenen Formen gestaltet werden: Werbetext, Verlustanzeige, Kaufgesuch, Brief, Inserat, Ausstellungskatalogtext und anderes. *Anmerkung*: Wichtig ist der Textarten- und Adressatenbezug, d. h. beim Üben ist darauf zu achten, dass die Schüler/innen die zu verfassende Textart (Werbetext, Brief etc., s. o.) genau kennen, damit die Beschreibung in den richtigen Kontext eingebettet ist.

Textarten- und Adressaten-bezug ist bei jeder Beschreibung wichtig

1. Vorgangsbeschreibung

Ich putze ein Fahrrad – Wie ein Fahrradschlauch geflickt wird – Ich säubere den Innenraum eines Autos – Ich beschreibe einen Zähltrick (mit Karten, Münzen, Zündhölzern) – Ich backe einen Geburtstagskuchen – Ich befestige ein Bücherbrett an der Wand – Ich bastle einen Weihnachtsstern – Wie ich einen Weihnachtsbaum aufstelle und schmücke – Ich beschreibe einen Zaubertrick (Kartentrick) – Wie die Fernbedienung der Stereoanlage, des Videorekorders, des Fernsehers funktioniert – Ich räume mein Zimmer auf – Wie ich mich auf meinem Schulweg verhalte – Unser Hund wird gebadet – Meine Katze wird gefüttert – Wie ich mein Aquarium säubere – Der Vogelkäfig wird sauber gemacht – Ich fertige eine Folie für mein Kurzreferat an – Wie stelle ich den Anrufbeantworter ein – Wie telefoniert man (aus der Telefonzelle) – Wie ich mir mein Essen (meine Lieblingsspeise) selbst zubereite – Wie man ein Zelt aufbaut – Wie decke ich den Frühstückstisch (Mittagstisch) – Ein Model (Clown) schminkt sich – Wie man Bratkartoffeln mit Spiegelei brät – Wie man „Mensch-ärgere-dich-nicht" spielt – Wie ich Fenster putze – Wie ich meine Schuhe putze – Ich bereite die Geburtstagsfeier meiner Schwester (meines Bruders) vor – Da du wegfährst, hast du jemanden beauftragt, dein Haustier zu versorgen. Du beschreibst ihm auf einem Zettel, wie das vor sich geht. – Ich bastle ein Schiffchen (einen Flieger) aus Papier – Wie wir Volleyball (Fußball, Handball, Basketball) spielen
(Weitere Bastel-, Spiel-, Reparaturanleitungen und Gebrauchsanweisungen erweitern den Themenkreis.)

2. Gegenstandsbeschreibung

Die Auswahl der zu beschreibenden Gegenstände ist mannigfaltig. Beispiele: Fahrrad (mit Differenzierung neuer Produkte wie Mountainbike u. a.), Fahrradschloss, Motorrad, Moped, Roller, Auto, Flugzeug, Kühlschrank, Fernsehgerät, Bügeleisen, Computer(-teile, -spiele), Schlittschuhe, Stereoanlage, Taschenmesser, Regenschirm, Liegestuhl, CD-Player, Kassetten- und Videorekorder, Waschmaschine, Kaffeemaschine, Salzstreuer, Pfeffermühle, Toaster, Staubsauger, Snowboard, Skateboard, Rollerskates, Briefkuvert, Brille, Mütze, Wandtafel, Wohnwagen, verschiedene Uhren, ein schmiedeeisernes Tor, Denkmal, Brunnen, Füllfederhalter, Lineal, Zirkel, Taschenrechner, Schrank, Bücherregal, Spielzeug, Gitarre, Bohrinsel, Thermometer, das menschliche Auge, Küchenherd, Rasenmäher, Jugendmode, eine (beliebige) Ausstellung u. a.

3. Personenbeschreibung

Ein Junge wird vermisst – Ein Einbrecher wird gesucht – Mein Lieblingssänger – Ein Popstar – Großvater – Der Klassenleiter – Unser Sportlehrer – Meine Freundin – Unsere Tante – Vater – Mutter – Der Banknachbar – Die Nachbarin – Der Bruder – Die Schwester – Eine Beschreibung meiner Person – Der Buchhändler – Die Friseurin – Der Verkehrspolizist – Unsere Ärztin – Eine Karnevalsprinzessin

4. Tierbeschreibung

Mein Schäferhund – Die Biene auf der Blüte – Ein Schmetterling – Spatzen bei der Fütterung – Ein Igel – Verschiedene Tiere aus dem Zoo (Tierpark) – Unser Haustier (Hamster, Wellensittich, Kanarienvogel, Fische, Schildkröte) – Ein Tier vom Bauernhof – Tiere in Bestimmungsbüchern

5. Pflanzenbeschreibung

Eine alte Eiche – Ein Ahornblatt – Ein blühender Kaktus – Seerosen – Eine Birke – Ein Zierstrauch – Die Trauerweide – Ein Blumenstrauß – u. a.

6. Raumbeschreibung (innen, außen), Landschaftsbeschreibung

Die Weitsprunganlage – Die Vierhundertmeteraschenbahn – Die Fabrik – Eine Villa – Eine Hütte – Ein Gartenhäuschen – Die Laube – Die Ruine – Unser Schulhaus – Der Speisesaal – Das Zimmer, in dem ich meine Hausaufgaben erledige – Der Turm – Unser Hausgarten – Mein Zimmer – Unser Klassenzimmer – Das Wartehäuschen (für den Bus, die Straßenbahn) – Der Zweckbau – Unser Eigenheim – Der Partykeller – Das Einfamilienhaus – Das Bankgebäude – Die Oper – Das Theater – Ein Bauernhaus – Die Stallung (Scheune) – Der Silo auf dem Bauernhof – Ein Landhaus – Die Tankstelle – Ein alter Tante-Emma-Laden – Der Obstladen um die Ecke – Unser Wohnzimmer – Unser gemeinsames Badezimmer –Die Geest – Die Marsch – Das Watt – Die Fußgängerzone – Die Flusslandschaft – Die Gebirgslandschaft – Mein Schulweg – Ein Wanderweg – Der Weg zu meinem Sportverein (Sportplatz) – Ich beschreibe mein Urlaubsziel (Ferienziel) – Eine Führung durch die Innenstadt – Das Haus einer berühmten Person – Unser Stadtmuseum – Landschafts-, Raum- und Gebäudebeschreibungen nach vorgelegten Bildern

7. Bildbeschreibung

Beschreibung von selbst gemalten Bildern aus dem Kunstunterricht, von mitgebrachten Fotos, Fotos aus Bildbänden, aus Comic-Heften, Beschreibung von Karikaturen, Holzschnitten, Postkarten, Bildern aus Sprach- und Lesebüchern, Kunstbänden u. Ä.

7 Bericht

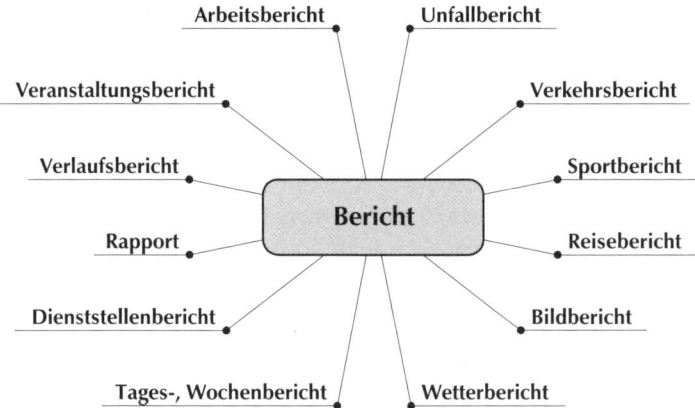

7.1 Methodisch-didaktische Überlegungen

Ähnlich wie die Aufsatzart oder Textsorte der Beschreibung fordert der Bericht adressatenbezogenes Schreiben. Emanzipatorische (Aufsatz-)Erziehung hat immer auch die Funktion, den Bezug zur außerschulischen Praxis herzustellen. Mündliches wie schriftliches Berichten stellt eine häufig im täglichen *mündliches* Leben geforderte Tätigkeit dar, sei es aktiv (schreibend) oder passiv (Texte *und schriftli-* konsumierend, verstehend, analysierend). Sport, Politik, weiteres Tagesgesche- *ches Berichten* hen, Reise, Verkehr, Informationen im Allgemeinen berühren Lebens- und Aktionsbereiche, die die Fähigkeit des Berichtens unabhängig von der jeweils wechselnden Intention erfordern. Aufsatzdidaktik kann niemals unabhängig von kommunikationstheoretischen, auf Informationsaustausch beruhenden Erfahrungen formuliert werden.

Trotz der im Bericht geforderten Sachlichkeit weist der im Alltag verwendete Begriff des Berichts ein breites dichotomisches Spektrum auf: öffentlich versus *Spektrum des* privat, sachlich versus emotional, objektiv informierend versus subjektiv, ap- *Berichts* pellativ versus egozentrisch, an Regeln gebunden versus freie Formulierung u. Ä. Soll die Aufsatzerziehung festhalten am Dreischritt vom erlebnishaften Erzählen über das sachliche Darstellen hin zum Erörtern und Analysieren? Gerade die Aufsatzart des Berichts und entsprechend die in den Bundesländern dafür vorgesehenen Jahrgangsstufen zeigen, welch unterschiedlichen Altersgruppen die Fähigkeit abverlangt wird, berichten zu können. Mündlich wie schriftlich werden Schüler/innen durch entsprechende Anleitung(en) unabhängig von der Altersstufe befähigt, informierende, sachliche, kommentierende, produktive, kreative Formen des Schreibens zu erlernen.

Die Unterscheidung von Erzählung und Beschreibung fällt Schülerinnen und *Wie kann man* Schülern relativ leicht, die Differenzierung zwischen Beschreibung und Be- *zwischen* richt hingegen ist schwieriger. Ziehen wir die in Kap. 6.2 angeführte Definiti- *Beschreibung* on der Beschreibung heran (s. S. 73), so ergibt sich zweifellos in einigen Aspek- *und Bericht* ten Übereinstimmung mit den Merkmalen des Berichts. Der wesentliche Un- *unterscheiden?*

terschied liegt in der jeweils eigenen Funktion und Intention der Aufsatzform beziehungsweise Textsorte. Ist die Beschreibung – im Präsens gehalten – Anleitung zur unmittelbaren Umsetzung von der Vorstellung zum Bild oder Vorgang/Prozess, so dient der Bericht – gehalten im Präteritum – der Information über den in der Regel abgeschlossenen Ablauf eines Ereignisses oder Geschehens. Die Vermischung der Tätigkeiten „erzählen und beschreiben", „erzählen und berichten", „beschreiben und berichten" in den Sprachbüchern der verschiedenen Bundesländer und Schularten ist verständlich aus der Kenntnis heraus, dass Übergangs- und Mischformen existieren, berücksichtigt aber in zu geringem Maße eine auch notwendige Differenzierung.

Synopse 7: Bericht in verschiedenen Jahrgangsstufen

Bericht	minimale Anforderung	maximale Anforderung
Stoffsammlung	= fakultativ	= obligatorisch
Struktur	Aufbau eines einfachen (ichbezogenen) Berichts Orientierung an den W-Fragen: – Was geschah? – Wann geschah etwas? – Wo ereignete es sich? – Wer war daran beteiligt? – Wie geschah es? – Warum geschah es?	Gestaltung eines (sachgebundenen) Berichts zu einem komplexeren Geschehen mit deutlichem Adressatenbezug
Inhalt	knappe sachliche, informative Darstellung	knappe sachliche, informative Darstellung unter Beachtung äußerster Genauigkeit, Vollständigkeit und Objektivität, Vermeidung jeglicher Ausschmückungen
Adressatenbezug	Verständlichkeit, um Sachverhalt oder Geschehen für die Leser/innen nachvollziehbar zu machen	Steigerung der Berücksichtigung des Lesers/der Leserin unter Einbeziehung verschiedener Adressaten (Schulleitung, Stadtrat, Versicherung, Polizei, Presse und andere)
Stil und Form	einfach, knapp, sachlich	frei von persönlichen Gefühlen, Empfindungen und Wertungen, frei von Spannung und Lebendigkeit erzielenden Stilmitteln
	einfacher, überschaubarer Satzbau (überwiegend parataktisch), treffende Verben	überschaubarer Satzbau, erforderlichenfalls Hypotaxe um der Zusammenhänge willen, treffende Verben unter Berücksichtigung von Synonymen, Adverbialien, Passivformen
	Gestaltung im Präteritum	Gestaltung im Präteritum

7.2 Definition

Der Bericht ist ein sachlich-informierender Text, der ein Geschehen genau, wahrheitsgetreu, objektiv wiedergibt, indem er eine Reihe von Einzelbeobachtungen und Einzelvorgängen zu einer in sich logischen Darstellung zusammenfügt.

In der knappen Einleitung wird der zu berichtende Sachverhalt benannt. Der/ die Berichterstattende muss wissen, zu welchem Zweck und für wen der Bericht angefertigt werden soll (Adressatenbezug im Arbeitsauftrag). *Einleitung nennt Sachverhalt*

Der Hauptteil befasst sich mit dem Ablauf eines Geschehens (z. B. Betriebsbesichtigung) und dessen Ergebnis (z. B. Schaden nach einem Unfall). Der Bericht verzichtet gänzlich auf Ausschmückungen. Objektive Genauigkeit und Vollständigkeit sind erforderlich. Die Forderung nach größtmöglicher Objektivität wird eingeschränkt durch die Tatsache, dass (manche) Geschehnisse von recht unterschiedlichen Standpunkten aus betrachtet und dargestellt werden können. Gerade deshalb ist die Gefahr der einseitigen Berichterstattung zu beachten und Subjektivität zu vermeiden. Die Gliederung des Hauptteils kann gemäß den W-Fragen erfolgen (was, wann, wo, wie und auf welche Weise, warum und wieso etwas geschieht oder sich ereignet hat, wer beteiligt war), um so Zeitpunkt, Örtlichkeit, Art und Zahl der Beteiligten, Ablauf des Ereignisses, Ursache und Hintergrund sowie Ergebnis des Geschehens zu erfassen. Die Zeitstufe ist stets das Präteritum (Imperfekt). *Hauptteil beinhaltet Ablauf des Geschehens* *W-Fragen helfen*

Der Schlussteil kann in Abhängigkeit vom Zweck und dem Adressatenbezug des Berichts unterschiedlich gestaltet sein oder gänzlich wegfallen. So verzichtet beispielsweise der Polizeibericht auf den Schlussteil, der Brief mit Schadensmeldung an die Versicherung endet mit einer Aufforderung oder Bitte. Generell gilt: Die Form des Berichts ist abhängig von seinem Zweck, den er erfüllen soll. *Schluss: unterschiedlich ausgestaltet*

7.3 Mögliche Unterrichtsschritte

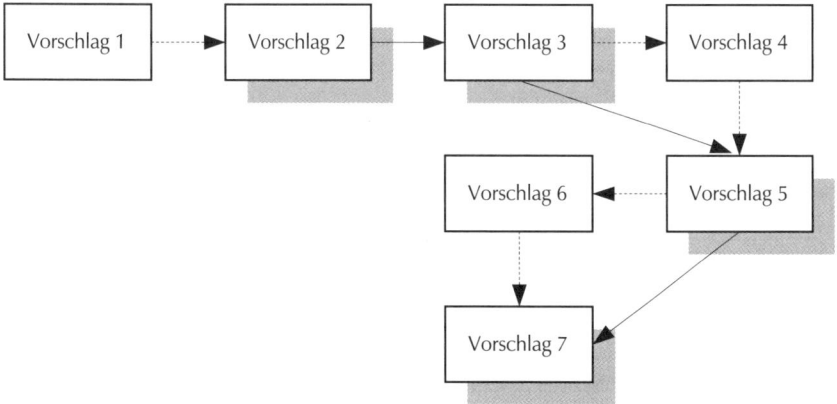

Erläuterung: V 2, 3, 5, 7 stellen die Minimalanforderungen dar, die übrigen Unterrichtsvorschläge bilden die sinnvolle Ergänzung.

Welche Arten von Bericht gibt es?

Vorschlag 1:

Im UG stellen die Schüler/innen fest, zu welchen Anlässen und warum im täglichen Leben berichtet wird. Ein Ideennetz (Mindmap) wird an der Tafel entwickelt, das Ergebnis im Heft notiert. Auf eine mögliche Differenzierung der unterschiedlichen Berichtarten in formale und inhaltliche Kategorien kann hingewiesen werden (Zeitungs-, Bild-, Tages-, Erlebnis-, Tatsachen-, Unfall-, Verkehrs-, Kriegs-, Sport-, Verlaufs-, Ergebnis-, Reise-, Sachbericht, Reportage, Bulletin, Rapport, Bekanntmachung, Mitteilung, Aussage, Abhandlung, Darlegung und anderes).

Vorschlag 2:

In einer Wortschatzübung werden die Wörter „Bericht" und „berichten" untersucht. Die Vorsilbe „be-" findet sich häufig im Deutschen. Der Stamm des Wortes ist „-richt", dessen Grundbedeutung erschlossen werden kann mithilfe des Vergleichs mit Wörtern wie richtig, aufrichtig, berichtigen, Gericht, Richtung, Richtlinie, Richtschnur, richten. Die Bedeutung ist: etwas gerade, zweckmäßig, ordentlich machen.

Wortfamilie Bericht

Vorschlag 3:

Mithilfe von Wörterbüchern und Lexika erarbeitet die Klasse in GA (unter Ausnutzung der möglicherweise vorhandenen Schüler- oder Präsenzbücherei) sämtliche Begriffe und Wendungen der Wortfamilie Bericht. Beispiel: Gruppe 1 beschäftigt sich mit den Verben zum Begriff „berichten", Gruppe 2 sammelt die im Zusammenhang mit „Berichten" stehenden Redewendungen, Gruppe 3 untersucht entsprechende Nomina. Die Ergebnisse werden auf Wandplakaten (s. u.) festgehalten und im Plenum besprochen. V 1 kann in V 3 integriert werden, indem eine weitere Gruppe die Aufgaben des V 1 übernimmt.

Plakat 1	Plakat 2	Plakat 3
berichten = sachlich erzählen (?), wiedergeben, darstellen, melden, referieren, mitteilen, schildern (?), vortragen, rapportieren, auspacken (salopp), aussagen, darlegen, beschreiben (?), vorbringen; berichtigen	man hat mir berichtet; X berichtete mir (ein Erlebnis o. Ä.); über einen Vorgang berichten er/sie berichtete ausführlich, atemlos, genau, stockend seine Dienststelle berichtete nun berichte von dir, deiner Reise und anderem Schweizer Sprachregelung: sie berichten miteinander (unterhalten sich), da bist du falsch berichtet (unterrichtet)	beriht (mhd.) = Belehrung; einen Bericht anfordern, erstatten, schreiben, verfassen, vorlegen auf Bericht vom 10.01.19... nach Berichten unserer Mitarbeiter Bericht: Abhandlung, Aussage, Berichterstattung, Bulletin, Darlegung, Rapport, Referat, Report(age), Mitteilung, Sachverhalt Berichterstatter/in, Reporter/in Berichtsjahr

Vorschlag 4:

Ein Fall, zu dem Bericht erstattet werden soll, wird konstruiert. (Möglicherweise ergibt sich aus dem Schulalltag beziehungsweise aus der Unterrichtspraxis tatsächlich eine Situation oder Begebenheit, die einen Bericht erforderlich macht.)

Beispiele: Ein Unfall während des Sportunterrichts (während des Wandertags) – Ein Anorak ist verschwunden – Meine Uhr ist weg – Ein Unfall auf dem Schulweg – Eine Schlägerei vor Unterrichtsbeginn (während der Pause im Schulhof).

Im Rollenspiel berichten ein Betroffener (Geschädigter) und ein Augenzeuge. Eine Lehrkraft, zwei Polizisten, zwei Berichterstatter stellen die Fragen (W-Fragen) und fertigen Notizen an für den zu erstellenden Bericht. Im Klassenverband kann ein Fragebogen erarbeitet werden, auf dem die Unfall- oder Schadensmeldung an eine Versicherung, an die Polizei, an die Schulleitung und andere weitergereicht wird. *Berichterstattung: Rollenspiel*

Beispiel für die notwendigen Angaben in einem Fragebogen für Sachschäden (in tabellarischer Form zu erstellen): Name der Schule, Art der Schule, Klasse, Tag und Stunde des Schadenseintritts, Name und Vorname des/der Geschädigten, Geburtsdatum, Beruf/Ausbildung, Wohnort, Name des gesetzlichen Vertreters, Beruf und Arbeitsstelle des gesetzlichen Verteters, Bankverbindung, Schadensort, Schadensursache, Art der Schädigung(en), Hergang der Schädigung, Zeugen, Anschaffungspreis der geschädigten Sache, Zeitpunkt der Anschaffung, Belege zur Anschaffung, geschätzter Zeitwert, mögliches Verschulden des Geschädigten, Versicherungen des Anspruchstellers, Meldung des Schadensfalls (Kriminalpolizei, Polizeidienststelle, weitere Behörde).

Vorschlag 5:

Die Klasse wertet in PA oder GA (aktuelle) Zeitungsartikel der Tagespresse aus. Berichterstattungen über Unfälle, Katastrophen, Überfälle, andere Delikte, Sportereignisse u. Ä. dienen dazu, Fähigkeiten der Thematisierung und Formulierung, der Sprachkompetenz, der Differenzierung von informierenden und kommentierenden Textelementen zu entwickeln. Der Schritt hin zur selbstständigen Produktion von Berichten kann durch konkrete Arbeitsaufträge zum jeweiligen Textbeispiel aus der Presse erfolgen. *Auswertung von Zeitungsberichten*

Beispiel: Sind alle Schlüssel- oder W-Fragen nach der Vorlage des entsprechenden Zeitungsartikels beantwortbar? Erfüllt der Zeitungsartikel die Bedingungen unserer Merksätze?

Beispiel eines Zeitungsberichts: „Altöl angezündet – Grundwasser verseucht"

Mannheim – Es war das Wochenende der Brände und Katastrophen. Nur wenige Stunden nach dem Großbrand im Industrierevier schlugen um 16.55 Uhr im Ludwigsburger Weg die Flammen aus einem Anbau neben der Softwarefirma Intertal. Ein bislang unbekannter Brandstifter hatte dort Altöl von einem Kleinlaster abgeladen und dieses und andere brennbare Flüssigkeiten angezündet, deren Gefährlichkeit toxische Stoffe betreffend noch im Dunkeln liegt. Der Schaden liegt bei ca. einer halben Million DM.

Das Erdreich um das Grundstück der Softwarefirma muss vermutlich abgetragen werden, weil Grundwasserverseuchung droht. Die Staatsanwaltschaft ermittelt. Die polizeilichen Behörden hoffen auf Zeugenaussagen und haben eine Belohnung von 3000,– DM auf die Ergreifung des Täters gesetzt.

M

zum Bericht

Der *Bericht* muss über Ort, Zeit, Personen, Ereignis, Ursache, Ausmaß und Folgen des Ereignisses oder Geschehens sachlich informieren.
Berichte so genau wie nötig und so knapp wie möglich.
Nach einer journalistischen Regel muss der Bericht die W-Fragen beantworten, wenn er vollständig sein soll: Wo, wann, wer, was, wie, warum, welche Folgen ergeben sich? Der Bericht gibt so ein genaues Bild von Ablauf und Ergebnis eines einmaligen Ereignisses oder Geschehens. Berichte deshalb im Präteritum (Imperfekt).
In der Einleitung gibst du an, welche Personen beteiligt waren, was, wo und wann das Geschehen stattfand.
Im Hauptteil stellst du das Ereignis in der abgelaufenen Zeitfolge dar. Du berichtest darüber, was genau geschehen ist und wie das Geschehen abgelaufen ist.
Im Schlussteil führst du an, welches Ergebnis und welche Folgen das Geschehen hatte.

V

Interviews zu Berichten umformen

Vorschlag 6:
Schüler/innen lernen die Technik des Interviews. Die Ergebnisse der einzelnen Interviews werden nach den Befragungen zu Berichten umgeformt. Anlässe gibt es genügend. Lehrer/innen und Eltern werden befragt, warum sie ihren Beruf ergriffen haben, Mitschüler/innen mit besonderen Hobbys und besonderen Leistungen (Spitzen- oder Wettkampfsportler, Mitglieder des Schulorchesters oder des Schülerchors, Teilnehmer besonderer Schulprojekte, die Gestalter von Jubiläumsfeiern oder Schülerpartys u. Ä.) werden interviewt. (Auch die Befragung von Passanten ist denkbar. Beispiele für Themenbereiche: Generationenkonflikt, Mode, Einkaufsverhalten, Erlebnisse aus der Schulzeit, Medienkonsum, Spielraum für Kinder, Freizeitverhalten, Spendenaufruf für Länder der Dritten Welt u. Ä.) Ein erster Lernschritt ist, zweckmäßige Interviewfragen zu formulieren. Fragelisten und -bögen können in GA oder im Klassenverband entworfen werden. Verschiedene Techniken der Aufnahme des Interviews (Videokamera, Tonband oder Kassettenrekorder, Diktiergerät, Notizblock, vorbereiteter Fragebogen u. Ä.) werden reflektiert, um über das Aufnahmeverfahren entscheiden zu können.
Beispiel: Interview mit einem Mitglied des Schulorchesters
• Wie lange spielst du schon Klavier?
• Wie lange und intensiv musst du üben, bis du ein Solo beim Schulkonzert spielen kannst?
• Wie groß ist deine Aufregung und wie überwindest du sie?
• Inwiefern hat dein Training (Üben) negative Folgen auf die Leistungen in den anderen Schulfächern? Usw.

In einem *Interview* willst du möglichst viele Informationen zu einem Sachverhalt von deinem Gesprächspartner erfragen. Je nachdem, auf welchen Inhalt du Wert legst, kannst du das Gespräch durch vorbereitete Fragen so gestalten, dass das Ergebnis des Interviews sich mehr oder weniger gut für einen Bericht eignet. Formuliere zuerst weit greifende Leitfragen und teile diese dann in eng gefasste Einzelfragen auf. Die W-Fragen sind hilfreich. Unterscheide dabei aber genau zwischen Informations-, Meinungs-, Bewertungs- und Entscheidungsfragen.

zum Interview

Hilfreich zur Anfertigung eines Berichts ist der Entwurf einer Berichtsskizze. Vorgänge, Feststellungen, Beobachtungen werden geordnet und in einem Aufbau zusammengestellt. Diese Grobgliederung zeigt dir, auf welche Stellen bei der Ausführung des Berichts besonderes Gewicht zu legen ist.

Vorschlag 7:
Thema ist die Lage auf dem Arbeitsmarkt. Schüler/innen der 8., 9. oder 10. Klasse berichten, nachdem sie sich über Zeitungsartikel oder eine Behörde (Arbeitsamt) oder die Lehrer/innen und Eltern kundig gemacht haben.
Beispiel für ein Ergebnis aus einer 8. Klasse (Realschule) zum Thema:
Die Lage auf dem Arbeitsmarkt

V

Bericht zur Lage auf dem Arbeitsmarkt

• Die Arbeitsplätze werden weniger, weil Maschinen, Roboter und Computer den Menschen die Arbeit abnehmen.
• Aus dem gleichen Grund nimmt die Zahl der Lehrstellen ab.
• Die Zahl der Jugendlichen, die eine Lehrstelle suchen, nimmt zu, weil wir geburtenstarke Jahrgänge haben.
• Viele Firmen gehen pleite, weil zu viel Konkurrenz da ist.
• Viele Firmen gehen ins Ausland, weil die Löhne dort niedriger sind.
In einem Bericht (einer öffentlichen Bekanntmachung, einem Leserbrief) soll formuliert werden, was man gegen die ungünstige Arbeitsmarktlage tun kann. (Stichpunkte: Forderung an Politiker und Firmen, Gesetzesänderung, gute Noten in der Abschlussklasse, Demonstrationen, Arbeitszeitverkürzung u. Ä.)

Der sachlich-informierende *Bericht* tritt in verschiedenen Variationen auf (Arbeits-, Ergebnis-, Verlaufs-, Tatsachen-, Beobachtungs-, Sachbericht u. a.).

zum Bericht

Aufgabe der Berichterstatter/innen ist es, zweckgebunden, sachdienlich, für den Adressaten verständlich und unter Berücksichtigung von dessen Erwartungshaltung zu schreiben. Dazu ist erforderlich, genaue Informationen über Zeit und Ort des Ereignisses oder Geschehens zu geben, die Namen der beteiligten Personen zu nennen und sich auf das Wesentliche zu beschränken. Als Berichtende/r enthält man sich der Urteilsbildung, der Darstellung der Stimmung und der Gefühlsäußerung. In knapper und sachlicher Sprache gibt man einen klaren Überblick unter Wahrung des zeitlichen Zusammenhangs und der geordneten Darstellung. Die einzelnen Schritte des Vorgangs erfolgen im Präteritum (Imperfekt). Diese

Regeln gelten auch dann, wenn der Bericht ichbezogen oder frei erfunden ist.

7.4 Hinweise zur Aufsatzbewertung und -beurteilung

Analogie zur Beschreibung

Analog zur Aufsatzart der Beschreibung ergeben sich für die Aufsatzbeurteilung Probleme, die sich auf die Bewertung auswirken. Freilich mag auch in dieser Form des sachlich-informierenden Schreibens eher die Chance liegen, eine deutlich klarere Selbsteinschätzung der Schüler/innen zu erreichen, weil der Kriterienkatalog zur Beurteilung des Berichts leichter durchschaubar ist als ein Bewertungsmaßstab für kreative Schreibformen. Dennoch bleibt bei der Korrektur des Berichts zu berücksichtigen, dass Sichtweisen subjektiv sind, dass Berichte auch ichbezogen sein können. Zensuren (Noten, Notenpunkte) als positive oder negative Sanktionen (de-)motivieren sowohl extrinsisch als auch intrinsisch. Die weit in der Aufsatzdidaktik verbreitete These, die in der Sache selbst liegende Motivation, die intrinsische nämlich, sei vor allem durch subjektiv-kreative Schreibformen und -übungen zu erreichen, vernachlässigt den Blick auf verschiedene Lerntypen innerhalb einer Klasse. Die Erfahrungen zeigen, dass Schüler/innen recht unterschiedlich ihre eigene Lust und Unlust, Berichte zu formulieren, einschätzen. Das Dilemma der Notengebung kann die Lehrkraft dahingehend reduzieren, dass den Schülerinnen und Schülern aufgezeigt wird, inwieweit sie die operationalisierten Lernziele (zu messen an den entsprechenden Merktexten dieses Kapitels) und welche Lernfortschritte sie erreicht haben. Die Wahrscheinlichkeit, dass die unteren Skalenwerte in der Rangplatzierung oder Zensurgebung eher wegfallen, wird auf diese Weise größer.

Merktexte als Maßstab nehmen

7.5 Aufsatzbeispiele

Schüleraufsatz 1 ist ein ichbezogener Bericht. In einer 6. Klasse (Gymnasium) sollte im Anschluss an die gemeinsame Klassenlektüre ein Brief an eine (real existierende oder fiktive) Brieffreundin geschrieben werden, aus dem hervorgehen sollte, wie die letzten Deutschstunden abgelaufen waren.

Erfurt, 23.10.19...

Schüleraufsatz 1: Bericht in Briefform

Liebe Nina,

ich möchte dir Folgendes über die letzten Deutschstunden in der Schule berichten: Vor einer Woche zeichneten wir, das heißt unsere Klasse, ein Comic, nachdem wir das Buch mit dem Titel „Die Reise zum Mittelpunkt der Erde" von Jules Verne als Lektüre zu Ende gelesen hatten. Wir bildeten Gruppen mit jeweils vier Schülerinnen und Schülern. Als Erstes teilte uns unser Lehrer die Kapitel zu, die wir zeichnen sollten, denn jede Gruppe sollte nur einige ausgewählte Kapitel bearbeiten, sodass am Ende die Gesamtheit der Klasse ein vollständiges Comic zum Roman vorstellen konnte. Wir mussten uns nun in der jeweiligen Gruppe einigen, wozu und wie ein Bild zu einem bestimmten Kapitel des Buches gezeichnet werden könnte. Jedes Gruppenmitglied sollte aufschreiben, was es malen oder zeichnen wollte. Wir einigten uns auf das Format DIN A4 und wollten im Querformat zeichnen. Die Bilderfolgen sollten jeweils durch den Abstand von einem Zentimeter getrennt sein. Der Lehrer vereinbarte mit der Klasse, dass jeder Schüler nur einen Bogen bemalen durfte. Ausbesserungsarbeiten und Einfärben der Bilder sollten als Hausaufgabe erledigt werden.

In der nächsten Unterrichtsstunde bemerkten wir, dass uns das Titelblatt fehlte. Eine Stunde hatten wir Zeit, dem Lehrer verschiedene Vorschläge zum Titelblatt vorzulegen. Das schönste wurde ausgewählt. Der Lehrer ordnete die Ergebnisse nach der Reihenfolge der Buchkapitel, hängte die Bilder im Klassenzimmer aus. Die Klasse war stolz auf diese Art Ausstellung, denn die Ergebnisse wurden vom Lehrer sehr gelobt. Insgesamt hat uns die ganze Aktion sehr viel Spaß gemacht.

Kannst du auch von so einem besonderen Unterrichtsverlauf an deiner Schule berichten? Ich würde mich sehr darüber freuen.

    Mit lieben Grüßen

    deine Conny

Schüleraufsatz 2 zeigt einen Bericht (7. Klasse, Realschule), der dem Schulträger oder der Schulleitung vorgelegt werden sollte. Bedingt durch Renovierungsarbeiten in der Schule kam ein Kleidungsstück zu Schaden und sollte von der Versicherung ersetzt werden.

Der zerfetzte Anorak

Am Donnerstag, dem 09.03.19..., kam der Anorak von Kathi L. auf dem Weg zur Turnhalle zu Schaden. Beim Stundenwechsel von der zweiten zur dritten Stunde passierten die Schülerinnen Kathi L. und ihre Freundin Michaela S., beide Klasse 7 a, auf dem Weg zur Turnhalle das Treppenhaus zwischen dem Verkaufsstand des Hausmeisters und den Umkleidekabinen. Das Treppenhaus war wegen der dortigen Renovierungsarbeiten eingerüstet und deshalb verengt. Als den beiden Mädchen ein Bauarbeiter mit einem Zementsack entgegenkam, wichen sie zum Treppengeländer hin aus, um ihre Kleidung nicht zu beschmutzen. Bei diesem Ausweichmanöver blieb Kathis neuer Anorak an einem aus dem Treppengeländer hervorstehenden Nagel hängen und es entstand ein größerer Triangel am Ärmel des Anoraks. Die Schülerin Kathi L. brachte daraufhin ihren Anorak in die Diamant-Wäscherei und Kleiderreparaturannahmestelle in der Hoffnung, man könne dort den Riss beheben. Es stellte sich jedoch heraus, dass der Schaden nicht auszubessern war. Der Schaden wurde daraufhin der Versicherung der Schule gemeldet. Die Versicherung erklärte sich nach Überprüfung des Sachverhalts beziehungsweise nach Befragung der Zeugin Michaela S. und des Bauarbeiters bereit, die Kosten für eine Neuanschaffung eines Anoraks zu übernehmen.

Schüleraufsatz 2: Bericht zu einem Ereignis

Anmerkung: Im Aufsatz wird das Wesentliche zum tatsächlichen oder fiktiven Ereignis erfasst. Einzelne Formulierungen können verbessert werden.

Dem Schüleraufsatz 3 (aus einer 6. Klasse eines Gymnasiums) ging die Betrachtung verschiedener Unfallberichte aus der Presse voraus. Es sollte ein Bericht an das Gericht oder die Staatsanwaltschaft geschrieben werden, wobei unterschiedliche Rollen eingenommen werden konnten (Beteiligte des Unfalls, Zeugen, Polizeibeamte, Passanten).

Düsseldorf, 24.11.19...

Sehr geehrte Herren und Damen des Gerichts, sehr geehrte Staatsanwaltschaft,
im Folgenden stelle ich Ihnen die Zeugenaussage von Herrn Wilhelm Wichtigtuer auf
dem Polizeirevier V, wo ich arbeite, dar:
Herr Wilhelm Wichtigtuer ist am 26.12.19... geboren, wohnhaft in Berlin Tempelhof,
Körnerstraße 14. Am 12.11.19... beobachtete Wilhelm Wichtigtuer folgenden Unfall:
Um neunzehn Uhr stand Herr Wichtigtuer an der Ecke Breitensteg – Bornstraße in
Düsseldorf und sah den angesprochenen Verkehrsunfall. Ein weißer Mercedes mit
dem Kennzeichen D – ... fuhr auf der Hauptstraße. An der oben erwähnten Kreuzung
wurde und wird der Verkehr durch eine Ampelanlage geregelt. Die Straße, auf der der
Mercedes fuhr, war die Vorfahrtstraße. In der Querstraße zeigte die Ampel rot. Ein
VW Golf mit dem Kennzeichen D – HK (die Zahlen sind dem Zeugen nicht in Erinne-
rung), der sich der Ampel näherte, übersah das Rotlicht und fuhr ohne zu bremsen in
die Kreuzung. Der Mercedes musste ausweichen, der Fahrer verlor die Herrschaft über
das Auto und schleuderte gegen ein Halteverbotsschild. Der Mercedes zeigte erhebli-
chen Schaden im Bereich der Motorhaube. Der VW-Fahrer beging Fahrerflucht.
Die weiteren Ermittlungen bitte ich Sie zu übernehmen.
   Mit freundlichen Grüßen
   Polizeiinspektor Hummel

7.6   Übungen zur Lernzielkontrolle

Ü 1: Da in den Berichten (im Gegensatz zum Interview) die indirekte (berichtete) Rede verlangt wird, dient diese Übung der Umformung der direkten (wörtlichen) Rede in die indirekte. Beliebige Lesebucherzählungen, Kurzgeschichten oder Interviews mit wörtlicher Rede eignen sich als Textgrundlage. In der
indirekten Rede stehen die Verben in der Regel im Konjunktiv I. Sind Formen
des Konjunktiv I mit denen des Indikativ identisch, wird der Konjunktiv II
verwendet. Der Imperativ wird mit „sollen" oder „mögen" umschrieben. Satz-
fragen, die kein Fragewort aufweisen, werden meist mit der Konjunktion „ob"
eingeleitet. Pronomen der ersten und zweiten Person werden in die dritte Person gesetzt.

Ü 2: Beliebige Schlagzeilen zu Sportereignissen, zu Unfällen, zu Katastrophen,
zu humanitären Aktionen und anderem aus der Tagespresse dienen als Anlass,
Berichte frei zu gestalten. Die Anfertigung einer Berichtskizze ist dabei Voraussetzung. Im Anschluss an diese Übung werden die Berichte nach ihrem
möglichen Wahrheitsgehalt untersucht.
Beispiele: Gasexplosion demoliert Wohnung – Im Nebel Entfernung unterschätzt – 100 000 DM Sachschaden beim Zusammenstoß zweier Lastwagen
– Handtaschenräuber war als Clown (Weihnachtsmann) verkleidet – Bank-
räuber im Pech: Vom Rad gefallen, Geld verloren – Trotz bester Vorbereitung:
Olympiasieg knapp verfehlt – Schüler/innen sammelten 8000,– DM für
Erdbebenopfer – Ein Schulhof ist kein Parkplatz – usw.
Überschriften (Schlagzeilen aus der Presse) können in ihrem Aussagegehalt
untersucht und verbessert werden.

Ü 3: Berichte verlangen in Abhängigkeit von der Themenstellung häufig die Verwendung der Passivformen. In dieser Übung spielen Schüler/innen pantomimisch bestimmte Tätigkeiten vor. Die Klasse nimmt am Ratespiel teil, die Tätigkeit wird benannt und im Anschluss daran in die Passivform verwandelt. Beispiele: Tom schält einen Apfel. Ein Apfel wird geschält. – Claudia öffnet das Fenster. Ein Fenster wird geöffnet. – Anna spielt Volleyball. Ein Volleyball wird übers Netz geschmettert. – usw.
Im nächsten Lernschritt werden die Passivformen ins Präteritum umgewandelt.

Ü 4: Fotografien oder Dias oder Kärtchen, auf denen die abgebildeten Objekte fiktiver Fotos benannt werden, werden an die Schüler/innen ausgeteilt. Der Arbeitsauftrag lautet: Sortiere die Dias vom Klassenausflug und schreibe dazu einen Bericht für den Klassenelternabend.
Beispiele zu den beschriebenen Kärtchen: die Klassenleiterin und ihr Kollege – Autobus – Waldweg – altes Schloss – Seeufer – Burgverlies – Schafherde – Karten spielende Schüler/innen im Bus – Eisdiele – bewölkter Himmel mit ersten Regenwolken – Ballspiel auf der Wiese – Eis essende Schüler/innen

Ü 5: Die Motivation der Schüler/innen wird häufig durch die Aufgabe, fehlerhafte Aufsatzpassagen zu verbessern, gesteigert.
Beispiele: „Dann schälst du dir die Kartoffeln mit dem Kartoffelmesser in der Schublade." „Jeder von meiner Familie hat einen festen Platz, wenn wir ein Festessen haben, wo er sitzt, und auf diese Plätze wurden dann die Teller gestellt. Daneben stellte ich die Gabeln und die Messer und dann die Löffel mit den Suppentellern." „Der Junge im Schulhof wurde so lange gequält, indem ihm zugerufen wurde, dass er ein Rostiger war, der wegen seiner roten Haare dann so in Wut kam, dass er die Brille seines Gegners aus Versehen zerbrach." „Die Familienmitglieder betraten den Raum, als der Weihnachtsbaum bereits brannte und der Vater ein Lied auf seiner Mundharmonika schmetterte." „Obwohl Oma bebrillt war, konnte sie den Übergang auf der Straße nicht finden, weil ein Autofahrer ihr den Vorgang auf dem Zebrastreifen genommen hatte." „Unsere Projekttage waren so schön, dass wir vergaßen, den ganzen Mist und Dreck nach den Bastel- und Fotoarbeiten wegzuräumen." Usw.

Überarbeiten von Berichten

7.7 Themenvorschläge zum Bericht

Bericht über das letzte Sommerfest (Frühlings-, Herbstfest, die letzte Tanzveranstaltung, Party, den letzten Eltern-Schüler-Abend, die letzte Kulturveranstaltung) an der Schule – Als Zeuge am Unfallort – Im Skilager (Die Klasse 7 b ist im Skilager gewesen. Berichte einem Brieffreund vom Ablauf des Skilagers.) – Ein gelungener Unterricht (Die Schülerzeitung klagt über langweiligen Unterricht. Auf der Suche nach besseren Beispielen fordert sie die Schüler/innen auf, von Stunden zu berichten, die Freude und Spaß gemacht haben.) – Wie ich mich einmal einen Tag selbst versorgt habe (Briefform) – Ein Streit (Wie ich beobachtete, als nach einem Streit zwischen Peter und Karl die Brille Peters zerbrach. Berichte dem Klassenleiter oder der Versicherung.) – Ein Tag in meiner Schule – Eine Woche im Schullandheim – Die gelungene (misslungene) Geburtstagsfeier – Deine Brieffreundin will wissen, welche Hobbys du hast (wie du deine Freizeit verbringst). Berichte ihr. – Ein Nachmittag (Abend) in meiner Jugendgruppe – Wie ich meiner Mutter (meinem Vater) bei einer schwierigen Arbeit half – Unser letzter Umzug – Mein Hund ist mir entlaufen. (Meine Katze ist mir entlaufen. – Mein Vogel ist mir entflogen.) Das Polizeirevier verlangt von mir einen Bericht, wie sich das zugetragen hat. – Ein Diebstahl. – Wie ich einem dreizehnjährigen Mädchen (einem Jungen) zusah, als es (er) im Kaufhaus ein Paar Handschuhe stahl. – Ein Verkehrsunfall – Wie ich beobachtete, als ein alter Mann (eine alte Frau) auf einem Zebrastreifen beim Überqueren der Straße von einem PKW angefahren wurde. – Berichte über die letzte Aufräumarbeit der Klasse 6 a im gesamten Schulgelände. – Berichte, wie du den Tag verbracht hast, an dem du das Jahresabschlusszeugnis (Halbjahreszeugnis) bekommen hast. – Berichte über das Wundermittel gegen Erkältungen, wie du das erste Mal davon erfahren hast, wie du es besorgt hast, es eingenommen hast und welche Wirkung es gehabt hat. – Beim Arzt – Beim Einkauf – Auf dem Schulweg – Eine Tiersendung im Fernsehen – Jahrmarkt – Auf der Baustelle – Unser Weihnachtsfest – Projekttage an meiner Schule, ein Bericht – Der letzte Probefeueralarm in meiner Schule – Die Wahl unserer Klassensprecher/innen (Schulsprecher/innen)

Erzählungen, Bildgeschichten, Fotoserien, Interviews, Zeitungsreportagen lassen sich jeweils in Berichte umwandeln.

8 Inhaltsangabe

8.1 Methodisch-didaktische Überlegungen

Der in der Aufsatzdidaktik beklagte Mangel an (über die Schule hinausweisendem) Realitätsbezug, insbesondere die Einübung der Techniken der Inhaltsangabe betreffend, kann abgebaut werden durch eine am Beginn der Besprechung stehende Unterrichtssequenz, in der verdeutlicht wird, welche wichtige Rolle die Inhaltsangabe spielt und welche bedeutende Funktion sie im Alltagsleben einnimmt. Die Fähigkeiten, Texte inhaltlich, formal und intentional zu verstehen, Wesentliches zu erkennen, Unwesentliches auszusondieren, klar zu strukturieren, logische Verkettungen und Sinnzusammenhänge herzustellen, sind nicht nur schulische Lernziele, sondern stellen Kompetenzen dar, die im Laufe einer Berufslaufbahn oder im Bereich der privaten Kommunikation immer wieder gefordert werden.

Die Aufsatzform der Inhaltsangabe oder der Textzusammenfassung wird in den Lehrplänen der meisten Bundesländer in der 7. Jahrgangsstufe eingeführt. Freilich spielen Techniken des Zusammenfassens vor allem in der mündlichen Kommunikation bereits eine Rolle ab der 5. Klasse der verschiedenen Schultypen. Wenn Schüler/innen in einem Kurzreferat ihren Lieblingsroman, einen Spielfilm oder Teile einer Spielfilmserie der Klasse vorstellen, indem sie vom Wesentlichen berichten, müssen sie bereits hier ihre Fähigkeit zur Distanzierung von der (Text-)Vorlage und zur Abstraktion gegenüber dieser unter Beweis stellen. *Inhalte zusammenfassen*

Dass die Grundlagen für Abstraktionsvermögen und Sprachkompetenz der Schüler/innen in einem höheren Maß abhängig sind von der familiären Sozialisation, vom soziokulturellen Hintergrund als von der Schule, darf nicht zu dem Fehlschluss führen, der Deutschunterricht könne zu wenig ausrichten, wenn es darum gehe, sachlich-objektive Schreibformen einzuüben. Die Forderung nach Objektivität stößt bei Schülern und Schülerinnen während des Schreibprozesses (zur Inhaltsangabe) dort eher an Grenzen, wo die vorgelegten Texte ein höheres Maß an Subjektivität und/oder an Verfremdung aufweisen (z. B. erzählende Texte, Glossen, Kommentare) oder wo ihr Grad an Polyvalenz zunimmt (z. B. schildernde, erörternde Texte). Da die Textproduktion der Inhaltsangabe in stärkerem Maße als in anderen Aufsatzformen abhängig ist von der Technik der Textrezeption, muss auch letztere im Unterricht Gegenstand der Besprechung sein. Ob nun Schüler/innen eher motiviert und fähig sind, nicht poetische, pragmatische oder kreative Texte inhaltlich zusammenzufassen, hängt ab vom jeweiligen Lerntyp und kann mithilfe der Binnendifferenzierung in der Klasse erschlossen werden. *Inhaltsangabe ist abhängig von der Textrezeption*

Die in verschiedenen Sprachbüchern gestellte Forderung, eine Inhaltsangabe dürfe nicht mehr als ein Drittel des Originaltextes betragen, ist zwar eine brauchbare Faustregel, die aber die Abhängigkeit der Inhaltsangabe von der Art der Vorlage nicht berücksichtigt. Erzählende oder dramatische Texte lassen sich häufig knapper zusammenfassen als argumentierend-erörternde oder lyrische. Eine verallgemeinernde Einteilung der Textsorten sowie eine allge- *Umfang der Inhaltsangabe* mein gültige Berechnung des Volumens der dazugehörigen Inhaltsangabe kann nicht Ziel didaktischer Überlegungen sein.

Synopse 8: Inhaltsangabe in verschiedenen Jahrgangsstufen

Inhaltsangabe	minimale Anforderung	maximale Anforderung
Stoffsammlung	möglicher Einstieg: Wiederholung der Nacherzählung und Übungen, mithilfe der Abstreichmethode und der Methode des Markierens wird der „Stoff" gesammelt	möglicher Einstieg: mithilfe der strukturierten Inhaltsangabe (vereinfachte Form, in der die grammatischen Regeln sowie die neutrale Er-Perspektive noch nicht beachtet werden müssen) thesenartige Zusammenfassung des Originals
Struktur	Einteilung des Vorlagentextes in Handlungsabschnitte, Wesentliches markieren (notieren), chronologisch aufgebaute oder in sich stringente Texte erleichtern die Strukturierung	Erfassen der Struktur von Texten, die nicht chronologisch aufgebaut sind, die mit der Methode der Montage konstruiert sind (z. B. Kurzgeschichten, moderne Romane, Handlungsablauf eines Films oder Dramas mit analytischem Aufbau)
Inhalt	Formulierung eines einfachen Basissatzes Distanzierung von der Vorlage durch klare, straffe, knappe, sachliche, informative Darstellung des Inhalts der Vorlage	Formulierung eines umfassenderen Basissatzes knappe, sachliche, informative Darstellung unter Beachtung äußerster Genauigkeit, Vollständigkeit und Objektivität, hoher Abstraktionsgrad Vermeidung jeglicher Ausschmückungen, eigene Wertung im Schlussteil denkbar
Adressatenbezug	Verständlichkeit, um Sachverhalt oder Geschehen für die Leser/innen nachvollziehbar zu machen	Verständlichkeit, um das Wesentliche der Handlung, des Berichts, der Argumentation, der Sichtweise, der Stimmung, der Atmosphäre in Abhängigkeit von der Textsorte den Lesern/innen (Hörern/innen) vor Augen zu führen

Inhaltsangabe	minimale Anforderung	maximale Anforderung
Stil und Form	einfach, knapp, sachlich	frei von persönlichen Gefühlen, Empfindungen und Wertungen, frei von Spannung und Lebendigkeit erzielenden Stilmitteln
	Vermeidung von Paraphrasen, eigene Wortwahl, selbstständig konstruierter (einfacher, überschaubarer) Satzbau	Vermeidung von Paraphrasen, überschaubarer Satzbau unter Berücksichtigung der Hypotaxe um der Zusammenhänge willen, Gebrauch der Konjunktionen, um Grund und Folge des Geschehens deutlich(er) werden zu lassen
		Infinitivkonstruktionen, Partizip; treffende Verben unter Berücksichtigung von Synonymen, Adverbialien, Passivformen
	Gestaltung im Präsens	Gestaltung im Präsens (bei Vorzeitigkeit Verwendung der Zeitstufe des Perfekt)
	indirekte Rede (Gebrauch des Konjunktivs)	indirekte Rede (Gebrauch des Konjunktivs)

8.2 Definition

Die Inhaltsangabe ist eine Textzusammenfassung. Sie soll knapp, sachlich, informativ sein, unabhängig von der Textsorte der Vorlage beziehungsweise des Originals. Erzählende, dramatische, argumentierende, berichtende und andere Textvorlagen sowie Filme, Hörspiele, Operetten, Musicals etc. bilden das zu bearbeitende Material. Die Leser/innen einer Inhaltsangabe sollen in die Lage versetzt werden, die wichtigsten Schritte einer Handlung oder die Hauptaspekte eines Textes zu verstehen und wiedergeben zu können.

Das Tempus der Inhaltsangabe ist stets das Präsens (unter Berücksichtigung *Tempus* der Vorzeitigkeit das Perfekt), da der Text beziehungsweise sein wesentlicher Inhalt vergegenwärtigt werden soll. Die Redeform ist die mittelbare (indirekte), um Distanz (Abstand) zum Vorlagentext zu schaffen. Die Regeln des Gebrauchs des Konjunktivs sind dabei zu beachten.

Je nach Anforderungsprofil kann die Inhaltsangabe zweiteilig (Einleitung, Hauptteil) oder dreiteilig (Einleitung, Hauptteil, Schluss) aufgebaut sein. Die *Aufbau* im Folgenden genannten Anforderungen an die Einleitung der Inhaltsangabe variieren ebenfalls im Anspruchsniveau (in Abhängigkeit von der Jahrgangsstufe und der Zahl der Übungseinheiten).

In der *Einleitung* werden Thema oder Titel der Vorlage genannt sowie der *Einleitung* Autor/die Autorin, die Textsorte, wenn möglich die Entstehungszeit und/oder die Epochenzugehörigkeit, der situative (textexterne) Kontext, der Sinn und Zweck der Textvorlage (Kernaussage, Kernsatz, Einleitungssatz, Basissatz).

Hauptteil

Im *Hauptteil* wird die Textvorlage so zusammengefasst, dass die Leser/innen der Inhaltsangabe sich unabhängig vom Original eine sachliche, knappe, aber informative Vorstellung machen können. Berücksichtigt werden muss freilich die jeweilige Intention sowie der Adressatenbezug der Inhaltsangabe. Soll durch eine Inhaltsangabe z. B. die Neugierde auf die Rezeption eines Films oder eines Theaterstücks geweckt werden, darf nicht zu viel verraten werden. Soll dagegen z. B. der Inhalt eines argumentierenden Textes erfasst werden, um in eine Diskussion einsteigen zu können, muss Wert auf einen hohen Grad an Genauigkeit und Objektivität in der Wiedergabe gelegt werden.

Schluss

Der *Schluss* beinhaltet fakultativ beziehungsweise je nach Anforderungsniveau und getroffener Vereinbarung eine knappe Zusammenfassung der Gesamtaussage des Textes. In der *erweiterten Inhaltsangabe* kann im Schlussteil die Absicht des Autors/der Autorin, die Wirkung des Textes auf den Leser/die Leserin und/oder die ästhetische Qualität der Vorlage und/oder die eigene Meinung zum Text verbalisiert werden.

erweiterte Inhaltsangabe

8.3   Mögliche Unterrichtsschritte

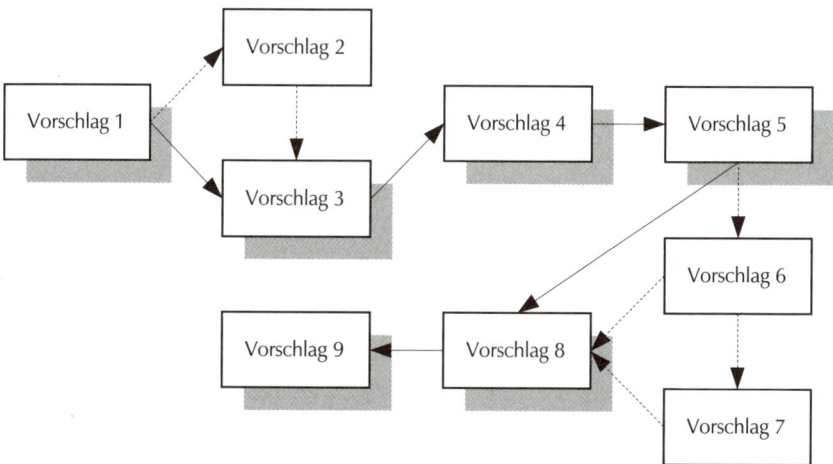

Erläuterung: V 1, 3, 4, 5, 8, 9 können als Minimalanforderungen betrachtet werden. Mehr als bei anderen Aufsatzarten ist die Kombination von Faktoren wie Vorkenntnissen, Jahrgangsstufe etc. abhängig, sodass sich eine freie Kombination ebenfalls anbietet.

Vorschlag 1:

Im UG wird eine Mindmap (ein Ideennetz) erarbeitet, die widerspiegelt, welche Ereignisse und/oder Texte es gibt, deren Inhalte sich zusammenfassen lassen.

Beispiel:

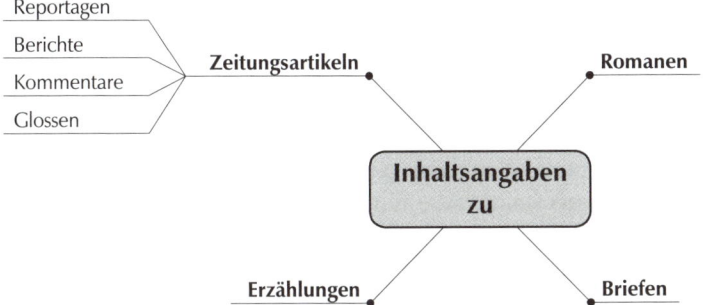

Welche Inhalte lassen sich zusammenfassen?

Die Mindmap-Darstellung an der Tafel, auf einer OHP-Folie, auf einem Plakat und/oder im Heft, erklärt die vielfache Funktion der Inhaltsangabe. Das Schema kann ergänzt werden. So kann der wesentliche Inhalt einer Versammlung im Sportverein, in der Jugendgruppe, einer Elternversammlung, einer Betriebs- und Personalversammlung, eines öffentlichen Schreibens, der Leserbriefe in der Zeitung, einer Verlautbarung usw. ebenfalls Gegenstand einer notwendigen Zusammenfassung sein. Auch Texte, die über die reine Inhaltsangabe hinausgehen wie Buchwerbung, Buch- und Filmkritik, können erfasst werden. Der Hefteintrag wird ergänzt durch einen Merktext.

Inhaltsangaben sind nicht nur im mündlichen Sprachgebrauch erforderlich, wenn du jemanden in knapper Form informieren willst über einen Text, einen Film, ein Sportereignis, eine Versammlung und anderes.

In den meisten Bibliotheken deiner Gemeinde findest du Romanführer, Literaturlexika, Dramenführer, Opern- und Operettenführer, Musical- und Konzertführer, Filmführer und -lexika, die dir (alphabetisch oder chronologisch geordnet) Auskunft in knapper Form zur entsprechenden Vorlage geben. Oft genug blätterst du in Fernsehprogrammzeitschriften und entdeckst Inhaltsangaben zu den Sendungen oder Filmen, die allerdings häufig den Höhepunkt des Geschehens nicht verraten, um die Spannung nicht zu zerstören und um mögliche Einschaltquoten nicht zu stark zu beeinflussen.

Ähnlich verfahren die Verlage bei der Gestaltung der sogenannten Klappentexte zu den im Buchhandel angebotenen Büchern. Der potenzielle (mögliche) Käufer soll eine Kurzinformation erhalten, die seine Kaufentscheidung oder seine Entscheidung, das Buch zu lesen, positiv beeinflusst.

M

Im UG sollte noch auf die verschiedenen Kommunikationssituationen eingegangen werden, die vom Berichterstatter Inhaltsangaben gegenüber bestimmten Adressaten abverlangen.

Vorschlag 2:

In einer Wortschatzerweiterungsübung werden Begriffe geklärt. Diese kann als UG, in GA oder im handlungsorientierten Unterricht (unter Zuhilfenahme verschiedener Lexika) durchgeführt werden. Hefteinträge oder Plakate sollten als Visualisierung der Ergebnisse am Ende der Arbeit stehen.
Was ist und bedeutet Inhalt?
Inhalt ist etwas, das von einer Form umschlossen ist; es handelt sich um etwas Mitgeteiltes, um einen Gehalt (Gedankengehalt). Inhalt beschreibt etwas Dargebotenes, Dargestelltes; die Summe der Merkmale eines Begriffs (oder mehr als dies); eine in Flächen- oder Raummaßen ausgedrückte Größe.

Wortfeld Inhalt: Begriffe erklären

Inhalt hat also eine vielfältige Bedeutung. Wir unterscheiden zwischen dem Inhalt eines Gefäßes, Körpers, Paketes, einer Tasche, eines Begriffs, eines Briefs, eines Vortrags, Theaterstücks usw.
Inhalte lassen sich berechnen, ausgießen, ausschütten, herausnehmen, wegwerfen, geben, wiedergeben, erzählen, berichten, schildern, beschreiben, zusammenfassen.
Inhaltsangaben, Inhaltsverzeichnisse, Inhaltsübersichten können inhaltsvoll, inhaltsschwer, inhaltsreich, inhaltslos, inhaltsleer, inhaltsarm sein. In der Inhaltsangabe teilen wir mit, was die Geschichte, Erzählung oder ein beliebiger Text zum Inhalt hat.

Vorschlag 3:

Mithilfe der Lesebuchgeschichten oder der Klassenlektüre üben die Schüler/innen nochmals die Methode(n) der Nacherzählung (mündlich und/oder schriftlich). Liegen schriftliche Nacherzählungen vor oder vervielfältigte Texte (zu beliebigen Erzählungen), kann in PA oder Einzelarbeit die so genannte Abstreichmethode geübt werden. Sie ist sowohl mithilfe der Nacherzählung

Inhalt eines Textes erkennen

als auch mit dem Vorlagentext selbst durchführbar. Die für die Inhaltsangabe weniger wichtigen Textpassagen werden durchgestrichen und im Bedarfsfall durch stichpunktartige, eigenständig formulierte Notizen am Rand oder als Fußnote ersetzt. Der Sinn dieser Übung liegt (auch) darin, Schülerinnen und Schülern (nach der Abstreichaktion) zu vermitteln, dass der verbleibende Textkörper kein logisch und sprachlich geschlossenes Ganzes mehr ist. Die Konsequenz ist die Notwendigkeit einer Neufassung. Schüler/innen müssen nun im problemlösenden Sinne selbstständig Sprache reflektieren, Wortwahl und Syntax neu ordnen. Zur Erleichterung der Arbeitsschritte werden den Schülern und Schülerinnen Fragen vorgelegt. Diese Arbeitsfragen, verbunden mit dem Auftrag, Streichungen und Markierungen vorzunehmen und/oder eine Gliederung (strukturierte Inhaltsangabe oder Thesen) zu formulieren, können auch als HA gestellt werden. Die in der Inhaltsangabe unwesentlichen Textpassagen werden gestrichen, weitere Stellen im Text werden farbig markiert.

Abstreichmethode und Markierung von Textpassagen

Folgende Fragen helfen bei der Abstreichmethode und der Markierung (wie auch im nächsten Lernschritt der Gliederung der Textvorlage):
• Auf welche Textstellen kann man auf jeden Fall verzichten?
• Welche zuverlässigen Informationen über den Inhalt der Vorlage dürfen auf keinen Fall weggelassen werden?

- Welche weiteren Textstellen können um einer Raffung willen ohne Informationsverlust in der Inhaltsangabe weggelassen werden?
- Wie lässt sich die logische Folge der Handlungs- oder Gedankenkette besonders kennzeichnen?
- An welchen Stellen muss ich besonders auf eine Loslösung von der Sprache der Vorlage achten?
- An welchen Stellen ist eine Übertragung von der ersten zur dritten Person erforderlich, wo ist eine Umsetzung der Zeitstufe vom Präteritum zum Präsens (vom Plusquamperfekt zum Perfekt) nötig?
- Ist der Inhalt der wörtlichen Rede der Vorlage sehr wesentlich? An welchen Stellen werde ich demnach indirekte Rede in die Inhaltsangabe einbauen?

Der Fragenkatalog kann beliebig erweitert werden. Je nach Anspruchsniveau, Jahrgangsstufe beziehungsweise Erfahrungshorizont der Schüler/innen kann der folgende M ergänzt werden (z. B. durch Einbindung weiterer Formen der Textwiedergabe wie Exzerpt oder Resümee).

Wir können Erzählungen, Geschichten (und andere Texte) wiedergeben durch:			
	eine Nacherzählung	eine strukturierte Inhaltswiedergabe	eine Gliederung	eine Inhaltsangabe
Stil und Sprache	Erzählsprache (ausschmückend, spannend, gefühlsbetont, lebhaft oder bildhaft)	Wesentliches knapp (auch thesenartig) gemäß der Sprache der Vorlage zusammenfassen	Sachsprache (Stichpunkte oder kurze Sätze)	Sachsprache (knapp, sachlich, objektiv, informativ)
Tempus	Präteritum	Tempus wie in der Vorlage	Präsens	Präsens
Perspektive	häufig ichbezogen	gemäß Vorlage	Er-Perspektive, neutral	Er-Perspektive, neutral
Redeform	meist direkte Rede, Ausrufe	gemäß Vorlage	wenn nötig, indirekte Rede	indirekte Rede

M

Vorschlag 4:
Im Klassenverband wird eine Erzählung (oder ein erörternder Text) gelesen. Anschließend wird im UG erwogen, welche Informationen der/die Leser/in in der Einleitung der Inhaltsangabe erwartet, um den Handlungsablauf oder die Gedankengänge der Vorlage besser verstehen zu können. Je nach Klassensituation werden die Schüler/innen in formelle oder informelle Gruppen eingeteilt, um zum gelesenen Text einen Basissatz zu formulieren. Dabei sollte auch ein besonderes Augenmerk auf den Titel der Erzählung, des Romans, des Films gerichtet werden. Im Basissatz wird das Wesentliche der Inhaltsangabe angesprochen, um aufzuzeigen, worum es de facto geht. Die Schüler/innen lesen im Anschluss an die Schreibübung ihre verschiedenen Basissätze

V

Basissatz formulieren

vor und beurteilen sie nach ihrer Aussagekraft. Möglicherweise ergibt sich eine Art Musterlösung.

zur Einleitung der Inhaltsangabe

> Die *Einleitung* (mehrere Sätze sind möglich) enthält wichtige Angaben zu Thema oder Titel der Vorlage sowie zum Autor/zur Autorin, zur Textsorte, wenn möglich zur Entstehungszeit und/oder zur Epochenzugehörigkeit, manchmal auch dazu, an wen sich der Text richtet.
>
> In einer Kernaussage, einem Kernsatz, Einleitungssatz oder Basissatz wird das Wesentliche (der Kern) des vorgelegten Textes in einem Satz erfasst. Der Basis- oder Kernsatz gibt Auskunft zu der Frage, worum es im Vorlagentext geht. Den Lesern und Leserinnen der Inhaltsangabe wird damit das Verständnis erleichtert.

Vorschlag 5:

Techniken, die zur Aufsatzart des Berichts geübt worden sind, lassen sich ohne Weiteres auf die Inhaltsangabe übertragen.

Beispiel: Inhaltliche Zusammenfassung eines in der Zeitung abgedruckten Interviews, Berichts, einer Reportage, einer Sportberichterstattung, eines Reiseberichts usw.

Vorschlag 6:

Bereits in der Unterstufe stellen Schüler/innen in der Regel recht motiviert in Kurzreferaten ihre persönliche Romanlektüre vor. Anregungen seitens der Deutschlehrkraft wie die Einrichtung einer Klassenbücherei mit Festlegung der Bibliothekare, der Techniken zur Erfassung (Karteikasten), der Ausleihzeiten und -bedingungen stellen auch günstige Rahmenbedingungen dar für das Anliegen, Romaninhalte vorzustellen. (Inhaltsangaben zu frei gewählten Büchern anzufertigen mit dem Ziel, nicht eingeweihten Hörern und Hörerinnen einen Titel „schmackhaft" zu machen, kann als Projekt über das gesamte Schuljahr in einer Klasse ablaufen.)

Lektüreinhalte der Klasse vorstellen

Variante: Zur entsprechenden individuellen oder kollektiven Lektüre in der Klasse werden Buchempfehlungen oder -kritiken angefertigt, die schriftlich vorgelegt, evtl. vervielfältigt und gemeinsam besprochen werden.

Vorschlag 7:

Korrigieren von Inhaltsangaben

Mithilfe unterschiedlicher Textsorten (Balladen, Hörspiele, Kurzgeschichten u. a.) wird eine binnendifferenzierende GA oder HA durchgeführt. Die Inhaltsangaben werden gemeinsam korrigiert, die Schwierigkeiten während der Anfertigung können auf einem Poster festgehalten werden.

Vorschlag 8:

Eine beliebige Erzählung wird (analog zur Abstreich- und Markiermethode) zerlegt und mithilfe der Metaplanmethode in ihren einzelnen Bestandteilen auf einer Wandzeitungsfläche (oder einer Stellwand mit Packpapier, letzteres kann auch mit Klebestreifen an der Tafel befestigt werden) fest gehalten. Auf dieser Fläche werden Kärtchen – wenn möglich, farbig nach Gruppen – befestigt, die das Ergebnis der Gemeinschaftsarbeit beinhalten. Auf die Kärtchen schreiben die Schüler/innen (oder die Berichterstatter/innen der verschiedenen Gruppen) stichpunktartig, was ihnen anhand der Vorlage zu den folgenden „Abteilungen" einfällt:

- Handlungsschritte oder Beschreibungen oder andere Textstellen des Originals, die in der Inhaltsangabe weggelassen werden sollen
- weitere Einzelheiten, die nicht entscheidend sind
- Personen
- Schauplätze
- Gründe für das Verhalten
- Ereignisse, die wesentlich sind
- wörtliche Rede
- Besonderheiten des Textes u. Ä.

Der Vorteil dieses Verfahrens ist, dass im Klassenverband diskutiert werden kann, welche Stichworte wo zugeordnet werden. Die einzelnen Stichpunkte sind frei verschiebbar. Personen und Schauplätze können zusammengelegt, Einzelheiten können noch zur Kategorie „Unentbehrliches" verschoben werden usw. Die für die Inhaltsangabe wichtigsten Handlungsschritte können mit Pfeilen in ihrer (chrono-)logischen Reihung verbunden werden. Die Bedeutung des andersartigen Informationsträgers sollte nicht unterschätzt werden. Schüler/innen helfen gern, wenn es um die Anfertigung des neu zu verwendenden Materials geht.

Im _Hauptteil_ der Inhaltsangabe stellst du die wichtigsten Handlungsschritte oder Gedankengänge dar.

Berücksichtige dabei die Angabe der Gründe, warum die Personen in dieser oder jener Weise handeln (oder denken), die Angabe der Gründe, die ein Ereignis (oder einen Gedankengang) auslösen, die Angabe der Folgen, die Ereignisse, Handlungen und anderes nach sich ziehen. Nur so erfasst du die Wechselwirkungen zwischen Ursache und Wirkung, Folge und Zweck einer Handlung.

Die Wiedergabe der logischen Verknüpfungen wird dir durch die Verwendung der Konjunktionen (Bindewörter) erleichtert (da, weil, wegen, daher, deshalb, damit, um ... zu, sodass etc.). Formuliere mit eigenen Worten so, dass die Einzelteile des Geschehens eine abgerundete und geschlossene Gesamtschau ergeben.

Je nach Zweck und Intention der Inhaltsangabe kann der _Schlussteil_ in der Inhaltsangabe fehlen. Es kann aber auch sehr sinnvoll sein, im Schluss ein Ergebnis zu formulieren, die Wirkungsabsicht des Vorlagentextes, die Wirkung auf die Leser/innen zu beschreiben oder auch in einer _erweiterten Inhaltsangabe_ Hinweise zu geben auf Stil, Sprache, bestimmte Begriffe (Wortwahl) und Form des zu bearbeitenden Textes.

Hauptteil der Inhaltsangabe

Schluss

113

Vorschlag 9:

Inhaltsangaben zu Sachtexten

Inhaltsangaben zu Sachtexten können gesondert behandelt werden, um auf die besonderen Eigenheiten hinzuweisen. Sachtexte enthalten in der Regel Fachbegriffe. Die Schüler/innen arbeiten deshalb mit Wörterbüchern oder Fachlexika, informieren sich über die Termini und entschlüsseln das sogenannte Fachchinesisch (Materialarbeit). Im nächsten Lernschritt formulieren sie schwierige Begriffe in Erklärungen um. Entsprechend gilt dann die Verfahrensweise, die schon auf erzählende Texte angewendet wurde.

Z

zur Inhaltsangabe

Um einen Text in seinen wesentlichen Aussagen erfassen zu können, muss er in der Regel mehrfach durchgelesen werden. Es gibt Texte, die zwischen den Zeilen gelesen werden müssen. Nicht ausgesprochene Handlungsschritte, Gedankengänge, Gefühle, Absichten sind nur dem/der Leser/in des Originaltextes aufgrund des vorhandenen Kontextes klar. Das Verständnis zur Vorlage ist eine Voraussetzung für die Anfertigung der Inhaltsangabe.

Die wichtigsten Punkte der Vorlage können markiert oder rausgeschrieben (exzerpiert) werden, Unausgesprochenes, das für die Information in der Inhaltsangabe wichtig ist, muss neu formuliert werden.

In der *Einleitung* werden die wichtigsten Informationen zum vorgelegten Text gegeben, im *Hauptteil* sollen Gedanken- und/oder Handlungsketten logisch miteinander verbunden werden. Zu beachten sind die Verwendung der Sachsprache im Präsens, der indirekten Rede (falls erforderlich), der Er-Form, der klaren Gliederung der Inhaltsangabe durch Absätze sowie die Vermeidung von ausschmückenden Wendungen.

8.4 Hinweise zur Aufsatzbewertung und -beurteilung

Textvorlage berücksichtigen

Da die alltägliche Verständigung häufig Informationen über Sachverhalte am Arbeits- und Lernplatz oder Mitteilungen über beliebige Ereignisse in knapper Form fordert, Jugendliche wie Erwachsene Film-, Buch-, Theaterempfehlungen u. Ä. aussprechen (möchten), muss auf die Beherrschung der Techniken der Inhaltsangabe besonderer Wert gelegt werden. In Abhängigkeit von der Textvorlage (erzählender, sachlicher, argumentierender Text und andere) gelten für die Bewertung der verschiedenen Inhaltsangaben gleiche oder ähnliche Kriterien. Das Verstehen der Vorlage sowie die Fähigkeit zur Distanzierung und Abstraktion unter Berücksichtigung der grammatischen Regeln ermöglicht einen relativ festgeschriebenen Beurteilungsmaßstab. Übersehen werden darf allerdings nicht, dass der Schwierigkeitsgrad der Aufgabe nicht nur abhängig ist von der Komplexität und Polyvalenz der Vorlage, son-

Distanz zum Inhalt wichtig

dern auch vom Abstand des Inhalts (des Vorlagentextes) zum Erfahrungshorizont der Schüler/innen. Entfernen sich die Pole Realsituation/Erfahrungswelt der Schüler/innen und Inhalt des ausgewählten Textes weit voneinander, sind Unsicherheit und Motivationsverlust die Folgen. Im Kapitel zur Aufsatzart der Inhaltsangabe wird deshalb besonderes Gewicht gelegt auf eine für Schüler/innen einsehbare und durchschaubare Begründung für diese Form der Textwiedergabe. Bei eingehender und intensiver Übung sollten trotz unterschiedlicher soziokultureller Hintergründe der Schüler/innen Lernfortschritte deutlich sichtbar werden.

Verwendungssituation und Adressatenbezug können fiktiv konstruiert oder vorgegeben werden, in erster Linie aber sind die Adressaten während der Übungsphase die Mitschüler/innen der Klasse: Sie verbessern Übungsaufsätze *Übungsphase* miteinander, machen im UG deutlich, was inhaltlich nicht erfasst worden ist *im Plenum* und an welchen Stellen Verbesserungen notwendig sind. Die Erfahrung zeigt, *fördert* dass Schüler/innen am Ende der Unterrichtseinheit zur Inhaltsangabe in ih- *Beurteilungs-* rer Bewertung häufig strengere Maßstäbe anlegen als die Lehrkraft, die sich *maßstäbe* der Problematik des Zusammenspiels von Textrezeption und Textproduktion stärker bewusst ist. Selbst wenn die Vorgaben zur Anfertigung der Inhaltsangabe relativ strengen Richtlinien unterliegen, wird das „Risiko" der Benotung durch die Phase der gemeinsamen Erarbeitung und Vereinbarung der Kriterien gemindert.

8.5 Aufsatzbeispiele

Schüleraufsatz 1 (Klasse 8, Gymnasium) ist eine nach mehreren Stunden bereinigte Form verschiedener Inhaltsangaben. Er muss nicht als Muster gesehen werden, kann aber als eine Lösung für einen gelungenen (Kollektiv-)Aufsatz betrachtet werden und ist gleichzeitig Diskussionsgrundlage zu der Frage, ob nicht noch weitere Gefühle und Gedanken des Protagonisten in der Inhaltsangabe gekürzt werden könnten.

Debüt im Mühlenfeuer (Inhaltsangabe)

Der vorliegende Text ist ein Auszug aus dem Buch „Der rasende Reporter" von Egon *Schülerauf-* Erwin Kisch aus dem Jahr 1925. Kisch beschreibt, welche Probleme und Schwierig- *satz 1: Inhalts-* keiten sich für einen jungen Reporter einer Zeitung ergeben, aktuelle Ereignisse span- *angabe eines* nend und dennoch informationsreich journalistisch darzustellen. *fiktionalen*
Textes

An Ort und Stelle beobachten Reporter verschiedener Redaktionen den Brand und das Feuer in den Mühlen von Sch. Der „rasende Reporter", der in dieser Szene resigniert und unbeholfen auftritt, weiß keinen Rat. Das große Journalistenvorbild Papa Vejvara schreibt emsig und versorgt die Redaktion mit Manuskripten. Von ihm erhält Kisch keinen Rat, nur Spott. Kisch ist verzweifelt. Er muss 150 Zeilen zum Thema „Mühlen brennen ab" zustande bringen. Er denkt an Kündigung oder fristlose Entlassung. Minderwertigkeitsgefühle plagen ihn, bis er sich ein Herz fasst und sich zwingt, einen Text fertig zu stellen. Von der Fantasie gepackt erfindet er Ereignisse: Obdachlose, verwilderte Männer stehen am Rand des Feuers. Polizisten treten auf. Kommt es zu einem Kampf zwischen Staatsdienern und Gewalttätern, die die Katastrophensituation womöglich ausnützen können?

Die Leser/innen erfahren, dass E. E. Kisch sich keinen Dienst erweist, als er um der 150 Zeilen willen Fantasieprodukte und Unwahrheiten an die Öffentlichkeit weitergibt. Die Sensationspresse ist zwar erfolgreich – wie das Gerede eines Kritikers zeigt –, die Gewissensbisse des E. E. Kisch aber bleiben, umso mehr als der die Wahrheit liebende Reporter Vejvara aus seinem Arbeitsverhältnis entlassen wird, gerade weil es ihm nicht gelungen ist, Unwahrheiten beziehungsweise erfundene Sensationen an die Leser zu bringen. Diese und andere Ereignisse sowie Überlegungen über die Aufgabe des Reporters schlechthin lassen E. E. Kisch den Entschluss fassen, in Zukunft allein und nur allein der Wahrheit besser dienen zu wollen.

Schüleraufsatz 2 (7. Klasse, Realschule) beschäftigt sich mit dem Hörspiel „Der Einbrecher" von Kurt Kusenberg. Einführung und Basissatz fehlen, die Inhaltsangabe bedarf damit der Ergänzung, ist aber aufgrund der Genauigkeit der Wiedergabe der Handlungsschritte recht verständlich.

Schülerauf-
satz 2:
Inhaltsangabe
zu einem
Hörspiel

Der Einbrecher (Inhaltsangabe)
Mutter und Tochter sitzen müde am Abend in ihrer Wohnung. Es klingelt. Sie einigen sich sofort, wer öffnen soll. Die Tochter geht zur Tür und ein Einbrecher kommt herein. Er stellt sich als solcher auch vor. Er sei, so erzählt er, aufgrund seiner Müdigkeit nicht über den Balkon gestiegen. Zur Wohnung gehöre gar kein Balkon, erfährt er von Mutter und Tochter. Aber er sei sogar zu müde gewesen, so fährt der Einbrecher fort, die Wohnungstür mit dem Dietrich zu öffnen, deshalb habe er geklingelt. Die drei Personen plaudern nun gemütlich und in freundlichem Ton von der schwierigen Aufgabe, ein Verbrecher zu sein. Daraufhin suchen sie nach wertvollen Gegenständen und Geld. Der Einbrecher, aber auch die Mutter und die Tochter, sind enttäuscht, dass dieser Haushalt nicht zu den reichen zählt. Gemäß einer Liste, nach der der Täter vorzugehen gewohnt ist, sei dieser Haushalt mit einem Vermögen von 200 000 DM registriert. Die beiden Damen bieten dem Einbrecher Kaffee und Schnaps an, er erhält einige wertvolle Gegenstände und DM 36,–. Der Eindringling gibt den Betrag zurück, erklärt, dass er seinen Einbruch als Privatbesuch auffasse, und verlässt in gutem Einvernehmen die beiden Frauen. Alle drei Personen betrachten den Abend als gelungen.

Schüleraufsatz 3 (8. Klasse, Gymnasium) bezieht sich auf einen Zeitungsartikel der Sensationspresse. Der logische Zusammenhang musste erst hergestellt werden, da der Artikel durch einen die Leser/innen verwirrenden Aufbau gekennzeichnet war. Die Leistung im Schüleraufsatz liegt vor allem darin, die Themenbereiche Kohlebergbaukrise, Standortwahl der Glashütte, Bürgerinitiative und Arbeitsplatzsicherung in einen logischen Zusammenhang zu bringen. Allerdings fehlen auch in dieser Schülerarbeit Basissatz und Schlussbetrachtung.

Schülerauf-
satz 3:
Inhaltsangabe
eines Zeitungs-
artikels

Kohlebergbaukrise ohne Ende
Um die Krise des Kohlebergbaus aufzufangen, lässt die Stadt G. die Ansiedlung einer großen Glashütte zu, damit Arbeitslosigkeit und der Verlust von Steuern die Finanzen der Stadt nicht unnötig belasten. Die Glashütte will sich zudem vergrößern und modernisieren, weil sich ihre Produkte nach wie vor gut verkaufen lassen. Eine Bürgerinitiative wehrt sich allerdings gegen Lärmbelästigung und Luftverschmutzung. Sie will deshalb den Aufbau der Glasfabrik direkt neben einem Wohngebiet verhindern. Das Verwaltungsgericht entscheidet gegen den Bau der Firma, obwohl mit den Bau-

maßnahmen schon längst begonnen worden ist. Durch den möglichen Abbruch des Baus sind in etwa 9000 Arbeitsplätze gefährdet. Die Firmenleitung spricht bereits von einer Verlegung der Fabrik ins Ausland.

So in Schwierigkeiten gebracht wollen die Landesregierung und die Stadt G. sich um einen Kompromiss bemühen, um eine drohende wirtschaftliche Krise oder Katastrophe abzuwenden.

8.6 Übungen zur Lernzielkontrolle

Ü 1: Um die logischen Zusammenhänge einer Textvorlage inhaltlich besser erfassen zu können, ist Art und Funktion der Gliedsätze sowie der darin verwendeten Kon- und Subjunktionen von Bedeutung. Mithilfe beliebiger Texte (Sprachbuch, Lesebuch, Zeitung) werden die Satzarten reflektiert, um zu einem ähnlichen Ergebnis zu kommen:

Satzart	Konjunktion	Subjunktion (= unterordnende Konjunktion)
Kausalsatz (Grund)	daher, deshalb	da, weil
Konditionalsatz (Bedingung)	unter d(ies)er Bedingung	wenn, falls
Finalsatz (Absicht, Ziel, Zweck)	in d(ies)er Absicht	damit, um ... zu, (so)dass
Modalsatz (Art und Weise)	so	indem, dadurch dass
Adversativsatz (Gegensatz)	doch, aber, dagegen	während
Konsekutivsatz (Folge)	folglich	sodass
Konzessivsatz (Zugeständnis)	trotzdem, dennoch	obwohl, obgleich, wenn auch

Ü 2: Wörtliche Reden werden umgewandelt in indirekte (mittelbare, berichtete). Bedeutung und Funktion des Konjunktivs werden verdeutlicht. Zeigt der Indikativ an, dass das im Verb wiedergegebene Geschehen oder Handeln tatsächlich ist, dient der Konjunktiv in der indirekten Rede dazu, den Lesern und Leserinnen der Inhaltsangabe aufzuzeigen, dass es sich um Aussagen und Inhalte anderer handelt, die möglich sind. Krasse Beispiele vermitteln den Schülern und Schülerinnen auf recht schnelle Weise, dass diese Unterscheidung sehr wesentlich ist.

Beispielsätze mit Fehlern: Der Journalist behauptet in seinem Bericht über den Schulalltag, alle Schüler/innen *sind* heute aggressiv und sehr faul. – Rechtsradikale stellen fest, dass es keine angezündeten Asylheime *gibt*. – Wütend stellt der Trainer fest, dass seine Fußballspieler sich wie Spinner *aufführen*. – Obwohl offensichtlich ein Irrtum vorliegt, bleibt der Lehrer bei seiner Meinung, dass Schüler M. ein geschwätziger Lümmel *ist*. – Trotz der Umfrageergebnisse beharrt der Politiker V. auf der Feststellung, die Menschen *wollen* nur noch Freizeit usw.

Modus und Fehleranalyse

Ü 3: Manche Erzählung oder Geschichte verläuft in ihrer Darstellung nicht chronologisch. Der häufig praktizierte Fehler, die Inhaltsangabe entsprechend dem Erzählverlauf schritt- oder abschnittsweise zu gestalten, führt zu falschem Tempusgebrauch oder zu einer zu vermeidenden Anhäufung des Perfekts. Ausschnitte aus Aufsätzen aus dem Klassenverband dienen dieser Übung, den Fehler vermeiden zu lernen.

Fehlerhaftes Beispiel: ... Der mutige Feuerwehrmann rettet das kleine Mädchen vor dem Ertrinken. Kriechend begibt er sich auf die brüchige Eisfläche, um das mit einem Bein im Eis steckende Kind zu befreien, nachdem rasch handelnde Passanten den Notruf *betätigt haben*, die Feuerwehr sehr schnell *reagiert hat* und die Polizei eilig den Zugang zum Ufer von gaffenden Zuschauern frei *gemacht hat*. ...

Berichtet die Inhaltsangabe von dem Ereignis, indem sie zuerst auf die schnell handelnden Passanten eingeht, dann auf die Anfahrt der Feuerwehr, sodann auf die Aktion der Polizisten etc., verwandelt sich das Perfekt jeweils in die Zeitstufe des Präsens.

Ü 4: Bestimmte Inhaltsangaben sollen von ihrer Intention her unvollständig bleiben (Ankündigung von Filmen in der Programmzeitschrift, Buchwerbung, Klappentext). Neugierde soll vor allem geweckt werden, der Höhepunkt wird häufig verschwiegen. Um handelnde Personen (Tiere) nicht ansprechen zu müssen, ist der Gebrauch des Passivs notwendig. Formen des Aktivs werden ins Passiv umgewandelt. (Vergl. Ü 3 zum Bericht, S. 103.)

Beispiel: Es ist die allseits beliebte und lebenslustige Oma von Jürgen, die das Versteck der Rasselbande entdeckt. – Das Versteck der Rasselbande wird bald entdeckt. Man kann gespannt sein, wer so schlau ist, dass ...

Ü 5: Verschiedene Inhaltsangaben werden nach Stil, Funktion, Intention und Adressatenbezug untersucht: Programmzeitschriften, Bücherbesprechungen, Opernführer, Klappentexte, Filmkritiken der Tagespresse u. Ä.

8.7 Themenvorschläge zur Inhaltsangabe

Eingebunden in die Vorschläge, Merktexte und Übungen sind bereits Anregungen, welche Vorlagentexte oder Anlässe für Inhaltsangaben brauchbar und sinnvoll sind.

9 Protokoll (Niederschrift)

9.1 Methodisch-didaktische Überlegungen

Die verschiedenen Formen der Niederschrift resultieren aus der Tatsache, dass sowohl inhaltlich (z. B. Gerichts-, Sitzungsprotokoll) als auch formal (z. B. Ergebnisprotokoll) differenziert werden kann. Sitzungsprotokolle können Verlaufs- oder Ergebnisprotokolle sein. Jeder Inhalt kann mit jeder Form in Verbindung gebracht werden, sodass sich eine große Zahl an möglichen Formen ergibt. Die wohl gebräuchlichste Art im Unterrichtsalltag ist das Ergebnisprotokoll, aus dem der wesentliche Inhalt des Ergebnisses hervorgeht.

Verlaufs- und Ergebnisprotokoll sind die wichtigsten Formen

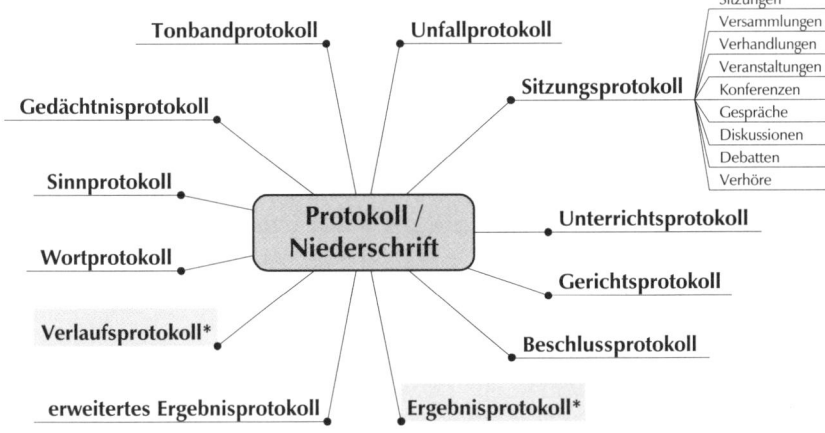

* *Verlaufs- und Ergebnisprotokoll sind die wichtigsten Grundformen*

Das Protokoll oder die Niederschrift verlangt Kompetenzen, die bei den Aufsatzarten Bericht und Inhaltsangabe bereits erlernt wurden. Hinzu kommen folgende zu schulende Fähigkeiten: genaues und aufmerksames Zuhören, Aufzeichnen des Wesentlichen während und nach dem Prozess des Zuhörens in einer Stichwortskizze, schrittweises Abfassen des Protokolls, Kenntnis der verbindlichen Form des Protokolls. Erstrebenswerte Sachlichkeit und Objektivität können durch subjektive Verzerrung getrübt werden. Während Handlung abläuft und beteiligte Personen miteinander kommunizieren, muss der/die Protokollant/in das Gehörte in verkürzter Form in ein „Schriftbild" umsetzen, um zu einem späteren Zeitpunkt die Niederschrift in die entsprechende vorgeschriebene Gestalt zu bringen.

Voraussetzungen, um ein Protokoll zu schreiben

Auditive, instrumentale (motorische) und visuelle Aktivitäten werden nahezu gleichzeitig gefordert, was für die Situation des Schreibprozesses während der Mitschrift eine größere Konzentration und Anstrengung als bei der Vorbereitung der anderen Aufsatzarten bedeutet. Der Schwierigkeitsgrad der Niederschrift ist weiterhin abhängig vom jeweiligen Geschehen (Lehrervortrag, Diskussion, Debatte, Schulfunksendung, SV-/SMV-Versammlung u. a.), das protokolliert werden soll, sowie von der Art und Weise, wie dieses Geschehen abläuft (strukturiert, gegliedert, spontan, unberechenbar).

Das zumeist in der 8. Jahrgangsstufe eingeführte Protokoll bedarf ähnlich wie andere Aufsatzformen der Begründung und der Einordnung in einen Realitätsbezug. Die Kenntnis des Dokumentcharakters des Protokolls z. B. in Gerichtsverhandlungen, bei Polizeiverhören oder in Elternversammlungen motiviert die Schüler/innen dabei freilich weniger als die Einsicht in die Sinnhaftigkeit von Niederschriften im Schulalltag (Redaktionssitzung der Schülerzeitung, SMV, Schulforum, Wahl der Schülervertreter, Unterrichtsstunden etc.). Das Protokoll sollte nicht (mehr) als Ordnungsmaßnahme eingesetzt werden für die Schüler/innen, die sich in der Unterrichtsstunde unaufmerksam oder störend benommen haben, weil sich daraus eine Demotivation für die gesamte Klasse der Schreibform gegenüber ergeben kann. Motivierend ist die Erklärung, dass die Mitschrift im Unterricht unterschiedlicher Fächer als Gedächtnisstütze und Lerngrundlage für alle Schüler/innen funktions- und zweckgebunden und anwendbar bis hin zur Abschlussprüfung der letzten Jahrgangsstufe ist. Die Übung des Protokollierens ist immer auch eine Übung der Mitschrift unter Berücksichtigung der verbindlichen formalen Kriterien. Erinnerungs- und Darstellungsvermögen werden zudem für die Reinschrift geübt.

Synopse 9: Protokoll in verschiedenen Jahrgangsstufen

Protokoll	minimale Anforderung	maximale Anforderung
Stoffsammlung	genaues Zuhören, Mitschrift, einfache Notizen	genaues Zuhören, Mitschrift (tabellarisch, eigene Kürzel) als Stichwortskizze oder Mindmap
Struktur	möglichst vorgegeben (z. B. durch die Struktur einer Unterrichtsstunde)	wenn notwendig, eigene Strukturierung des Themas
Inhalt (besonders abhängig von der Art des Protokolls: Verlaufs- oder Ergebnisprotokoll)	einfach strukturierte Unterrichtsstunden, abgedruckte oder audio-visuell festgehaltene Interviews, Zusammenfassen von Diskussionen (Stichwortprotokoll) gerafft, knapp, Wesentliches erfassend	komplexere Abläufe wie Diskussionen, Debatte, multimedialer Einsatz in Unterrichtsstunden, Gruppenarbeit, Rollenspiel, fiktive Sitzungen und Versammlungen klarer und knapper Sachverhalt, schrittweises Erfassen zur übersichtlichen Gliederung und Anordnung
Adressatenbezug	Gedächtnisstütze und Informationsgrundlage für an- und abwesende Schüler/innen	Dokument, Gedächtnisstütze und Informationsgrundlage für Schüler/innen, Eltern, Lehrkräfte, Schulleitung, Sportverein, Jugendvertretung, SV/SMV u. Ä.

Protokoll	minimale Anforderung	maximale Anforderung
Stil und Form	verbindliche Form (Kopf, Aufbau, Nummerierung der Themen oder Tagesordnungspunkte, Unterschriften am Ende)	verbindliche Form (Kopf, Aufbau, Nummerierung der Themen oder Tagesordnungspunkte, Ort, Datum der Anfertigung, Unterschriften am Ende)
	einfacher Satzbau, grammatische Anforderungen wie in der Inhaltsangabe	hypotaktischer Satzbau (Anforderungen wie in der Inhaltsangabe)
	indirekte Rede (Modus Konjunktiv)	indirekte Rede (Modus Konjunktiv)
	Er-Perspektive	Er-Perspektive
	Tempus ist Präsens	Tempus ist Präsens

9.2 Definition

Das Protokoll ist ein sachlich und übersichtlich gestalteter Text, der Auskunft gibt über die wesentlichen Sachverhalte, Inhalte und den Verlauf von Sitzungen, Versammlungen, Veranstaltungen, Verhandlungen, Versuchsreihen, Gesprächen, Unterrichtsstunden und anderem. Genaue Angaben zu Ort, Zeit, Teilnehmer/innen, Leiter/innen, Thema oder Tagesordnung, Ablauf der Tagesordnung, Ort und Zeit der Anfertigung sowie die Unterschriften von Leiter/in und Protokollant/in unterstützen die Funktion der Niederschrift als Dokument (Beweisgrundlage). Zudem ist das Protokoll Gedächtnisstütze für die Teilnehmer/innen einerseits und Informationsgrundlage für Abwesende andererseits. Um der Vergegenwärtigung willen wird es in der Regel im Präsens geschrieben. Die verschiedenen Formen der Niederschrift wie Wort-, Verlaufs-, Sinn-, Ergebnis-, Beschlussprotokoll dienen jeweils einem bestimmten Zweck und fordern eine unterschiedliche Art der inhaltlichen Gestaltung (Ausführlichkeit). Die formalen Verbindlichkeiten bleiben bestehen.

Protokoll = Gedächtnisstütze und Informationsgrundlage

9.3 Mögliche Unterrichtsschritte

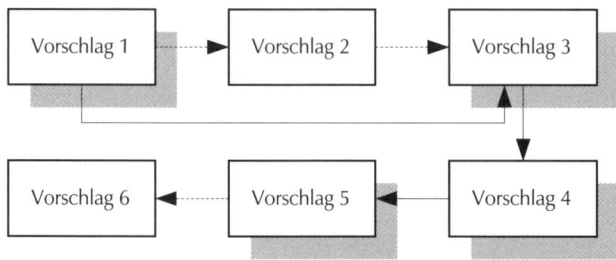

Erläuterung: V 1, 3, 4, 5 können als Minimalanforderungen betrachtet werden.

Vorschlag 1:

V

Eine klar strukturierte, in einfache Schritte eingeteilte Unterrichtsstunde mit klaren Hinweisen zur Gestaltung des Protokolls zeigt den Schülern und Schülerinnen über die bloße Mitschrift hinaus, wie ein Protokoll zu gestalten ist. Die Stunde kann zum Inhalt haben „Sinn und Zweck des Protokolls und ihre praktische Anwendung", „Die Anfertigung des Protokolls", grammatische Probleme wie „Die indirekte Rede und der Perspektivenwechsel", „Der Unterschied von das und dass", „Die Bedeutung der Konjunktionen im hypotaktischen Satzbau" usw. Die Lehrkraft nutzt die Tafel, um in Form von Notizen den Schülerinnen und Schülern aufzuzeigen, welche Aspekte der Unterrichtsstunde wichtig und notierenswert sind. Die Themenreihenfolge beziehungsweise die Tagesordnungspunkte werden besonders hervorgehoben. Der zu erarbeitende Merktext kann bereits in der verbindlichen Form des Protokolls bzw. der Niederschrift angefertigt werden.

M

Kurt-Tucholsky-Gymnasium (Realschule),
Oskar-Maria-Graf-Str. 17,
33444 Stadt

Niederschrift über die Deutschstunde
am 19.05.19...

Beginn: 9.45 Uhr   Ende: 10.30 Uhr
Raum: 303
Anwesend: die Klassleiterin Fr. Heinzelmann und 25 Schüler/innen
Abwesend: die Schülerinnen Brigitte Meier, Angela Kran, der Schüler Till Schmitt
Schriftführer: Horst Schuster

Tagesordnung: 1. Das Protokoll
              2. Verschiedene Formen des Protokolls
              3. Mögliche Fehlerquellen

Zu 1.
Das Protokoll ist ein Bericht über den Inhalt und Verlauf von Versammlungen, Verhandlungen, Besprechungen, Unterrichtsstunden. Es dient als Dokument (Unterschriften am Ende, verbindliche Form), als Gedächtnisstütze und Informationsgrundlage für Teilnehmer/innen und Abwesende und wird wie hier gezeigt aufgebaut. Die Tagesordnungspunkte werden durchnummeriert. Die Überschriften *Zu 1./Zu 2.* oder *Ad 1./Ad 2.* oder *TOP 1/TOP 2* (= Tagesordnungspunkt) bilden jeweils eine eigene Zeile.

Zu 2.
Die am meisten verbreitete Form des Protokolls ist das erweiterte Ergebnisprotokoll, in dem der logische Zusammenhang der einzelnen Schritte und die dazugehörigen erreichten Resultate (der Gespräche, Diskussionen, Verhandlungen, Sitzungen usw.) klar und gerafft wiedergegeben werden. Be-

schlüsse und Abstimmungen (Stimmenverhältnis) müssen (inhaltlich) hervorgehoben werden.

Das Verlaufsprotokoll stellt den Hergang/Ablauf und die Einzelergebnisse in klar zusammenhängender Ordnung dar, ist also etwas ausführlicher.

Das Ergebnisprotokoll fasst knapper und geraffter zusammen, stellt die Resultate nur heraus.

Zu 3.
Mögliche Fehlerquellen liegen in der Nichtbeachtung folgender Regeln:

– Protokolle werden wegen ihres Dokumentcharakters und der Vergegenwärtigung im Präsens geschrieben.
– Die Perspektive ist stets neutral, die Verwendung der ersten Person Singular oder Plural muss vermieden werden.
– Aussagen werden immer in indirekter Rede wiedergegeben. Sie zieht den Konjunktiv nach sich.

*Ort, Datum (der Anfertigung)*_____

_____ *(Unterschriften)* _____
(Lehrkraft)   (Für das Protokoll)

Vorschlag 2:
Im handlungsorientierten Unterricht erarbeiten die Schüler/innen in PA oder GA mithilfe einschlägiger Lexika und Wörterbücher die Bedeutung der Begriffe Niederschrift und Protokoll. Ergebnisse können auf Postern festgehalten werden.

Beispiele: protokollum (lat.), abgeleitet von protokollon (grch.): protos heißt der erste, kolla der Leim, protokollon ist ursprünglich ein den amtlichen *Begriffsbe-* Papyrusrollen vorgeleimtes Blatt mit Angaben über Entstehung und Verfasser *stimmung* des Papyrus. (Papyrus ist das im alten Ägypten verwendete Schriftstück beziehungsweise gewonnene papierähnliche Schreibmaterial, das aus dem in Streifen und kreuzweise übereinander geklebten Stängelmark der Papyrusstaude besteht.)

Neben der Bedeutung des Protokolls als gleichzeitig erfolgende oder erfolgte (auch wortgetreue) Niederschrift einer Verhandlung, eines Prozesses oder einer Sitzung umfasst der Begriff auch die Gesamtheit der Regeln für Höflichkeit und angemessene Form im diplomatischen Verkehr (diplomatische Etikette). Deshalb heißt es: „Das Protokoll schreibt vor ...“

Protokolle (im Sinne der Niederschrift) werden geführt, geschrieben, aufgenommen. Aussagen gibt man/nimmt man zu Protokoll. Laut Protokoll ist dies oder jenes in die Tat umzusetzen.

Protokollführer/innen nehmen das Protokollamt ein. Protokollanten werden bestimmt, in der Regel vom Vorsitzenden/von der Vorsitzenden.

Protokollarisch bedeutet so viel wie aufgrund des Protokolls, im Protokoll festgehalten. Protokollieren bezeichnet den Schreibprozess des Protokollführens, das Anfertigen eines Dokuments (Beweises). Der öffentliche Charakter (im Gegensatz zur privaten Aufzeichnung) rechtfertigt die gebundene äußere Form.

Aufgaben des Protokollführ- rers/der Proto- kollführerin

Der/die Protokollführer/in wird vor der Sitzung (Besprechung, Unterrichts- stunde) benannt. Er/sie ist niemals identisch mit der leitenden Person, da er/sie sich auf den sachlichen Verlauf konzentrieren muss und nicht glei- chermaßen engagiert am Geschehen teilnimmt wie die anderen Teilneh- mer/innen. Seine/ihre Gefühle, Empfindungen und subjektiven Ansichten gehören nicht ins Protokoll. Bereits während der Mitschrift sollte der/die Protokollant/in Wesentliches vom weniger Wichtigen trennen, um den In- halt besser erfassen zu können. Voraussetzung für die Gestaltung des Pro- tokolls ist weiterhin die Information, um welche Art von Niederschrift es sich handeln soll (Verlaufs-, Ergebnis-, Sinn-, Beschlussprotokoll).

Arbeitsbericht

Vorschlag 3:
Eine besondere Form des Protokollierens ist die Niederschrift über mehrere Zeiteinheiten (Stunden, Tage, Wochen), die in der didaktisch-methodischen Literatur auch „Arbeitsbericht" genannt wird. Der Begriff der Niederschrift muss hier nicht ersetzt werden, vielmehr müssen im Protokollkopf die ent- sprechenden Zeitangaben vorgenommen werden.
Beispiel: Niederschrift über die Deutschstunden zur Rechtschreibreform am 17.5., 19.5., 23.5.19...

Thema: Die wichtigsten Neuerungen der Rechtschreibreform
Schüler/innen fertigen über mehrere Unterrichtsstunden ein Ergebnisprotokoll an. Die Mitschrift wird als HA in die entsprechende Form gebracht. Alterna- tiv können Niederschriften zu einer längerfristigen GA, zu mehreren Diskussionsstunden, zu Rollenspielen und anderem angefertigt werden. Auf diese Weise wird der an den Schulen vorgegebene Fünfundvierzig-Minuten- Rhythmus nicht zur Einschränkung für die Anfertigung von Ergebnis- protokollen.

Beschluss- protokoll

Vorschlag 4:
Über ein Schuljahr hinweg sammelt die Klasse Beschlussprotokolle. Das Beschlussprotokoll hält fest, welche Entscheidungen im Kollektiv getroffen wurden. Die Beschlüsse sind in der Regel bindend.
Beispiel: Die Klasse beschließt Regeln für die Diskussion (Ausredenlassen, Festlegen der Redezeit, schülerorientierte Gesprächsrunde, Sitzordnung, Vor- bereitung der Diskussion in Gruppen oder einzeln, Klassenbücherei, Hand- apparat und anderes). Die im Laufe eines Schuljahres angefertigten Beschluss- protokolle werden in einem Ordner gesammelt, der allen Schülerinnen und Schülern sowie der Lehrkraft zugänglich ist (Klassenzimmerschrank). Der erste Protokollant hält fest, dass in Zukunft Beschlussprotokolle geführt werden. (Weitere Themen: Klassenparty, Wandertag, Unterrichtsgang, Exkursion, Be-

reitstellung von Arbeitsmaterial für die Klasse, Zusammenarbeit in der Klasse u. Ä.)

Konferenzen, Sitzungen, Verhandlungen, Versammlungen, Diskussionen, Debatten, Gruppengespräche (auch die schulinternen) zeigen häufig als Ergebnis einen Beschluss (oder auch eine Resolution). Resolutionen, Erklärungen und Beschlüsse drücken in der Regel den Mehrheitswillen einer Versammlung aus. Die gefassten und niedergeschriebenen Beschlüsse werden zur Richtlinie für weitere Handlungen, Vorhaben, Vorgehens- und Verhaltensweisen. Der im Beschlussprotokoll festgelegte Text muss deshalb klar, verständlich und eindeutig sein.

Beispiel: Beschluss der Eltern-Lehrer-Schüler-Versammlung zum künftigen Aufenthalt im Skilager, im Bio- oder Öko-Seminar, Beschlüsse der SMV und anderes

M

Vorschlag 5:

Zu einer Schulfunksendung (Rundfunk oder Fernsehen) fertigt die Klasse eine Niederschrift an, um im Anschluss an die zwanzig- bis dreißigminütige Sendung einige unterschiedliche Skizzen der Schüler/innen gemeinsam zu besprechen. (*Alternative*: Ein Hörspiel, Theaterstück, Sketch wird protokolliert.)

V

Niederschrift zu einer Sendung

Vorschlag 6:

Zu provozierenden Thesen werden Diskussionsstunden durchgeführt, die protokollarisch festgehalten werden müssen. Dabei können in Gruppen mithilfe der Lehrkraft bereits die wichtigsten Stichpunkte der Protokollskizze besprochen werden. (Nicht in jedem Fall muss die Lehrkraft die Rolle des/ der Moderators/in einnehmen.)

V

Protokoll einer Diskussion

Beispiele für Diskussionen, die sich auch als (fiktive) Pro- und Kontra-Sendungen im Fernsehen gestalten lassen: Fernsehverbot für Kinder und Jugendliche? – Abschaffung der Klassensprecher/innen? – Abschaffung des Wandertags? – Hausaufgaben – nur noch freiwillig? – Gedichte lernen ist (nicht) sinnvoll. – Protokolle müssen stets mit Computer geschrieben werden. – Abschaffung des Schulkonzerts (des Musik-, Sport-, Kunst-, Religions-, Ethik- Unterrichts)? – Verbot der Schulparty, denn Schule ist kein Freizeitpark. Usw.

Protokolle (Niederschriften) dienen der Beweisführung (der juristischen Nach- oder Überprüfung), als Urkunde, als Dokument, als Fixierung einer Redesituation, zur Informationsgrundlage und als Gedächtnisstütze. Daraus ergibt sich der öffentliche Charakter des Protokolls (im Gegensatz zur privaten Aufzeichnung), der zur Forderung nach sachlicher Richtigkeit und einer festgelegten äußeren Form führt.

Das Protokoll ist eine gleichzeitig zum Geschehen erfolgende Niederschrift eines Gesprächs, einer Verhandlung, einer Unterrichtsstunde u. Ä. Es setzt

Z

zum Protokoll

125

eine Anwesenheitskontrolle und eine ausführliche Mitschrift voraus. Inhaltlich müssen Ort, Zeit, Beteiligte, Schriftführer, Sitzungsleitung, Thema oder Tagesordnung erfasst werden. Als Regel für den Aufbau des Inhalts gilt, so kurz wie möglich und so ausführlich wie nötig auszuformulieren. (Diese Faustregel ist abhängig von der Art der Niederschrift: Verlaufs-, Ergebnisprotokoll.)
Die Sprache ist sachlich, möglichst objektiv, knapp, klar, genau.

9.4 Hinweise zur Aufsatzbewertung und -beurteilung

Ähnlich wie andere sachliche Schreibformen und Aufsatzarten dient die Einübung des Protokollierens dazu, das Vorurteil abzubauen, dass die Fähigkeit, anspruchsvoll und genau zu schreiben und zu formulieren, eine Angelegenheit angeborener Begabung sei. Das heißt nicht, dass eine Nivellierung der Kommunikationsfähigkeit und Sprachkompetenz durch den Deutschunterricht erreicht werden kann, unterstützt aber die These von der Erlernbarkeit eines leistungsfähigen, adressaten- und realitätsbezogenen Sprachpotenzials.

Kriterien: verbindlicher Aufbau, sprachliche Eigenleistung, Verständlichkeit

Das Protokoll oder die Niederschrift bieten mit dem verbindlichen Aufbau, ähnlich wie die Inhaltsangabe, bei gleichzeitiger Anforderung an das subjektive Auffassungsvermögen ein weites Trainingsfeld, sprachliche Eigenleistung (Formulierungstechniken) und Kriterien der Anleitung und gebundenen Form miteinander zu verknüpfen. Im Protokoll sind Verständlichkeit, Genauigkeit, Sachlichkeit, Herstellung von Zusammenhängen, Fähigkeit zur Distanzierung und Abstraktionsvermögen maßgebend für eine objektivierende Beurteilung einerseits sowie die Einhaltung der Verbindlichkeiten formaler Art andererseits.

Nur das Wesentliche soll protokolliert werden

Häufige Fehler entstehen aus der Angst heraus, das Wesentliche nicht sondieren zu können. Hierzu sollte nicht nur der Mut zur Lücke gefördert werden, sondern hier kann im Anfangsstadium der Einübung die Lehrkraft sehr wohl (Ein-)Hilfen gewähren, indem Stundenzusammenfassungen geleistet werden und der Hinweis auf das Wesentliche expressis verbis erfolgt. Der Zugriff auf das Wesentliche muss und kann geübt werden. Welcher Exkurs der Lehrkraft, welche Randbemerkung der Schüler/innen in einer zu protokollierenden Unterrichtsstunde sind wichtig? Der Blick auf das Thema oder die Tagesordnung kann hier Unsicherheiten beseitigen helfen.

Weitere Fehlerquellen ziehen sich durch die verschiedenen Jahrgangsstufen wie unberechtigter Tempuswechsel, falsche Ich- oder Wir-Perspektive, Gebrauch der direkten oder der indirekten Rede ohne Beachtung des richtigen Modus. Die Korrektur und die sich daran anschließende Beurteilung der Niederschriften fällt wohl dann umso strenger aus, je klarer und häufiger Übungen der zu benotenden Lernzielkontrolle vorausgegangen sind.

9.5   Aufsatzbeispiele

Schüleraufsatz 1 (8. Klasse, Gymnasium) stellt ein gelungenes (situations-abhängiges) Resultat des Arbeitsauftrages dar, ein Ergebnisprotokoll zu einer Diskussionsstunde über Verhaltensweisen zwischen Erwachsenen und Kindern anzufertigen. Die Vorgabe war, allein das inhaltliche Ergebnis festzuhalten, nicht registriert werden musste somit, wer wann was gesagt hatte. Die Mitschrift erstreckte sich vor allem auf die wichtigsten in die Diskussion eingebrachten Thesen.

Schüleraufsatz 1: Ergebnisprotokoll

N i e d e r s c h r i f t
zur Deutschstunde am 10.10.19...

Beginn: 8.00 Uhr
Ende: 8.45 Uhr
Ort: XY-Gymnasium, Raum 103
Anwesend: Alle Schüler/innen der Klasse 8 a außer Herrmann L.
Leitung: Herr K.
Schriftführerin: Maria R.

Tagesordnung: 1. Diskussion über Verhaltensweisen von Kindern gegenüber Erwachsenen
2. Diskussion über Verhaltensweisen von Erwachsenen gegenüber Kindern
3. Zusammenfassung der Diskussionsergebnisse

Zu 1.
Kinder achten Erwachsene. Zum Teil sind die Erwachsenen Vorbilder. Sie sind disziplinierende Personen. Kinder können nicht immer (und sollen nicht immer) mit den Erwachsenen so sprechen wie mit anderen Kindern oder Freunden. (Die Tonart ist eine Frage des Vertrauens.) Kinder sind manchmal unbeherrscht und wissen noch nicht, wie sie sich Erwachsenen gegenüber verhalten sollen. Kinder, die oft geschlagen (oder geprügelt) werden, lassen ihre Wut (ihren Hass) an Gleichaltrigen oder anderen Erwachsenen aus. (Möglich sind überzogene Streiche in der Schule mit Folgeschäden.)

Zu 2.
Erwachsene disziplinieren Kinder, da sie die Kinder erziehen müssen. Doch die Erwachsenen wollen auch Vorbild sein. Wenn Erwachsene gereizt sind und sie von den Kindern geärgert werden, (be)schimpfen Erstere die Kinder oder bestrafen sie (manchmal in Form der Prügelstrafe). Die Kinder haben kaum die Möglichkeit, sich zu wehren. Manche Erwachsene glauben sogar heute noch, dass es ohne Prügelstrafe nicht gehe. Viele meinen aber auch, dass ab und zu eine Ohrfeige nicht schaden könne, was in der Klasse im Laufe der Diskussion als sehr problematisch betrachtet wird.

Zu 3.
Zusammenfassend kann man sagen, dass soziales Verhalten zwischen Kindern und Erwachsenen geübt und trainiert werden kann. Es ist wertvoll, über Verhaltensweisen

127

und daraus entstehende Probleme sprechen zu können. Das ist die Voraussetzung, um Verbesserungen im Verhalten erreichen zu können.

Ort, Datum (der Anfertigung)

Unterschrift der Lehrkraft   Unterschrift der Schriftführerin

Schüleraufsatz 2: Verlaufsprotokoll

Schüleraufsatz 2 (7. Klasse, Gymnasium) ist eine Niederschrift, die aufgrund der schwierigen disziplinarischen Situation in einer 7. Klasse auf Betreiben des Klassenleiters zustande kam. Eine Diskussionsstunde sollte protokolliert werden, an deren Anfang der Klassenleiter die provozierende These stellte, die Klasse setze sich durchweg aus autoritären Typen zusammen. Begründet wurde die Behauptung mit der Beschwerde anderer Lehrer/innen über das unmögliche, undisziplinierte, z. T. schikanöse Verhalten der Schüler/innen dem Großteil der Lehrer/innen gegenüber. Die an die Provokation sich anschließende Diskussion war Grundlage der Niederschrift.

Erich-Kästner-Gymnasium, Klagenfurterstr. 19, 77733 Oberheim
Niederschrift über die Deutschstunde
am 19.11.19...

Beginn: 10.40 Uhr
Ende: 11.25 Uhr
Ort: Raum 205
Anwesend: Alle Schüler/innen der Klasse 7 b außer Anton K.
Leitung: Herr T.
Schriftführer: Schüler/innen der Klasse
Aufbau der Stunde: 1. Sind die Schüler/innen der Klasse 7 b dem autoritären Typ zuzuordnen?
                          2. Wie diskutiert man richtig?

TOP 1.
Im Unterrichtsgespräch werden die Begriffe „autoritär" und „Autorität" geklärt. Autorität heißt Macht, Ansehen, Respekt und wird von der Klasse als positiv besetzter Begriff betrachtet, während der Ausdruck „autoritär" eher als unangemessen streng, disziplinierend angesehen wird.

Der Klassenleiter Herr T. wirft ein, dass „autoritär" auch bedeute, dass eine Person dem Druck von oben weiche, sich unterwürfig benehme, Schwächeren gegenüber aber selbst die Unterdrückung ausübe. In Klassen wie der 7 b zeige sich dies in der Weise, dass sich die Schüler/innen netten (nicht so stimmgewaltigen, nicht autoritären) Lehrern und Lehrerinnen gegenüber ständig danebenbenehmen würden, während Lehrer/innen, die autoritär seien oder zumindest die Rolle des überstrengen Lehrers gut spielen könnten, keine disziplinarischen Probleme in der Klasse hätten.

Einige Schüler/innen äußern Begründungen für ihr Verhalten: Eltern und Lehrer/innen lassen an einzelnen (Mit-)Schüler/innen ihre Wut oder ihre Aggressionen aus. Das führe zu Wut und Hass bei den einzelnen Jugendlichen, die diese Gefühle an Schwächeren oder nicht autoritären Menschen abreagieren. Wenn die Klasse zusammenhielte, ließen sich Lehrer/innen recht gut ärgern. Vor den strengeren Lehrern und Lehrerinnen habe man aber Angst, weil man nicht wisse, ob sich das schlechte Benehmen auf die Noten auswirke.

Da die Klasse sich selbst durch ihr Verhalten schadet, kommen die Schüler/innen mit der Lehrkraft zu dem Ergebnis, sich in Zukunft gesitteter zu benehmen.

TOP 2.

Zu einer richtigen Diskussion gehört, dass jede(r) die Meinung des anderen anhört. Der nächste Redner muss wiederholen können, was der Vorredner gesagt hat. Die Beiträge im Unterrichtsgespräch sind nicht nur für die Lehrer gedacht. Die Lehrkraft übernimmt die Diskussionsleitung und ruft die Schüler/innen gemäß einer geführten Rednerliste nacheinander auf.

Eine neue Sitzordnung kann zur Verbesserung der Diskussionsstunden und der gesamten Arbeitssituation führen. In anderen Stunden werden die Lehrer/innen gebeten, diese gesamte Problematik ebenfalls mit der Klasse zu besprechen.

Einige Schüler/innen behaupten, man könne deshalb in der Klasse so schlecht diskutieren, weil die Klasse zu groß sei. Andere sind aber der Meinung, dass es schon an den Jugendlichen selbst liege, weil sie keine Disziplin hätten. Die Klasse kommt zum Ergebnis, dass jede(r) sich so verhalten muss, dass auch in dieser großen Gruppe ein Gespräch über Probleme möglich wird.

Ort, Datum (der Ausführung) _____

_____ _____

(Unterschrift der Lehrkraft) (Unterschrift des Protokollanten)

Anmerkung: Nach gemeinsamer Bearbeitung liegt eine aus mehreren Protokollen erstellte Niederschrift vor.

Faktizität und Authentizität erlauben nicht immer den Konjunktiv verwenden zu müssen (z. B. letzter Absatz von TOP 1 oder TOP 2).

Schüleraufsatz 3 (8. Klasse, Realschule) ist ein Protokoll, das nach dem Anhören einer dreißigminütigen Schulfunksendung zum Thema „Die Welt aus zweiter Hand: Medium Hörfunk" zustande kam.

Schüleraufsatz 3: Protokoll einer Schulfunksendung

Oskar-Kokoschka-Realschule, Wielandstr. 3, 12346 Bellheim
Protokoll über die Deutschstunde
am 04.02.19...

Beginn: 12.10 Uhr
Ende: 12.55 Uhr
Ort: Raum E04
Anwesend: Alle Schüler/innen der Klasse 8 d außer Angelika S.
Leitung: Frau V.
Schriftführer: Schüler/innen der Klasse
Thema: Die Welt aus zweiter Hand: Medium Hörfunk

Am Anfang der Schulfunksendung, die vom Hör- oder Rundfunk und seinen besonderen Eigenheiten handelt, wird der Klasse klar gemacht, zu welchen Schwierigkeiten es bei der Aufnahme einer Sendung kommen kann. Ohne das Ohr wäre die Sprache wirkungslos. Durch genaues Hinhören spüren die Zuhörer/innen, ob ein Text spannend, heiter oder traurig ist. Die Situation kann man sich auf diese Weise bildlich vorstellen.

Der Hörfunk ist ein unaufdringliches Medium, weil Sendungen nebenbei verfolgt werden können (Beispiel: Verkehrsberichte im Autoradio). Durch eigene Fantasie werden Bilder im Kopf selbst erarbeitet. Der Hörfunk bietet große Aktualität (Beispiel: Live-Reportagen). Er benötigt einen wesentlich geringeren technischen Aufwand als das Fernsehen, bietet aber dennoch Informations- und Unterhaltungsprogamme für Jung und Alt.

Es ist fraglich, ob die Programmgestaltungen gegenüber dem Fernsehen bestehen können. Möglicherweise liegt ein Hauptvorteil in der Transportabilität des Hörfunks. Freilich werden auch durch den Rundfunk die Zuhörer/innen in eine künstliche Welt versetzt. (In der Sendung wird das Beispiel des Hörspiels „Die Invasion vom Mars" von Orson Wells gegeben. 1938 glaubten die Hörer/innen in den USA tatsächlich an das Erscheinen von Außerirdischen. Große Verwirrung wurde durch dieses Hörspiel ausgelöst.)

Größere Objektivität kann die Zeitung bieten, weil die Leser/innen die Informationen schwarz auf weiß vor sich haben.

Ort, Datum (der Ausführung) _____

_____   _____
(Unterschrift der Lehrkraft)   (Unterschrift des Protokollanten)

9.6   Übungen zur Lernzielkontrolle

Ü 1: Schüler/innen verfassen ein Gedächtnisprotokoll zu einer Deutschstun- *Gedächtnis-*
de. In der Besprechung wird deutlich, dass es günstiger ist, während der Stun- *protokoll*
de bereits eine Mitschrift anzufertigen.

Ü 2: Schüler/innen üben, wie sie am besten eine Protokollskizze entweder zu *Protokollskizze*
einem Verlaufs- oder Ergebnisprotokoll anlegen. Kürzel sind in der Planskizze
erlaubt. Sie können vereinbart werden oder auch individuell gestaltet sein.
Tipps: Es sollen möglichst große Blätter (DIN A4) verwendet und nur auf einer Seite beschriftet werden, links sollte ein Rand frei bleiben, um Ergänzungen oder Kommentare anbringen zu können. Jeder neue Gedanke bedingt
einen neuen Absatz. Symbole zu verwenden kann hilfreich sein (Folgepfeile,
Kreise, Kästchen, Spiegelstriche), denn sie verdeutlichen Zusammenhänge
und helfen, Zeit zu sparen. Wichtige Einzelheiten sollten unterstrichen werden. Unklare Begriffe sollten sofort im Unterricht hinterfragt werden. Hilfs-
verben, Artikel, Konjunktionen u. Ä. können während der Mitschrift weggelassen werden.
Auch eine tabellarische Gestaltung der Mitschrift kann hilfreich sein. Vorschlag für die Bildung einer Tabelle:

Zeit und handelnde Perso- nen:	Hauptaussagen:	Nebenaussagen und Quer- verweise:
...	...	...

Ü 3: Die Schüler/innen spielen im Plenum eine Pressekonferenz, in der wich- *Protokoll zu*
tige Beschlüsse verkündet werden oder in der eine bekannte Persönlichkeit *einer „Presse-*
(Popstar, Sportler, Schriftsteller, Politiker) interviewt wird. Der Verlauf oder *konferenz"*
das Ergebnis muss protokolliert werden.

Ü 4: Analog zu den Übungen zur Inhaltsangabe üben die Schüler/innen hypotaktischen Satzbau (Verwendung von Kon- und Subjunktionen), indirekte
Rede, Herstellung der Chronologie, setzen Texte vom Präteritum ins Präsens,
verändern die Perspektive der Texte, die in der Ich-Form geschrieben sind
(neutrale Er-Form), verbessern Protokolle im emotionalen Stil und formen sie
in den sachlichen Stil um. Zu allen Übungen empfiehlt sich, fehlerhafte
Protokolle der Klasse heranzuziehen, um gemeinsam aus den Fehlern zu lernen.

Ü 5: Die Schüler/innen setzen Formen des Aktivs in die Form des Passivs, da *Grammatik-*
im Protokoll die Handlung, das Ereignis beziehungsweise der Inhalt des Ge- *übung*
sagten oft wichtiger ist als die Angabe der (sprechenden) Person. Das Zu-
standspassiv drückt das Ergebnis des Geschehens aus, das Vorgangspassiv
den Ablauf des Ereignisses. (Ein Hinweis auf die Gefahr der Anhäufung des
Passivs und der daraus resultierenden Monotonie im Satzbau sollte nicht fehlen.)
Fehlerhaftes Beispiel: Hubert erklärt, wie der Kopf des Protokolls gestaltet
wird, dann sagt Anna, was alles drinstehen muss wie Zeit und Ort. Der Lehrer
erklärt, wie der Schluss des Protokolls aussehen muss. Fritz meint, dass der
Inhalt genau gegliedert sein soll. Usw.

Umsetzung: In der Niederschrift werden Ort, Zeit, Teilnehmer/innen, Schriftführer, Lehrer/in der Stunde, Anwesende benannt. Der Inhalt wird logisch, knapp und gut gegliedert aufgebaut. Usw.

Wortfeldübung **Ü 7:** Die Klasse sammelt in GA oder in PA sämtliche zum Wortfeld gehörigen Verben, die „sagen" ersetzen. In Tabellenform kann zugeordnet werden, welche Verben die Art des Sagens oder Sprechens bezeichnen, welche angeben, dass auf die Rede eines anderen reagiert wird, und welche Verben angeben, dass ein anderer zu einer Äußerung herausgefordert wird.

Ü 8: Den Schülerinnen und Schülern werden Vordrucke von Protokollen vorgestellt oder sie entwerfen selbst standardisierte Vorlagen (z. B. ein Beschlussprotokoll zu den Klassensprecherwahlen, Protokolle für mündliche Prüfungen, für Verhöre, für Sitzungen gewählter Gremien wie Schulforum, Schülersprecherausschuss u. Ä.), die dann lediglich per Druckschrift oder mit Schreibmaschine (Computer) ausgefüllt werden müssen. Auch schulinterne Vordrucke können unter Umständen präsentiert und besprochen werden wie die zur mündlichen Abschlussprüfung, Nachprüfung, Ersatzprüfung.

9.7 Themenvorschläge zum Protokoll

Niederschrift oder Protokoll zu verschiedenen Deutschstunden
Protokoll zu Stunden anderer Fächer (nach Absprache mit den Kollegen/innen)
Protokoll zu einer Unterrichtssequenz zur Behandlung von ...
Protokoll zur SV-/SMV-Sitzung
Protokoll zur Sitzung der Schülerzeitungsredaktion
Protokoll zur Klassensprecherwahl
Protokoll zu einer Versuchsreihe
Protokoll zu einer Schulfunksendung (Rundfunk, Fernsehen)
Protokoll zur Gruppenarbeit zum Thema ...

10 Brief

10.1 Methodisch-didaktische Überlegungen

Mark Twain soll sinngemäß gesagt haben, dass ihm fast die gesamte Freude über einen Brief, den er erhalten habe, durch den Gedanken vergällt werde, ihn beantworten zu müssen; deshalb bevorzuge er, die Briefe ungelesen zu vernichten. Persönlich gehaltene Briefe bedürfen tatsächlich meist einer Beantwortung, um gleichberechtigte Kommunikation zu ermöglichen. Aber auch der sachliche Brief kann zu einer ein- oder mehrmaligen Korrespondenz zwischen Absender und Empfänger (unter der Bedingung des Rollenwechsels) führen.

Zwar sehen die Lehrpläne der Bundesländer häufig eine Analyse des Kommunikationsmodells (nach Shannon und Weaver) erst in der 10. Jahrgangsstufe vor, gleichwohl wird das didaktische Hintergrundwissen der Lehrer/innen bereits im Unterricht mit jüngeren Schülern und Schülerinnen einfließen. Informationstheoretisch ist Kommunikation Vermittlung von Nachrichten, die (nicht nur im Brief) *persönlich* oder *sachlich* gestaltet sein können. Das Kommunikationsmodell mit seinen Relationen Sender/in – Nachricht (Kode, Kanal) – Empfänger/in kann aufgrund seiner Plausibilität im Kontext mit der Definition des Briefes als eine mögliche Mitteilungsform Schülern und Schülerinnen vorgestellt werden. *Unterscheidung: persönlicher Brief, sachlicher Brief*

Da der Brief von seiner traditionellen Form bis hin zum so gen. „Fax" eine Textform ist und nicht eine Textsorte oder Aufsatzart darstellt, wie sie die Aufsatzdidaktik als inhaltlich zu bestimmendes Kommunikationsmittel versteht, wird ihm ein eigenes Kapitel gewidmet. Sprachbücher und Lehrpläne behandeln in sehr unterschiedlicher Weise das Verständigungsmittel Brief. Eine Zuordnung nach Klassenstufen wird verschieden gehandhabt. Erkennbar ist lediglich ein Verfahren analog zu den Aufsatzarten schlechthin: Der *persönliche Brief* bleibt jüngeren Jahrgängen vorbehalten, der *sachliche* ist Angelegenheit der höheren Jahrgangsstufen. Dies mag im Rahmen der Überlegungen zum kreativen Schreiben weniger von Bedeutung sein, zumal veraltete, vermeintlich entwicklungspsychologisch bedingte Determinierungen durch eine offene, situationsbezogene Lernpsychologie abgelöst sind. In einigen Lehrplänen verschiedener Bundesländer wird der *persönliche* Brief in der 5. Jahrgangsstufe, der *sachliche* in der 6. als verbindlicher Lerninhalt ausgewiesen. Weitere Lehrplanrevisionen führen mancherorts in jüngster Zeit dazu, eine jahrgangsspezifische Differenzierung der in Briefe eingebundenen sachlichen oder persönlichen Inhalte nach altem Muster aufzugeben. Berücksichtigt werden in den verschiedenen Sprachbüchern konkrete Schreibanlässe wie Urlaubserlebnis, Geburtstagsfeier (persönlicher Inhalt) oder wie die Beschwerde aus gegebenem Anlass oder Verlustmeldung (sachlicher Inhalt). Tipps und Anweisungen zur Anfertigung von Bewerbungsschreiben und Lebenslauf finden sich sinnvollerweise in den Sprachbüchern der 9. und 10. Klassen (vgl. Kap. 11 und 12). *Fax als Variante zur Briefform* · *persönlicher Brief in unteren, sachlicher Brief in höheren Jahrgangsstufen*

Bisher wurde in Vorschlägen, Übungen und Beispielaufsätzen der Brief als eine mögliche Darstellungsform eingebaut. (Vergleiche die bisher abgehandelten Aufsatzformen.) Briefe können erzählende, schildernde, sachliche, argumentativ-erörternde, charakterisierende und andere Inhalte haben. Schülern und Schülerinnen muss auch im Zeitalter des Internet die Fähigkeit vermittelt werden, Informationen, Botschaften, Anweisungen, Bitten, Entschuldigungen, Dankesäußerungen, Bestellungen, Anfragen, persönliche Meinungen und private Mitteilungen jeglicher Art in schriftlicher Form stilistisch und sprachlich korrekt entwerfen und anfertigen zu können. Die Diskussion um die sogenannte künstliche Intelligenz ersetzt nicht notwendige schulische Übungen, die Kunst des Formulierens zu erlernen. Lesen bedingt Verstehen. Das Wesentliche muss erkannt werden, um den Sinn des empfangenen Briefes zu erfassen. Vom Empfänger, der selbst zum Sender wird, wird in vielen Fällen eine Antwort erwartet. Diese setzt voraus, dass ein Text gestaltet werden kann. „Texten" bedeutet, ein Gewebe (= textum) herzustellen, Wörter, Worte und Satzgebilde zu konstruieren, um beim Adressaten eine Absicht durchzusetzen, sei es, um Vertrauen, Zufriedenheit, Freundschaft, Bedauern, Dank o. a. auszudrücken.

Im Kapitel 10.3. Mögliche Unterrichtsschritte zur Besprechung der Gestaltungsform Brief (s. S. 137) wird auf Erfahrungen aus der Praxis zurückgegriffen, die einige Überraschungen in sich bergen. So ist die von manchen Didaktikern totgesagte Form des Briefes im Computerzeitalter durchaus auch heute noch unter Kindern und Jugendlichen eine Form der Kommunikation jenseits aller Lehrpläne („heimlicher Lehrplan"). In den Klassen – aber auch klassenübergreifend – kursieren nicht nur Liebesbriefe, sondern hin und wieder vervielfältigte (fotokopierte) Briefe mit witzigem, aber auch ketzerischem oder sogar rassistischem Inhalt. Briefe, die Hetzkampagnen gegen Asylantragstellende, gegen Ausländer/innen, gegen weitere Minderheiten oder marginale Gruppen zum Inhalt haben, sollten Anlass für Unterrichtsgespräche sein, die über die Besprechung der Briefform und dessen Inhalt hinausgehen. Im Kapitel 10.5: Aufsatzbeispiele zeigt der Schüleraufsatz 3 (S. 155), dass die in Schulen und Betrieben verteilten (fotokopierten) Briefe im deutschsprachigen Raum häufig Bezug nehmen zur gerade gepflegten „Witzekultur" (z. B. über Ostfriesen, Bayern, Österreicher).

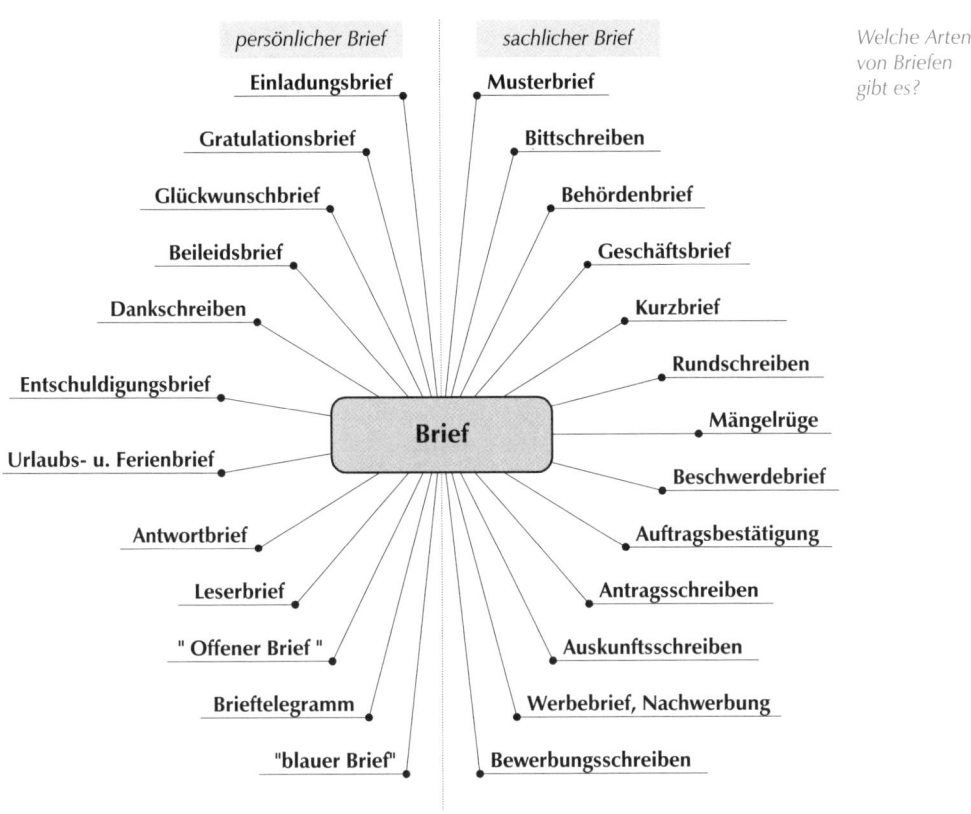

Synopse 10: Brief in verschiedenen Jahrgangsstufen

Brief	minimale Anforderung	maximale Anforderung
Stoffsammlung	Notiz zum Schreibanlass eines persönlichen Briefes an Freunde, Verwandte, Bekannte	Notiz zum Schreibanlass eines sachlichen Briefes (Adressat, Intention)
	Schreibplan mit inhaltlichen Schwerpunkten (z. B. zu einem Ferienerlebnis)	Skizzierung der wichtigsten Punkte des Anliegens (z. B. Brief an die Schulpsychologin, -ärztin mit der Bitte um ein Gutachten zur Versetzung auf Probe in die nächste Jahrgangsstufe)
Struktur	Gestaltung von Briefkuvert, Briefkopf, Hauptteil, Schluss- und Grußformel	Gestaltung von Briefkuvert, Briefkopf (Name, Adresse, Telefonnummer des Absenders, Ort, Datum, Anschrift des Empfängers, Bezugzeile, Betreffzeile, Anrede usw.)
	innerer logischer, auch spannender, zum Höhepunkt führender Aufbau	
	Bildung von Sinnabschnitten	Bildung von Sinnabschnitten

Brief	minimale Anforderung	maximale Anforderung
Inhalt	inhaltliche Abhängigkeit der Gestaltung von Absicht, Anlass und Empfänger des Briefes, Adressat als „Gesprächspartner", Kontakt mit dem Empfänger (nicht nur in Anrede und Grußformel), klare Verknüpfung von inhaltlicher Aussageabsicht mit der angesprochenen Person durch Mitteilung von Gefühlen, Freude, Trauer u. Ä. (vgl. Techniken zur Anfertigung der Erzählung, Schilderung u. Ä.), Vermeidung von Wiederholungen, Floskeln, Nichtssagendem, Trivialem	inhaltliche Abhängigkeit der Gestaltung von Absicht, Anlass und Empfänger des Briefes, Angaben zur Person des Senders (Name, Rolle, Funktion), zum Schreibanlass, Formulierung des Anliegens (z. B. Bitte, Vereinbarung, Vorschlag, Beschwerde, Stellungnahme zu einem Problem, Antrag usw.), Darstellung des Wesentlichen des Sachverhalts, klare und genaue Beantwortung von offenen Fragen in einem Antwortbrief, Vermeidung überflüssiger Einzelheiten, von Floskeln, umständlichen Redewendungen, Übertreibungen
Adressatenbezug	Herstellung des Bezugs zwischen Absender und Empfänger (vgl. Inhalt!) Formulierungen, die die Gestik, Mimik, Betonung des „Sprechers" ersetzen können (Verwunderung, Erstaunen, Wut u. Ä.)	genaue Beachtung und Einschätzung der Rolle und Funktion des Empfängers (als eine mehr oder weniger vertraute oder fremde Person, Firma, Behörde u. Ä.)
Stil und Form	äußere Form (Briefkuvert, -kopf, Anschrift, Absender, Anrede) erzählende, schildernde, wortreiche, abwechslungsreiche Mitteilung Ich-Perspektive, wörtliche Rede Schluss- und Grußformel mit Unterschrift (meist nur der Vorname)	äußere Form (Briefkuvert, -kopf, Anschrift, Absender, Anrede) knapp, sachlich, höflicher, angemessener Ton, nicht anbiedernd oder unterwürfig klare Sätze, treffende Ausdrucksweise in Abhängigkeit vom Schreibanlass Sie-Anrede; Schluss- und Grußformel mit ausgedrucktem Namen und Unterschrift

10.2 Definition

Briefe erfüllen unterschiedliche Funktionen

Ein Brief (eine Postkarte, ein Telegramm) ist eine schriftliche, meist durch die Post zugestellte Mitteilung, die ein (Ab-)Sender (Schreiber) oder eine (Ab-)Senderin (Schreiberin) an eine Empfängerin (Leserin) oder einen Empfänger (Leser) schickt. Die Anlässe Briefe zu senden, sind unterschiedlicher Art. Entsprechend erfüllen Briefe sehr verschiedene Funktionen. Formale und inhaltliche Gestaltung sind nicht nur abhängig vom Zweck und von der Intention, sondern auch von der Person, Gruppe oder Institution, an die der jeweilige Brief gerichtet ist. In der Regel eröffnen Briefe einen Kommunikationsprozess, der nicht einseitig abläuft, der vielmehr eine Wechselbeziehung herstellt. Selbst Briefe mit monologischer Kommunikationsfunktion (wie Serienbrief, Leserbrief und andere) lösen häufig Reaktionen aus, die als „Antwort" auf die Intention des jeweiligen Briefes betrachtet werden können. Die Reaktionen auf den in die „Einbahnstraße" geschickten Brief können vielfältige sein: Empörung, Gleichgültigkeit, Widerspruch, Denkanstoß, aktives Handeln, Resignation, Zustimmung, Selbstbestätigung und anderes. Eine Einteilung der mannigfachen Erscheinungsformen von Briefen in die Textgattungen der *persönlichen* sowie der *sachlichen* Mitteilungen bietet sich als einfachste Kategorisierung an. Die in V 5, V 8 und V 10 erarbeiteten Tabellen zeigen in Abhängigkeit von der persönlichen oder sachbezogenen Mitteilung Schreibanlässe und -absichten sowie potenzielle Empfänger/innen (Adressaten/innen).

Was kann in einem Brief stehen?

Bedingt durch unterschiedliche Zielsetzung, Funktion und Adressatenausrichtung schlagen sich in Briefen gänzlich verschiedene Schreibprozesse nieder. Sender und Senderin können per Brief erzählen, fabulieren, unterhalten, bekannt geben, berichten, beschreiben, argumentieren, erörtern, werben, appellieren, kritisieren, aufrufen, Informationen und Gefühle mitteilen und austauschen. Die Grenzen zwischen persönlicher und sachlicher Schreibweise oder Stilart können dabei durchaus fließend sein.

10.3 Mögliche Unterrichtsschritte

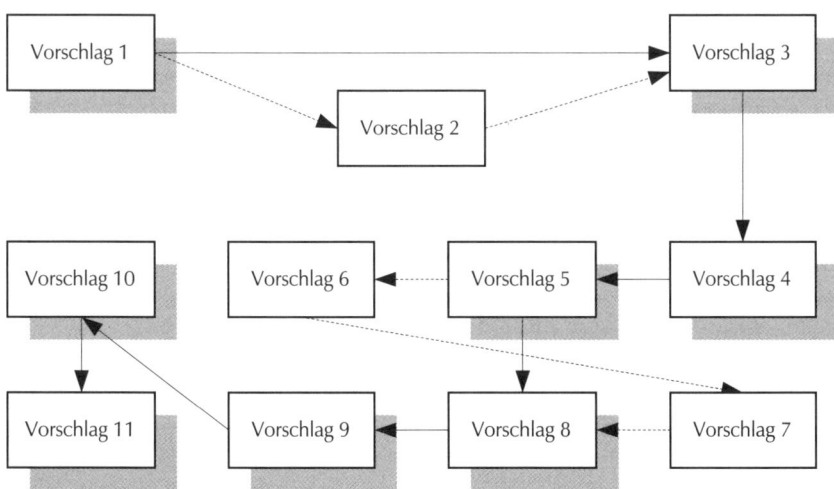

Erläuterung: V 1, 3, 4, 5, 8, 9, 10, 11 dienen dann den Minimalanforderungen, wenn die Briefform als mögliche schriftliche Mitteilung noch nicht Unterrichtsgegenstand gewesen ist. Je nach Kenntnisstand der Klasse lassen sich einzelne Unterrichtsvorschläge herausgreifen oder kürzen.

Vorschlag 1:

Art und Weise des Einstiegs in Unterrichtseinheiten und Übungen zum Schreiben von Briefen sind in Abhängigkeit von der Jahrgangsstufe sehr unterschiedlich und in starkem Maße beeinflusst davon, inwieweit das Briefeschreiben schon integrierter Bestandteil der bisherigen Aufsatzkunde gewesen ist. Die Unterrichtspraxis zu Beginn der 5. Klasse zeigt, dass trotz der viel beklagten „Vercomputerisierung" einige bis viele Schüler/innen bereits Kenntnisse zur Gestaltung von Briefen besitzen. Vom Briefchen auf dem Küchentisch – Vater, Mutter, Kind kommunizieren auf diese Weise häufig – über den „Erlebnis-Brief" bis hin zum heimlich in der 4. und 5. Klasse kursierenden „Liebesbrief" ergibt sich bereits ein (kleines) Erfahrungsspektrum der zehn- bis zwölfjährigen Kinder, auf das Lehrer/innen zurückgreifen können. Der V 1 geht deshalb von einer gespielten „Provokation" aus: Die Lehrkraft erklärt, dass im Zeitalter des (Bild-)Telefons, des Fax-Geräts, des Internet, des Fernsehens, des fehlenden persönlichen Kommunikationsangebots und der Vereinzelung des Menschen Briefschreiben aus der Mode gekommen sei („out" sei) und deshalb keine Möglichkeiten und Anlässe mehr bestünden, heutzutage Briefe zu schreiben. Die Stellungnahmen der Schüler/innen zu dieser These zeigen Widerspruch. Aus diesem heraus entwickelt sich der Arbeitsauftrag. Die Schüler/innen der Klasse haben Schreibmaterial und ein leeres Blatt an ihrem Arbeitsplatz vor sich liegen. Die gemeinsame Überschrift lautet: (Wir sammeln) Anlässe zum Briefeschreiben. Die Anordnung der gesammelten Stichpunkte erfolgt untereinander mithilfe der Spiegelstrichmethode. Brainstorming und -writing können in Form von PA durchgeführt werden. Im Folgenden werden Ergebnisse – unabhängig von ihrer Fehlerhaftigkeit – aus der Praxis aufgeführt, die in 5. bis 7. Klassen des Gymnasiums, der Realschule und der Hauptschule erzielt wurden. (Es zeigen sich interessanterweise keine markanten Unterschiede in der Ideenvielfalt oder der Orthografie in Abhängigkeit vom Schultyp, vielmehr tauchen in Hauptschulklassen häufiger Begriffe bzw. Brieftypen auf wie Kündigungsschreiben, Mahnbriefe oder Zahlungsaufforderungen, was sicherlich schichtenspezifische Ursachen hat, die Anlass für eine eigene soziologisch-ökonomische Untersuchung sein könnten.)

Anlässe zum Briefeschreiben:

Die folgende Stichwortsammlung besteht durchgehend aus nicht verbesserten Zitaten von Schülerinnen und Schülern:

zum Geburtstag / wenn man jemanden liebt / Osterkarten / wenn das Telefon kaputt ist / Valentinstag (Wallendinstag / Valendienstag) / um etwas bitten / Einladung / Beerdigung / Elternbrief / Kettenbrief / Geschefzbrief / Verlobung / Fasching / Vorladung / Scherzbrief / Steckbrief / Erpresserbrief / Hochzeit / Bedankungsbrief / Trostbrief / meine Brieffreundin / wenn ich in den Urlaub gefahren bin / Verständigungen zwischen den Unterrichtsstunden / wenn der Lehrer einen Verweis gibt / Liebesbriefe im Unterricht / um Liebe mitzuteilen / Brief an die Eltern von der Schule / Wunschbrief / Muttertag / Vatertag / Weihnachten / wenn man was mitteilen will / wenn jemand weggefahren ist / man schreibt, wo man ist / weil einer weit wegwohnt

Schüler/innen begründen, warum heute noch Briefe geschrieben werden

von Schülern/ Schülerinnen geäußerte Anlässe, um Briefe zu schreiben und es billiger ist als telefonieren / Gewinnkarten bei einem Quiz / wenn der Strom ausfällt / wenn man nicht erkannt werden will / Rechnungen / Informationsbrief / Glückswünsche (Beglückungswünsche) / Wettbewerbsbrief / Einberufungsbefehl / Elternbrief / wenn man kein Telefon nicht hat / Geburtstag / Weinachten / Bestechungsbrief / wenn man abschied nimt / zum Steuer bezahlen / wenn das Fax kaputt ist / wenn man in der Klasse zu den hintern Kindern kleine Briefe schmeißen will / aus spaß den jungen Liebesbriefe geben / Namenstag / Vorladung vor Gericht / heimliche Verehrer / wenn der Lehrer einen Verweiß griegt / Drohbrief / Pfandbrief / Aprilbrief / wegen zu großer Entfernung / Geburt / Hinweis / Haßbrief / um während des Unterrichts den Lehrer zu beurteilen / wenn man jemanden verarscht / wenn man jemanden vermiest / Urlaubsbekanntschaft / Spickbrief / Beileit sagen / wenn kein Internet / Mitteilung, dass man nicht Zuhause ist (an die Eltern) / um andere zu vereppeln / Telefonrechnung / Briefbomben / Kündigungsschreiben / Mahnschreiben zur Telefon- oder Stromrechnung usw.

Die Ergebnisse lösen in der Regel Verblüffung aus, weniger wegen der Nichtbeachtung der Rechtschreibregeln als vielmehr über die vielfältige Praxis schriftlicher Kommunikation innerhalb der verschiedenen Klassen. (So konnten in der sich anschließenden Besprechung der gesammelten Anlässe u. a. auch in einzelnen Klassen die unterschiedlichsten Formen und Techniken des Mobbing aufgedeckt werden. Konkurrenzkämpfe oder der Gebrauch von verletzenden Spottnamen sowie der Versuch, beim Briefchenschreiben anonym bleiben zu wollen, können möglicherweise von der eigentlichen Aufsatzerziehung ablenken, können aber auch nach der gemeinsamen Verbalisierung zu einem bereinigten Klassenklima führen, von dem die weiteren Unterrichtseinheiten profitieren.)

Nach Klärung der gesammelten Begriffe und Anlässe und der Aussortierung unpassender Beiträge (Steck-, Pfandbrief), nach der Streichung der „Neologismen" (Begluckungsbrief), der Verbesserung der Rechtschreibung und der verunglückten Formulierungen werden mithilfe der Methode des Mindmapping verschiedene Formen des Briefes gesammelt. Das Ergebnis kann ähnlich oder in reduzierter Form gestaltet sein wie die Übersicht zum Brief (S. 135).

Vorschlag 2:
Mithilfe von Lexika und deutschen Wörterbüchern erarbeiten die Schüler/innen Definitionen der Mitteilungsform Brief und erfassen alle damit zusammenhängenden Phänomene, Formen, Erscheinungen schriftlicher Kommunikation. Die Ergebnisse können auch durch Leitfragen der Lehrkraft sowie durch Brainstorming der Klasse erarbeitet werden. Selbst eine bloße Stichwort- und Stoffsammlung kann hier Zugang zu der dem Brief eigenen Kommunikationssituation schaffen. Die Erkenntnisse werden schriftlich im Heft festgehalten. Beispiele für Leitfragen:

Begriffsbestimmung von „Brief"

- Was bedeutet der Begriff Brief (Brieftelegramm, offener Brief, blauer Brief, Briefkarte, Briefgeheimnis)?

• Welche Materialien benötige ich, um einen Brief abschicken zu können? (Je nach zur Verfügung stehender Unterrichtszeit kann der folgende Merktext gekürzt oder weggelassen werden.)

Definitionen von unter-schiedlichen Formen des Briefes

Der Begriff *Brief* bezeichnet eine schriftliche, meist durch die Post zugestellte Mitteilung, aber auch ein Wertpapier und den Kurswert von angebotenen Aktien. Der *Gesellenbrief* weist aus, dass Prüfungen nach der Lehrzeit zumeist in Handwerksberufen erfolgreich abgeschlossen sind. Das Wort Brief steht demnach für Urkunde.

Ein so genannter *blauer Brief* ist meist ein Kündigungsschreiben oder ein Beschwerdeschreiben der Schule an die Eltern oder eine Mitteilung der Schule zur Entscheidung des Nichtvorrückens in die nächste Jahrgangsstufe. Ein *offener Brief* wird von der Presse veröffentlicht.

Eine *Briefkarte* ist eine unbedruckte Karte, die im *Briefumschlag* (Briefkuvert) versendet wird. Unter *Briefgeheimnis* verstehen wir die Unverletzlichkeit von Briefsendungen: Briefe dürfen nur vom Adressaten geöffnet werden. Ein *Brieftelegramm* ist ein telegrafisch übermitteltes, von der Briefpost ausgetragenes Telegramm. Ein *Einschreiben* oder *Einschreibebrief* (eingeschriebener Brief) verlangt vom Empfänger eine schriftliche Bestätigung des Empfangs des Briefes in Form einer Unterschrift, die der Postbote (oder Briefträger) entgegennimmt.

Als Redewendung kennen wir die Formulierung, man gebe jemandem *Brief und Siegel*, was besagt, dass man jemandem etwas fest zusichert oder verspricht.

einen Brief versenden

Um einen Brief abschicken zu können, benötigen wir *Briefbögen*, ein Kuvert beziehungsweise einen *Briefumschlag*, eine *Briefmarke* (Postmarke, Wertzeichen, Freimarke), deren Preis abhängig ist vom Gewicht und Format des abgesendeten Briefes, wir benötigen ein von der Post herausgegebenes Wertzeichen, mit dem die Kosten (das *Briefporto*) für den Transport, die Versendung und Verteilung des Briefes bezahlt wird, wir müssen über Kenntnisse verfügen zur Gestaltung des Kuverts und des *Briefkopfs*, der Angaben zu Absender und Empfänger (oben auf dem Briefbogen) enthält. Den Austausch verschiedener Mitteilungen in Briefform nennen wir *Briefwechsel*. Durch ihn kommt es zu einem mehr oder weniger starken *Briefverkehr*.

V

Gestaltung von Briefkuverts

Vorschlag 3:
Der Klasse werden verschiedene Formate von Briefkuverts gezeigt, wie ausgefallene Größen von diversen Glückwunschkarten oder -sendungen, DIN-A6- bis DIN-A4-Umschläge, Geschäftsbriefkuverts mit und ohne Fenster und anderes. Mithilfe projizierter Folien oder als TA wird die Gestaltung des Briefumschlags visualisiert und schriftlich im Heft festgehalten. Sind einige Ku-

verts bereits beschriftet, kann die Anordnung von Anschrift und Absender aufgezeigt werden. Beispiele für Leitfragen:
- Welche Angaben finden sich auf einem Briefkuvert?
- Warum sind sie notwendig?
- Wie sind sie angeordnet?

Der Briefumschlag (des persönlichen oder sachlichen) Briefes enthält folgende Angaben, wobei die sogenannte Freimachungszone im rechten oberen Bereich des Kuverts zu beachten ist, um mithilfe der Briefmarke, des bezahlten Portos, den Brief absendefertig zu gestalten:

Was steht auf dem Briefumschlag?

1. Absender (in der Regel ist dieser auf der Vorderseite des Umschlags links oben zu platzieren) mit Vorname, Familienname in einer Zeile; Straßenname mit Hausnummer in der nächsten Zeile; Postleitzahl und Wohnort des Absenders in der dritten Zeile. (Der Absender findet sich manchmal auch noch heute auf der Rückseite des Umschlags oder auf der Vorderseite links unten.)
2. Anrede: Herr, Frau, Firma
3. (ggfs. Titel), Vorname, Familienname (in dieser Reihenfolge) oder Firmenname
4. Straßenname (Schreibweise beachten) und Hausnummer evtl. mit ergänzendem Buchstaben, Stockwerk, Nummer des Appartements
5. Postleitzahl (PLZ) Ort, Stadt (Brief im Inland) oder Abkürzung des Landes (entspricht Autokennzeichen, Beispiel: NL für Holland, CH für die Schweiz) und PLZ, Ort, Stadt
6. Land (nur dann, wenn das Kürzel unbekannt ist, vgl. 5.)

Beispiel:

Paul Hubertli	
Glasklargasse 17 *(Absender)*	*(Briefmarken)*
44302 Großstadt	
	(Anschrift) Frau Roswitha Macher-Eyck Herrengracht 17 NL-17033 Amsterdam

Vorschlag 4:

Gemeinsam wird im Klassenverband die Kommunikationssituation von Briefpartnern/innen besprochen. Die Leitfrage ist: Welche Schwierigkeiten treten auf oder welche zu bewältigenden Teilaufgaben müssen erfüllt werden, um einen Brief entwerfen oder ausgestalten zu können? In GA sammeln die Schüler/innen stichwortartig ihre persönlichen Erfahrungen mit dem Schreiben von Briefen. Möglich (aber nicht notwendig) sind am Ende der Arbeit Skizzen, die an der Tafel oder auf Plakaten zu (Kommunikations-)Modellen ausgearbeitet werden. Um zum Ziel zu gelangen, unterstützt die Lehrkraft die Arbeit der Schüler/innen mithilfe vorgelegter Fragen (Folien oder Kopien). Mögliche Fragen:

Wie verfasst man einen Brief?

- Welche Materialien brauche ich, um einen Brief schreiben zu können?
- Wer ist am Schreibprozess beteiligt? Wer ist mein/e Adressat/in und wie schätze ich ihn/sie ein? Was interessiert den Briefpartner/die Briefpartnerin?
- Wie spreche ich meinen Briefpartner/meine Briefpartnerin an?
- Welche Formen der Anrede verwende ich?
- Welches Anliegen könnte ich haben (habe ich), um einen Brief zu schreiben? (Beispiele)
- Welche Konsequenzen ziehe ich daraus?
- Haben meine Überlegungen Einfluss auf die Gestaltung des Briefes?
- Welches Feedback, welche Rückmeldung erwarte oder erhoffe ich?
- Welche sprachliche Beziehung stelle ich (deshalb) her?
- Ist mein Stil abhängig von meiner Intention (Absicht)? (Beispiele)

Selbst auf die Gefahr hin, dass die Ergebnisse der einzelnen Gruppen sehr unterschiedlich ausfallen und recht gegensätzliche Anliegen zum Tragen kommen, erweist sich die Übung als sinnvoll. Sehr schnell wird deutlich, dass der Brief keine Aufsatzform im üblichen Sinne ist, sondern in seiner Form und Gestaltung abhängig vom Anliegen und Adressatenbezug. Die Lehrkraft kann das fragmentarische Ergebnis dieses Unterrichtsvorschlags nutzen, um mithilfe der nächsten vorgeschlagenen Lernschritte eine klarere Kategorisierung der Mitteilungsform Brief zu erreichen.

Vorschlag 5:

Die Lehrkraft erarbeitet mit den Schülern und Schülerinnen die unterschiedlichen Funktionen und Zielsetzungen von persönlichen und sachlichen Briefen. Der Fragenkatalog in V 4 kann erweitert werden.

Funktionen des persönlichen und sachlichen Briefes erarbeiten

- Aus welchen Anlässen schreibst du einem Freund/einer Freundin einen Brief?
- Welches Anliegen hast du, wenn du dem Elternbeirat, der Schulleitung, dem Sportverein, der Computerfirma einen Brief schreiben willst?
- Welche Funktion hat dein Brief, wenn du eine Brieffreundschaft auf- oder ausbauen willst? usw.

Die folgende Tabelle zeigt Beispiele für unterschiedliche Funktionen von Briefen in Abhängigkeit von verschiedenen Kommunikationssituationen:

Funktion von persönlichen Briefen	Funktion von sachlichen Briefen
Information, Botschaft, Appell	Information, Appell, Botschaft
Glückwunsch	Anweisung
Mitteilung persönlicher Meinung, persönlicher Erlebnisse u. Ä.	Anfrage, Mitteilung
Bitte	Bitte, Gesuch
Entschuldigung	Entschuldigung
Dank	Dank
Anteilnahme	Bestellung
Bericht (persönlich)	Bericht (sachlich)
Einladung	Einladung
Vorschlag	Aufforderung, Vorschlag
Gefühlsäußerung, Anteilnahme	Mahnung, Bescheid
Beileid	Bewerbung
Vereinbarung	Vereinbarung

Vorschlag 6:
Der nicht in Mundart formulierte Text „Das Schreiben (Ein Liebesbrief)" von Karl Valentin eignet sich ausgezeichnet, um einen humorvollen Einstieg in das Problem der sprachlichen Formulierung zu bieten und um die unterschiedlichen Konnotationen des Wortes „schreiben" in seinen grammatischen Abwandlungsformen zu erfassen (Wortschatzübung). Es taucht in seinen Variationen 39-mal im Text auf. (Vgl. dazu die didaktischen Hinweise in: Helmut Schwimmer, Karl Valentin. Oldenbourg Verlag München 1977, S. 156–158 sowie Karl Valentin: Riesenblödsinn. Eine Auswahl aus dem Gesamtwerk, Fischer-TB 1606, Frankfurt/M 1976, S.34, abgedruckt unter dem Titel „Der Liebesbrief".)

einen Brief sprachlich formulieren

Vorschlag 7:
V 6 und V 7 hängen eng zusammen, werden dennoch getrennt aufgeführt, um die Möglichkeit der Variation in der Unterrichtsgestaltung deutlicher hervorzuheben. Die semantische Unterrichtssequenz (V 6 und V 7) zu den Begriffen „schreiben" und „Schrift" lässt so den Lehrkräften breiten Spielraum; sie kann sich von einer bis zu vier Unterrichtsstunden erstrecken. V 6 und V 7 ließen sich auch an den Anfang der Besprechung der Gestaltungsform „Brief" stellen und können unabhängig von der Aufsatzart herangezogen werden, nämlich dann, wenn in den Klassen (5 mit 10) Schreibprozesse in ihrer allgemeinen Bedeutung reflektiert werden sollen. Die Platzierung an dieser Stelle wurde gewählt, weil das Schreiben von Briefen im Bewusstsein des Absenders oder der Absenderin andere, sprich besondere mentale Prozesse auslösen kann, die die Erkenntnis der Konnotationen der Wortfamilie „schreiben – Schrift" leichter ermöglichen. Je nach gewählter Unterrichtsmethode (wie der Benut-

Bedeutung von „schreiben" und „Schrift" erklären

zung von Wörterbüchern oder Brainwriting oder GA in der Klasse) führen zu unterschiedlichen Ergebnissen in der Differenzierung und Intensität.

a) Bereits die einfache Frage, was denn „schreiben" überhaupt bedeute, ergibt schon ein breites Spektrum an Antworten (TA).
Die Bedeutungsebenen von Schreiben:
   • instrumental-operative oder manuelle Fähigkeit des Schreibens
   • etwas zu Papier bringen
   • Kontakt aufnehmen und Kommunikation herstellen
   • Gedachtes und/oder Gesagtes festhalten
   • Emotionen mitteilen
   • Verstandesleistungen festhalten
   • informieren, mitteilen

Wortschatz-übungen zum Wortfeld „schreiben"

b) Die folgenden Wortschatzübungen können im UG, in GA oder auch als HA mit anschließender Besprechung im Unterricht durchgeführt werden. Die Schüler/innen sammeln möglichst viele Wörter, in denen der Stamm „schrieb – schrift – schreiben" vorkommt.
Welch unterschiedliche Vorstellungen und Visualisierungen allein Vorsilben (Präfixe) in Verbindung mit einem Wortstamm (in diesem Falle „-schrift") auslösen können, zeigt folgende Wortkette: Auf-, Nach-, Ab-, Zu-, An-, Mit-, Vor-Schrift.
Die Schüler/innen werden aufgefordert, sich bei Nennung jeweils eines Begriffes durch die Lehrkraft ein Bild im Kopf (mithilfe des „geistigen Auges") vorzustellen. Am Ende der Wortkette (die über den auditiven Weg hin zur bildlichen Vorstellung führen soll) werden die Schüler/innen nach ihren Visualisierungen (Projektionen) befragt. Der Wortkette gemäß ergeben sich Bilder zur Aufschrift (Platzierung von Wörtern), Nachschrift (Aufsatzform), Abschrift (Kopierergebnis), Zuschrift (Brief), Anschrift (Adresse), Mitschrift (Vorgang des Schreibens), Vorschrift (Regelung oder Gebot).
Ähnliche Erfahrungen machen die Schüler/innen mit den Verben an-, auf-, ab-, über-, unter-, hinein-schreiben.

c) Folgende W-Fragen im UG führen zu guten Ergebnissen:
   • Warum muss man heutzutage überhaupt schreiben können?
   • Warum sollte man denn schön und richtig schreiben können?
   • Welche Erfahrungen habt ihr in der Zeit gemacht, in der ihr schreiben gelernt habt?
   • Wie wird geschrieben?
   • Wofür wird geschrieben?
   • Was wird geschrieben?
   • Wer schreibt?
   • An wen (wem) schreibt man/wird geschrieben?
   • Womit schreibt man/wird geschrieben?

Der hohe Bedeutungsgrad des Schreibens als eine wesentliche Kulturtechnik zeigt sich in Formulierungen wie „Er/sie/es lernt schreiben." oder „Er/sie/es kann schon schreiben." Ein Schritt hin zum Erwachsenwerden wird damit angezeigt, die Tauglichkeit zur Integration in die hoch entwickelte Dienstleistungsgesellschaft wird in diesem einfachen Satz stolz verkündet. Schüler/innen erzählen im Klassenverband von ihren ersten Schreiberfahrungen, reflektieren ihre Handschrift, beschreiben sie, erinnern sich an Lob und Tadel durch die Eltern und Lehrer/innen. Im Vordergrund stehen in diesem Teilabschnitt des Unterrichts vornehmlich affektive Lernziele. Die weiteren Fragen lassen sich sodann in einer Übersicht (z. B. als Tabelle) zusammenfassen.

Wie? Schrift	Wie? Wörter	Wie? Stil	Wie? Vorgang	Was?	Wer oder was?	Wofür?	Womit?
schön	groß	schön	langsam	Adressen	Kind	Rundfunk	Bleistift
hässlich	klein	(un-)logisch	schnell	Aufsätze	Zeitung	Fernsehen	Füller
eng	falsch	langweilig	links	Briefe	Feder	Verlag	Hand
groß	richtig	spannend	rechts	Bücher	die Geschichte	Zeitung	Schreibmaschine
klein		geschickt	verkrampft	Lebenslauf	das Leben	Zeitschrift	Computer
(un-)deutlich		(un-)verständlich	locker	Zeitungsartikel	Sekretär/in	Schule	Drucker
(un-)leserlich		im Zeitungsstil	stichpunktartig	seinen Namen	Gemeindeschreiber	Versicherung	Feder
sauber		humorvoll	ins Reine	Mahnung	Schüler/in	Betrieb	Meißel
Druckschrift		trocken		Rechnung	Lehrer/in	Gemeinde	Filzstift
schräg		gut		Texte	Drucker		Farbstift
steil		schlecht			Faxgerät		
schlampig		kompliziert					

d) Weitere Wortschatzübungen sind denkbar. Wörter mit dem Stamm „Schrift" können aufgelistet und erklärt werden. Beispiel:

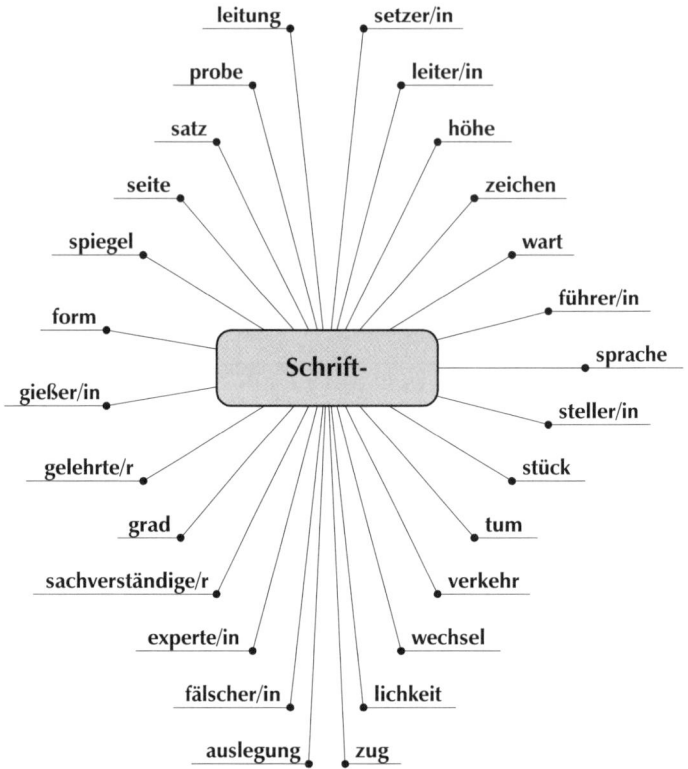

Ähnlich kann verfahren werden, um eine Mindmap zum Wortstamm „Schreib-" anzufertigen (Schreib-art, -stil, -schrift, -bedarf, -gerät, -waren-laden, -papier, -mappe, -pult, -tisch, -stift, -stoff, -übung, -weise, -zeug, -zimmer, -block, -feder, -fehler, -heft, -kopf, -kraft, -krampf, -kunst, -lust).

e) Schließlich kann auf Formulierungen und Redewendungen noch einge-gangen werden wie
- etwas in den Kamin (Schornstein) schreiben
- sich hinter die Ohren (Löffel) schreiben
- sich mit jemandem schreiben
- schreiben an jemanden (Akkusativ), an etwas (Akkusativ, z. B. an die Tafel), an etwas (Dativ, z. B. an einem Roman, Brief)

oder auf die pejorative Bedeutung der Wörter Schreiberei, Schreiberling, Schreiberseele (für einen kleinlichen Menschen oder Pedanten), Schreib-faulheit, Schreibtischtäter.

Der persönliche Brief

Vorschlag 8:

Als HA in GA oder PA sammeln die Schüler/innen Schreibanlässe und -absichten. Als Ergebnis der Aufgabe wird eine Tabelle erstellt.

Tabelle mit Beispielen zu Schreibanlässen und -absichten im persönlichen Brief:

Schreibanlässe	Schreibabsichten
Weihnachten, Ostern	Wünsche, Grüße, Dank
weitere Familienfeiern, Geburts-, Namens-, Hochzeitstage u. Ä.	Gratulation, Wünsche
Unfall, Krankheit, Todesfall	Mitteilung, Genesungswünsche, Beileid (Kondolenz), Trauer teilen
Urlaub, Ferien	Grüße, Bericht, Mitteilung, Schilderung
Schuljahresbeginn, Jugendstreich	Erzählung, Bericht
Wohnungswechsel	Information, Mitteilung der neuen Eindrücke
besonderes Erlebnis	Erzählung, Schilderung, Bericht
Freundschaft, Liebe	Mitteilung, Gefühlsäußerung
besondere Leistung (Sport, Schule, Freizeit)	Mitteilung, Schilderung, Botschaft
Notsituation (finanziell, psychisch, physisch)	Hilferuf, Bitte um Hilfe, Angebot der Unterstützung, Trost spenden

Schreibanlässe und -absichten des persönlichen Briefs

Vorschlag 9:

Ein konkreter Schreibanlass wird durch Beiträge der Schüler/innen festgelegt oder vorgegeben, um am Ende der Besprechung des Aufbaus des persönlichen Briefes einen Probeaufsatz korrigieren zu können (in Gemeinschaftsarbeit im Klassenverband und/oder durch die Lehrkraft allein), um aus den begangenen Fehlern sowie möglichen Musterlösungen gemeinsam lernen zu können. Sowohl induktive als auch deduktive Vorgehensweise ist denkbar. Im Folgenden wird von einem Arbeitsauftrag ausgegangen, dessen Ausführung im Unterricht beginnt und der als HA fertig gestellt werden muss, um im Anschluss daran die angefertigten Lösungsvorschläge zu besprechen. Möglich ist aber auch eine genaue Darstellung der zu beachtenden formalen und inhaltlichen Tipps zur Gestaltung eines persönlichen Briefes, an die sich die HA anschließt. (Der Arbeitsauftrag kann sich in Variationen auf die Jahrgangsstufen 5 bis 8 beziehen. Weitere Schreibanlässe finden sich im Kapitel 10.7: Themenvorschläge, S. 157.)

Probeaufsatz zum Brief, um Musterlösung gemeinsam zu erarbeiten

Arbeitsauftrag: Schreibe einen Brief an deine Eltern oder Geschwister. Du verbringst einen Teil deiner Sommer- oder Winterferien ohne Eltern. Du kannst wählen, ob du in den Reiterferien, auf einem Bauernhof, im Zeltlager bist, ob du mit Freunden, Freundinnen oder Verwandten oder einer Jugendgruppe unterwegs bist. Auf jeden Fall hast du in den letzten Tagen einiges erlebt. Erzähle im Brief deinen Eltern oder anderen Personen, wie du in den letzten

Tagen jemandem eine Freude gemacht hast oder welches Pech du gehabt hast oder wie du richtig Angst gehabt hast. Teile noch mit, wann du heimkommen wirst und wo du abgeholt werden möchtest.

Während oder im Anschluss an die Besprechung der korrigierten Briefe entsteht folgender Merktext:

M

zum persönlichen Brief

Im *persönlichen Brief* kann auf der ersten Seite links oben der Absender angegeben werden. Auf jeden Fall bildet die erste Zeile – rechtsbündig geschrieben – die Angabe des Ortes und des Datums, denn der Leser oder die Leserin will wissen, an welchem Ort und wann der Brief geschrieben worden ist. Im persönlich gehaltenen Brief ist dabei manchmal auch die Zeitangabe von Interesse oder als netter Hinweis zu interpretieren.

Briefpartner/in berücksichtigen/Adressatenbezug

Je nachdem, welche Art des Schreibens du wählst (erzählen, schildern, berichten, nacherzählen, beschreiben, Inhalte zusammenfassen), kannst du dir Hilfe und Ratschläge holen bei den Merktexten zu den im Unterricht besprochenen Aufsatzarten. Dabei solltest du allerdings stets bedenken, welche Nähe oder Entfernung du zu deinem Briefpartner empfindest, wie sich daraus resultierend dein persönlich gehaltener Stil gestaltet, welche gefühlsbetonten Ausdrücke du verwendest, wie groß oder klein die Vertraulichkeit ist, welche Freund- oder Bekanntschaft dich zu schreiben veranlasst. Versetze dich in deinen Briefpartner oder deine Briefpartnerin, überlege, was ihn oder sie interessiert, beziehe ihn oder sie und dich ein, als handle es sich um ein Gespräch zwischen euch. Bilde in deiner schriftlichen Gedankenführung logische Absätze.

Anrede

Beachte, dass die Anreden der zweiten Person Singular und Plural (du, dich, dir, deiner, dein, ihr, euer, euch) klein, Formen der dritten Person (Sie, Ihr, Ihnen) allerdings großgeschrieben werden.

Aufbau des persönlichen Briefs

Der *persönliche Brief* hat in der Regel sieben Teile, die du beachten musst:
1. Angabe des Ortes und Datums
2. Anrede wie Liebe(r) ... (bei Freunden, Freundinnen, Verwandten und guten Bekannten) oder wie Lieber Herr ..., Liebe Frau ... oder Sehr geehrte Frau ..., Sehr geehrter Herr ... (bei weniger gut bekannten Briefempfängern oder Adressaten)
3. Kontaktaufnahme und/oder Schreibanlass mit Bezug zum Empfänger (Beispiele: Hiermit beantworte ich deinen Brief vom ... Wahrscheinlich hast du schon lange auf einen Brief von mir gewartet. ... Ich habe dir aus folgenden Gründen länger nicht geschrieben. ... Du wirst erstaunt sein, dass ich, so weit entfernt, dir einen Brief schreibe. ... und anderes)
4. Hinführung zum Hauptanliegen (Beispiele: Urlaubsgrüße, besonderes Erlebnis, Notlage, Hilferuf, beratende Unterstützung, Trauer, Geburtstag und anderes)
5. Darstellung der Hauptsache (Beispiele: Was mir in der Schule zuletzt alles passiert ist. ... Mein Meerschweinchen ist gestern gestorben. ... Meine Mutter ist leider krank geworden. ... Was ich in den Ferien erlebt habe. ...)

6. Hinführung zum Schluss und Schlussteil (Beispiele: Wünsche äußern, weitere Kommunikation vorschlagen, gemeinsame Unternehmung mit dem Adressaten planen, Hoffnungen äußern usw.)
7. Schlussformel (Beispiele: Herzliche, liebe, viele, freundliche Grüße; Alles Liebe; Aufforderungen wie „Mach's gut!" oder „Lass dir's gut gehen!"; Mit freundlichen Grüßen; mit freundlichem, herzlichen Gruß)

Der sachliche Brief

Vorschlag 10:
Analog zu V 8 erarbeitet die Klasse eine Tabelle mit Schreibanlässen und -absichten für einen sachlichen Brief.

Tabelle mit Beispielen zu Schreibanlässen und -absichten im sachlichen Brief:

Schreibanlässe	Schreibabsicht	Empfänger/innen
Urlaub, Ferien	Einholen, Erteilen von Informationen	Reisebüro, Fremdenverkehrsamt, privater Vermieter, Hotel, Pension
Freizeittätigkeiten	Vorschlag, Beschwerde	Kommunale Behörde, Freizeitheim, Sportverein, Jugendorganisation
Verlust von persönlichen Besitzgegenständen	Bitte, Information, Auskunft	Fundbüro, Bundesbahn, Reisebusunternehmen, Schullandheim
Nachfrage (z. B. auf Anzeigen)	(genauere) Auskünfte	Anzeigenabteilung eines Zeitungsverlages

Schreibanlässe und -absichten des sachlichen Briefs

Vorschlag 11:
Analog zu V 9 wird durch Beiträge der Schüler/innen ein konkreter Schreibanlass festgelegt oder vorgegeben, um am Ende der Besprechung des Aufbaus des sachlichen Briefes einen Probeaufsatz korrigieren zu können (in Gemeinschaftsarbeit im Klassenverband und/oder durch die Lehrkraft allein), um aus den begangenen Fehlern sowie möglichen Musterlösungen gemeinsam lernen zu können. Sowohl induktive als auch deduktive Vorgehensweise ist denkbar. Im Folgenden wird von einem Arbeitsauftrag ausgegangen, dessen Ausführung im Unterricht beginnt und der als HA fertig gestellt werden muss, um im Anschluss daran die angefertigten Lösungsvorschläge zu besprechen. Möglich ist aber auch eine genaue Darstellung der zu beachtenden formalen und inhaltlichen Tipps zur Gestaltung eines sachlichen Briefes, an die sich die HA anschließt. (Der Arbeitsauftrag kann sich in Variationen auf die Jahrgangsstufen 5 bis 10 beziehen. Weitere Schreibanlässe finden sich im Kapitel 10.7: Themenvorschläge, S. 157 ff.)

Probeaufsatz, um Musterlösung gemeinsam zu erarbeiten (vgl. V 9)

Arbeitsauftrag 1: Schreibe einen Brief aufgrund folgender Annahme: Die Reinigungsfirma „Heinzelfrau und Saubermann" in der Reinstr. 7, 88886 Mülldorfenstadt, will sich in Zukunft weigern, dein Klassenzimmer zu reinigen, da der bisherige Zustand unzumutbar sei für die ohnedies überlasteten Putzfrauen. Du bist von der Klasse auserwählt worden, einen Brief an die Firma zu schreiben, in dem du versuchst, den Adressaten zu einer Änderung seines Vorhabens zu bewegen.

Arbeitsauftrag 2: Schreibe einen Brief aufgrund folgender Annahme: Du bist mit der Verkehrsanbindung deiner Schule und der Sicherung des Schulwegs nicht zufrieden. Beantrage in einem Brief eine bessere Busverbindung, andere Fahrzeiten sowie eine Umstellung der deiner Meinung nach zu kurz geschalteten Fußgängerampel an der Kreuzung unmittelbar vor der Schule. Richte deinen Brief an den Bezirksausschuss oder den Stadtrat oder den Elternbeirat deiner Schule.

Während oder im Anschluss an die Besprechung der korrigierten Briefe entsteht folgender M:

zum sachlichen Brief

Der Aufbau des *sachlichen Briefes* entspricht in groben Zügen auch dem des persönlichen Briefes. Allerdings musst du weitere formale Aspekte beachten. (Zwischen den einzelnen Punkten ist mindestens je eine Zeile frei zu lassen.)

1. Links oben stehen in je einer Zeile der Vorname und Familienname des Absenders, Straße und Hausnummer, PLZ und Ort
2. Rechts oben Ort und Datum (nach Abstand evtl. darunter: Ihr Ansprechpartner ...)
3. Linksbündig evtl. in einer gesonderten Zeile die Angabe der Art der Sendung (Persönlich, Einschreiben – Rückschein, Eilbote)
4. Es folgt linksbündig in je einer Zeile die Bezeichnung des Adressaten/ der Adressatin wie z. B. Firma, Vor- und Familienname des Empfängers, der Empfängerin, Straßenname oder Postfach, PLZ und Sitz/Wohnort
5. Bezug (z. B. Ihre Nachricht vom ..., Ihr Schreiben vom ..., Ihr Telefonat vom ..., Ihr Brief vom ..., Ihr Einschreiben vom ...)
6. Betreff (stichpunktartig möglichst im Nominalstil, wobei der Begriff „Bezug" oder „Betreff" nicht geschrieben wird, vielmehr kann die Betreffzeile unterstrichen und entsprechend vom übrigen Text abgesetzt werden, indem zwei bis drei Zeilen ober- und unterhalb des Betreffs freigehalten werden)
7. Anrede (z. B.: Sehr geehrte Frau ...., Sehr geehrter Herr ..., Sehr geehrte Damen und Herren,)
8. Einstieg oder Anfang: Bezugnahme in Form von Dank für das letzte Schreiben, den Brief, die Zeilen, das Fax usw.; Positives erwähnen, im ersten Satz möglichst zur Sache kommen ...
9. Anliegen oder Hauptteil (abhängig vom Schreibanlass)
10. Schluss(teil): Auch hier gilt, den Brief positiv zu beenden, evtl. nochmals Anliegen erwähnen, um ihm Nachdruck zu verleihen, günstige Zukunftsperspektive oder Hoffnung formulieren, um die gewünschte Resonanz zu erhalten

11. Grußformel (Die Formulierung „Hochachtungsvoll" ist aus der Mode gekommen, man grüßt heute mit der Formel „Mit freundlichen Grüßen" oder „Mit freundlichem Gruß" oder „Es grüßt Sie freundlich", um allzu große Distanz zu vermeiden.)
12. Unterschrift (Im mit Maschine oder Computer geschriebenen sachlichen Brief wird oberhalb des ausgedruckten Vor- und Familiennamens die vollständige Unterschrift platziert.)
13. Anlagen (besser, als nur das Stichwort „Anlagen" zu schreiben, ist es, die Anlagen zu benennen, z. B.: Muster, Preisliste, Kopie zu ..., Prospekt etc.)
14. PS (= Abkürzung für den lateinischen Ausdruck *post scriptum*, d. h. „nach dem Schreiben" und bedeutet so viel wie Nachtrag, der aufmerksam machen, elektrisieren, aufrütteln soll, wenn im Brieftext Entscheidendes nicht erwähnt oder abgehandelt wurde)

Der *Brief* eröffnet oder ist eine Art Gespräch (Dialog). Der angesprochene Partner (die Partnerin) ist zwar nicht anwesend, aber der Schreiber (die Schreiberin) des Briefes denkt an ihn (sie). Demnach richten sich Inhalt, Stil und Tonfall jeweils nach dem angeschriebenen Adressaten. Briefe sind weiterhin abhängig vom Anlass, der Absicht, dem Geschehen am Ort, der Zeit, den Umständen. Die Regeln zum Aufbau und der Form des Briefes wie Besonderheiten in der Gestaltung des Kuverts, des Briefkopfes, des Schlusses zwingen zu einer klaren Struktur. Die inhaltliche (sachliche und persönliche) Gestaltung kann aufgrund der vielfältigen Schreibanlässe recht unterschiedlich sein. Um im sachlichen Brief sein Ziel zu erreichen, sollte besonderer Wert auf die äußere Form gelegt werden. (Der Brief hat den Charakter einer „Visitenkarte".)

Z
zum Brief

10.4 Hinweise zur Aufsatzbewertung und -beurteilung

Ähnlich wie in der Aufsatzart der Niederschrift bedingt die Gestaltungsform des Briefes Kriterien der Korrektur, die sich zu einem wesentlichen Teil auf Formales beziehen können (im *sachlich gestalteten* Brief mehr als im *persönlichen*). Je nach Erfahrung der Schüler/innen und der Intensität der Vorbereitung im Unterricht wird der Maßstab der Bewertung mehr oder weniger streng ausfallen. Die Korrektur von Briefen richtet sich in starkem Maße nach der Art des Briefes. Dennoch kann ein allgemeiner Kontrollfragebogen bei der Verbesserung behilflich sein:

Gestaltungsform des Briefes spielt große Rolle

- Sind alle in den Merktexten aufgezählten Aspekte zur Beachtung der Gestaltung des Briefes beachtet?
- Erfüllt der Brief die Funktion, die er erfüllen soll (Erlebniserzählung, Sachbericht, „Visitenkarte")?
- Entspricht die Gestaltung dem Brieftyp?
- Sind die Regeln zum Lay-out beachtet worden?

Kontrollfragen

- Sind die sieben Briefelemente korrekt gestaltet?
- Wird der moderne Mitteilungsstil beachtet (keine Floskeln oder Phrasen, Übertreibungen, negativen Formulierungen)?
- Sind die Fehlerquellen berücksichtigt bzw. abgebaut (Grammatik, Kanzleisprache, Bürokratendeutsch, umständlicher Fachjargon, unnötige Fremdwörter, Pleonasmen, Reiz- und Negativwörter, modische Begriffe, Logikfehler, unpassende Partizipien, falsche Abkürzungen, Bandwurmsätze, Passivstil, „Ichwiritis")?
- Werden die Kriterien der Verständlichkeit beachtet (Einfachheit, Kürze, Prägnanz, Gliederung, linearer Satzbau, höfliche Direktheit)?
- Ist der Brief so knapp wie möglich, aber so ausführlich wie nötig gehalten?

Die Funktion des Kommunikationsprozesses *Briefeschreiben* als eine gesellschaftliche und/oder gesellschaftspolitische Aktivität aus kritischer Einsicht hat in der Demokratie (auch) das Ziel (ver-)bessernder Veränderung. In den Bewertungsmaßstab zur Benotung von Briefen können durchaus auch Kriterien wie Durchsetzungsvermögen und Engagement (unter Berücksichtigung des Kräfteverhältnisses) auf der Basis von Deutlichkeit, Stringenz, Höflichkeit, Klarheit einbezogen werden, umso mehr dann, wenn in den einzelnen Klassen bereits die Methoden des Argumentierens (vgl. auch Kap. 14 zur Erörterung, S. 195 ff.) Unterrichtsgegenstand gewesen sind.

10.5 Aufsatzbeispiele

Im Folgenden werden drei Beispiele gegeben: ein persönlicher Brief (gekürzt), ein sachlicher Brief sowie ein Brief aus dem Bereich des „heimlichen Lehrplans" (in Klassen weiter gereichter, vervielfältigter Brief). In den verschiedenen Sprachbüchern der einzelnen Bundesländer finden sich für die 5. bis 10. Klassen des Gymnasiums und der Realschule zahlreiche Beispiele von Briefen, geordnet nach Funktion oder Intention. Die Kapitel sind dementsprechend überschrieben:

- Schriftlich Verbindung aufnehmen
- Entschuldigungsschreiben/-brief
- Dankschreiben
- Öffentliche Stellungnahme/Stellungnahme in der Öffentlichkeit/Leserbrief
- Werbebrief/Geschäftsbrief
- Eine Neuigkeit weitersagen/mitteilen
- Auf jemand eingehen/Auf jemand einwirken
- Sich entscheiden/Entscheidungen begründen/Sich durchsetzen
- Sich beschweren/Beschwerdebrief
- Eine zustimmende/ablehnende Antwort schreiben
- Planung und Vorbereitung eines Projekts (in der Schule/in der Freizeit)
- Schriftlich Auskunft erteilen/einholen

Schüleraufsatz 1: In einer 6. Klasse (Gymnasium) sollte ein persönlicher Brief an Freunde oder Freundinnen geschrieben werden, in dem von einem Streich aus dem Schulalltag erzählt wird. Die geschilderten Streiche erfüllen die Kriterien der Gestaltung eines Erlebnisaufsatzes. Die Wiedergabe des Hauptteils ist deshalb gekürzt. Im Brief sollten zudem weitere Beziehungen zu den Adressaten hergestellt werden.

Emden, 19.05.19...

Liebe Sibylle, lieber Dietmar,

vor kurzem ist mir in der Schule etwas Lustiges passiert. Ihr habt mir zuletzt von *Schüleraufsatz 1:* eurem Schulstreich berichtet; ich denke, heute bin ich dran zu erzählen. *persönlicher*

Es war der 1. April, ein Mittwoch. In der vierten Stunde hätten wir Biologie bei Frau L. *Brief* gehabt. Die Klasse hatte beschlossen sie irrezuführen. Als sie das Klassenzimmer betrat, hatten alle Schüler/innen ihre Deutschsachen ausgepackt. Wir schwätzten weiter und waren sehr unruhig. Frau L. setzte sich verärgert ans Pult und brüllte aus Leibeskräften: „Seid ruhig! Setzt euch hin! Was fällt euch ein?"

Nur langsam bewegten wir uns auf unsere Plätze. Daniel, unser Klassensprecher, meldete sich und erklärte Frau L.: „Aber Frau L., wir haben jetzt nicht Biologie. Wir haben jetzt Deutsch!"

Alle in der Klasse schrien durcheinander. Frau L. sagte verdattert: „Auf dem Plan steht aber nichts von einer Deutschstunde." Daniel entgegnete: „Herr T. hat aber gesagt, heute sei in der vierten Stunde Deutsch." Nun war Frau L. völlig durcheinander. Sie ermahnte uns noch, leise zu sein, dann verließ sie den Raum, um auf dem Plan nachzusehen. [...]

Ich hoffe, dass es dabei bleibt, euch am nächsten Wochenende besuchen zu können. Eine Luftmatratze habt ihr ja, sodass es toll wäre, wenn ich im Zimmer von dir, liebe Sibylle, übernachten könnte. Klärst du das bitte mit deinen Eltern ab? Meine Eltern sind an diesem Wochenende unterwegs. Ich müsste dann nicht alleine zu Hause bleiben. Gebt ihr mir bitte bald telefonisch Bescheid? Ich könnte auch schon am Freitag Nachmittag bei euch ankommen.

Bis bald

mit lieben Grüßen auch an eure Eltern.

Eure Mira

Schüleraufsatz 2 beruht lediglich auf der Aufgabe (in einer 6. Klasse des Gymnasiums oder der Realschule), einen Schullandheimaufenthalt schriftlich zu erbeten und die notwendigen Erkundigungen dazu einzuziehen in Form eines sachlichen Briefes.

Schüleraufsatz 2: sachlicher Brief

Paul Miller   München, 31.03....
Rechtsstr. 37
81234 München

Schullandheim Schönblick
Seeweg 3
85678 Prien am Chiemsee

Gewünschter Aufenthalt der Klasse 6 b des Lion-Feuchtwanger-Gymnasiums im Schullandheim Schönblick

Sehr geehrte Damen und Herren,
als Klassensprecher der Klasse 6 b des Lion-Feuchtwanger-Gymnasiums in München bitte ich um einen Aufenthalt im Schullandheim Schönblick. Wir würden gerne im Juni dieses Jahres mit 30 Schülern und Schülerinnen (15 Jungen und 15 Mädchen) anreisen. Ist bei Ihnen vom 23. bis 27. Juni 19... noch frei?
Wir haben schon viel von Ihrem Schullandheim gehört und halten es für unsere Klasse geeignet. Sollten wir die Möglichkeit bekommen, Quartier zu beziehen, bitten wir noch um einige Informationen. Gibt es bei Ihnen Sport- und Wandermöglichkeiten? Unsere Klasse ist sehr aktiv. Können Sie uns sagen, ob es in der Nähe des Schullandheims ein Frei- oder Hallenbad gibt? Finden in der oben genannten Zeit Veranstaltungen statt? Wenn ja, legen Sie uns bitte ein aktuelles Programm bei. Besteht bei Ihnen die Möglichkeit für Museumsbesuche oder Besuche von anderen Sehenswürdigkeiten? Könnten Sie uns auch Ihre Zimmeraufteilung zusenden? Gleichzeitig bitten wir Sie um Informationen über Verpflegung, Unterkunft und Preise. Es wäre nett, wenn Sie uns eine Wegbeschreibung von der Autobahn bis zum Schullandheim beilegen würden. Schicken Sie bitte das Informationsmaterial an die oben genannte Adresse. Ich bedanke mich im Voraus im Namen der Klasse.

Mit freundlichen Grüßen

Paul Miller

Anmerkung: Der Aufsatz ist formal richtig aufgebaut, lediglich leicht verbessert im Bereich Satzbau und Zeichensetzung.

Schüleraufsatz 3: Ob es sich tatsächlich um einen echten Schüleraufsatz handelt, muss hier nicht entscheidend sein. Der abgedruckte Brief ist einer von vielen, die der Autor im Laufe der Jahre gesammelt bzw. von Schülern oder Schülerinnen ausgehändigt bekommen hat. Briefe, die in der Schule (in kopierter Form) herumgereicht werden, können auch Anlass sein, Form und Inhalt des Briefes und seine Funktion zu besprechen. (Von übler Art sind Kettenbriefe an Jugendliche, die die Empfänger/innen auffordern, z. B. an weitere vier Adressen schreiben zu müssen, weil ansonsten ein großes Unglück geschehe.)

Eine ostfriesische Mutter schreibt an ihren Sohn:
Lieber Sohn,
ich schreibe dir diesen Brief, damit du weißt, dass ich noch da bin, ich schreibe aber *Schüleraufsatz 3: „humorvoller Brief"* langsam, weil ich weiß, dass du nur langsam lesen kannst, und wenn du mal wieder nach Hause kommen solltest, wirst du die Wohnung nicht mehr kennen, weil wir umgezogen sind. In der neuen Wohnung ist eine Geschirrspülmaschine, in die habe ich 13 Unterhosen und fünf Hemden hineingetan, dann zog ich an der Kette. Die Wäsche ist leider verschwunden. Vater hat neue Arbeit. Er hat viele Leute unter sich, denn er mäht den Rasen im Friedhof. Onkel Otto ist auch unter ihm, denn der ist nach heftiger Gegenwehr in einem Whiskyfass ertrunken. Wir haben ihn verbrennen lassen, er hat drei Tage gebrannt, bis er gelöscht wurde. Deine Schwester Sulika hat gestern ein Baby bekommen, sodass wir nicht wissen, ob Junge oder Mädchen, sodass unklar bleibt, ob du Tante oder Onkel wirst.
In dieser Woche hat es zweimal geregnet, erst drei Tage, dann vier. Es hat auch gedonnert, sodass unser Huhn dreimal dasselbe Ei gelegt hat. Am Donnerstag sind wir alle gegen Erdbeben geimpft worden. Es grüßt – deine Mutter

Anmerkung: Humor hat zweifellos seinen Platz auch im Unterricht. Die Feinheiten gelungener und/oder beleidigender Formulierungen können besprochen werden. Inhalt und Stil werden reflektiert.

10.6 Übungen zur Lernzielkontrolle
Ü 1: Wie schreiben wir die Straßennamen richtig? Die Schüler/innen notieren jeweils ihre Adressen beziehungsweise die Namen der Straßen, in denen sie wohnen, auf einem Blatt Papier. Anschließend werden die Zettel (links, rechts oder nach hinten) weitergegeben. Dieser Vorgang wird nach einiger Zeit wiederholt, sodass die Schüler/innen bald von selbst merken, dass unterschiedliche Schreibweisen üblich sind. Mit der Klasse werden Regeln abgeleitet.
Beispiele: Ist das Bestimmungswort ein Substantiv, ein ungebeugtes Adjektiv *Adressen richtig schreiben* oder ein Personenname, so werden Name und Straße zusammengeschrieben (Breitstraße, Alpenstraße, Karwendelstraße, Mozartstraße), ebenso wenn dem -kai, -damm, -weg, der -allee, -straße ein aus Substantiven zusammengesetztes Bestimmungswort vorausgeht (Kuhdamm, Arthusweg, Schweinskai, Klingenbergallee).

Straßennamen mit Präpositionen (Verhältniswörtern) oder mit flektierten (gebeugten) Adjektiven werden auseinander geschrieben (Unter den Birken 3, Am Heidecker Kreuz 126, Kleine Steige 15, Hoher Weg 8).

Treten zwei oder mehr Namen auf, kann ein Bindestrich gesetzt werden (Carl-Oppel-Str.).

Von Ortsnamen abgeleitete Namen werden vom Begriff Straße getrennt geschrieben (Düsseldorfer Str. 14, Kulmbacher Str. 3, Frankfurter Str. 443 im Gegensatz zur Frankfurterstraße, die zu Ehren des Herrn Frankfurter ihren Namen erhielt).

Ü 2: Die Klasse lernt die in Briefen üblichen Abkürzungen kennen. Mithilfe der Rechtschreiblexika und -wörterbücher werden auf Plakaten Listen erstellt. Eine alphabetische Reihung ist sinnvoll. Beispiel:

übliche Abkürzungen im Brief

Abt.	Abteilung	jur.	juristisch
a. Z.	auf Zeit	kath.	katholisch
Azubi	Auszubildender	m. E.	meines Erachtens
BLZ	Bankleitzahl	m. W. v.	mit Wirkung vom
ca.	circa, ungefähr	n. Chr.	nach Christi
desgl.	desgleichen	n. zul.	nicht zulässig
dgl.	dergleichen	o. Ä.	oder Ähnliches
DIN	Deutsche Industrienorm	PS	Postskriptum
Dtzd.	Dutzend	u. a.	und andere(s)
dz.	derzeit	usf.	und so fort
einschl.	einschließlich	u. U.	unter Umständen
etc.	et cetera	vgl.	vergleiche
ev.	evangelisch	z. H.	zu Händen
evtl.	eventuell	z. T.	zum Teil
hrsg.	herausgegeben	zzgl.	zuzüglich

Ü 3: Provozierende und fehlerhafte Vorgaben sind eine Möglichkeit, Schreibakte in Gang zu setzen. Die folgenden „Aufsätze" sollen verbessert werden, nachdem entschieden wurde, ob es sich um einen Brief sachlichen oder persönlichen Inhalts handelt. Der Schreibprozess kann sich auf Teile eines Briefes oder auf die von der Lehrkraft gewünschte vollkommene Form des Briefes beziehen.

Briefentwürfe überarbeiten

Beispiel 1: Hallo liebe Tante Daisy, geht's dir gut, mir geht es gut. Ich weiß ja nicht, ob es dir gut geht, aber du weißt, dass es mir meistens gut geht. Bloß diesmal geht es mir nicht ganz so gut, weil Mutti behauptet hat, ich habe den Staubsauger kaputt gemacht. Liebe Grüße deine Bettina.

Beispiel 2: Lieber Stadtrat, das ist ziemlicher Mist, dass kein Bolzplatz da ist. Der Stadtrat wird deshalb gebeten, bolzen zu erlauben, weil die Wiese ist ja da. Also! Sonst sammeln wir noch Unterschriften. Also, antworten Sie und tun was! Hochachtungsvollst Ihr Stefan Motzko.

Beispiel 3: Liebe Sharewarefirma! Mein Vater hat bei Ihnen drei Computerspiele für mich bestellt. Das gibt's doch gar nicht, dass die nicht gehen. Meine Familie und ich, Schüler der 7. Klasse, möchte doch mit diesen Spielen viel lernen, aber ich habe so viel Pech. Zuletzt waren mein Fahrrad, mein Schachcomputer und mein Fühlfederhalter kaputt. Sagen Sie mir also bitte sehr, was ich möglicherweise bei der Installation falsch gemacht habe. Vielen Dank. Zahlen will mein Vater noch nicht. So ist das. Liebe Grüße, Ihr Heinrich Feist

Ü 4: Schüler/innen lernen Korrekturkriterien kennen.

a) Die Forderung, in Briefen nicht „Negativismen" die Überhand gewinnen zu lassen, kann mithilfe von Beispielen erläutert werden. Geeignete Textbeispiele dienen der Übung Negativelemente zu erkennen. So sind Ausdrücke, Formulierungen und Begriffe des Pathos, der Problemblindheit, der Aggression, der Aversion, der Arroganz, der Überheblichkeit (des Besserwissens), der falschen Informationen, des Egoismus, der Frustration, der unglaubwürdigen Höflichkeit (der devoten Haltung), der Destruktion (der groben Ausdrucksweise) in der Regel nicht angebracht.

Schüler/innen lernen Korrekturkriterien kennen, um Briefe zu überarbeiten

b) Ungeschickter Stil ist oft die Folge des Gebrauchs unpassender Partizipien. Statt „dankend bestätigen wir" sollte es direkt heißen „Vielen Dank für ..." oder „wir danken herzlich für ...", statt „eingegangene Empfehlungen oder Verpflichtungen oder Waren" sollte ein besserer Verbalstil gewählt werden. Ersetzt werden können auch Formulierungen wie „Ihr gezeigtes Interesse ...", „die bestehenden Vereinbarungen ..." (vgl. dazu auch die verschiedenen Übungen einschlägiger Stilkunden).

c) Zur Kanzleisprache und zum Bürokratendeutsch (Nominalstil) können Beispiele gesammelt und besprochen werden. (Beispiele: „Hinsichtlich Ihrer Kündigung die Rechtswirksamkeit betreffend muss Folgendes gesagt werden ..." „Betreffs des Bezugs Ihres zuletzt erhaltenen Schreibens teile ich Ihnen mit ..." usw.)

10.7 Themenvorschläge zur Gestaltung des Briefes

Viele Themenvorschläge sind integriert in anderen Kapiteln der verschiedenen Aufsatzarten. In Abhängigkeit von den Lehrplänen, den Jahrgangsstufen, den erreichten Stadien der Besprechung, den vorgeschriebenen Lernzielkontrollen, der fächerübergreifenden Arbeit, konkreten oder fiktiven Schreibanlässen, dem Engagement der Klassen, den gelesenen Lektüren, den anstehenden Veranstaltungen der Schule u. a. m. können Briefe unterschiedlicher Formen und Inhalte geschrieben werden (vgl. auch V 8, 9, 10).

Der persönliche Brief:

a) Schreibe einen Brief an deine Patentante, die nach einer Operation im Krankenhaus liegt, und teile ihr mit, dass du sie noch nicht besuchen konntest, weil dir ein Missgeschick passiert ist, das dir bis jetzt den Besuch unmöglich gemacht hat.

b) Du bist in den Ferien ohne Eltern weggefahren, hast auf mysteriöse Weise deinen Geldbeutel verloren und bittest in einem Brief deine Eltern um Nachsendung von Taschengeld.

c) Du wirst in den Ferien einen Freund (eine Freundin) besuchen, möchtest aber dein Haustier mitbringen. Erzähle in einem Brief ein besonders lustiges oder aufregendes Erlebnis, das du mit deinem Haustier gehabt hast, und bitte darum, es mitbringen zu dürfen.

d) Du liegst schon einige Zeit im Krankenhaus und schreibst einen Brief an eine Mitschülerin (einen Mitschüler). Du erzählst, wie es dir bisher im Krankenhaus ergangen ist, und du erkundigst dich, was sich bisher in der Schule ereignet hat.

e) Schreibe einen Brief an deine Tante (deinen Onkel), in dem du ein lustiges (oder trauriges) Erlebnis aus dem Schulalltag erzählst. Teile noch mit, dass du an einem der folgenden Wochenenden deine Tante (deinen Onkel) besuchen willst.

Der sachliche Brief:

a) Annahme 1: In der Nähe deines Wohnsitzes ist kein Spielplatz. Du hast mit einer Gruppe von Freunden bemerkt, dass ein nahe liegender Schulhof nachmittags ab 14.00 Uhr leer steht.

Aufgabe: Schreibe einen sachlichen Brief, mithilfe dessen du und deine Freunde die Benutzung des Schulhofes als Spielplatz am Nachmittag erreichen wollen.

Adressaten: Stadtschulrat oder Stadtrat oder Bürgermeister oder Bezirksausschuss oder Direktorat der Schule oder Elternbeirat

b) Wähle eines der folgenden Themen für deinen sachlichen Brief:
- In deiner Lokalzeitung erschien folgende Anzeige, die du zum Anlass nimmst, dich zu bewerben: Tierheim (Gärtnerei) sucht Schüler/innen, die in den Ferien bei guter Bezahlung drei Wochen Hilfe und Unterstützung bei einfachen Arbeiten leisten.
- Die Sommerferien möchtest du zwei oder drei Wochen bei einer Gastfamilie in England (Frankreich, Italien, USA) verbringen, um deine Sprachkenntnisse zu verbessern. Deshalb wendest du dich an eine Organisation, die Auslandsaufenthalte für Schüler/innen vermittelt. Stelle dich vor und begründe deinen Wunsch.

c) Du hast vor kurzem ein Mittel des Pharmakonzerns Ufoclear gegen Hautunreinheiten gekauft. Es ist im Werbefernsehen und in Jugendzeitschriften angepriesen worden, hat aber keine Wirkung bei dir gezeigt. In einem Brief beschwerst du dich und verlangst möglicherweise dein Geld zurück.

d) Du hast einem Schüler deiner Klasse einen Gegenstand (Kleidungsstück, Füller) aus Versehen kaputt gemacht. Schreibe einen Brief an die Haftpflichtversicherung, in dem du den Hergang schilderst und um Schadensregelung bittest.

e) Du als Klassensprecher/in schreibst einen Brief an deine Schulleitung, in dem du dich über verschiedene Missstände an deiner Schule beschwerst. Ebenso bittest du um Abhilfe oder Einstellung der Mängel.

f) Du hast auf der Fahrt von Köln nach Frankfurt im Intercity-Zug 323 (Ankunft in Frankfurt: 16.43 Uhr) im dritten Waggon (hinter der Lok) einen wertvollen Gegenstand (ein Kleidungsstück o. a.) liegen lassen bzw. vergessen. Schreibe einen sachlichen Brief an das Fundbüro der Bundesbahn (Hauptbahnhof Frankfurt). Vergiss nicht, auf die Zeit (Datum des Verlusttages), das Aussehen und den Wert des verlorenen Gegenstandes genau hinzuweisen. Bitte im Brief auch um eine schriftliche Benachrichtigung.

g) Du hast über ein Versandkaufhaus ein bestimmtes Kleidungsstück (ein Elektrogerät o. a.) bestellt, leider aber nicht den bestellten Artikel erhalten. Du schickst die Ware mit einem Begleitschreiben zurück und forderst in dem sachlich gestalteten Brief den Umtausch der Ware oder die Rückerstattung des Geldbetrages. Entwirf das Begleitschreiben mit allen erforderlichen Angaben.

h) Der Spielplatz in eurer Wohnanlage wird immer wieder von den Hunden der Anwohner verunreinigt. Schreibe einen Beschwerdebrief an die Hausverwaltung, in dem du den Sachverhalt darstellst und um Abhilfe bittest.

11 Bewerbungsschreiben

11.1 Methodisch-didaktische Überlegungen

Die Bedeutung des Bewerbungsschreibens wie auch anderer praktischer Gestaltungsformen wurde lange Zeit von der (gymnasialen) Didaktik und Methodik der Aufsatzlehre im Deutschunterricht vernachlässigt. Die Sprachbücher für Haupt- und Realschule sowie Gymnasium zeigen in jüngster Zeit ein beachtenswertes Bemühen um diese „Aufsatzart", sodass den Lehrkräften ein breites Spektrum an Übungsmöglichkeiten zur Verfügung steht. Das Bewerbungsschreiben lässt sich vor allem in den 9. und 10. Klassen im Zusammenhang mit folgenden schulischen Aktivitäten sinnvoll besprechen:

Einbettung der Besprechung des Bewerbungsschreibens in den Unterricht oder andere schulische Aktivitäten

- Gestaltung des sachlichen Briefes; Korrespondenz mit Betrieben, Institutionen und Firmen (z. B. mit der Bitte um Informationsmaterial)
- Projekttage „Schule und Beruf" („Berufsaussichten und -chancen für Jugendliche")
- Betriebsbesichtigungen (in Betrieben des primären, sekundären, tertiären Sektors bzw. Wirtschaftsbereichs)
- Gemeinsamer Besuch eines Arbeitsamtes oder eines Berufsinformationszentrums
- Plan- oder Rollenspiel „Bewerbung und Vorstellungsgespräch"

Die Besprechung des Bewerbungsschreibens ist nicht losgelöst vom sozioökonomischen und soziokulturellen Kontext zu betrachten. Die weiterführende Literatur ist vielfältig. Im Folgenden sollen lediglich vier Titel empfohlen werden: Horst und Renate Sievert (Bewerben wie ein Profi, mvg-Verlag, München 1994) erläutern die Techniken und erforderlichen Inhalte in verschiedenen Bewerbungen, geben Tipps zu Stellenanzeigen und zu den erforderlichen Unterlagen für die Bewerbung, nennen Adressen von Berufsberatungszentren und beschreiben Entspannungsprogramme. Hesse/Schrader (Das neue Test-Trainings-Programm, Eichborn-Verlag, Frankfurt 1991) bieten eine Zusammenstellung üblicher Testaufgaben in Vorstellungsrunden oder Bewerbungsgesprächen. Konkrete Frage-Antwort-Dialoge zur Bewerbungssituation finden sich in „Das erfolgreiche Vorstellungsgespräch", ebenfalls von Hesse/Schrader in demselben Verlag (Frankfurt 1995). Claus Coelius' Buch „Ausbildungsplatz O.K!" (CC-Verlag, Hamburg 1994) kommt den im Deutschunterricht angestrebten Lernzielen am nächsten und weist akribisch auf mögliche Fehlerquellen hin, erklärt, was aus einem Lebenslauf herausgelesen werden kann u. Ä. Unentgeltlich erhalten Lehrer/innen und Schüler/innen Materialien zu Berufsperspektiven und Informationen zu Techniken der Bewerbung und des Vorstellungsgesprächs in kommunalen Berufsinformationszentren, Arbeitsämtern und Bibliotheken. Im Folgenden wird deshalb die Darstellung des Bewerbungsschreibens (sowie des Lebenslaufs in Kap. 12) auf das Wesentliche beschränkt.

Literaturempfehlungen zum Thema „Bewerbung"

Eine Anordnung (Synopse) der minimalen und maximalen Anforderungen erübrigt sich in diesem Kapitel aus dem einfachen Grund, da ein Bewerbungsschreiben stets die unten angeführten Vorgaben erfüllen muss, um überhaupt zum Erfolg zu führen. Ob sich deshalb das Bewerbungsschreiben als „Aufsatzart" einer Benotung in der Schule entzieht, soll an dieser Stelle nicht erörtert werden. In den meisten Lehrplänen der Bundesländer sind zwar Bewerbungsschreiben als zu vermittelnder Lerninhalt ausgeschrieben, sie werden in vielen Klassen jedoch wohl deshalb vernachlässigt, weil sie nicht in die jeweils aufgelisteten Lernzielkontrollen (Schulaufgabe, Klassenarbeit, Test, Kontrollaufsatz, Probe) integriert sind. Umso mehr bietet sich der oben angesprochene, über den bloßen Unterricht hinausgehende Besprechungs- und Erfahrungskontext an.

minimale und maximale Anforderungen an das Bewerbungsschreiben entfallen

Die im Kapitel 11.3. Mögliche Unterrichtsschritte zu erwartende Z wird ersetzt durch ein (die Regeln wiedergebendes) Bewerbungsschreiben, das als Muster dienen kann. Kriterien zur möglichen Aufsatzbewertung und -beurteilung sind dem Kapitel 10.4 (Brief) zu entnehmen, Übungen zur Lernzielkontrolle sowie Themenvorschläge sind im Kapitel 11.3 integriert.

11.2 Definition

Das Bewerbungsschreiben ist eine besondere Form des sachlichen Briefes, in dem neben den formalen Elementen (Absender, Ort, Datum, Empfänger, Betreffzeile, Hauptteil, Grußformel, Unterschrift, Anlagen wie Lebenslauf und Passfoto) vor allem zum Ausdruck kommen soll, dass sich jemand (Absender/in) um eine Ausbildungsstelle, Teilzeit- oder Vollzeitbeschäftigung, (Aushilfs-)Tätigkeit bei einem Unternehmen, Betrieb, einer Firma o. Ä. oder um die Zulassung an einer Fachakademie, einer Fachhochschule, Universität, Privatschule, einem (Aus-)Bildungsinstitut, Internat oder um eine Kandidatur, Stelle, einen Posten bewirbt. Primäres Ziel des Bewerbungsschreibers ist es, in die engere Auswahl zu gelangen, um auf diese Weise die Chance für ein Vorstellungsgespräch zu erhalten. In den seltensten Fällen führt das Bewerbungsschreiben zur unmittelbaren Aufnahme in den Betrieb, das Internat, zur Kandidatur. Das Bewerbungsschreiben wird häufig als die Visitenkarte des Bewerbers oder der Bewerberin betrachtet. Die formal richtige und ansprechende Gestaltung sowie der Inhalt des Bewerbungsschreibens werden erfahrungsgemäß sehr hoch bewertet. Da in den meisten Bewerbungsschreiben der Absender seine Arbeitskraft anbietet und um eine Lehrstelle oder Beschäftigung/Arbeit bittet, erfordert diese Gestaltungsform wie keine andere Art oder Form des Briefes eine hohe Qualität der Präsentation.

Bewerbungsschreiben ist eine besondere Form des sachlichen Briefes und keine typische Aufsatzform

11.3 Mögliche Unterrichtsschritte

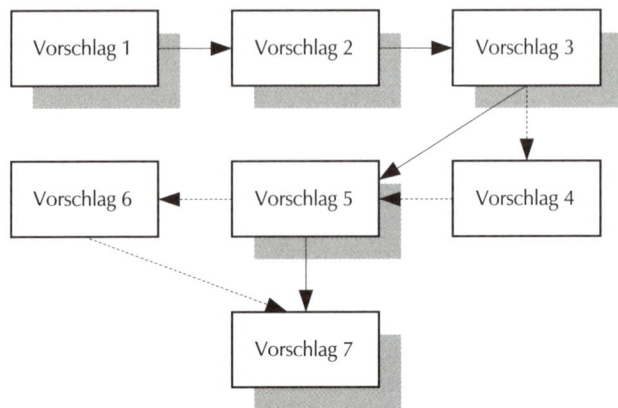

Erläuterung: V 1, 2, 3, 5, 7 können als Minimalanforderungen betrachtet werden.

Vorschlag 1:

V Die Gestaltung des Briefkuverts sowie der formalen Kriterien des sachlichen Briefes werden wiederholt (als UG, siehe auch S. 141 f.).

Vorschlag 2:

V Die einzelnen Schüler/innen der Klasse sollen als HA eine beliebige Bewerbung um einen Ferienjob, eine Lehrstelle, eine Aushilfstätigkeit, einen Nebenjob am Samstag Vormittag o. Ä. anfertigen. Die gemeinsame Besprechung der (teilweise) korrigierten Arbeiten im Klassenverband oder in GA führt vorerst zu einer breiten Palette an Fehlern, die sich dazu eignen, eine Liste mit Schreibhilfen zu erstellen.

Stellenanzeigen sammeln *Variante*: Schüler/innen oder Lehrer/innen bringen verschiedene Tageszeitungen mit Stellenanzeigen in den Unterricht mit. Die Schüler/innen wählen sich je eine Anzeige aus, zu der sie eine Bewerbung schreiben (unabhängig davon, ob sie den Beruf ergreifen oder die Tätigkeit ausführen wollen).

Vorschlag 3:

V Nachdem der sachliche Brief sowie seine Gestaltungsform wiederholt worden sind, kann der dem Bewerbungsschreiben spezifische Aufbau besprochen und schriftlich festgehalten werden.

M

zur äußeren Form und Gestaltung des Bewerbungsschreibens

> Da das *Bewerbungsschreiben* deiner Präsentation dient, die zum Erfolg führen soll, solltest du Folgendes beachten:
> 1. Benutze gutes und wertvolles Papier, weiße Bögen im Format DIN A4 (ca. 21 cm breit und 29,7 cm hoch)
> 2. Beschreibe nur die Vorderseite. Ist eine zweite Seite erforderlich, verwende einen neuen Bogen, ein zweites Blatt.

3. Schreibst du deine Bewerbung mit der Hand, so verwende einen Füllfederhalter möglichst mit schwarzer (auch blauer) Tinte. (Hast du eine schlecht leserliche Handschrift, so schreibe die Bewerbung mit der Schreibmaschine oder dem Computer.) Verzichte dabei auf Kursivdruck oder Blocksatz. Verwende den Flattersatz. (Das Schreiben ist so besser lesbar.) Schreibe 1 ½-zeilig und wähle eine leserfreundliche Druckerschrift.
4. Beachte die „Fluchtlinien" oder Ränder. (Dein Bewerbungsschreiben wird vermutlich gelocht.) Empfohlener Abstand von oben ist 2 cm, links 3 bis 4 cm, rechts 3 cm, unten mindestens 4 cm (je nach Umfang deines Schreibens)
5. Alle Zeilen deines Bewerbungsschreibens außer Ortsangabe und Datum im Kopf sind linksbündig anzuordnen (also auch die Grußformel und die lesbare Unterschrift).

Vorschlag 4:
Inhaltlich fehlerhafte Bewerbungsschreiben (aus V 2) dienen der gemeinsamen Analyse. Beispiel:

V *fehlerhaftes Bewerbungsschreiben*

... ich, Adelgunde Meyerbehr, geboren am 7.7.1979 in Hof, bin in die 10. Klasse der Oskar-Maria-Graf-Realschule gegangen und habe einen guten Abschluss. Nach 6 Jahren Grund- und Hauptschule ging ich in diese und war 2 Jahre Klassensprecherin. Ich bitte deshalb auch um einen Ausbildungsplatz in ihrem Unternehmen der Keramikproduktion. Auch treibe ich viel Sport, bin also gesund und belastbar. Ich kann mich ja mal vorstellen. Meinen Lebenslauf hab ich diesmal getippt, damit er für Sie besser leserlich ist. Im letzten halben Jahr hab ich ziemlich viel rumgejobt, sodass ich sehr gute Referenzen aufweisen kann. Ein Lichtbild könnte ich Ihnen noch locker zuschicken. Ihre Adelgunde.
Anlage: Bitte um baldige Antwort

Vorschlag 5:
Die von der Lehrkraft formulierte Einstiegsfrage in der Klasse für das sich anschließende UG lautet: Welche Materialien und Unterlagen brauche ich, um mich erfolgreich bewerben zu können? Die Ergebnisse werden auf Plakaten oder Postern (sowie im Heft) festgehalten. Beispiel:

V *Unterlagen/ Voraussetzungen für ein Bewerbungsschreiben*

Materialien	Unterlagen
mehrere Papierbogen (DIN A4) von hoher Qualität	Stellenanzeige, Adresse der Firma o. Ä.
Füllfederhalter	evtl. Vermittlungsschreiben vom Arbeitsamt
Computer oder Schreibmaschine	Stichwortzettel mit den nötigen persönlichen Angaben
Drucker	(Abschluss-)Zeugnis, evtl. Referenzen
Briefkuvert	Lebenslauf
Postwertzeichen	neues Passfoto (muss rückseitig Name und Anschrift aufweisen!)

Vorschlag 6:

Die Schüler/innen berichten von ihren Erfahrungen nach den einzelnen Betriebsbesichtungen, nach dem Besuch im Berufsinformationszentrum u. Ä. Die Ergebnisse werden protokolliert und auf Plakaten visualisiert. (Beispiel aus der Praxis des Autors: Vier 10. Klassen wurden in sechs Interessengruppen aufgeteilt. Besucht wurden ein Altersheim, eine Software-Firma, ein Hotel, eine Rundfunkanstalt, eine Firma, die Süßigkeiten herstellt, eine größere Werbeagentur. Die Schüler/innen hatten Fragen zu den Bewerbungsmöglichkeiten und Berufsaussichten sowie zu möglichen Ausbildungsplätzen wie Lehrstellen, Praktika, Volontariat vorbereitet. Die Ergebnisse wurden in den vier Klassenzimmern ausgestellt.)

Vorschlag 7:

Aufgrund der Einstiegsfrage, was man um einer guten Bewerbung willen alles vermeiden sollte, sammeln die Schüler/innen mögliche Fehler(quellen). Auch diese können auf großen Plakaten visualisiert werden. Beispiel:

Fehlerquellen beim Bewerbungsschreiben:

Was darf man nicht vergessen oder muss man vermeiden beim Bewerbungsschreiben?

- Betreffzeile und Informationsquelle nicht vergessen
- Tipp-Ex verwenden
- Selbstverständlichkeiten zu schreiben
- Umständlich, prahlerisch, unhöflich zu schreiben
- Nicht vergessen, die eigene Telefonnummer unterhalb der Adresse anzugeben
- Nicht vergessen, das farbige (!) Passfoto rückseitig mit der Adresse zu versehen
- Nicht vergessen zu schreiben, was man gerade macht, welche Ausbildung man hat
- Nicht vergessen, auf weitere Bewerbungsunterlagen im Text zu verweisen
- Nicht vergessen: abschließende Höflichkeitsformel
- Hobbys und Tätigkeiten beschreiben, die nichts zu tun haben mit dem Ausbildungsplatz
- Nicht vergessen zu schreiben, was am Beruf, der Tätigkeit besonders reizt (interessant ist)
- Nicht vergessen, die Schule, den Abschluss zu erwähnen usw.

Der folgende Merktext ist bewusst ausführlich gestaltet. Er verdeutlicht die Anweisungen mithilfe von Beispielen. Um diese eingebauten Beispiele kann der Merktext – je nach erreichtem Leistungsniveau – gekürzt werden.

☞ Ordne den *Briefkopf*, Ort, Datum korrekt an (wie bei anderen sachlichen Briefen): Die Zeile mit deinem Namen beinhaltet in der Regel die Zeile des Ortes, wo du wohnst, sowie die Ziffern des Datums, an dem du das Bewerbungsschreiben verfasst hast.

☞ Lasse zwei bis drei Zeilen frei, um so dann linksbündig die Adresse der Firma zu platzieren (Firma, Name, Straße, Ort). Nach erneutem Abstand von zwei bis drei Zeilen formulierst du im Nominalstil dein Anliegen (sogenannte Betreffzeile, ohne das Wort Betreff zu formulieren). Beispiel: Bewerbung um einen Ausbildungsplatz (Diese Zeile ist in der Regel die einzige, die unterstrichen werden kann.)

☞ Nun folgt die *Anrede*: Meist wird sie allgemein gehalten. Beispiel: Sehr geehrte Damen und Herren, ...

☞ Setze nach der Anrede ein Komma, kein Rufzeichen, was allerdings Kleinschreibung in der nächsten Zeile nach erneutem Abstand, hier von einer Zeile, zur Folge haben kann.

☞ Bei Bewerbungsschreiben an kleinere Firmen weiß man den Namen des Adressaten; dann sollte der Name auch genannt werden.
Beispiel: Sehr geehrter Herr Rechtsanwalt Dr. Hofmann, oder
Sehr geehrte Frau Dr. Fürst,

☞ Der *Inhalt des Hauptteils* sollte folgende (nicht übertrieben) formulierte Angaben enthalten:
  – Bezugnahme zur Anzeige oder Hinweis auf Auskunft in der Berufsberatung o. Ä.
  – Formulierung der Bewerbung (z. B. als auszubildender Speditionskaufmann)
  – Angaben über die derzeitige Beschäftigung (Auskunft darüber, in welche Klasse du zur Zeit noch gehst, welchen Schultyp du besuchst, welchen Abschluss du machst mit Hinweis auf das mögliche Abschlusszeugnis und den Entlassungstermin aus der Schule)
  – Begründung der Bewerbung
  – Bitte um persönliche Vorstellung
  – Hinweis auf Anlagen

☞ Im *Schlussteil* kannst du dich im Voraus (für die Bemühungen, niemals für den Ausbildungsplatz) bedanken. Nach Abstand schließt du linksbündig mit der Formulierung „Mit freundlichen Grüßen" sowie der mit Abstand darunter angebrachten Unterschrift (Vor- und Zuname). Ist das Bewerbungsschreiben mit Drucker oder Schreibmaschine geschrieben, wird der Vor- und Familienname linksbündig ausgedruckt und unmittelbar darüber die Unterschrift angebracht.

Bronislava Ottlfing   München, 05.04.1997
Strandstr. 17 a
88888 München
Tel. 089/99 99 23 45

Firma
Kompakt & Co. GmbH
Sportplatzstr. 12 f

81222 München

Bewerbung um einen Ausbildungsplatz als Datenverarbeitungskauffrau

Sehr geehrte Damen und Herren,

hiermit möchte ich mich um einen Ausbildungsplatz als Datenverarbeitungskauffrau bewerben. Bei der Berufsberatung des Arbeitsamtes habe ich mich
über Datenverarbeitungs- sowie kaufmännische Berufe kundig gemacht
sowie in einem Test meine Berufsinteressen überprüfen lassen. Ich versi-
chere Ihnen, dass mich diese Arbeit sehr interessieren würde.
Ich besuche zur Zeit noch die 10. Klasse des Valentin-Gymnasiums, bin im
Arbeitskreis EDV, arbeite in der Schülerzeitung mit (auf EDV-Basis) und
schließe die 10. Klasse mit der Mittleren Reife im Juni dieses Jahres vermutlich mit einem recht guten Ergebnis ab. (Das Halbjahreszeugnis lege
ich Ihnen in Form einer beglaubigten Kopie bei.)
Über eine Einladung zu einem Vorstellungsgespräch würde ich mich sehr
freuen.

Mit freundlichen Grüßen

Bronislava Ottlfing (= Unterschrift)

Anlagen:
Fotokopie des letzten Schulzeugnisses
Passfoto *(wird meist auf den Bogen des Lebenslaufs – rechts oben – ge-
klebt)*
Lebenslauf

12 Lebenslauf

12.1 Methodisch-didaktische Überlegungen

Der Entwurf eines Lebenslaufs in tabellarischer Form oder als zusammenhängender Text ist in den meisten Fällen verbunden mit einem Bewerbungsschreiben. Der Bewerber oder die Bewerberin fügen ihrem Bewerbungsschreiben in der Regel den Lebenslauf als Anlage bei. Die Besprechung der Gestaltung des Lebenslaufs in der Unterrichtspraxis erfolgt demnach sinnvollerweise im Anschluss an das Unterrichtsprojekt „Bewerbungsschreiben". Die in den Vorschlägen zur Realisierung des möglichen Unterrichtsverlaufs und in den Übungen zur Lernzielkontrolle erarbeiteten Erkenntnisse (Sprache, Stil, Vermeidung von Fehlern betreffend) sind unmittelbar anwendbar für die Erarbeitung des Lebenslaufs. Im Folgenden wird deshalb nur Gewicht auf die der Textsorte „Lebenslauf" entsprechenden spezifischen Lernschritte gelegt. Nochmals sei an dieser Stelle auf die Literaturempfehlungen (vgl. Kap. 11, S. 160) sowie die von Berufsinformationszentren und Arbeitsämtern zur Verfügung gestellten Lernhilfen (zur Gestaltung des Lebenslaufs) hingewiesen. Auch in diesem Kapitel erübrigt sich eine Anordnung (Synopse) der minimalen und maximalen Anforderungen, da die Regeln zu Struktur und Inhalt des Lebenslaufs für die Ausführung durch die Schüler/innen kein Spektrum unterschiedlicher Lösungen ermöglichen.

Lebenslauf und Bewerbungsschreiben werden sinnvollerweise parallel besprochen oder folgen aufeinander im Unterricht

12.2 Definition

Der Lebenslauf ist eine Form des übersichtlichen, sachlichen, knappen Berichts, in der die wichtigsten persönlichen Daten, Lebens- und Ausbildungsabschnitte geschildert werden. Der/die am Lebenslauf Interessierte (z. B. einstellende Firma oder Behörde) kann sich rasch einen Überblick über die familiären und persönlichen Verhältnisse sowie die wichtigsten Stationen des Lebensweges, des schulischen und beruflichen Werdegangs verschaffen. Der mit der Hand (in Schreibschrift) in ausführlicher Gestalt geschriebene Lebenslauf wird in jüngster Zeit immer mehr ersetzt durch den in tabellarischer, mit der Schreibmaschine oder mit einem Textverarbeitungsprogramm verfassten Form. Welche Form gewünscht wird, ist entweder den einzelnen Anzeigen (Annoncen, Stellenausschreibungen) zu entnehmen oder auf Anfrage zu eruieren.

Lebenslauf enthält die wichtigsten „Stationen" des Lebensweges

12.3 Mögliche Unterrichtsschritte

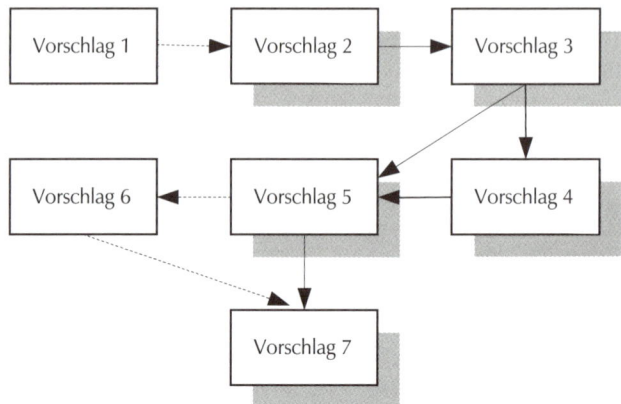

Erläuterung: V 2, 3, 4, 5, 7 können als Minimalanforderungen betrachtet werden.

Vorschlag 1:

*handgeschrie-
bener Lebens-
lauf: Bedeu-
tung der
Handschrift*

Da einige Firmen oder Betriebe nach wie vor noch Wert legen auf die handgeschriebene Form des Lebenslaufs, wird im UG und in PA auf die Bedeutung der Handschrift eingegangen. Die Grafologie als die Lehre von den Handschriften und der daraus abzuleitenden Deutung des Charakters wird der Klasse vorgestellt. In einer spielerischen Übung schreiben die Schüler/innen einzelne Sätze eines vorgelegten Textes ab und tauschen ihren geschriebenen Textabschnitt mit dem Nachbarn/der Nachbarin aus. Im UG kann die Handschrift des Mitschülers/der Mitschülerin gedeutet und interpretiert werden. Die Lehrkraft weist einerseits auf die Abnahme der Gewichtung grafologischer Deutung in der Berufswelt hin, erläutert aber andererseits, dass auch heute noch im Zeitalter der Computertextdateien und Schreibprogramme einzelne Unternehmen Wert auf eine klare und übersichtliche Handschrift legen können.

Vorschlag 2:

*Ms zum
Bewerbungs-
schreiben
wiederholen*

Die Klasse erarbeitet in einer Wiederholungsstunde die Merktexte (M) zum Bewerbungsschreiben (S. 162 ff.). Bei der Gestaltung des Lebenslaufs müssen ebenfalls beachtet werden: Verwendung von holzfreiem Qualitätspapier im DIN-A4-Format, Lay-out bzw. Maße der Ränder, Schreibmaterial, einwandfreie Form (ohne Verbesserungen oder Korrekturen), sachlicher, übersichtlicher, knapper Stil.

Vorschlag 3:

Welche Informationen in einen Lebenslauf gehören, kann mithilfe einer Stoffsammlung erarbeitet werden: Folgende Fragen sind hilfreich:
Wer bin ich? (Wie heiße ich? Wo wohne ich? Welche Informationen gebe ich zu meinen Eltern und Geschwistern?) Was will ich? Was kann ich? Was weiß ich? Was interessiert mich? Welche Ausbildung habe ich? Was habe ich bis-

her gearbeitet? Welche besonderen (sozialen) Aufgaben habe ich bisher erfüllt? Die Beantwortung der Fragen führt zu folgendem M, der im Heft festgehalten wird.

> Unabhängig von der tabellarischen, in Stichpunkten gestalteten oder der in
> vollständigen Sätzen geschriebenen Form des _Lebenslaufs_ benötige ich
> Angaben zu den Personalien (zur Herkunft) wie Name, Anschrift, Geburts-
> datum, Geburtsort, Konfession, Staatsangehörigkeit sowie zu Name und
> Beruf der Eltern (inklusive Geburtsname des Vaters/der Mutter und evtl.
> Zahl und Namen der Geschwister), zu Bildungsgang, Schulbesuch
> und -laufbahn, Art des Schulabschlusses (der Prüfungen), evtl. zu den
> Lieblingsfächern, den besonderen Interessen und Zukunftsplänen.

M
zum Lebenslauf

Vorschlag 4:
Die Schüler/innen fertigen einen tabellarischen Lebenslauf an. Im Folgenden
werden zwei Beispiele anstelle eines M gegeben:

V

_2 Muster eines
Lebenslaufes_

_L e b e n s l a u f_

farbiges Passfoto

Name:	Angie Werber
Adresse:	Salomonstr. 17, 72660 Wertstadt
Geburtstag und -ort:	11.11.19... in Aue/Niedersachsen
Eltern:	Hans Werber, Koch Else Werber geb. Huber, Bürokauffrau
Staatsangehörigkeit:	deutsch
Schulbildung:	19... – 19... Grundschule Wertstadt 19... – 19... Hauptschule Wertstadt 19... – 19... Erich-Kästner-Realschule in Wertstadt
Aktivitäten während der Schulzeit:	19... – 19... Klassensprecherin 19... – 19... Sportverein (Volleyball)
Prüfungen:	Juni 19..: Mittlere Reife Mai 19..: Erste-Hilfe-Kurs März 19..: EDV-Kurs (s. Anlagen)
Praktische Tätigkeit:	Sommerferien 19..: Praktikum im Reisebüro (s. Anlage)

München, 12.04.19...

_____
Unterschrift (Vorname, Name)

_tabellarischer
Lebenslauf
(Muster 1)_

Alternative: Es besteht auch die Möglichkeit eines Computerausdrucks, einer Gestaltung in tabellarischer Form, in der anstelle des Doppelpunkts zu jeder Rubrik der Fettdruck als Überschrift gewählt wird. Die Unterschrift sowie die Datierung gehen aus dem Bewerbungsschreiben hervor.

Cornelia Bellheim
Hochwildstr. 17
15266 Strausberg
Tel.: 77 22 33

farbiges Passfoto

LEBENSLAUF

tabellarischer Lebenslauf (Muster 2)

Persönliche Daten

geboren am	28.06.19..
in	München
Familienstand	ledig
Staatsangehörigkeit	deutsch

Schulischer Werdegang

Sept. 19... – Juli 19...	Grundschule an der Züricher Straße in Strausberg
Sept. 19... – Juli 200...	Orientierungsstufe in der Berliner Straße in München
Sept. 200... – Juli 200...	Städtische Realschule in Strausberg
Sept. 200... – August 200...	Fachakademie für Sozialpädagogik in Leipzig
	Abschluss: Mittlere Reife und Diplom für staatlich anerkannte Erzieherin

Ausbildung

01.09.200... – 31.08.200...	Volontariat in der Werbeabteilung der Firma Kinderspielwaren SINN-VOLL GmbH in Greifswald

Berufstätigkeit

seit 15.09.200...	Media- und Spielzeugproduktionsberaterin in der Firma Kinderspielwaren SINN-VOLL GmbH in Greifswald

Sprachkenntnisse

	Englisch
	Französisch (Grundkenntnisse)

Vorschlag 5:

Zur Ausführung des Lebenslaufs müssen ähnliche Fehlerquellen umgangen werden wie im Bewerbungsschreiben. Deshalb bietet sich auch hier eine Wiederholung an (vgl. hierzu V 3 bis V 7 im Kap. 11 Bewerbungsschreiben, S. 162–166).

Vorschlag 6:
In einer Diskussionsstunde kann auf mit dem Lebenslauf zusammenhängende Fragestellungen eingegangen werden. (Mögliches Thema der Stunde: Was bedeutet Diskretion?) Die Gestaltung des Lebenslaufs in Abhängigkeit vom Bewerbungsschreiben birgt möglicherweise heikle Probleme in sich. Soll der Lebenslauf diskret sein? Was will der potenzielle Arbeitgeber oder was wollen Vorgesetzte im Kontext mit der Bewerbung (z. B. um eine Lehrstelle) wissen? Kann die Staatsangehörigkeit oder die Rolle einer allein erziehenden Mutter (oder eines allein erziehenden Vaters) oder der Beruf der Eltern, die Arbeitslosigkeit der Eltern, die besondere Freizeitaktivität, das besondere gesellschaftliche Engagement eine entscheidende Rolle spielen? Wenn ja, wie teilt man im Lebenslauf diese diskreten Informationen mit, ohne Gefahr zu laufen, abgelehnt zu werden? Klare Anweisungen zu den angesprochenen Problemen kann keine Lehrkraft geben. Hilfreich sind Informationen der Berufsbildungszentren, Antworten der Arbeitgeber/innen bei oder nach Betriebsbesichtigungen. Der tabellarische Lebenslauf bietet aufgrund seiner Knappheit und Kürze eine mögliche Lösung der angesprochenen Problematik an. Für den Abschluss eines Lehrvertrages ist freilich die Information zu den Eltern deshalb wichtig, weil diese den Vertrag (bei Nichtvolljährigkeit der Bewerber/innen) unterzeichnen müssen.

_V_

Was gehört wirklich zum Lebenslauf?

Vorschlag 7:
Zum bereits angefertigten tabellarischen Lebenslauf wird ein in vollständigen Sätzen formulierter Lebenslauf angefertigt. Beispiel (anstelle eines M):

_V_

Muster eines handgeschriebenen Lebenslaufes

> _Idar-Oberstein, 12.04.19..._
>
> _Lebenslauf_
>
> Am 11.11.19... wurde ich, Angie Werber, als Tochter von Hans Werber, von Beruf Koch, und Else Werber, geb. Huber, Bürokauffrau, in Mainz geboren. Geschwister habe ich keine.
> Von September 19... bis Juli 19... besuchte ich die Grundschule in Mainz. Im Anschluss daran ging ich zwei weitere Jahre (19...-19...) in die Hauptschule in Idar-Oberstein. Im September 19... wechselte ich auf die Erich-Kästner-Realschule, an der ich im Juni 19... die Prüfung der Mittleren Reife erfolgreich ablegte.
> Im Laufe meiner Schullaufbahn engagierte ich mich unter anderem als Klassensprecherin (19...-19...). Sportlich bin ich immer noch aktiv und war Mitglied im Sportverein, Abteilung Volleyball von 19...-19... im TSV Wertstadt.
> Im Mai 19... absolvierte ich erfolgreich einen Erste-Hilfe-

Kurs beim Deutschen Roten Kreuz. Im März 19… belegte ich einen EDV-Kurs an der Volkshochschule Mühlheim (s. Anlagen). In den Sommerferien 19… führte ich ein Praktikum im Reisebüro „Fernreise" in Allbach durch.
Ich interessiere mich besonders für die Tätigkeiten im kaufmännischen Bereich, insbesondere in der Abteilung Marketing und Werbung.

(Unterschrift)

Z

zum Lebenslauf

Der *Lebenslauf* dient dazu, den Leser/die Leserin mit den wichtigsten Informationen bzw. Stationen auf dem Lebensweg des Verfassers/der Verfasserin bekannt zu machen. Hierzu sind Angaben über Geburtsdatum und -ort, Elternhaus, Geschwister, Herkunft, Schulbildung, Abschlussprüfungen, besondere Fähigkeiten, Leistungen und evtl. Interessen notwendig. Die Darstellung des Lebenslaufs kann entweder in tabellarischer Form oder in einem zusammenhängenden Text gestaltet werden.

13 Charakteristik

13.1 Methodisch-didaktische Überlegungen

Die Charakteristik als eigene Aufsatzform wird in den Lehrplänen der Bundesländer und demgemäß in den Sprach- und Arbeitsbüchern der Gymnasien und Realschulen unterschiedlich behandelt. Sinnvoll ist der Hinweis auf ihre Verwandtschaft mit der Personenbeschreibung, die primär das Äußere zum Betrachtungsgegenstand werden lässt, während in der Charakteristik der Versuch unternommen werden soll, ein Beziehungsgeflecht zwischen dem Äußeren und dem Inneren des Wesens (des Wesentlichen) der zu charakterisierenden Person herzustellen. *Charakteristik ist verwandt mit der Personenbeschreibung*

Da die Darstellung der äußeren und inneren Merkmale einer Person stark vom subjektiven Betrachten, Erkennen und Empfinden des Schreibers/der Schreiberin abhängig ist, birgt die Anfertigung der Charakteristik anders als andere Aufsatzarten besondere Gefahren in sich. Seit der literarischen Epoche des Sturm und Drang, in der Johann C. Lavater seine unrühmlichen, (vermeintlich) allgemein gültigen Regeln zur Physiognomik schriftlich fixiert hat, mangelte es nicht an Versuchen, von der bloßen Betrachtung und Beschreibung des Äußeren und der Physiognomie unmittelbar weitreichende Schlüsse zu ziehen auf den Charakter, das Innere und das Wesen einer Person ohne tiefere psychologische (Er-)Kenntnis. Die deutsche Aufsatzdidaktik ist – ohne dass dies in der Literatur expressis verbis reflektiert wird – Charakterisierungen und Typisierungen betreffend zweifellos vorbelastet durch die menschen- und massenfeindliche, rassistische Politik und Propaganda des Nationalsozialismus. Mag z. B. die Formulierung, es handle sich um den typischen Gang eines Seemannes, heute keine Bedenken auslösen, so sind Anmerkungen zu typischen und charakteristischen Merkmalen der Menschen unterschiedlicher Nationalität oder der Rassen – ein wissenschaftlich äußerst umstrittener Begriff (vgl. V 4) – nicht nur deshalb mit Vorsicht zu genießen, weil sie in den Lese-, Sprach- und Biologiebüchern des Dritten Reiches gang und gäbe waren. Gerade junge Menschen sind auch heute wieder und insbesondere in Krisenzeiten anfällig für die Bildung von Vorurteilen auf der Suche nach Sündenböcken und vermeintlich Schuldigen. Mit dem Hinweis auf die Gefahren der Rollenzuschreibungen und -erwartungen, der Stereotypisierung und des Schubladendenkens, der Bildung von Vorurteilen, der Projektion eigener Mängel und Schwächen, der unberechtigten Überzeichnung und Übertreibung, der Hervorhebung des Sensationellen, der Verletzung der Würde des Menschen, der Kriminalisierung, Verleumdung u. Ä. soll freilich nicht die Aufsatzform der Charakteristik zu Grabe getragen werden. Die Tätigkeit des Typisierens und Charakterisierens ist eine allzu menschliche, wird sie doch mehr oder weniger bewusst geradezu täglich (bruchstückartig) durchgeführt. Der Lehrerin, dem Richter, der Friseurin, dem Fabrikarbeiter, der Omnibusfahrerin, dem Postbeamten, dem Schulfreund, der Sportlerin, dem Rapkünstler und Pop-Idol, den Verwandten und Bekannten werden im Alltag stets Attribute zugeordnet, die sie zumindest teilweise charakterisieren. *Zur Charakteristik gehören äußere und innere Merkmale einer Person* *Charakterisierung versus Typisierung*

Die über den Schreibprozess hinausgehenden Fähigkeiten einer weitgehend vorurteilsfreien Beurteilung von Menschen sind mehr oder weniger erlernbar. Neben den instrumentellen und kognitiven Kenntnissen zur Aufsatzform der Charakteristik werden von Schülerinnen und Schülern Einfühlungsvermögen und psychologisches Gespür abverlangt: Fähigkeiten, die nur langsam und schrittweise erlernt werden können. Reizvoll und motivierend an dieser Aufgabenstellung ist aber nicht nur die Tatsache, dass es keinen Menschen gibt, der sich nicht vom anderen ein Bild macht oder sich ein Urteil bildet, sondern auch der Umstand, dass es kaum eine Tätigkeit im Alltag gibt – sei es in der Freizeit, in der Schule oder in der Berufswelt –, die nicht abhängig ist von der Beurteilung und dem Beurteiltwerden, der Ein- und Abschätzung, dem Werturteil, der (fragmentarischen) Typisierung und Charakterisierung.

Die in den Sprachbüchern vorgeschlagenen Themen zur Charakteristik unterscheiden sich häufig nicht von der Typisierung. Der Begriff der Charakteristik ist dennoch insofern berechtigt, als da eben besondere individuelle Wesenszüge z. B. des Autofahrers, des Fußballfans, der Marktfrau, des Spitzensportlers herausgearbeitet werden sollen. Den Schülerinnen und Schülern ist somit auch die Möglichkeit gegeben, in ihrer Beschreibung und Formung eines Charakters individuell unterschiedliche Gewichtungen zu setzen.

Lehrplanbezug Die meisten Lehrpläne sind so konzipiert, dass der einfachen Charakteristik vor allem die Aufgabe zukommt, die literarische Charakteristik vorzubereiten, die neben der Förderung textanalytischer Kenntnisse und Fähigkeiten den Blick frei macht für vielfältige Formen und Möglichkeiten der Personenkennzeichnung und -umschreibung in lyrischen, dramatischen und Prosatexten.

Synopse 11: Charakteristik in verschiedenen Jahrgangsstufen

Charakteristik	Anforderung zur einfachen Charakteristik	Anforderung zur literarischen Charakteristik
Vorbereitungs- und Konzentrationsphase	Studium verschiedener Charaktertypen (Choleriker, Sanguiniker, Melancholiker u. a.)	Betrachtung von Personenbeschreibungen anhand ausgewählter literarischer Texte
Stoffsammlung	Sammeln von Stichpunkten zum äußeren Erscheinungsbild sowie zu weiteren Verhaltensweisen, Zusammenstellen von Eigenschaften ausgewählter Personen	Sammeln von Stichpunkten als Textarbeit (Unterstreichen, Exzerpieren, Paraphrasieren)
Struktur	Aufbau eines umfassenden Bildes, das vom Äußeren, der Hervorhebung besonderer Merkmale zu den geistigen Eigenschaften und den typischen Wesenszügen einer Person übergeht	Aufbau eines vielschichtigen Bildes, das aufgrund des genauen Textstudiums zustande kommt, wobei häufig auch zwischen den Zeilen gelesen werden muss oder Schlussfolgerungen aufgrund von Andeutungen gezogen werden müssen

Charakteristik	Anforderung zur einfachen Charakteristik	Anforderung zur literarischen Charakteristik
Inhalt	Beschreibung des äußeren Erscheinungsbildes, des Temperaments, des Bildungsgrades, des Urteilsvermögens, des Gemüts Hervorhebung besonderer Werteinstellungen, der Kreativität, der Spontaneität, der personenspezifischen Tätigkeit und Leistung im dazugehörigen Milieu oder des Handelns zu einem bestimmten Ereignis (Vorfall)	vom Äußerlichen zum Innenleben fortschreitende Beschreibung des Erscheinungsbildes einer literarischen Figur, die meist eingebunden ist in ein genau geschildertes Milieu, das wiederum Schlüsse zulässt auf bestimmte individuelle Charakterzüge Bearbeitung und Beschreibung herausragender Fähigkeiten und Tätigkeiten, die Wesenszüge der Person zeigen
Adressatenbezug	Erstellen eines umfassenden Bildes zu einer Person für Leser/innen, die den zu charakterisierenden Menschen nicht kennen	Erstellen eines umfassenden Bildes zu einer im fiktionalen Text handelnden Person für Leser/innen, die weder den als Grundlage gewählten Text noch den zu charakterisierenden Protagonisten kennen
Stil und Form	Versuch der objektiven Beschreibung im Sinne einer möglichst genauen Detailbetrachtung, (sachlich-klarer, knapper Stil) kombiniert mit subjektiver Schilderung und lebendiger Bildhaftigkeit (schilderndgefühlvoller Stil) sowie möglicherweise sich anschließender analysierender Deutung besonderer Charaktermerkmale Vermeidung von Übertreibungen, Verzerrungen, Projektionen Bildung von Absätzen Zeitstufe des Präsens	weitgehend von der literarischen Vorlage distanzierter sachlichklarer, knapper Stil, der die schildernd-gefühlvollen Elemente des Textes berücksichtigt, um die zu charakterisierende Person in ihrer Gänze zu erfassen in Abhängigkeit von der jeweiligen Gattung (lyrisch, dramatisch, episch) und den mehr oder weniger deutlichen Ausführungen und Beschreibungen des Autors/der Autorin analysierende Deutung besonderer Charaktermerkmale Bildung von Absätzen Zeitstufe des Präsens

13.2 Definition

Die Charakteristik ist die Aufsatzform, in der der Charakter, die Eigenart und das Wesen eines Menschen beschrieben, bestimmt und geschildert werden. Äußerliches Erscheinungsbild sowie geistig-seelische Verhaltensmuster werden dabei erfasst. Da kein Mensch in Aussehen und Charakter dem anderen gleicht, werden in der Charakteristik (im Gegensatz zur Typisierung) individuelle Besonderheiten und damit das den Einzelnen Bezeichnende und ihn von anderen Unterscheidende hervorgehoben, das sowohl von der Anlage, der Erziehung, dem Kulturkreis, dem sozialen Milieu, der sozialen Umwelt, den Zeitumständen und der unmittelbaren Situation geprägt ist. Voraussetzungen, um eine Charakteristik anfertigen zu können, sind demzufolge die genaue Beobachtung und Kenntnis der Person. Ziel der Charakteristik ist, den Lesern und Leserinnen den charakterisierten Menschen klar und deutlich vor Augen zu führen, sodass er mit all seinen wesentlichen Verhaltensmerkmalen lebendig erscheint, bildlich begriffen und verstanden werden kann. Die *literarische Charakteristik* ist die Aufsatzform, die die Beschreibung und Schilderung einer fiktiven Gestalt zum Ziel hat. Nicht eine tatsächlich existierende Person wird also in ihren Wesenszügen beschrieben, sondern eine literarische Figur, eine erdachte, erfundene Gestalt, die Züge einer real existierenden (meist verstorbenen) Person aufweisen kann. Sie steht in einem ganz bestimmten literarisch-historischen, textsortenabhängigen Zusammenhang (Erzählung, Roman, Drama, Gedicht). In Abhängigkeit von den Informationen, die der poetische Text bietet, werden Persönlichkeit, Umfeld, Schicksal, Verhaltensweisen, Funktion und Wirkung der zu charakterisierenden Person beschrieben. Wesentliche Basis der literarischen Charakteristik ist also genaue Textarbeit.

Ziel einer Charakteristik

Die literarische Charakteristik beschreibt eine fiktive Gestalt

13.3 Mögliche Unterrichtsschritte

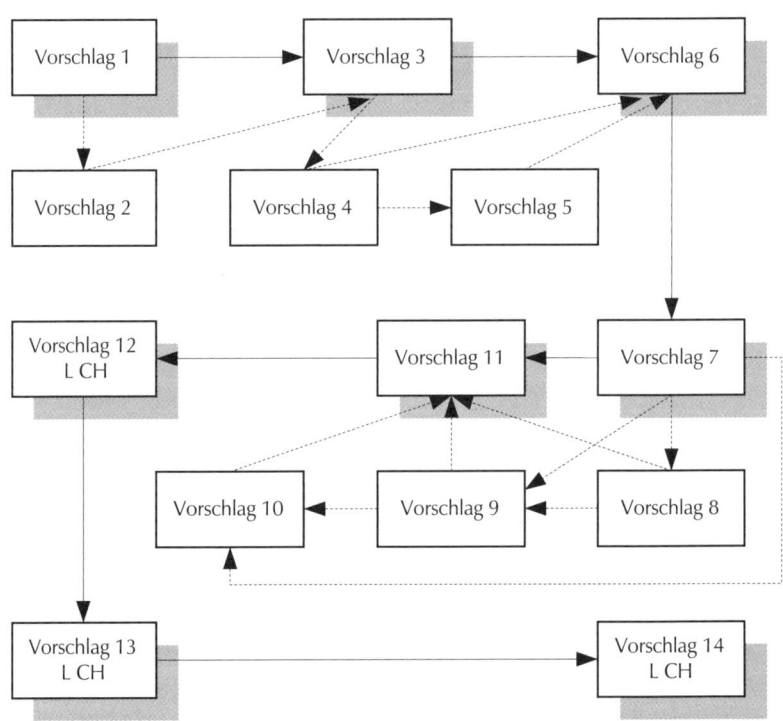

Erläuterung: V 1, 3, 6, 7, 11 stellen die Minimalanforderungen für die einfache Charakteristik dar. V 12 dient der Überleitung zur Besprechung der literarischen Charakteristik. V 12, 13, 14 sind mit „L CH" gesondert gekennzeichnet und dienen der Besprechung der literarischen Charakteristik. Die übrigen Unterrichtsvorschläge bilden eine sinnvolle Ergänzung im Kontext zu beiden Formen der Charakteristik. Die freie Variation in der Reihung der Unterrichtsvorschläge ist je nach individuellem didaktischen Konzept möglich.

Die textunabhängige Charakteristik

Vorschlag 1:

Im Partnergespräch beziehungsweise Interview wird die Selbstdarstellung mündlich geübt. Dazu dient eine kurze fünf- bis zehnminütige Vorstellungsrunde, in der sich jeweils zwei nebeneinander sitzende Schüler/innen über ihre persönlichen Interessen, besonderen Fähigkeiten, Hobbys und Zukunftswünsche informieren. (In großen Klassen steigt zwar der Lärmpegel während dieser Unterrichtsphase erheblich, kann aber durch Hinweis auf den Flüsterton erträglich gehalten werden.) Im Anschluss an den zwischen zwei Gesprächspartnern wechselnden Dialog (Vorstellungsgespräch) werden einzelne Schüler/innen aufgerufen und aufgefordert, dem Plenum den Gesprächspartner vorzustellen (Dauer ca. drei Minuten pro Person). Kennen sich die Schüler/innen der Klasse schon besser, kann das Partnerinterview dazu dienen, besondere Einstellungen und Haltungen des Gesprächspartners zu erfragen. Je nach Bereitschaft und Kenntnisstand der Klasse können hierzu auch Fragen vorbereitet werden. (Beispiel: Wovor hast du Angst? Wie stehst du selbst zu deinen Schulleistungen? Welche Fächer bevorzugst du? Usw.)

Alternative: Im Schülervortrag stellen sich einzelne Schüler/innen im oben angesprochenen Sinne der Klasse selbst vor. Interessen, Eigenschaften und Zukunftswünsche können per TA gesammelt werden. Die kurze Vostellung der Schüler/innen kann z. B. durchaus mit dem Satz eröffnet werden „Was ich an mir besonders schätze ...". Die damit im Zusammenhang stehenden Eigenschaften und Fähigkeiten werden abgeleitet. In einer Wortschatzübung werden Adjektive gesammelt, die menschliche Eigenschaften (z. B. Stärken und Schwächen) kennzeichnen.

Vorschlag 2:

Im UG oder in GA analysiert die Klasse gemeinsam Heiratsanzeigen einer seriösen Tageszeitung.

1. Die Textkonstanten werden erarbeitet (Tafel/Heft): Geschlecht, Alter, Größe, Gewicht, Haarfarbe, Figur, Beruf, Gründe und Entschuldigungen, Status, Kinderzahl, Perspektive, Auskünfte über soziale Stellung, Vermögen, Sternzeichen, Hobbys, Wünsche u. Ä.
2. Der Aussagewert sowie die Unterschiede der einzelnen Anzeigen werden eruiert. Eine reichhaltige Sammlung von Eigenschaften (aufgegliedert nach Adjektiven, Substantiven und eigenwilligen Wortfügungen) kann tabellarisch angeordnet werden. Dabei können mithilfe von Leitfragen der Aussagewert, die Redundanz, entlarvende Wunschvorstellungen, spürbare

Im Partnerinterview wird die Selbstdarstellung geübt

Schüler/innen stellen sich selbst in der Klasse vor

Heiratsanzeigen werden auf menschliche Eigenschaften untersucht

Skepsis, der Schlagwortcharakter, die mehr oder weniger geschickte Form der Selbstdarstellung oder Ähnliches herausgearbeitet werden.

Welche Eigenschaften kommen vor?

Beispiel für eine ungeordnete Stichwortsammlung von in Heiratsanzeigen aufgeführten Eigenschaften: warmherzig, bildhübsch, liebenswert, intelligent, tolerant, treu, sportlich, anpassungsfähig, selbstständig, gebildet, gesellig, reiselustig, musikalisch, schlank, humorvoll, erfolgreich, solide, großzügig, jugendlich, vermögend, charmant, kulturell interessiert, kinderlieb, sparsam, attraktiv, naturverbunden, natürlich, begeisterungsfähig, zuverlässig, aufgeschlossen, gefühlvoll, temperamentvoll, ehrlich, sympathisch, gepflegt, einsam, verlassen usw. Eine Zuordnung der Eigenschaften zu einzelnen Oberbegriffen (Wünsche, Interessen usw.) in einer Tabelle ist denkbar.

Vorschlag 3:

Warum werden Menschen beurteilt?

Die Klasse sammelt auf Stichwortzetteln alle erdenklichen Situationen, in denen Menschen beurteilt werden (Brainwriting). Im nächsten Schritt werden die Berufe notiert, die besonderes Fingerspitzengefühl im Hinblick auf die Kennzeichnung, Beschreibung und Charakterisierung von Personen erforderlich machen (Lehrer/innen, Psychologen/innen, Polizisten/innen, Personalleiter/innen in Rechtsprechung und Seelsorge, Unternehmer/innen, Ärzte/innen, Tätigkeiten im sozialpädagogischen Bereich, in der Alten- und Behindertenpflege und anderes). Die Frage nach dem Sinn, dem Zweck und der Funktion der Beurteilung und Charakterisierung kann gestellt und diskutiert werden.

Vorschlag 4:

Zuordnung von Merkmalen bestimmter Gruppen

Im UG werden mithilfe von Plakaten oder Flipcharts Eigenschaften gesammelt, die angeblich abhängig sind von der Zugehörigkeit zu bestimmten Nationalitäten oder Regionen, Landschaften, Bundesländern, „Rassen", Religionen, Berufen, Geschlecht, Fangemeinden, Peer Groups, Modeerscheinungen, Bildungsgraden (Italiener, Franzose, Brite, Bayer, Preuße, Sachse, „Ossie", „Wessie", Ostfriese, Österreicher, Schweizer, US-Amerikaner, Landbewohner, Städter, Landwirt/in, Mädchen, Junge, Frau, Mann, Lehrer/in, Manager/in, Jude, Christ, Moslem, Zeuge Jehovas, Anhänger von Borussia Dortmund, Bayern München, TSV 1860 München, FC St. Pauli, Rapper, Funk-and-Soul- oder Heavy-Metal-Fan, Skinhead, Jeansträger, Piercing-Anhänger, Bildzeitungsleser usw.). Problematisiert werden sollte auf jeden Fall die Gefahr der Stigmatisierung, die Funktion und der Zweck der pauschalen Urteile, die häufig vorschnell gefällt werden.

(Chris Stringer und Robin McKie weisen in ihrem Buch „Afrika – Wiege der Menschheit", München 1996, wissenschaftlich nach, dass die genetische Verwandtschaft der jungen Spezies Mensch eine streng biologische Unterscheidung in Rassen gar nicht zulässt.)

Vorschlag 5:
Über einen längeren Zeitraum (vor dem Beginn der Besprechung der Charakteristik) sammeln die Schüler/innen der Klasse Karikaturen berühmter Persönlichkeiten aus Zeitungen und Zeitschriften. Gemeinsam (GA/PA) untersuchen die Schüler/innen die zeichnerischen Übertreibungen und Verzerrungen, um daraus abzuleiten, welche Eigenschaften übertrieben angesprochen werden. Eine entsprechende Wortliste wird erstellt.

Karikaturen stellen Eigenschaften übertrieben zur Schau

Alternative: Die den in den Fabeln und im Volksmund zugeschriebenen Eigenschaften der Tiere (z. B. listiger Fuchs, dumme Gans, dummer Esel, diebische Elster, böser Wolf usw.) werden im UG gesammelt und tabellarisch erfasst.

Vorschlag 6:
Mithilfe eines Lexikon wird der Begriff „Person" (persona = lat. die Maske) erarbeitet (HA). „Person" meint ursprünglich lediglich ein Rollensegment oder eine Rolle unter vielen, die die Menschen annehmen und erlernen. Zugeschriebene Rollen sind z. B. Geschlecht, Bruder oder Schwester, Alter; erworbene Rollen sind z. B. Realschüler/in, Sportvereinsmitglied und anderes. Erst die Vielheit der Rollen(segmente) ergibt eine ganzheitliche Persönlichkeit. Die Diskussion um den Begriff der Person und der verschiedenen Rollen kann als Überleitung dienen für das Personen-Spiel „Wer ist wer?" (Who's who?), das Schüler/innen in Varianten sicherlich aus dem Fernsehen kennen. Die Klasse wird in zwei oder vier Gruppen eingeteilt. Jede Teilgruppe denkt sich eine bekannte Person aus und notiert sie auf einem Blatt Papier (auf eine Karteikarte). Die Blätter oder Karten werden gemischt. Ein Blatt oder eine Karte wird gezogen. Die nicht eingeweihte Teilgruppe befragt die wissende Gruppe, die nur mit Ja oder Nein antworten darf. Welche Gruppe mit der geringsten Zahl an Fragen die Person errät, hat gewonnen. Fragetypen und -strategien können je nach Leistungsfähigkeit der Klasse vor dem Beginn des Spiels besprochen werden.

Begriff „Person"

Personen-Spiel

Alternative: Die Klasse wird in verschiedene Gruppen eingeteilt, die gegeneinander spielen. Ausgewählte Schüler/innen oder die Lehrkraft lesen abwechslungsweise vor aus dem Buch: „Wer war das wohl? Das ist doch gleich ... – Rate-Portraits großer Persönlichkeiten" von Klaus Seehafer (dtv-junior 79032, München 1990 u. ö.). Im ersten Teil des Buches sind kurze rätselhafte Porträts abgedruckt, zu denen die jeweilige berühmte Persönlichkeit erraten werden muss (nur solche nehmen, die die Schüler/innen auch kennen). Beispiele aus dem Band: Beethoven, Böll, Caesar, Chaplin, Anne Frank, Steffi Graf, Michael Jackson, Astrid Lindgren, Luther, Marx, Clara Schumann. Die Gruppe, die die meisten Personen errät, hat gewonnen. Werden die Ratetexte vervielfältigt, können zudem Eigenschaften (z. B. Adjektive) gesammelt werden, die die zu erratenden Personen kennzeichnen oder charakterisieren. (Weiterer Literaturhinweis: Peter Calvocoressi: Who's who in der Bibel, dtv-Taschenbuch 11313, München 1990; Ulf Diederichs: Who's who im Märchen, dtv-Taschenbuch 30503, München 1995.)

berühmte Persönlichkeiten erraten

V

Charakter, Typ

Vorschlag 7:
Als HA, im UG und/oder in GA werden anhand von Nachschlagewerken die Begriffe Charakter, Charakteristik, Charakterisierung, Typ, Type, Typisierung und die damit zusammenhängenden Wörter tabellarisch erfasst und ihre Bedeutung geklärt.
Beispiel:

Typ(us)	Type	Typisierung
Gattung	Schriftzeichen	Ergebnis des Typisierens
Art	Modell	jemanden als Typ darstellen
Menschenschlag	Letter, gegossener Druck-buchstabe	nach Typen einteilen
Eigenart	Bauart	einen bestimmten Typ kennzeichnen
Aussehen	Schreibmaschinentype	Vereinheitlichung
	Drucktype	Einteilung nach typischen Charakter- und Konstitutionsmerkmalen
	Sonderling, eigenartiger Mensch	

Charakter	Charakterisierung
Wesen	Ergebnis des Charakterisierens
einmalige, besondere Kenzeichen	jemanden in seinen individuellen Zügen darstellen
Eigenart	von anderen unterscheiden
Merkmal	Beurteilung
Gepräge	Darlegung
sittliche Veranlagung	Bezeichnung
Persönlichkeit	Wesensschilderung

Zusammengesetzte Begiffe
Charakterdarsteller, -komödie, -rolle, -stück, -tragödie
Charakterzug, -bildung
Charakterfehler, -schwäche, -losigkeit
Charakterfestigkeit
Charakterkopf
Charakterkunde, Charakterologie
Typenlehre

Redewendungen und in der Alltagssprache verwendete Floskeln können ebenfalls in die Überlegungen mit einbezogen werden. Beispiele: Charakter der Landschaft; Charakter beweisen oder haben; er hat keinen Charakter; er hat einen z. B. bösartigen Charakter angenommen; sie/er ist genau mein Typ; typisch Mann, typisch Frau; sie hat Charakter bewiesen; ein Mann, eine Frau von Charakter usw.

☞ Der Begriff Charakter (gr.-lat. = eingekerbtes, eingraviertes Schriftzeichen) kommt aus dem Altgriechischen und bedeutet so viel wie Merkmal, Wesensart, Gesinnung, Persönlichkeit, Eigenart, Gepräge, sittliche Veranlagung. Ein Mensch mit Charakter zeigt eine ausgeprägte Eigenart, eine feste standhafte Haltung.

☞ Ein Charakteristikum ist eine hervorstechende Haupteigenschaft, ein besonderes, kennzeichnendes Merkmal.

☞ Die Charakteristik dient der Darstellung eines Menschen, in der aufgezeigt wird, was das Einmalige, Besondere an jemandem ist. Dabei können auch typische Merkmale, die die Person kennzeichnen, hervorgehoben werden. Allerdings wird im Gegensatz zur Typisierung Wert auf die individuelle Wesensschilderung gelegt, aus der hervorgeht, welche Verhaltensweisen, Denkmuster, Einstellungen, Interessen, Gefühle, Willenserklärungen, Stärken und Schwächen eine ganz bestimmte Person als Individuum charakterisieren.

M
zum Wortfeld „Charakter"

Vorschlag 8:
Problematisiert wird im LV oder UG die Rolle des Lehrers oder der Lehrerin. Schüler/innen verstehen vermeintlich ungerechte Sanktionen oder Ordnungsmaßnahmen besser, wenn ihnen bewusst gemacht wird, dass jeder Mensch lediglich ein selektives Wahrnehmungsvermögen hat; Lehrer und Lehrerinnen in der Unterrichtssituation umso mehr, da sie niemals allein vom eingeschränkten Blickwinkel im Klassenzimmer mit möglicherweise 30 oder mehr Schülerinnen und Schülern beurteilen können, wer störend auf den Unterrichtsverlauf eingewirkt hat, wer mehr oder weniger begabt ist, wer mehr oder weniger motivationsfähig ist. Da Lehrerurteile Schicksale entscheiden können, ist es von nicht geringer Bedeutung, auch die eigene (Lehrer/innen-)Rolle mit den Schülerinnen und Schülern der Klasse zu reflektieren. Lehrer/innen haben (positive) Ereigniserwartungen genauso wie (negative) Ereignisbefürchtungen. Abhängig davon sind seitens der Schüler/innen Elementarsequenzen der Informationsaufnahme und -verarbeitung, der Verhaltensäußerung und -änderung. Der Speicherinhalt des Gedächtnisses umfasst bei jedem Menschen mindestens die Kategorien der Daten und Operationen. Dies kann nicht immer berechenbare Folgen haben.
Beispiel: Ein Lehrer urteilt: Elke gestaltet ihr Heft im Fach X nicht genügend gewissenhaft und lässt echte Ernsthaftigkeit vermissen. Der Lehrer denkt, ich werde in Zukunft strenger zu ihr sein müssen. Da der Lehrer Elke als nicht gewissenhaft und nicht ernsthaft charakterisiert und Vorgang und Ergebnis

V

Problematisierung der Lehrerrolle in der Klasse

der Heftführung nicht auf andere Ursachen zurückführt, geht er von Prämissen aus, die da sind:
1. Die Schülerin ist nicht gewissenhaft.
2. Die Schülerin ist nicht ernsthaft, also leichtfertig.
Aus den Annahmen zieht er Schlussfolgerungen wie
1. Fehlende Sorgfalt und Mühe bedingen schlechte Leistungen.
2. Um sie zu verhindern, muss ich strenger sein, muss ich häufiger sanktionieren.

Wie bildet sich ein Lehrer/eine Lehrerin ein Urteil über einen Schüler/ eine Schülerin?

Versuch einer Analyse: Die Lehrkraft determiniert ihr zukünftiges Verhalten. Ist sie sich dessen nicht bewusst, können erhebliche Lernblockaden bei Elke entstehen. Aus Elkes Empathie wird Antipathie dem Lehrer gegenüber. Die Folge ist ein Gefühl des Unbehagens im Unterricht sowie Demotivation im Lernverhalten. Ist sich die Lehrkraft dieser Problematik bewusst, wird sie dennoch oder gerade deshalb Wert auf eine übersichtliche Heftführung legen. Elke – nicht die Lehrkraft – hat ein Problem (Schrift, Strukturierung, Gestaltung der Hefteinträge), das nicht dazu beiträgt, ihre vorhandenen Stärken und Potenziale hervorzuheben. Geht die Lehrkraft von der Annahme aus, dass situativ bedingte Verhaltensweisen noch keinen Schluss auf den Charakter zulassen, dass eine einmal getroffene Annahme meist durch eine andere ersetzt werden kann, aus der andere Konsequenzen gezogen werden können (häusliche Bedingungen, fachspezifische Probleme und anderes), ergeben sich neue Veränderungsmöglichkeiten im Verhalten der Schülerin. Der Prozess der Urteilsbildung (oder der „Verurteilung") kann Schülerinnen und Schülern im UG bewusst gemacht werden. Gefahren der vorschnellen Charakterisierung und Typisierung werden offenbar.

Schüler/innen können im Anschluss an diese Problematisierung aufgefordert werden, den Streber, Klassenprimus, den guten Schüler, die gute Schülerin den „Rädelsführer", den „schlechten Schüler", die Extrovertierte, den Introvertierten oder die zurückhaltende, in sich gekehrte Schülerin zu charakterisieren (Übungsaufsatz). Die Erfahrung mit korrigierten Aufsätzen zeigt, dass nach dieser Unterrichtseinheit Schüler/innen menschenfreundlichere Urteile fällen.

Vorschlag 9:

Rollenspiel

Beispiele von Situationen, um Personen charakterisieren zu können

Im Rollenspiel durch eingeweihte Schüler/innen oder durch die Lehrkraft werden die vier von Hippokrates aufgestellten Grundtypen menschlicher Temperamente vorgestellt. Situationen, die eine einzelne Person in Aufregung versetzen können, können durch Brainstorming konstruiert werden. Beispiele: Der ungerechte und nicht gerechtfertigte Strafzettel am Auto – Das Haar in der Suppe – Das zerstörte Bauwerk (Zerstörung von Gebasteltem durch einen Freund, durch Vater und Mutter, durch den Bruder oder die Schwester) – Eine misslungene Vorführung usw.
Konkretisierung eines Beispiels: Das Haar in der Suppe (Requisiten: Teller, Löffel, Serviette, Stuhl, Tisch). Die Lehrkraft kann die vier verschiedenen Temperamente vorspielen oder Schüler/innen werden eingeweiht in die entsprechenden Rollen, üben sie zu Hause ein und führen sie in der nächsten

Unterrichtsstunde vor. Im Rollenspiel sitzt ein Gast auf dem Stuhl am gedeckten Tisch und isst eine Suppe. Plötzlich entdeckt er ein langes Haar in der Suppe. Auf recht unterschiedliche Weise treten die verschiedenen Charaktere (Gäste) nacheinander in einen gespielten Dialog (Monolog) mit einem erdachten oder von einem Schüler oder einer Schülerin gespielten Kellner.

Der/die Choleriker/in wird wütend, braust auf, will sich vielleicht selbst oder einen anderen ohrfeigen, errötet vor Zorn, brüllt laut, zeigt eine verkrampfte, angespannte Körperhaltung und ungebremste Aktivität, nachdem er/sie in seiner/ihrer beim Ober bestellten Suppe ein Haar entdeckt hat.

Der/die Melancholiker/in schüttelt leise den Kopf, lässt ihn hängen, stützt ihn auf, sitzt in sich zusammengesunken, lässt die Schultern hängen, zeigt eine geduckte Körperhaltung, hat vielleicht einen sturen Blick, lässt die Hände hängen, schaut traurig, ist passiv und kommentiert schließlich mit Trauer in der Stimme sein/ihr immerwährendes Unglück oder Pech.

Der/die Phlegmatiker/in zeigt noch deutlichere Passivität, Gleichmütigkeit und -gültigkeit, scheint im Verhalten möglicherweise ausgeglichen, ist schwerfällig, äußert, dass man ja sowieso nichts machen könne, und isst das Haar in der Suppe mit.

Der/die Sanguiniker/in bleibt locker, lässig, heiter, überschwenglich, zeigt sich temperamentvoll, eher optimistisch und lässt sich nicht aus der Ruhe bringen. Er/sie zieht das Haar mit einer Hand aus der Suppe und verlangt begeistert vom Ober den dazugehörigen Typ von Mann oder Frau.

Tabellarisch kann eine Charakterisierung der vier Typen (nach Hippokrates) als TA erfasst werden.

Vorschlag 10:
Lehrer/innen können bei der Besprechung der Charakteristik weitere Einstufungen von Persönlichkeitstypen mithilfe ihrer einschlägigen psychologischen Kenntnisse vorstellen (LV, Quellenarbeit). An dieser Stelle sei auf einige Möglichkeiten hingewiesen. Eine Typisierung des so genannten charaktervollen, -losen, farblosen Menschen ist genauso denkbar wie die Darstellung verschiedener Persönlichkeitstypen nach Freud, Pearls, Jung, Allport, Lüscher, Maslow oder anderen Psychologen und Psychologinnen. Im weiteren Rollenspiel können Charaktere und Typen studiert und gekennzeichnet werden (der Strenge, die Pedantin, der Geizhals, der Grübler, die Spezialistin, der Vermittler, die Forscherin, der Eroberer, der Kalkulierer, die Dominante, der Gewissenhafte, der Aggressive und andere).

Vorschlag 11:
Die Klasse erarbeitet in einem kreativen Schreibprozess einen Fragenkatalog, um eine Person leichter beschreiben und charakterisieren zu können. Jeweils eine Frage wird auf ein Blatt notiert und dieses im Reigen an den nächsten Schüler oder die nächste Schülerin weitergereicht, der/die wiederum eine neue Frage auf dem ausgehändigten Blatt notiert.

Mögliche Ergebnisse:
- Wie sieht die zu charakterisierende Person aus?
- Wer ist es?
- Was hat sie an?
- Wie denkt sie?
- Was ist für sie typisch?
- Welche Tätigkeit übt sie aus?
- Wo lebt sie, in welchem Umfeld handelt sie? Usw.

Wie erfasst man den Charakter einer Person (Fragen-katalog)?

Mit Fragen kreist du den Charakter einer Person ein:
- ☞ Welches Erscheinungsbild hat die zu charakterisierende Person?
- ☞ Was charakterisiert ihr Verhalten?
- ☞ Welche Interessen, Gefühle, Denk- und Sichtweisen, Einstellungen, Wertvorstellungen bestimmen ihr Wesen?
- ☞ Was ist für sie typisch? Welche geistig-seelischen Verhaltensweisen erkennst du?
- ☞ Welchem sozialen Milieu gehört sie an?
- ☞ Welches Temperament hat die Person? Ist sie lebhaft, eigensinnig, ehrgeizig, unternehmungslustig, ausdauernd, geduldig, lustig, fröhlich, beherrscht?
- ☞ Welche Gefühle herrschen vor? Ist die Person gefühlskalt, hart- oder warmherzig, menschenfreundlich, begeisterungsfähig, harmonie-bedürftig?
- ☞ Welche intellektuellen Leistungen (Verstandesfähigkeiten) zeigt die Person? Ist sie urteilsfähig, gerecht, fantasievoll, klug, gescheit, raffi-niert, verlogen, kommunikationsfähig, denkfaul, kreativ, spontan?
- ☞ Welche weltanschaulichen und/oder sittlichen Wertvorstellungen hat die Person? Schätzt sie sich glücklich ein, ist sie religiös, politisch oder sozial engagiert, vergnügungssüchtig, egozentrisch, altruistisch, hilfsbereit, charakterlos, farblos, stark?

Vorschlag 12:

V

Mithilfe literarischer Beispiele wird die mögliche Struktur oder Gliederung einer (literarischen) Charakteristik besprochen. Korrigierte Beispielaufsätze sowie literarische Vorlagen dienen der gemeinsamen Besprechung (UG).

M

zur einfachen Charakteristik

- ☞ In der Einleitung werden die Person namentlich vorgestellt, Alter und Geschlecht benannt und das äußere Erscheinungsbild (Größe, Sta-tur, Kleidung) angesprochen und/oder die eigenen Erfahrungen mit der zu kennzeichnenden Person mitgeteilt beziehungsweise kurz skiz-ziert.
- ☞ Der Hauptteil geht genauer auf das Äußere ein. Wir erfassen das Typi-sche und Besondere bzw. Individuelle, die Physiognomie (Kopfform, Haare, Gesicht), die Gangart, die Gebärden (Gestik), die Sprechwei-

sen und die Mimik, das Temperament (Gemüt), die Einstellungen und Werthaltungen zur Umwelt. Der Einfluss der Umwelt auf Charaktereigenschaften kann beschrieben werden. Manchmal ist es sinnvoll, die Reaktion(en) der Umwelt auf den jeweils charakterisierten Menschen zu beschreiben oder zu schildern. Weiterhin stellen wir eine Verbindung her zwischen den typischen und den individuellen Eigenschaften und Verhaltensweisen, indem wir Äußeres und Inneres in ihren wechselseitigen Zusammenhängen wiedergeben.

☞ Im Schlussteil geben wir ein abschließendes (in der Regel menschenfreundliches) Urteil ab oder gehen auf die Bedingungen ein, die die Person zum charaktervollen Menschen haben werden lassen. Ebenso ist eine Wertschätzung oder ein wertendes Gesamturteil möglich, aus dem hervorgehen kann, wodurch der betreffende Mensch sich entwickelt hat.

Die literarische Charakteristik

Vorschlag 13:
Je nach Jahrgangsstufe und Anforderungsprofil muss in der Besprechung der literarischen Charakteristik die ihr spezifische Gestaltung von Einleitung und Schluss beachtet werden. So kann im wenig zeitaufwendigen Frage-Antwort-Spiel der Unterschied der Anforderungen zu Einleitung und Schluss der beiden verwandten Arten von Charakteristiken erarbeitet werden. Denkbar ist ein unabhängig von der einfachen Charakteristik formulierter M, der die Besonderheit von Einleitung und Schluss der literarischen Charakteristik berücksichtigt. An dieser Stelle dient eine Tabelle der Orientierung:

	Charakteristik	literarische Charakteristik
Einleitung	Benennen und Vorstellen der zu charakterisierenden Person	Erwähnen des Autors/der Autorin, des Titels, evtl. des Erscheinungsjahrs, der Textart
	knappe Darstellung des äußeren Erscheinungsbildes (ähnlich wie in der Personenbeschreibung)	kurze Darstellung des Kerngedankens des literarischen Werkes und/oder knappe Informationen zur Rolle der zu charakterisierenden Figur (oder auch Integration beider Aspekte anhand der Hauptperson)
Schluss	abschließende Wertung, eigenes Urteil und/oder Begründung, warum die Person so geworden ist, wie sie charakterisiert wird	eigene Stellungnahme mit unmittelbarem Bezug zur Textvorlage und/oder Werturteil zur vermuteten Absicht des Autors oder der Autorin (Welche Funktion haben die Charaktereigenschaften der beschriebenen Person?)

Unterschiede zwischen einfacher und literarischer Charakteristik

Wo und wie wird die literarische Figur dargestellt?

Vorschlag 14:

Die für die literarische Charakteristik notwendige Textarbeit kann in unterschiedlicher Form ins Unterrichtsgeschehen eingebaut werden (GA oder PA, LV, Hausaufgabenauswertung in Verbindung mit Binnendifferenzierung der Aufgaben und anderes). Die gerade im Unterricht behandelte Lektüre wird einzeln oder gemeinsam bearbeitet: Um eine literarische Gestalt charakterisieren zu können, werden bezeichnende, beweiskräftige und besonders eindrucksvolle Stellen angestrichen oder herausgeschrieben. In einer geordneten Stoffsammlung oder Gliederung werden äußeres Erscheinungsbild, körperliche Merkmale, Kleidung u. Ä. den Charaktereigenschaften vorangestellt. Je nach der zu charakterisierenden Person gliedern die Schüler/innen ihre Stoffsammlung nach

- Eigenschaften des Temperaments
- gefühlsbetonten Bedürfnissen
- geistig-intellektuellen Eigenschaften
- weltanschaulichen, sozialen Einstellungen
- sittlicher Orientierung

Stoffsammlung Ratsam ist, schon während der Stoffsammlung zu ordnen und die einzelnen Stichpunkte mit Anmerkungen zu versehen, die die Quellen der Erkenntnis festhalten. Die charakteristischen Züge der literarischen Figur sind abzuleiten aus/von

- mehr oder weniger direkten Aussagen des Erzählers/der Erzählerin
- Kommentaren des Erzählers/der Erzählerin (Regieanweisungen, Perspektiven der neutralen oder auktorialen Erzählhaltung)
- mehr oder weniger objektiven oder subjektiven Beurteilungen der im Text handelnden Personen
- Denkinhalten, Wunschvorstellungen, Träumen, Selbstgesprächen, inneren Monologen, der erlebten Rede, dem Stream of Consciousness, Plänen
- mehr oder weniger ehrlichen Selbstaussagen
- dem Verhalten, den Handlungen, der Sprache (des Satzbaus, des Wortgebrauchs, des Tonfalls, des Duktus), der Körperhaltung, der Gestik und Mimik, des Ganges u. Ä.
- der Funktion, die die Person im Zusammenhang des Werkes oder eines Ausschnittes einnimmt
- Reaktionen der Umwelt bzw. der Mitmenschen
- einer möglichen Wandlung, Entwicklung, Veränderung der Figur
- einem Vergleich mit anderen Personen im Umfeld, die einen ähnlichen oder einen gegensätzlichen Charakter aufweisen
- der Umwelt (den Auftrittsorten und -zeiten, der Auftrittshäufigkeit) und den Situationen
- Widersprüchen
- der Wirkung auf die Leser/innen

Textstellen ordnen Sind diese Belege gesammelt, fällt es den Schülerinnen und Schülern leichter, die Aussagen ihrer Charakteristik mithilfe von Textstellen zu belegen.

Alternative: Jeder einzelne Aspekt, der in Verbindung mit einem Beleg oder einer Textstelle gebracht wird, wird unmittelbar im Anschluss an den notierten Verweis stichpunktartig verbalisiert, arbeitstechnisch am besten auf je gesonderten Blättern, die gegliedert sind nach folgenden übergeordneten Gesichtspunkten: äußeres Erscheinungsbild, Selbsteinschätzung, Vorgaben des Autors/der Autorin, Umwelt, Wirkung. Wörtlich übernommene Textstellen sind als Zitate zu kennzeichnen.

Im Vorfeld der Charakteristik beobachten, erkennen, ordnen wir, halten wir Eigenschaften fest, um eine Gestalt, einen Charakter zu formen.

Die *Charakteristik* erfasst das Äußere einer Person (Einleitung), hebt besondere Merkmale hervor, beschreibt geistig-seelische Eigenschaften, beschreibt Tätigkeiten und Fähigkeiten der Figur und gibt typische Verhaltensweisen kund.

Im Hauptteil wird auf knappem Raum ein vielschichtiges Bild gezeichnet, dessen Ziel es ist, lebende Personen und literarische Gestalten den Lesern und Leserinnen menschlich näher zu bringen, Verständnis für Schwächen, Mängel und ungünstige Eigenschaften zu zeigen, um schließlich ein in den meisten Fällen wohlwollendes Persönlichkeitsbild erzeugen.

Im Schlussteil kann ein Urteil über die Person abgegeben werden oder eine Darstellung der Bedingungen (des sozialen Milieus), die die Person zu dem gemacht haben, was sie unserer Meinung nach darstellt.

In der *literarischen Charakteristik* ist eine Person aufgrund des gelesenen Ausschnitts eines Textes oder einer Ganzschrift zu charakterisieren. Wichtig: Sämtliche literarischen Figuren sind in den Kontext eingebettet (unterschiedliche Charakterisierung aufgrund der Figurenkonstellation im jeweiligen Text aufgrund der „Eingriffe" des Autors/der Autorin u. a.).

In der Einleitung sollen zumindest die Textsorte, der Autor oder die Autorin, der Titel sowie die zu charakterisierende Person kurz vorgestellt werden. Die Gliederung des Hauptteils erfolgt ähnlich wie in der einfachen Charakteristik, bezieht sich in seinen Belegen auf die Quelle, den Text. Im Schlussteil kann die im vorgelegten Text verfolgte Absicht und/oder eine eigene Stellungnahme dazu abgegeben werden.

z

zur Charakteristik

13.4 Hinweise zur Aufsatzbewertung und -beurteilung

Hilfreich für die Korrektur von (literarischen) Charakteristiken ist die Erstellung einer Liste (eine Art Korrekturbogen), die die Anforderungen bezüglich Inhalt, Struktur, Sprache und Stil deutlich macht. Jeden einzelnen Aspekt nach der Notenskala von eins bis sechs zu bewerten erweist sich als nicht recht günstig. Besser geeignet ist eine Einteilung in die Rubriken „Lernziel erreicht" (zum jeweiligen Aspekt), „Vorzüge oder geschickte Lösung", „Mängel" und „schwere Mängel", um auf diese Weise eine Art Bewertungsprofil zu erhalten. Sinnvoll kann auch ein Fragenkatalog sein, der Aufschluss gibt über das erreichte Lern-, Schreib- und Stilniveau. Beispiel:

„Korrekturbogen" zu Inhalt, Struktur, Sprache und Stil erstellen

Welche Kriterien sind wie erfüllt?

- Sind alle Eigenschaften der Person berücksichtigt? (Kriterium der inhaltlichen Vollständigkeit)
- Wird ein sinnvoller Zusammenhang der Eigenschaften hergestellt? (Kontext)
- Sind Einleitung und Schlussteil in sich stimmig? Sind die Verbindungen und Überleitungen logisch? (Struktur)
- Sind das Verhältnis der einzelnen Teile zueinander sowie die Gewichtungen der Eigenschaften, die zur Beschreibung des Charakters führen, ausgewogen? (Inhalt und Struktur)
- Werden Übertreibungen und Verzerrungen vermieden? (Inhalt)
- Werden Vermutungen als solche verbalisiert? (inhaltliche Reflexion, Abstraktion)
- Werden die Behauptungen belegt oder bewiesen? (Quellenangaben in der literarischen Charakteristik, Zitierweise)
- Sprachlich: Dominieren der sachliche Stil, die schildernde Beschreibung, der genaue Ausdruck, der abwechslungsreiche Satzbau? (Form)

In Abhängigkeit von den Zielsetzungen in den einzelnen Klassen, Schultypen und Bundesländern werden die (literarischen) Charakteristiken mehr oder weniger in Inhalt, Aufbau und Stil sachlich gehalten. Schildernde, lebendige, gefühlsbetont beschreibende Textpassagen im Rahmen größerer Freiheit und Kreativität sollten dennoch nicht sanktioniert werden.

13.5 Aufsatzbeispiele

Schüleraufsatz 1, eine textunabhängige Charakteristik, wurde in einer 9. Realschulklasse angefertigt, musste allerdings wegen zu geringer Aussagekraft zu der zu charakterisierenden Person im Klassenverband überarbeitet werden. Zeitenfolge, Modus, indirekte Rede, Satzbau und Stil der abgedruckten, leicht gekürzten Fassung sind im Klassenverband verbessert worden.

Eine interessante Reisebekanntschaft (Charakteristik)

Schüleraufsatz 1: textunabhängige Charakteristik

Bei einer Fahrt mit einem Schnellzug der Bundesbahn von Düsseldorf nach Konstanz saß mir in dem Abteil, das für sechs Personen bestimmt war, ein älterer, schlicht gekleideter Herr gegenüber. Als er das Abteil kurz verließ, wohl um eine Zigarette zu rauchen oder auf die Toilette zu gehen oder um sich die Füße zu vertreten, erkannte ich seine Körpergröße, die mich erstaunte, da er mir sitzend als Riese erschienen war. Der breite, muskulöse Oberkörper stand in einem gewissen Missverhältnis zu seiner Haltung beim Verlassen und Betreten des Abteils. Dennoch erschien mir seine gesamte Statur, der Mann mochte in etwa einen Meter und achtzig groß sein, nicht schlecht proportioniert. Das Alter des Fahrgastes mochte zwischen Ende vierzig und Anfang fünfzig liegen, denn sein Gesicht wies schon einige Falten auf, die aber jegliche Verkrampfung vermissen ließen, die eher durch häufiges Lachen entstanden sein mochten. Sein Gang war sportlich. Mit Schwung nahm er wieder Platz in unserem gemeinsamen Abteil. Er wirkte locker, entspannt und kontaktfreudig.

Das Grau seiner Haare war wohl ursprünglich ein helles Blond, denn einige Strähnen in seinem schon schütteren Haar wiesen darauf hin. Sein Schnurrbart war möglicherweise leicht gefärbt oder noch von natürlichem Dunkelblond. Die hellblauen Augen des Mannes zeigten ein Strahlen, das auf eine Frohnatur schließen ließ. Unter der schwarzen Lederjacke trug er ein einfaches, blau-weiß gestreiftes Hemd, das gut zu der dunkelgrauen Hose passte, die eine exakte Bügelfalte aufwies.

Er musterte auch mich mehrfach von oben bis unten und stellte mir schließlich mehrere Fragen, meine Reise betreffend. Von ihm erfuhr ich auf meine Rückfragen, dass er Privatdetektiv sei, der einen Auftrag in der Schweiz erledigen müsse. Seine Darstellungen wirkten glaubwürdig, seine Arbeit schien ihm zu gefallen, trotz der Gefahren, denen er oft ausgesetzt sei. Die Klarheit und Wärme seiner Sätze führten mich zu der Erkenntnis, dass dieser Passagier sicherlich eine ausgeglichene Persönlichkeit war, die durch die innere Ruhe und Souveränität beharrlich sein Ziel verfolgte. Lachend gab er mir am Bahnsteig in Düsseldorf seine Visitenkarte, indem er meinte, ich solle mich bei ihm mal rühren, wenn ich ihn wegen eines schwierigen Kriminalfalls – wie er es formulierte – einmal brauchen könne. Innerlich war ich mir nicht ganz sicher, ob ich seinen Charakter richtig eingeschätzt hatte.

Schüleraufsatz 2 ist eine stark gekürzte Fassung einer literarischen Charakteristik einer Schülerin der 9. Klasse des Gymnasiums nach der Lektüre des Dramas „Der Hauptmann von Köpenick" von Carl Zuckmayer. Hauptmann von Schlettow soll charakterlich beschrieben werden; die Zitate werden im Folgenden aufgrund der verschiedenen Ausgaben des Dramas nicht mit Seitenangaben versehen: *Schüler-aufsatz 2: literarische Charakteristik*

[...] Der Hauptmann von Schlettow wird von Carl Zuckmayer als ein sehr pedantischer (oder pingeliger) Mensch dargestellt. „Ich weiß nich, [...], mit der Uniform is was nich richtig [...], un die Gesäßknöppe sitzen auch nich vorschriftsmäßig." Dabei beweist der Hauptmann nicht nur seine unnachgiebige Art, etwas durchsetzen zu wollen, sondern auch seine Eigenschaft, sehr stur zu sein. „Regense sich nich auf [...], lassen Se lieber die Gesäßknöppe versetzen." Er weiß demnach genau, was er will. Zudem charakterisiert der Autor den Hauptmann von Schlettow als einen überheblichen Menschen, wenn er ihn [...] sagen lässt: „Als Schneider sinse wielleicht tipptopp, aber als Mensch, da fehlt Ihnen der Schliff, der Schnick, der Benimm, die [...] bessere Haltung." Immer wird deutlich, dass der Lebensinhalt des von Schlettow das Militärische ist, die pedantische Übergenauigkeit: „Sechsenhalb Zentimeter is Vorschrift. Das da sin mindestens achte, [...]" Seine herrschaftliche Sprache und die befehlende Ausdrucksweise wie „Folgen Sie mir! Ich bin Hauptmann im ersten Garderegiment." sind ein weiterer Beweis für seine unnachgiebige und herrschsüchtige, aber lächerlich wirkende Art, mit anderen Menschen umzugehen. Auch dient diese Formulierung als ein weiterer Beleg für den charakteristischen Zug des Hauptmanns, das Militär zu seinem Lebensinhalt gemacht zu haben. Der Leser bekommt allerdings auch den Eindruck, dass der Hauptmann einen gewissen Humor hat, wenn er sagt: „[...] Wormser! Is ja enorm! Pferdepopo –! Einfälle haben Sie!" Er passt sich jeder jeweiligen Situation an, je nach Anlass spricht und redet er verschieden (vgl. Szene eins und drei!). Ob er Ehrgefühl besitzt, weiß der Leser oder Zuschauer nicht genau, jedoch wird deutlich, dass er durch das Militär in seinen vielleicht ursprünglich guten Charaktereigenschaften negativ beeinflusst wird. [...]

189

Anmerkung: Der gekürzte Aufsatz zeigt in Ansätzen die gute Leistung der Schülerin, sollte aber im Klassenverband dahingehend verbessert werden, als eine Gliederung nach bestimmten Eigenschaften der Aufsatzschreiberin innerhalb der Charakteristik Schwierigkeiten bereitet. Die Schüler/innen der Klasse können hier Verbesserungsvorschläge einbringen. Deutlich werden im Klassenverband bzw. im UG auch die sehr unterschiedliche Einschätzung der Figur des Hauptmanns durch die Schüler/innen und der damit individuellen Sichtweisen trotz gemeinsamer Lektüre.

13.6 Übungen zur Lernzielkontrolle

Ü 1: Die Schüler/innen sammeln Horoskope aus Tageszeitungen, Kalenderblättern, Taschenbüchern und anderen Quellen. Sie exzerpieren die den einzelnen Sternzeichenträgern typischen Eigenschaften. In einer Wortschatz-, Formulierungs- und Stilübung schreiben sie kurze Abhandlungen über ihr eigenes Sternzeichen und die ihrer Meinung nach zutreffenden und unzutreffenden Charaktereigenschaften. Im Klassenverband können die Übungstexte besprochen werden.

Sportberichterstattung auswerten

Ü 2: Die Schüler/innen entnehmen den Sportberichterstattungen der Tagespresse die den Sportlern und Sportlerinnen zugeschriebenen Eigenschaften. Das breite Spektrum der den Sportlern und Sportlerinnen attestierten Charakterzüge reicht vom fairen Fußballer über den um sich schlagenden Eishockeyspieler, den aggressiven Boxchampion, die hitzköpfige Basketballerin, die beim Doping ertappte Sprinterin bis zur hochmusikalischen Eiskunstläuferin. Die Eigenschaften werden je nach positiver oder negativer (pejorativer) Konnotation geordnet (tabellarisch erfasst).

Rollenspiel: aus Eigenschaften der Darsteller Schlussfolgerungen auf ihren Charakter ziehen

Ü 3: Im Stegreifspiel zeigen Schüler/innen allein durch ihre verbalisierten Anschauungen und Meinungsäußerungen sowie durch ihr Sprechverhalten Eigenschaften, die die Klasse (das Publikum) schriftlich notiert. Wie in Ü 4 ist es möglich, aus dem Verhalten eines Menschen in verschiedenen Situationen Schlussfolgerungen auf den Charakter zu ziehen. Die Beobachtungen müssen genau formuliert werden, um bestimmte Eigenschaften herauszuarbeiten bzw. hervorzuheben.

Beispiele für gespielte Szenen:

- Im Rollenspiel begegnen sich ein Rollstuhlfahrer und eine Passantin an der Bushaltestelle.
- Ein Radfahrer, der den Gehsteig benutzt, hätte fast einen Fußgänger umgefahren. Sie führen ein Streitgespräch.
- Der Computerspiel-Süchtige streitet mit seinem Freund, der lieber Ball spielen würde.
- Eine Blinde verlangt von einem Passanten, über die Straße geführt zu werden.
- Ein Jugendlicher steht vor dem Richter wegen Diebstahls einer Jeans im Kaufhaus. Er muss sich rechtfertigen.
- Ein Autofahrer, der niemals auf seinen Fahruntersatz verzichten will, streitet mit einer engagierten Benutzerin der öffentlichen Verkehrsmittel.

- Vater, Mutter, Sohn und Tochter debattieren über Ausgehzeiten.
- Eine Lehrerin rügt einen Schüler wegen seiner Faulheit und Geschwätzigkeit. Er rechtfertigt sich.
- Verbalisierte Gedanken in Monologform zum Schülerverhalten während der Rückgabe einer Schulaufgabe (einer Übung, einer Klassenarbeit, eines Aufsatzes, eines Tests, einer Probe). Usw.

Ü 4: In einer schriftlichen Übung werden Menschen mit typischen und individuellen Zügen in bestimmten Situationen und Milieus beschrieben. Die Arbeiten der Schüler/innen werden gemeinsam besprochen und verbessert. *Schreibübung*
Beispiele für die Auswahl der Arbeitsaufträge:
Menschen (ein Mensch) in der U-Bahn, im Gerichtssaal, während des Gottesdienstes, beim Arzt, in der Diskothek, in der Tanzstunde, auf dem Jahrmarkt, im Sportstadion, auf dem Zeltplatz, im Zirkus, im Straßencafé usw.

Ü 5: Die Vorgabe für eine Typisierung oder Charakterisierung (schriftliche HA oder Schulübung) kann karikaturhafte Züge haben. Auf die Gefahr der möglichen Stigmatisierung von Menschen aufgrund der ihnen zugeschriebenen Attribute sollte im UG hingewiesen werden. Eine weitere fruchtbringende Diskussion ergibt die Reflexion der den beiden Geschlechtern zugewiesenen Eigenschaften.
Beispiele: Das Lästermaul – Der Witzbold – Die trübe Tasse – Der Hitzkopf – Die Naschkatze – Der Döskopp – Der Schleimer – Die Schwarzfahrerin – Der Lackaffe – Die Affige – Der Überhebliche – Der Softie – Das Aschenputtel – Der Krakeeler – Der Chauvie – Die Frau als Puppe usw.

Ü 6: Die Schüler/innen sammeln Werbeanzeigen, -prospekte u. Ä., um die von der Werbung Männern und Frauen unterstellten Verhaltensweisen zu sichten und zu gliedern (in einer Tabelle). *Werbeanzeigen auswerten*

Ü 7: Wörter – nicht nur Verben – und kontextabhängige Äußerungen zeigen sehr unterschiedliche Nuancierungen und Intensitätsgrade. In Wortschatzübungen werden diese deutlich gemacht. (Die Übung kann auch in Ü 3 integriert werden.)

1. Verben des Sprechens: flüstern, raunen, tuscheln, murmeln, murren, andeuten, hinweisen, bemerken, erwidern, plaudern, schwatzen, vorbringen, vortragen, deuten, auslegen, interpretieren, definieren, kommentieren, ausrufen, plärren, gröhlen, schreien, kreischen, dröhnen, toben, zetern *Übung zur Erweiterung des Wortschatzes für die Charakteristik*

2. Adjektive, die Tonfall, Charakter und Inhalt der Sprechweise und Äußerung wiedergeben:
   Adjektive: abschätzig, aggressiv, ausfallend, beißend, bescheiden, bestimmt, bissig, bitter, blindwütig, boshaft, dreist, eigensinnig, entschlossen, fanatisch, geduldig, gehässig, gereizt, grimmig, grob, gutmütig, hämisch, heftig, herausfordernd, herzlich, kalt, kühn, leidenschaftlich, patzig, rechthaberisch, ruhig, sanft, selbstsicher, spitz, spöttisch, streitsüchtig, stur, überheblich, ungeduldig, unerschrocken, unverfroren, verbissen, versöhnlich, verstockt, verwegen, wütend, zänkisch, altklug, anschaulich, einwandfrei, fachlich, fachmännisch, folgerichtig, gerecht, gütlich, heiter, ironisch, klar, konsequent, logisch, nüchtern, objektiv, parteilich, persönlich, polemisch,

sachlich, schlüssig, ungerecht, unlogisch, unsachlich, vernünftig, verständlich

3. Der unterschiedliche Intensitätsgrad von Wörtern, Floskeln und Redewendungen kann besonders im Bereich der Verbalisierung menschlicher Emotionen und Affekte aufgezeigt werden: Freude zeigen Menschen, wenn sie schmunzeln, lächeln, grinsen, gröhlen, sich schieflachen usw. Auch die Trauer hat viele Gesichter: Wir nehmen uns etwas zu Herzen, zerfließen in Tränen, vergehen vor Kummer usw.

4. Ebenso sind die Abstufungen der adverbialen Fügungen und der Adjektive aufschlussreich für die Charakterisierung: Eigenschaften zeigen eine andere Nuancierung, wenn sie „einigermaßen" gegeben oder vorhanden sind, als wenn wir sie als „sagen- oder fabelhaft" umschreiben. Beispiele: mehr oder weniger, bemerkenswert, vorzugsweise, außerordentlich, äußerst, unglaublich, ungeheuer, gewaltig, unbeschreiblich usw.

Aufsätze zur Charakteristik überarbeiten

Ü 8: Das Lernen aus Fehlern (trial and error) bietet sich auch als mögliche Übung zur Charakteristik an. Die Schüler/innen verbessern im UG oder als HA fehlerhafte Auszüge aus Aufsätzen. Im Klassenverband werden im Anschluss an die verbesserungswürdigen Zitate schiefe Bilder, unpassende Phrasen und Formulierungen, falsche Schlussfolgerungen, Übertreibungen und Vorurteile besprochen.

Im Folgenden werden einige fehlerhafte Beispiele aus Schülerarbeiten zur Typisierung und Charakterisierung gegeben:

- Das ganze Bestreben des Geizigen ist nur darauf hingerichtet, mehr Geld zu scheffeln als der andere.
- Der aggressive Autofahrer ermöglicht es, der Großstadt schnell zu entfliehen und in seine Natur zu kommen. Er ist ein echter Durchsetzer. Schade für die anderen.
- Der fortschrittlich denkende Lehrer lässt die Schüler machen, was sie wollen, der konservative dagegen setzt sich noch für die Prügelstrafe ein.
- Der Streber ist ein Mensch, der für nichts Interesse hat außer für gute Noten. Deshalb ist er der Feind der Klasse.
- Der Arzt im weißen Kittel schwirrt um seine Kunden in den Betten.
- Der Mutige wagt es auch einmal, dem Lehrer zu erklären, dass es so nicht geht. Er zeichnet sich durch seine lockere Kleidung aus und legt keinen Wert auf einen besonderen Haarschnitt.

13.7 Themenvorschläge zur Charakteristik

Aufgrund der in den Vorschlägen zur Unterrichtsgestaltung und zu den in den Übungen angesprochenen Themen zur Charakteristik erübrigt sich im Folgenden, eine breite Palette von Themen vorzuschlagen. Darüberhinaus bieten die gängigen Sprach- und Lesebücher eine reichhaltige Fundgrube an Themen zur besprochenen Aufsatzart.

Die (einfache bzw. textunabhängige) Charakteristik (bzw. Typisierung)
Der Angeber – Der Fußballfan – Der Hooligan – Der Geizhals – Der aggressive Autofahrer – Die vorsichtige Autofahrerin – Der zerstreute Fußgänger – Der Halbstarke – Ein alter Mensch im Straßenverkehr – Meine Mutter – Mein Onkel – Meine Tante – Mein Bruder – Meine beste Freundin – Mein Deutschlehrer – Meine Physiklehrerin – Der Pop-Fan – Die Marktfrau – Tante Emma – Unser Klassensprecher – Eine Urlaubsbekanntschaft – Meine Zahnärztin – Unser Hausmeister – Unser Mannschaftsführer – Der Diskjockey (DJ) – Unser Tanzlehrer – Der Pfarrer – Der Ladendieb – Unser Zeitungshändler – Eine Skilehrerin – Die Sportskanone – Eine Reisebekanntschaft – Eine Verkäuferin – Ein junger Arbeiter – Der Lehrling – Eine Kellnerin – Der Frisör usw.
Die einzelnen Themen zur einfachen Charakteristik ermöglichen den Schülerinnen und Schülern je nach persönlicher Nähe zu der zu charakterisierenden Person eine mehr oder weniger große Freiheit in der Durchführung des Schreibprozesses und der Gestaltung der Figur.

Die literarische Charakteristik
Je nach Leistungsniveau und Lektüre-Erfahrung der (9. oder 10.) Klasse bietet die deutschsprachige Literatur ein unendliches Feld an Möglichkeiten, Protagonisten wie Nebenfiguren in fiktionalen Texten zu charakterisieren. Ein Problem besteht darin, dass die unterschiedlichen Lehrpläne/Richtlinien stark voneinander abweichende Lektürevorschläge bereit halten. Deshalb kann die nachfolgende Auswahl nur bedingt als umzusetzende Anregung dienen.
Die einschlägigen Taschenbuchverlage bieten in der Regel gesonderte Auswahlkataloge und didaktische Kommentare zu den verschiedenen Jugendbuchreihen an, die nicht nur für die textanalytischen Betrachtungsweisen reichhaltige Informationen liefern, sodass den Lehrern und Lehrerinnen hier eine große Auswahlmöglichkeit an Übungen für die Charakteristik zur Verfügung steht. Die Qualität der Kinder- und Jugendliteratur ist in den letzten Jahren durch zahlreiche Publikationen stark angehoben worden. Die folgende Auswahl ist also unverbindlich und kann beliebig variiert werden.
- Lyrik: Balladen von Schiller, Goethe, Kleist, Freiligrath, Heine, Kästner, Brecht; Lieder von Biermann, Lindenberg, Grönemeyer, Tic Tac Toe und anderen
- Drama: Lessing, J. M. R. Lenz, Schiller, Goethe, Hebbel, Grillparzer, Grabbe, Nestroy, Hauptmann, Thoma, Wedekind, Zuckmayer, Brecht, Horváth, Fleißer, Borchert, Ahlsen, Dürrenmatt, Frisch, Eich, Sperr, Kroetz, Strauß, Bernhard und andere
- Prosa: Goethe, Tieck, Hoffmann, Meyer, Storm, Gotthelf, Keller, Raabe, Fontane, Stifter, Mörike, Hauptmann, Schnitzler, Thomas und Heinrich Mann, Kafka, Tucholsky, Hesse, Stefan und Arnold Zweig, Feuchtwanger, Wassermann, Fallada, Horváth, Borchert, Weyrauch, Andersch, Bichsel, Böll, S. Lenz, Anne Frank, Fühmann, Christ, Dürrenmatt, Frisch, Wolf, de Bruyn, S. Heym, Pausewang, Hackl, Meckel, Maron, Nadolny und andere

- Übersetzte Autoren: Golding, Huxley, Orwell, Swift, Dickens, O'Brien und andere

- Beispiele für Themen (10. Klasse):
  - Die komische Handlung in Heinrich von Kleists Drama *Der zerbroche-ne Krug*, das in analytischer Technik angelegt ist, wird aus dem Charakter des Richters Adam entwickelt. In einem Akt, ohne Unterbrechung, eilt sie dem Ende der Entlarvung Adams zu, um den sich die Netze der eigenen Lügen immer enger zusammenziehen. Zeigen Sie auf, inwieweit die These richtig ist, indem Sie eine sorgfältige und textnahe Charakterisierung des Richters Adam durchführen.
  - In demselben Drama ist Eve die eigentliche Gegenspielerin des Dorfrichters Adam. Zeigen Sie auf, inwieweit diese Behauptung richtig ist, indem Sie eine sorgfältige und textnahe Charakterisierung der Person Eves durchführen.
  - Die Personen in Horváths Roman *Jugend ohne Gott* werden durch die Gegenüberstellung einer Figur mit anderen Handlungsträgern besonders gekennzeichnet. Zeigen Sie anhand von Textbelegen und deren Deutung, wie der Protagonist, der Lehrer, durch Begegnungen mit anderen Personen charakterisiert wird.
  - In Alfred Anderschs Roman *Sansibar oder der letzte Grund* befreien sich alle durch eine altruistische Tat, die keinem Befehl und keiner Ideologie entspringt. Dadurch wird wenigstens für Augenblicke die Verzweiflung über die politische und individuelle Lage aufgehoben. Zeigen Sie auf, inwieweit die These richtig ist, indem Sie eine sorgfältige und textnahe Charakterisierung des Gregor (Knudsen und anderer) durchführen.
  - Charakterisieren Sie die Person Franz Kien (aus Alfred Anderschs Erzählung *Der Vater eines Mörders*), indem Sie berücksichtigen, welches Verhältnis er zur Schule, insbesondere zum Griechischunterricht, zu seinen Mitschülern, zum Klassenprimus Werner Schröter und zu Hugo Aletter hat.

III Argumentierende Kommunikations- und Aufsatzformen

14 Erörterung

14.1 Methodisch-didaktische Überlegungen

Erörtern ist eine kommunikative Tätigkeit. Sie setzt lineares, verzweigtes, logisch-schlussfolgerndes, abwägendes, dialektisches Denken voraus und zwingt zur persönlichen Stellungnahme. Die Erscheinungsformen im Kommunikationsprozess des Erörterns sind vielfältig:

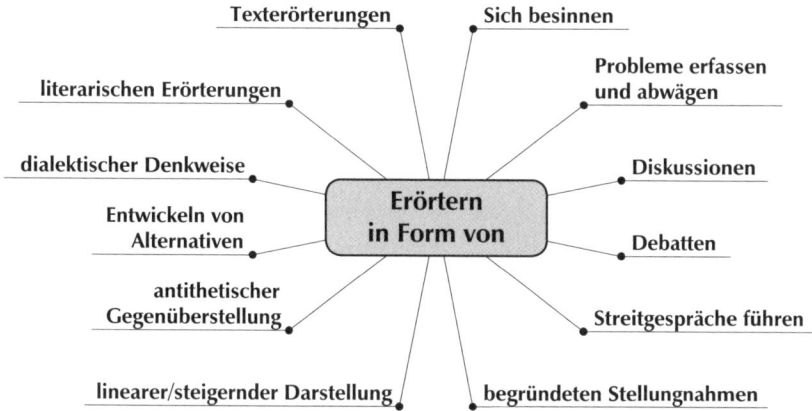

Die Geschichte der Entwicklung vom Besinnungsaufsatz über den Problemaufsatz zur Erörterung zeigt in deutlicher Form die Tatsache auf, dass Aufsatzunterricht jeweils auch abhängig ist von den gesellschaftlichen Verhältnissen, dem Zeitgeist, den staatlichen Strukturen.

Historie: Besinnungsaufsatz ↓ Problemaufsatz ↓ Erörterung

Das oft zitierte Beispiel aus dem biografischen Anekdotenschatz Bertolt Brechts belegt die Denkweise während der Wilhelminischen Ära bzw. während des Ersten Weltkriegs. An einem Augsburger Gymnasium sollten die Schüler sich zu der (damals rhetorischen) Frage äußern bzw. „besinnnen", ob es süß und angenehm sei, für das Vaterland (auf dem Felde der Ehre) zu sterben. Eine erörternde oder gar verneinende Haltung zu dieser Frage wurde mit der schlechtesten möglichen Note (Zensur) sanktioniert. Trotz großer Entwicklungsschritte in der Didaktik des Deutschunterrichts ist auch heute bei Schülerinnen, Schülern und Eltern die Meinung weit verbreitet, die Bewertung des Deutschaufsatzes – insbesondere die Note zur Aufsatzart der Erörterung – sei weitgehend abhängig von der subjektiven, ideologischen, politischen Einstellung der Lehrkraft. Erfahrungen aus der eigenen Schulzeit schwingen in dieser Einschätzung mit.

Die Besprechung der Aufsatzart der Erörterung verlangt von den Lehrkräften, besondere Sorgfalt und Gewissenhaftigkeit walten zu lassen, möglichst klare Anweisungen und Lernhilfen zu geben, deutliche Maßstäbe zu setzen, die einer möglichen Objektivierung der Beurteilung der Schreibleistung zumindest nicht entgegenstehen.

Der häufig Schüler/innen überfordernde Anspruch im sogen. „Besinnungsaufsatz" alter Schule, dessen Aufgabenstellung nach Sinnfindung und ordnender Sinngebung fragte, ohne selbst Lösungen parat zu haben, wurde in den siebziger bis neunziger Jahren (des 20. Jahrhunderts) von der modernen Didaktik des Deutschunterrichts massiv kritisiert. So gehen heute die meisten Lehrpläne der Realschulen und Gymnasien in den Bundesländern von der Aufsatzart der Erörterung aus, die in ihrer komplexen Struktur in den 10. Klassen geübt wird und in den Oberstufen der Gymnasien und Fachoberschulen eine Fortsetzung und Steigerung in Niveau und Schwierigkeitsgrad erfährt.

Formen des Erörterns

Die sogen. Besinnung (Erörterung) setzt nicht mehr erst ein mit der 11. Klasse am Gymnasium, vielmehr wird die Diskussion, die Debatte, das Streitgespräch und die begründete oder begründende Stellungnahme ab der 7. Klasse in verschiedenen Lehrplänen gefordert. In der Praxis erlaubt eine emanzipatorische Didaktik diese Unterrichts- und Schreibformen freilich auch schon in den 5. und 6. Klassen, sodass ein langsam fortschreitendes Einüben und Hineinwachsen in die lineare wie dialektische Auseinandersetzung mit aktuellen Themen helfen kann, die Qualität der Erörterungen zu verbessern.

Problematik bei der Themenstellung

Da Begriffe von ihrem jeweiligen gesellschaftlichen Kontext abhängig sind und gesellschaftliche und weltweite Prozesse und Strukturen immer schwerer durchschaubar und begreifbar sind, ist die Beschäftigung mit mehr oder weniger nahe liegenden Problemen besonders im Deutschunterricht von Bedeutung. Die Aufsatzform der Erörterung fordert von den Schülerinnen und Schülern, alle Sinne zur Be-Sinnung in Anspruch zu nehmen, Wahr-Nehmung zu üben, das Wesen der Dinge zu er-fassen, den Kern der geistigen Gegenstände in den Griff zu bekommen bzw. zu be-greifen. Mit der Ersetzung des Begriffs „Besinnungsaufsatz" durch den der Erörterung ist es allein nicht getan, weisen doch jüngere Sprach- und Arbeitsbücher zur Aufsatzlehre im Deutschunterricht ähnliche Schwächen auf wie die Werke aus den fünfziger und sechziger Jahren, wenn

- sie Schüler/innen mit Themenstellungen und Arbeitsaufträgen überfordern (z. B.: Welcher Spielfilm der letzten Jahre hat dich zur Auseinandersetzung mit einem Problem unserer Zeit aufgefordert? Setze dich damit antithetisch auseinander.)
- die Aufgaben in sich nicht logisch und stringent formuliert sind (z. B.: Warum ist das Auto so beliebt? – Hat das Fernsehen den Film verdrängt? *Anmerkung*: Der schlaue Schüler oder die schlaue Schülerin antwortet hier nur mit Ja oder Nein und gibt den Aufsatz ab. Hinzu kommt, dass ein weiterer Fehler in der Themenstellung deutlich wird, da eigentlich eine Unterscheidung zwischen Kino und „Heimkino" gemeint ist, denn im Fernsehen werden ja auch häufig Filme gezeigt.)

- Themenstellungen in einen luftleeren Raum gestellt werden, ohne einen didaktischen Kontext herzustellen (z. B.: Musik ist das halbe Leben. Setze dich damit auseinander. _Anmerkung_: Das Thema mag dann berechtigt sein, wenn ein fächerübergreifender Unterricht mit Musik stattgefunden hat oder wenn im Deutschunterricht die Funktion von Musik besprochen worden ist.)
- der moralische Zeigefinger für die Schüler/innen zur bedrohlichen Faust wird (z. B.: Die Jugend ist heute maßlos.)
- die Aufgabenstellung Schüler/innen erheblich unterfordert oder sie nicht ernst nimmt (z. B.: Soll man sein Fahrrad selbst reparieren?)
- Themen regelrecht zur Phraseologie (zumeist aufgrund von Überforderung) auffordern (z. B.: Erörtere oder erörtern Sie die Bedeutung von Gehorsam, Glaube, Religion, Lebenssinn, Kunst oder anderem. Oder: Die Erörterung muss Anstoß und Anlass zu einer Sinnfindung werden. Erörtere oder erörtern Sie diese Problematik.)

Freilich ist die Erfassung und Deutung eines Themas, das erörtert werden soll, abhängig vom individuellen Erfahrungshorizont der einzelnen Schüler/innen, sodass sich gerade eine mögliche Unter- oder Überforderung innerhalb einer Klasse schwer feststellen lässt. Hier soll lediglich auf die Gefahren hingewiesen werden, die die Freude am Schreibprozess mindern oder eine regelrechte Aversion erzeugen können. Eine Mitbestimmung im Klassenverband bezüglich der Auswahl verschiedener Themenblöcke kann hier hilfreich und präventiv wirken. Beispielsweise finden Jugendliche in der Auseinandersetzung mit unserer Umwelt sehr wohl Themenfelder, die sie interessieren und motivieren. Die Erfahrung zeigt, dass das aktuelle Zeitgeschehen häufig Anlass ist für heftige Diskussionen und Debatten im Plenum der Klasse. Hier ist es die Aufgabe der Lehrer/innen und Schüler/innen, gemeinsam zu recherchieren, Fakten, Thesen, Beispiele und Argumente zusammenzustellen, um Hintergrundwissen zu schaffen (vgl. V 1)

Bearbeitung des Themas ist abhängig vom individuellen Erfahrungshorizont des Schülers/der Schülerin

Von der Einführung der Aufsatzform der Erörterung bis hin zur ersten Lernzielkontrolle (Test, Stegreifaufgabe, Klassenarbeit, Schulaufgabe etc.) müssen Schüler/innen eine lange Strecke zurücklegen. Unabhängig von den Erfahrungen der Schüler/innen in den 5. bis 8. Klassen in Streitgesprächen, Diskussionen bis zu schriftlich begründeten Stellungnahmen sollte der Aufsatzunterricht zur Erörterung in den 9. und 10. Klassen mindestens jeweils zehn Unterrichtsstunden einnehmen, um den Schülerinnen und Schülern eine kontinuierliche Einarbeitung zu ermöglichen. In leistungsschwachen Klassen müssen noch Übungsphasen, z. B. Gliederungsübungen, zusätzlich eingebaut werden.

Erörterung erfordert viel Zeit und intensive Behandlung im Unterricht

Ein Plädoyer für die gezielte Vorbereitung von bestimmten Themenkreisen und -blöcken lässt sich untermauern mit dem Hinweis auf die bildliche Darstellung mithilfe von zwei unterschiedlich großen Kreisen oder Mengen. Der äußere Kreis stellt den mehr oder weniger großen Themenbereich dar, der in der Vorbereitungsphase Unterrichtsgegenstand ist. Der innere Kreis – es muss sinnbildlich kein konzentrischer sein – erfasst die Auswahl der Einzelthemen in der Situation der Lernzielkontrolle. Je größer der Radius des äußeren Kreises und je kleiner der des inneren ist, umso schwieriger ist die Transferleistung für die Schüler/innen. Beispiele:

Eingrenzung der Themenbereiche

Äußerer Kreis (im Unterricht besprochene Themenbereiche):
- Problematik der Unterentwicklung der Länder in der sogenannten Dritten Welt
- Funktion(en) von Literatur
- Umweltproblematik

Innerer Kreis (Lernzielkontrolle bzw. Themenstellung):
- Erörtern Sie (erörtere) Für und Wider der Entwicklungshilfe für die Länder der Dritten Welt.
- Literatur ist eine reine Freizeitbeschäftigung. Die Technik des Lesens zu beherrschen ist deshalb nicht mehr notwendig. Lesen muss man also nicht mehr können. Nehmen Sie (nimm) kritisch Stellung zu dieser These.
- Inwieweit ist eine getrennte Müllentsorgung zum Schutz der Umwelt sinnvoll? Begründen Sie Ihre Entscheidungen (begründe deine Entscheidungen).
- Wäge/Wägen Sie Sinn und Zweck eines Sonntagsfahrverbots (für private Kraftfahrzeuge) ab.
- Erörtern Sie (erörtere) das Für und Wider höherer Strafen für Umweltsünder.

Lehrplanbezug

Auf eine weitere mögliche Differenzierung innerhalb der argumentierenden Aufsatzformen zwischen Erörterung und Problemaufsatz wird nach Durchsicht der Lehrpläne der verschiedenen Bundesländer für Realschulen und Gymnasien verzichtet. Die meisten Empfehlungen und Lehrplanvorgaben für den Aufsatzunterricht gehen vom Oberbegriff der Erörterung oder des Problemaufsatzes aus, ohne eine Unterscheidung zwischen Sachfragen (Erörterungsthemen) und Entscheidungs- und Wertfragen (Problemaufsatzthemen), wie sie unter anderem noch E. Steinbügl (Der deutsche Aufsatz 2, Oldenbourg-Verlag, München 1966 u. ö.) vornimmt, für erforderlich zu halten.

Synopse 12: Freie Erörterung in verschiedenen Jahrgangsstufen

Erörterung	Anforderung an die begründete Stellungnahme	Anforderung an die dialektische Erörterung
Vorbereitungs- und Konzentrationsphase	Erschließen des Themas, eines einfachen Sachverhalts oder von Fragen aus dem Erfahrungsbereich der Schüler/innen (Was will das Thema? Ist die Heranziehung von Informationsmaterial notwendig?)	Themenanalyse von anspruchsvolleren Problemen sowie Definition der im Thema auftretenden Begriffe (Was will das Thema? Welche Begriffe müssen geklärt werden? Liegt ein echter Gegensatz vor? Kann die These/Themenfrage bejaht oder verneint, gestützt oder widerlegt werden?)

Erörterung	Anforderung an die begründete Stellungnahme	Anforderung an die dialektische Erörterung
Stoffsammlung	Sammeln von Stichworten zu den verlangten Einzelaspekten (Welche Gedanken und Beispiele lassen sich für die Abhandlung der Stellungnahme finden?)	Sichtung des Informationsmaterials und Sammeln von Stichworten; Trennung des Unwesentlichen vom Wesentlichen, mögliche Erstellung eines Katalogs von (Stichworten zu) Argumenten und Gegenargumenten als Voraussetzung für eine möglichst objektive Betrachtung
Struktur	Reihende, additive Darstellung der Aspekte und Zuordnung zu möglichen Oberbegriffen, Einteilung der einzelnen Aspekte gemäß ihrer Wichtigkeit, Bilden einer Argumentationskette	ebenso oder Dezimalgliederung induktive wie deduktive Verfahrensweise, kontroverse Darstellung und gewichtende Gliederung der Argumente und Gegenargumente vom weniger Bedeutenden zum Schwerwiegenden und Einteilung nach übergeordneten Gesichtspunkten; Anordnung einer Argumentationsfolge, die die Entscheidung begründet entweder standardmäßig in geschlossenen Blöcken oder schrittweise (dialogisches Modell), evtl. mit abschließender Synthese
Inhalt	Formulierung der Zustimmung oder Ablehnung zur gestellten Sach-, Entscheidungs- oder Problemfrage Darstellung der Einsicht oder Erkenntnis	Ausführung der Gliederungspunkte in einem zusammenhängenden Text, Gestaltung des systematisch-logischen Aufbaus der Erörterung, Anordnung einer Argumentationskette, Herstellung von Bezug und Verknüpfung der Argumente mithilfe inhaltlich überzeugender und sprachlich gewandter Überleitungen, Verbindlichkeit der Argumente, logische Schlüsse
Adressatenbezug	Versuch der Überzeugung des potenziellen Adressaten	überzeugende Auseinandersetzung mit dem Thema unter Berücksichtigung gegensätzlicher Standpunkte oder Begriffspaare und Darlegung einer Lösung, eines Kompromisses, einer Synthese, Beseitigung der Unklarheit

Erörterung	Anforderung an die begründete Stellungnahme	Anforderung an die dialektische Erörterung
Stil und Form	persönlich engagierter, aber weitgehend sachlicher Stil Vermeidung der Umgangssprache differenzierender Satzbau unter Einschluss von Kon- und Subjunktionen	sachlich-lexikalische Definition der zu reflektierenden zentralen Begriffe, klarer, sachlich-logischer Aufbau der Syntax unter Verwendung von verknüpfenden Sub- und Konjunktionen
	Ich-Perspektive	in Abhängigkeit vom Thema Ich-Form denkbar
	Zeitstufe ist vorwiegend das Präsens, erforderlichenfalls Präteritum oder Perfekt unter Beachtung der Zeitenfolge	Zeitstufe ist vorwiegend das Präsens, erforderlichenfalls Präteritum oder Perfekt unter Beachtung der Zeitenfolge

14.2 Definition

Die lexikalische Definition der Erörterung als Kommunikationsform erstreckt sich lediglich auf die Verwendung von Synonymen wie Besprechung, Aussprache, Diskussion und Debatte. Themen – Sachverhalte wie Probleme – zu erörtern heißt demnach: etwas besprechen, beraten, bereden, durchsprechen, debattieren, diskutieren, durchnehmen, behandeln. Im Mittelhochdeutschen existiert noch der Begriff „örtern" und meint, etwas genau untersuchen, etwas determinieren, im Sinne von den Ort bestimmen, den Begriff abgrenzen, ein Urteil abgeben oder zurückführen auf seinen Ort und Terminus, seine Begriffsabgrenzung.

Erörterung als Kommunikationsform (mündlich)

Die Definition der Aufsatzart „Erörterung" hingegen umfasst im weitesten Sinne alle Varianten und Bezeichnungen der erörternden Darstellungsformen wie schriftliche Argumentation, Diskussion, Debatte, Streitgespräch, einfache und begründende oder begründete Stellungnahme, entwickelnder oder linearer, antithetischer und dialektischer Problemaufsatz.

Erörterung als Aufsatzart (schriftlich)

Im engeren Sinne ist die Erörterung die Aufsatzform, in der innerhalb eines komplexen Schreibprozesses zu Sach- und Problemfragen logische Gedankengänge entwickelt, verschiedene Anschauungen, Standpunkte und Einsichten formuliert und Argumente entwickelt werden.

Somit fordert die Erörterung als Aufsatzart klare Abgrenzung, Klärung und Definition von Begriffen, Entwicklung logischer Gedankengänge und verschiedener Standpunkte und Einsichten, Begründung von Sachverhalten, Entscheidung zu und Lösung von Problemen, Stellungnahme und persönliche Wertung. Daraus ergibt sich ein schrittweises Vorgehen in folgender Reihung:

- Reflexion der Themenstellung sowie Analyse des Themas und Klärung der Begriffe
- Materialbeschaffung und -sichtung sowie Auseinandersetzung damit (nicht bei Schulaufgaben/Klassenarbeiten)
- Stoffsammlung

- Planung des Aufsatzes
- Gliederung
- Ausführung des Aufsatzes durch Entwurf und Gestaltung einer Einleitung, Konzeption des Hauptteils, Formulierung des Schlussteils

14.3 Mögliche Unterrichtsschritte

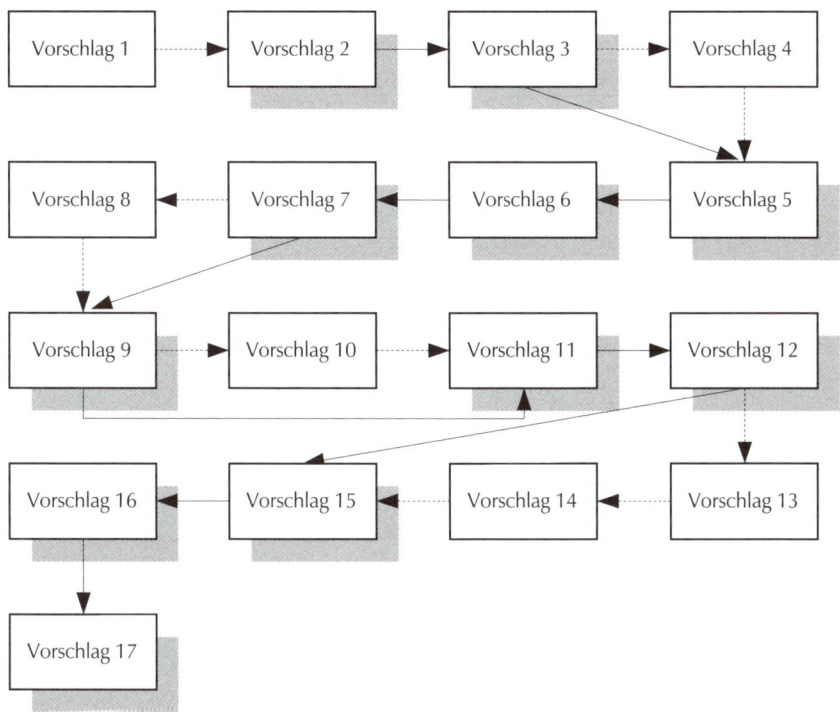

Erläuterung: V 1, 4, 8, 10, 13, 14 können als fakultativ betrachtet werden. Die schattierten Vorschläge sind eine Art „Minimalprogramm" zur Einübung der verschiedenen Formen des Erörterns.

Da die kognitiven wie operationalen Grundlagen jeder Erörterung Kenntnisse in der Argumentationslehre voraussetzen, wird das Kapitel „Mögliche Unterrichtsschritte" unterteilt: Den Ausführungen zur Argumentationslehre, in die Unterrichtsformen wie mündliches und schriftliches Streitgespräch, Diskussion und Debatte integriert sind, folgen die Abschnitte zur begründeten Stellungnahme, zur steigernden oder linearen Erörterung, zur antithetischen und dialektischen Erörterung, zur Texterörterung und zur literarischen Erörterung.

Verschiedene Vorformen des Erörterns werden zunächst geübt

Die Argumentation

Argumentation als Einstieg in die mündliche Form des Erörterns

Die Argumentationslehre bietet verschiedene Möglichkeiten des Einstiegs. M 1 und M 2 lassen sich ebenso gut in die Kapitel Streitgespräch, Diskussion oder Debatte integrieren. Sie sind nicht voneinander abhängig und können als alternative Texte betrachtet und besprochen werden. Die folgende Reihung kann demnach ohne weiteres gemäß den entsprechenden Vorgaben der z. T. unterschiedlich angeordneten Lehrpläne in Abhängigkeit von Bundesland, Schultyp und Jahrgangsstufe variiert werden. In niedrigeren Jahrgangsstufen (5, 6, evtl. 7) empfiehlt sich ein Einstieg mit dem Streitgespräch (s. S. 205 ff.). Nach der Besprechung von V 4 und 5 erweisen sich einzelne Ausführungen aus M 2 als sinnvoll.

Vorschlag 1:

Leere Blätter werden an die Schüler/innen ausgegeben, die aufgefordert werden, spezielle Probleme, Themenfelder oder -blöcke zu notieren (Brainwriting), die sie besonders interessieren und die sie im Deutschunterricht für diskussionswert halten. Die Lehrkraft sammelt die Notizen ein, wertet sie aus und bietet evtl. nach der Häufigkeit der Nennungen entsprechende Themen für Diskussionen, Debatten, Streitgespräche, simulierte Talkshows und schriftliche Stellungnahmen an.

Beispiel: Schüler/innen der 9. und 10. Klassen notierten folgende (fächerübergreifenden) Themen (es werden Original-Schüleräußerungen zitiert):

Themenbereiche für die Argumentation

- Fehlende sexuelle Aufklärung in der Schule (Aids und das ethische Problem)
- Einsätze der Bundeswehr im Ausland
- Modevorschriften der Eltern
- Taschengeldkürzung als (un)angebrachte Strafe (mangelndes Taschengeld)
- Musikgeschmack wird vorgeschrieben.
- Fernsehverbot ist blöd.
- Schulische Lektüreauswahl ist langweilig.
- Lehrpläne sind trocken (überzogen).
- Warum ist keine Zeit im Unterricht für ernste Themen?
- Jugendzeitschriften sind hilfreich oder blöd oder sie lügen, erzeugen Illusionen oder gehen weit über die Informationen hinaus, die man von den Eltern erhält.
- Freunde/Freundinnen will ich mir selber aussuchen.
- Ausländer nehmen uns doch die Arbeitsplätze weg.
- Wahlrecht für alle Ausländer/innen, die länger in Deutschland leben
- Keiner hilft uns bei der Berufswahl, erst recht nicht die Schule.
- Unsere Zukunft ist (total) unsicher.
- Jeder, der sich anstrengt, kann was werden. Wie werde ich Millionär?
- Aufs Fernsehen und die Computerspiele zu schimpfen bringt nichts, dann machen wir's erst recht.
- Fernsehen ist gar nicht so schädlich, wie man immer behauptet.

- Filme sind oft besser als die Romanvorlage. (Romane sind besser als die Filme dazu.)
- Warum träumen wir? Wie leben wir gesund? Wie wird man eine starke Persönlichkeit?
- Hausaufgaben finden wir blöd oder berechtigt oder notwendig.
- Warum sollen Jugendliche mit 16 Jahren nicht wählen dürfen?
- Jeder Mensch braucht eine Religion, aber die Kirche ist oft spießig.
- Die Erwachsenen reden immer von der Umwelt, tun aber selber nichts.
- Auto- und Motorradfahren ist geil, Omnibusfahren langweilig.

Vorschlag 2:
Im UG werden die Begriffe Argument, Argumentieren, Argumentation erarbeitet. (Auch zu dieser Themenstellung können wiederum Lexika herangezogen werden.) Fragen und fehlerhafte Beispiele (Pseudo-Argumente) können zu möglichen Merktexten hinführen. Beispiele: Warum ist ein Beispiel/eine Behauptung/ein Vergleich noch kein Argument? Warum sind Verallgemeinerungen nicht als Argument geeignet? Was bedeutet die Formulierung, ein Vergleich hinke?

V

Begriffsbestimmung

> Ein _Argument_ (lat. argumentum = Gehalt, Beweis) ist eine stichhaltige, logische Darstellung, ein Beweis, eine Entgegnung mit dem Zweck, einen Gesprächspartner vom eigenen Standpunkt zu überzeugen. Argumentieren beschreibt den Kommunikationsprozess, den mündlichen wie schriftlichen Ablauf, in dem die Argumente dargeboten werden. Ein gutes, überzeugungskräftiges Argument ist eine zu belegende, durch seine inhaltliche Richtigkeit überzeugende, stichhaltige Begründung einer Behauptung oder Aussage.
> _Die Argumentation_ erfasst den Bauplan, der die gegliederte, zielgerichtete Folge von Argumenten und Begründungen sowie die gesamte Beweisführung zum Inhalt hat.

M 1

zu Argument und Argumentation

Vorschlag 3:
Ähnlich wie V 2 leiten W-Fragen im UG über zur Erarbeitung eines Merktextes, der allerdings in Abhängigkeit von der Jahrgangsstufe komplexer als M 1 gestaltet sein kann. Die Fragen können tabellarisch unterteilt werden in wert- und sachbezogene Fragen oder in Wissens- (1), Wert- (2) und Verständnisfragen (3), wobei letztere nach den Ursachen, Hintergründen, Auswirkungen, Folgen und möglichen (Gegen-)Maßnahmen forschen. Beispiele:

(1) Wissensfragen zu	(2) Wertfragen zu	(3) Verständnisfragen zu
Einzelinformationen	persönlichen Meinungen	Sachgebieten
Begriffen	subjektiven Urteilen	Zusammenhängen
Zahlen	Einschätzungen	Logik und Aufbau
Fakten	Wertschätzungen	tief gehenden Überlegungen
Namen	Glaubensthemen	Kombinationen
Daten	Weltanschauungen	Argumentationstechniken

- Wie ist die These X zu erklären? Was sagt sie aus? Warum verhält sich das so?
- Wie ist die These oder der Sachverhalt zu beurteilen oder zu bewerten?
- Warum ist sie oder er so zu beurteilen?
- Welche Schlüsse sind daraus zu ziehen? Warum ziehen wir sie daraus? Welche Schlussfolgerungen, Empfehlungen, Forderungen sind denkbar oder möglich?

M 2

*zur Begriffs-
klärung von
Argumentieren,
Argumentation
und Argument*

☞ Argumentieren:
Wir argumentieren, um etwas Strittiges oder Umstrittenes, Zweifelhaftes, schwer Beantwortbares zu klären. Entscheidungen können so herbeigeführt werden. Dabei erklären, beurteilen und empfehlen wir, indem wir verschiedene Standpunkte abwägen. Der Feststellung und Erklärung folgen in der Regel Beurteilung eines bestimmten Problems oder dessen Lösung.

☞ Argumentation:
Da diese sprachlichen Prozesse aber auch weitere Streitfragen aufwerfen können, problematisieren wir Thesen oder Themen und suchen Gründe, Motive und Beispiele für unsere Behauptungen. Erst wenn wir Fakten, Vergleiche, Hin- und Verweise auf Ähnliches, überprüfbare Beobachtungen und Kenntnisse eingebunden haben, können wir von stimmiger Argumentation sprechen.

☞ Argument:
Ein Bestandteil einer Argumentation ist ein Argument (These). Es kann sein, dass Beispiele typische Einzelfälle oder persönliche Erfahrungen beinhalten, sie sollten allerdings allgemeingültigen Charakter haben. Ein Argument kann ausgebaut werden durch die (abwägende und erörternde) Darstellung des eigenen Standpunkts unter Einbeziehung der Meinung des potenziellen Gegners oder Widersachers.

Das Streitgespräch

Das Streitgespräch als Kommunikationsform wird in verschiedenen Lehrplänen der Bundesländer als Einstieg in den argumentierenden Schreibprozess betrachtet. Streitgespräch, Diskussion und Debatte sind nicht abhängig von den einzelnen Jahrgangsstufen, sehr wohl aber von den unterschiedlichen Themenbereichen, die sich in den Klassen 5 bis 10 aus dem Kontext des (fächerübergreifenden) Unterrichts ergeben. Mündliche und schriftlich fixierte Rede und Widerrede im Dialog können als Einübung für die begründete Stellungnahme genauso ihre Dienste leisten wie in höheren Klassen für die Erörterung oder den Problemaufsatz. Der Vorteil der schriftlichen Übung, z. B. zwei (fiktive) Personen sprechen zu lassen, erleichtert den Schülern und Schülerinnen häufig die schwer fallende Aufgabe, den anders denkenden Gesprächspartner in die Gedankenauseinandersetzung mit einzubeziehen. Je nach Altersstufe können Themenbereiche angeboten werden, die der Erfahrungswelt der Schüler/innen entsprechen.

Streitgespräch ist Einstieg in argumentierenden Schreibprozess

Das mündliche wie schriftlich fixierte Streitgespräch im Unterricht ist eine von verschiedenen Übungen im Rahmen der Argumentationslehre. Die Vielzahl der technischen Kommunikationsmittel ersetzt nicht die Aufgabe, im persönlichen wie schulischen Bereich Hilfestellungen zur Entwicklung einer angemessenen Streitkultur anzubieten. Synonyma in einschlägigen Lexika zum Begriff „Streitgespräch" deuten den pejorativen Beigeschmack des Wortes an: Wortstreit, Wortgefecht, Polemik, Disput, Streit. In V 4 soll das Spektrum des Begriffs Streit-Gespräch reflektiert werden, um die Erkenntnis zu vermitteln, dass mündliche Auseinandersetzungen – ob im Klassenverband oder in einem anderen gesellschaftlichen Kontext – die Funktion haben können, die eigenen geistigen, intellektuellen und sozialen Fähigkeiten zu entwickeln und zu steigern.

Streitgespräch gehört zur Argumentationslehre

Vorschlag 4:

In einer Wortschatzübung, die zu einem TA führen kann, werden möglichst viele Begriffe der Wortfelder Streit und Gespräch gesammelt, um sich jeweils deren Bedeutung vor Augen zu führen. In einer Tabelle oder auf einer vorbereiteten Skala (+/0/–) werden die Begriffe je nach positiver, „wert-freier" oder pejorativer Bedeutung zugeordnet. Verschiedene didaktische Wege führen zu einem ähnlichen Ergebnis, das zumindest das unterschiedliche wie übereinstimmende semantische Verständnis der Schüler/innen der Klasse zu den einzelnen Begriffen aufzeigen sollte. Ein vorgefertigtes Plakat wird im Klassenzimmer aufgehängt, auf dem vier Spalten eingetragen sind. Die erste Spalte listet die zu reflektierenden Begriffe auf wie streitbar, streiten, Streit, Streiterei, Streitgespräch, streitsüchtig, Streithammel, strittig, Streitigkeit, Streitfall, Streitmacht, Streitkräfte, Streitobjekt, Gespräch, Zwiegespräch, Konversation, Unterhaltung, Telefongespräch, gesprächig, geschwätzig, Aussprache und andere. Die Spalten 2, 3 und 4 weisen die Wertungen +/0/– auf. Die Schüler/innen erhalten so viele Klebepunkte, wie die Spalte 1 Begriffe aufweist. Anschließend müssen sie sich durch Aufkleben jeweils eines Punktes pro Begriff

Tabellen und Plakate zum Wortfeld „Streit"

in eine der drei Spalten +/0/– entscheiden, ob sie dem Wort pejorative, wertneutrale oder positive Bedeutung zuschreiben. In einem anschließend geführten Gespräch wird durch die Schüleräußerungen deutlich, warum es „Abweichler" von der favorisierten Meinung und Begriffsvorstellung gibt.

Alternative: Spalten und Begriffe sind an der Tafel festgehalten, durch Handzeichen stimmen die Schüler/innen nach Befragung ab, wo sie den jeweiligen Begriff zuordnen wollen. Die Zahl der Akklamationen wird in jeder Spalte festgehalten.
Ähnlich kann verfahren werden auf der Suche nach entsprechenden Synonyma. Allerdings werden diese dann als die das ursprüngliche Wort ersetzenden Ausdrücke (gemäß der Mehrheitsmeinung) in die jeweilige Spalte eingetragen. Beispiel: Die Begriffe „Streit und streiten" lösen bei Schülerinnen und Schülern unterschiedliche Assoziationen aus (einen Konflikt ohne Gewalt austragen, sich mündlich auseinander setzen, Wortgefecht, plänkeln, Stunk machen, eine Szene machen, Krach schlagen und haben, Prügelei). Die Synonyme werden den Spalten +/0/– zugeordnet.
Während der Anfertigung der Tabellen und Hefteinträge sollte genügend Zeit für das UG oder die Diskussion zur Verfügung stehen, um aufgrund des unterschiedlichen Erfahrungshorizontes der Schüler/innen die Differenzen im Verständnis um den jeweiligen gerade behandelten Begriff deutlich zu machen.

Vorschlag 5:

schriftliches Streitgespräch

Das schriftliche Streitgespräch kann als Schulübung oder HA gestellt werden. Die Aufgabenstellung kann in den Rahmen einer kreativen Ü gestellt werden: Die Klasse ist die Schreibwerkstatt, in der Einzelne oder der Klassenverband als Kollektiv von einer Filmgesellschaft beauftragt sind, Dialogszenen für einen Film zu Themen wie: Schulalltag, Freizeitgruppe, Sport, Umwelt, Ferien und Urlaub, Kleidung und Mode, Normen und Vorschriften, Eltern-Kind-Konflikt, Streitgespräch unter Freunden, Freundinnen und Geschwistern und anderes zu schreiben. Die Vorgaben können auch deutlicher eingeengt werden, indem Themen (für eine Talkshow) genau vorgegeben werden.
Beispiele:
• Was spricht für, was gegen einen koedukativen Sportunterricht?
• Sollen Schüler/innen ihre Sportarten selbst wählen dürfen?
• Soll der Sportunterricht (Kunst-, Musik-, Religions-, Ethikunterricht) abgeschafft werden?
• Ist koedukativer Unterricht sinnvoll oder sollten die Jungen und Mädchen besser getrennt unterrichtet werden?
• Sollte Schülerinnen und Schülern heute noch der Unterricht in einer Tanzschule empfohlen werden?
• Ist Fernsehen wirklich schädlich?

Alternative: Die im Klassenverband gespielte Talkshow wird von einzelnen Schülerinnen und Schülern protokolliert (vgl. Kapitel 9: Protokoll, S. 119 ff.).

☞ Im _mündlichen Streitgespräch_ stehen sich zwei oder mehr Kommunikationspartner gegenüber, die einen Sachverhalt, ein Problem oder einen Konflikt konträr bzw. gegensätzlich erörtern. Das Bemühen des jeweiligen Dialogpartners sollte sein, die eigenen Argumente sachlich, genau und wirksam vorzutragen, auf neue Aspekte (Gesichtspunkte) des Gesprächspartners einzugehen, ohne dabei (mithilfe neuer Argumente) auf die Verteidigung der eigenen Standpunkte zu verzichten. Entscheidungen, Lösungen oder Kompromisse müssen sich am Ende nicht unbedingt ergeben, sind aber wünschenswert.

Erkläre in der Einleitung – dies kann ein Gesprächspartner übernehmen – den Anlass des Gesprächs und erläutere ebenso im Schlussteil – wiederum durch einen der Redner –, ob das Gespräch offen oder mit einem Ergebnis, einer eindeutigen Lösung oder einem Kompromiss endet.

_M_
zum Streitgespräch

☞ Im _schriftlichen Streitgespräch,_ das von einer Person angefertigt wird, ist es erforderlich, eine Dialogszene zu schaffen. Dabei müssen die gegensätzlichen Meinungen und Argumente beider Partner berücksichtigt werden. Es ist demnach notwendig, sich in die Gegenargumente des fiktiven Gesprächspartners hineinzudenken, auch dann, wenn man selbst nicht hinter dem vermeintlich Gesagten steht. Sich in die Gedankenwelt des Gegners zu versetzen führt dazu, Probleme von verschiedenen Seiten betrachten zu können.

Für beide Formen des Streitgesprächs gilt: Stelle die Rede und die Gegenrede in einen sinnvollen Zusammenhang und vermeide dabei Beleidigungen und Grobheiten. Bemühe dich um einen vollständigen Satzbau, um die jeweiligen Argumente klarer gestalten zu können.

Die Diskussion

Die Diskussion im Klassenverband ist ein Weg zum Ziel, Kinder und Jugendliche ernst zu nehmen, ihre Interessen und Anliegen aufzugreifen, ihre Vorstellungen anzuhören, Motivation zu schaffen. Ernst gemeinte Diskussionen ab dem 5. Schuljahr dürfen nicht mehr dem Odium erliegen, es handle sich um vergeudete Deutschstunden. Schüler/innen lernen, andere Meinungen zu akzeptieren, Hintergründe zu erfragen und zu bedenken, unterschiedliche Lebenserfahrungen Gleichaltriger zu verstehen. Der Zwang zum Hinhören sowie die Zurücknahme der Lehrkraft bei gleichzeitiger Anweisung, dass jeder vom anderen lernen könne, weil sein Leben sich nicht absolut in gleichen Bahnen abspiele, ist deshalb äußerst wichtig, weil Schüler/innen nach wie vor im Frage-Antwort-Spiel in erster Linie lehrerorientiert sind. Die Zehnjährige oder der Zwölfjährige orientieren sich v. a. an der Autorität des Lehrers oder der Lehrerin, um z. B. vom letzten Ferienerlebnis zu erzählen, von der letzten Erfahrung mit Schulstress u. Ä. Erörtern fällt den Schülerinnen und Schülern in höheren Klassen wohl auch deshalb so schwer, weil vielen Klassen eine entwickelte Gesprächskultur fehlt, die früh genug eingeübt werden muss. Veränderung der Sitzanordnung im Klassenzimmer (U-, L-, T-, Kreis-Form) kann einen positiven Effekt haben und die Kommunikation fördern. (Nur derjenige spricht, der den Ball, das Sandsäckchen, die Feder o. Ä. in der Hand hält, die anderen hören zu.) Moderne Moderationstechniken sind auch in der Sekundarstufe I hilfreich.

Eine Unterhaltung zwischen verschiedenen Kommunikationspartnern kann informell und ohne jegliche strukturelle und inhaltliche Vorgabe ablaufen. In einem Gespräch geht es häufig um Sachverhalte, die eine Argumentation verlangen, die Diskussion dient der Erörterung eines Problems oder Konflikts, einer ungeklärten Frage, um sich Klarheit, Lösungsmöglichkeiten und neue Erkenntnisse zu verschaffen. In der Diskussion werden demgemäß gegenüber dem Gespräch die formalen und inhaltlichen Ansprüche an alle Kommunikationsteilnehmer/innen angehoben, deren erfolgreiche Umsetzung durch gute Vorbereitung und erfahrene Führung (Moderation) gewährleistet werden kann. Um einen erfolgreichen Ablauf zu sichern sind verständnisvolles Zuhören, richtiges Erfassen der angeschnittenen Probleme, die Bereitschaft zur gedanklichen Auseinandersetzung, die Klarheit und Genauigkeit in der Argumentation allgemeine Voraussetzungen. Anders als im Gespräch sollten Diskussionsgegenstand, Diskussionsleiter/in oder Moderator/in und Protokollant/in festgelegt werden. Die Aufgaben des Diskussionsleiters oder Moderators erstrecken sich von der Organisation, der Durchführung mithilfe einer Rednerliste bis hin zur inhaltlich neutralen Lenkung der Diskussion selbst. Redezeiten können gemeinsam festgelegt, Unklarheiten, Gemeinsamkeiten, Ergebnisse sollten festgehalten werden.

Die besondere Form der Podiumsdiskussion regelt den Ablauf der Redebeiträge der Kommunikationspartner/innen, die auf einem Podium (in der Aula, im Klassenzimmer, im Saal), örtlich platziert vor einem Plenum (wie

Diskussion dient der Erörterung eines Problems

wichtig: der/ die Diskussionsleiter/in

Podiumsdiskussion

Schulversammlung, Klasse, Mittelstufe u. Ä.), ihre Anschauungen zu einem bestimmten Thema zum Besten geben.

Vorschlag 6:
Im Anschluss an V 1 werden Themen formuliert, die der Einübung der Argumentationstechniken dienen (s. auch Kapitel 14.7). Je nach Jahrgangsstufe und Leistungsstand der Klasse wird der Schwierigkeitsgrad des Themas angehoben oder gesenkt.

V

Um Sinn, Zweck und Intention von Diskussionen der jeweiligen Klassenstufe zu vermitteln, ist sowohl der induktive als auch der deduktive Weg denkbar, der zu folgendem M führen kann:

Sinn und Zweck einer Diskussion vermitteln

Im Vergleich zur Unterhaltung oder dem Streitgespräch werden in der *Diskussion* die Ansprüche an alle Kommunikationsteilnehmer nochmals angehoben. Um eines erfolgreichen Ablaufs willen sind verständnisvolles Zuhören, richtiges Erfassen der angeschnittenen Probleme, die Bereitschaft zur gedanklichen Auseinandersetzung, die Klarheit und Genauigkeit in der Argumentation allgemeine Voraussetzungen. Anders als im Gespräch sollten Diskussionsgegenstand, Diskussionsleitung oder Moderation sowie Protokollführer/innen vorher festgelegt werden. Die Aufgaben der Moderatoren erstrecken sich von der Organisation über die Durchführung mithilfe einer Rednerliste bis hin zur inhaltlich neutralen Lenkung der Diskussion. Die besondere Form der *Podiumsdiskussion* regelt den Ablauf der Beiträge der Kommunikationspartner, die auf dem Podium (in der Aula, im Klassenzimmer), örtlich postiert vor dem Plenum (der Klasse, der Schulversammlung), ihre Anschauungen und Argumente vorbringen.

zur Diskussion

Beispiele: Argumentiere als SMV-Vertreter/in gegenüber der Schulleitung, warum es für deine Schule sinnvoll ist, eine Theaterlaienspielgruppe einzurichten. Oder: Erörtere Sinn und Zweck der Einrichtung einer schulinternen Bücherei.

Denkbar ist sowohl eine Diskussionsstunde, zu der eine Vorbereitung nicht immer unbedingt notwendig ist, als auch die schriftliche Fixierung von einzelnen Argumenten als HA oder als Übung im Unterricht (vgl. V 12). Eine Nachbereitung ist dann sinnvoll, wenn die Thesen und Gegenthesen, die in der Diskussion oder auf dem Papier entwickelt wurden, ein umfangreicheres Hintergrundwissen erforderlich machen (wie Kenntnisse aus der Tagespresse, rechtliche Bestimmungen im Grundgesetz, in den Verfassungen der Länder, in den Rechtsgrundlagen der Kommunen u. Ä.). Die Durchführung von V 2 und V 3 im Vorfeld zu diesem Unterrichtsvorschlag erweist sich als günstig, aber nicht notwendig.

Themen für Diskussionen

Ähnlich wie in V 4 kann die Metaplanmethode dazu dienen, den Ablauf und die Ergebnisse der Diskussion zu visualisieren. Bögen von Packpapier sind im Klassenzimmer an mehreren Stellwänden oder an den Wänden befestigt, auf

Hilfen, um eine Diskussion durchzuführen

den Tischen liegen Filzstifte und verschieden farbige Kärtchen (in der Größe von etwa zehn mal zwanzig Zentimeter). Die verschiedenen Diskussionsbeiträge werden auf den Kärtchen in großer, lesbarer Schrift festgehalten und an den Stellwänden fixiert. Die Kärtchen sind jederzeit Oberbegriffen oder Gruppen von Meinungen zuzuordnen. Die Schüler/innen verfügen über selbst klebende Markierungspunkte, die sie beispielsweise zu den ihnen wichtig erscheinenden Argumenten kleben. Mehrere Varianten wie Arbeit in Groß- oder Kleingruppen, Wechsel der Moderation, Arbeit im Plenum sind möglich.

Die Debatte

Die Debatte ist eine kämpferisch-verbale Auseinandersetzung zwischen Kommunikationspartnern (Gegnern), die in der Regel feste Positionen bezogen haben, die sie vertreten und verteidigen. Ihr liegt das Bemühen zugrunde, andere durch Überredung vom eigenen Standpunkt zu überzeugen und mit Argumenten zu „schlagen". Vor Beginn einer Debatte sollte der zu behandelnde Gegenstand, das Thema feststehen. Festgelegt wird, dass zu einem meist antithetisch zu erörternden Thema zwei Gruppen gebildet werden, nämlich die der Befürworter (Antragsteller, Ankläger) und die der Gegner (Antragsgegner, Verteidiger). Die Sitzanordnung wird sinnvollerweise in die Planung mit einbezogen (z. B. Einteilung der Klasse in zwei Gruppen, Thema „Sonntagsfahrverbot"). Bei nicht gleich großen Gruppen können Gesprächspartner in die Rolle des advocatus diaboli schlüpfen (Rollenspiel) und sich der gegnerischen Gruppe bzw. Meinung zuordnen lassen. Auch hierzu ist es zweckmäßig, Protokolle anzufertigen, in denen die Ergebnisse der Debatte festgehalten werden.

Debatte: Gegner/innen verteidigen feste Positionen

Befürworter und Gegner jeweils in einer Gruppe

Vorschlag 7:
Nach dem Muster einer Pro- und Kontra-Sendung im Fernsehen wird die Klasse in zwei Gruppen eingeteilt, ein (vorbereitetes) Thema wird gestellt und die beiden Gruppen erhalten im Wechsel jeweils zwei bis drei Minuten Redezeit pro Mitglied, um die gegensätzlichen Standpunkte zu formulieren. Eine aus drei Personen (Schülerinnen und Schülern) bestehende Jury entscheidet am Ende einer oder zweier Schulstunden, welche der beiden „Mannschaften" die überzeugendere Argumentation präsentiert hat. Die Jury muss ihr Urteil argumentativ begründen. (Das Protokollieren während des Verlaufs der Debatte ist also dringlich zu empfehlen.)
Beispiele:

Rollenspiel: Pro und Kontra

- Der Computereinsatz sollte in der Schule verboten werden und allein dem Berufsleben vorbehalten bleiben.
- Für alle Schüler/innen sollte (wie z. B. in Frankreich) der Ganztagsunterricht eingeführt werden.
- Nur durch ein strenges Sonntagsfahrverbot kann die Belastung der Umwelt (der Smog- oder der Ozongehalt) eingeschränkt werden.

Der folgende Merktext kann vor oder nach der Durchführung des V 7 festgehalten werden:

zur Debatte

> Die *Debatte* (frz. débattre = bestreiten, durchsprechen) verlangt eine noch strengere formale Festlegung als die Diskussion. Das vorgegebene Thema fordert zu Pro und Kontra heraus. Die Pluralität der Meinungen, wie sie in der Diskussion auftreten kann, wird in der Regel eingeschränkt, da sich zwei Parteien in ihren Anschauungen antithetisch gegenüberstehen, nämlich Befürworter (Antragsteller oder Ankläger) und Gegner (Verteidiger). Die Sitzanordnung wird sinnvollerweise vom Leiter und der Leiterin, die die Moderation übernehmen, festgelegt.

auftretende Schwierigkeiten bei Debatte, Streitgespräch und Diskussion

Vorschlag 8:

Der Prozess der Meinungsbildung kann auf sehr verschiedene Weise gestört werden. Das Erkennen der Gefahren wie Kommunikationsbarrieren, Kommunikationsblocker, der sogenannten Killerphrasen und -fragen im mündlichen Sprachgebrauch ist ein erster wesentlicher Schritt zur Anhebung des eigenen Argumentationsniveaus. In einer Nachbesprechung (UG) wird im Klassenverband (Plenum) auf auffällige Schwierigkeiten während der Debatten oder Diskussionen hingewiesen. In schwierigen Klassen können die Gefahren vor Beginn der Streitgespräche besprochen und auf Folder oder Plakat festgehalten werden, um auf diese Weise Regeln zu visualisieren, an die sich alle Kommunikationsteilnehmer/innen halten müssen. Folgender Hefteintrag ist (je nach Klassenstufe in gekürzter Form) denkbar:

Streitgespräche, Diskussionen, Debatten bergen folgende Gefahren in sich:

- nur scheinbares Zuhören wegen gedanklicher Abwesenheit
- ständiges Unterbrechen des Gesprächspartners
- logische Zusammenhänge zerreißen
- übertriebene Selbstbezogenheit durch zu starke Betonung der eigenen Erlebnisse, Erfahrungen und Gefühle, Über- und Untertreibung
- Besserwisserei durch übertriebene Einschätzung der eigenen Werthaltung
- Moralisieren durch Abwertung der Argumentation und des Verhaltens des Gegners/der Gegnerin
- aggressives und fanatisches Verhalten
- Lächerlichmachen und Bagatellisieren (Herunterspielen) der Aussagen und Probleme
- unangebrachtes Rollenspiel in der Rolle des Ungläubigen, des Laien, des Lehrmeisters, des Kleinkarierten, des Großzügigen, des Genauigkeitsfanatikers, des persönlich Gekränkten u. Ä.
- absichtliche Verwirrung, bewusstes Ablenken, Ausweichen und Verdrehen von Tatsachen
- Benutzen unpassender und falscher Vergleiche
- Verschweigen der eigentlichen Sachverhalte
- vermeintliche Lebensweisheiten anbringen und Scheinargumente verwenden
- Bestreiten der Kompetenz des Gegners/der Gegnerin, Unterstellungen
- Phrasendrescherei im Mantel der scheinbar eleganten Redekunst
- Doppelbödigkeit, Mehrdeutigkeit, Scheinheiligkeit in die Argumentation einfließen lassen
- Killerphrasen wie z. B. „Da das schon immer so war, brauchen wir nicht zu diskutieren."
- Schubladendenken (Kategorisierung)
- Dominanz von Vermutungen und Annahmen anstelle konkreter Informationen
- Projektion bzw. Übertragung von eigenen (Denk-)Fehlern oder früherer Erfahrungen auf andere oder auf die Gegenwart
- selektive Wahrnehmung bzw. einseitige Auswahl der Argumente usw.

In vielen Alltagssituationen finden sich mündliche wie schriftliche Kommunikationsformen des *Argumentierens* und *Erörterns*. Behauptungen können sowohl von Tatsachen als auch von subjektiven Vorstellungen, Vermutungen und Anschauungen ausgehen. Um eine Behauptung oder These zu begründen, muss ein *Argument* aufgebaut werden. Ein umfassendes Argument, das überzeugen soll, besteht aus These, Begründung, Beweis oder Beleg, Beispiel (und Bezug zum oben Gesagten). Die Überprüfbarkeit der Argumente beruht auf Beobachtungen, Tatsachen, Erfahrungen, die nachvollziehbar sein sollten, Aussagen von Wissenschaftlern und Fachleuten, Erhebungen, Untersuchungen, Experimenten.

Argumentation

Das *Streitgespräch* dient dem Austausch gegensätzlicher Argumente. In schriftlicher Form werden in einer Dialogszene die Meinungen (Argumente) der verschieden denkenden Gesprächspartner gegenübergestellt.

Streitgespräch

Die *Diskussion* – meist unter Führung einer Diskussionsleitung – ist die Auseinandersetzung zwischen zwei oder mehr Kommunikationspartnern/innen und dient der Klärung eines Sachverhalts oder Problems.

Diskussion

In der *Debatte* stehen sich in der Regel zwei Personengruppen (Parteien) mit gegensätzlichen Anschauungen gegenüber, die ihre Argumente mithilfe von Sachinformationen zu untermauern versuchen, um so die gegnerische Partei oder die Zuhörer/innen vom eigenen Standpunkt zu überzeugen.

Debatte

Um Argumente und Ergebnisse der Diskussion und Debatte festzuhalten, eignet sich insbesondere die Aufsatzform des Protokolls. Mithilfe der jeweiligen Niederschriften lässt sich die Qualität der einzelnen Argumente gut überprüfen.

Die begründete Stellungnahme

schriftliche, präzise Antwort auf eine Themenfrage

Die begründete Stellungnahme als eine mögliche Einführung in argumentierende Aufsatzformen fordert von den Schülerinnen und Schülern eine logisch-sachliche, klare und genaue Antwort auf eine Themenfrage, die als Sach-, Entscheidungs-, Wert- oder Problemfrage formuliert sein kann. Die Einsicht oder Erkenntnis kann sich je nach Fragestellung in der Antwort als subjektive Einschätzung und Gültigkeit oder als objektive Sachentscheidung und Verbindlichkeit widerspiegeln.

Je nach Intensität und Ausführlichkeit der bisher besprochenen Formen der Argumentation können Unterrichtsvorschläge V 1 bis V 8 eingebunden oder vorangestellt werden. Dabei sind vor allem die M 1 und M 2 zur Argumentation (S. 203, 204) für die Besprechung des Aufbaus eines Arguments von Bedeutung.

Vorschlag 9:

Stellungnahme und Brief sind miteinander verwandt

Die meistens in den 7. und 8. Jahrgangsstufen geübte Aufsatzform der begründeten Stellungnahme kann ohne weiteres in Verbindung mit Übungen der 5. und 6. Klassen zur Form des persönlichen und sachlichen Briefs gebracht werden. Einzelne Themen verlangten von den Schülerinnen und Schülern bereits persönliches und sachliches Engagement, um einen Wunsch oder eine Vorstellung beim Adressaten durchsetzen zu können. An Beispielen beliebiger schulinterner oder klassenspezifischer Probleme kann oder soll Stellung bezogen werden. Die unten angesprochenen Beispiele eignen sich für Diskussionen, Debatten, schriftliche Übungen und lehrerzentriertes UG. Schriftliche Stellungnahmen (Schul- oder Hausübung) lassen sich häufig in die Briefform einbinden (vgl. Kap. 10, S. 133 ff.).

Beispiele:

Themen für Diskussionen, Debatten und begründete Stellungnahmen

- Soll aufgrund möglicher Disziplinprobleme die Diskussionsstunde im Deutschunterricht abgeschafft werden?
- Soll zwischen den einzelnen Unterrichtsstunden eine Fünf-Minuten-Pause eingeführt werden?
- Sind zwei kürzere Pausen nach je zwei Unterrichtsstunden sinnvoller als eine zwanzig- bis dreißigminütige Pause nach der dritten Stunde?
- Soll die Sitzordnung im Klassenzimmer von der Lehrkraft eingeteilt werden?
- Sollen innerhalb einer Klasse verbindliche Verhaltensregeln für die Schüler/innen aufgestellt oder vereinbart werden? (Zur Ergänzung siehe unten stehende Anmerkung!)
- Die Schülerzeitung braucht Autoren/innen. Eine Stellungnahme.
- Kampf dem Müll in der Schule. Meine Meinung.
- Schulwegsicherung. Ein Appell an den Stadtrat.
- Ist Teamarbeit in der Klasse sinnvoll?
- Die Klassensprecher/innen sind nicht Hilfskräfte der Lehrer/innen. Ein Plädoyer.

- Wir fordern mehr Mitbestimmung bei der Gestaltung (Ausstattung) des Klassenzimmers, des Schulhofs, des Schulgebäudes.

usw.

Im Unterricht oder als HA ist schriftlich zum Thema Stellung zu nehmen. Der Besprechung der schriftlichen Leistungen folgt möglicherweise die Erarbeitung der „Zehn Gebote des guten Zuhörens" oder Ähnliches.

	+ 3	+ 2	+ 1	0	− 1	− 2	− 3
Regeln schränken ein und gängeln.							
Regeln zu beachten ist spießig.							
Ohne Regeln sind viele Schüler/innen rücksichtslos.							
Mit Regeln lassen sich Konflikte leichter lösen.							
Mit Regeln sind Diskussionsstunden häufiger möglich.							
Regeln führen zu einer gegenseitigen Achtung.							

Die *begründete Stellungnahme* erfordert eine eigene Meinung, die durch logisch aufgebaute Argumente überzeugungskräftig formuliert werden muss. Die Argumentation kann sach- und wertbezogen sein. Um übersichtlich und möglichst sachlich und klar schreiben zu können, empfehlen sich folgende Schritte:

zur begründeten Stellungnahme

- ☞ genaue Betrachtung des Themas
- ☞ Sammeln von Informationen und evtl. Informationsmaterial
- ☞ Anfertigen eines Stichwortzettels bzw. Anordnung von Stichpunkten
- ☞ Skizzieren einer Einleitung
- ☞ Formulieren verschiedener Argumente
- ☞ steigernde Reihung bzw. Gliederung der Argumente nach ihrer Gewichtung
- ☞ Überprüfung der Argumente nach deren Bestandteilen: Behauptung, Begründung, Beleg oder Beweis, Beispiel
- ☞ Formulierung einer abschließenden Bemerkung in Abhängigkeit vom Arbeitsauftrag

Die lineare oder steigernde Erörterung

Vorausgesetzt, die Aufsatzerziehung im Deutschunterricht erfolgt kontinuierlich und ermöglicht den Schülerinnen und Schülern eine längerfristige, jahrgangsübergreifende Phase der Einübung sowohl linearer Denkweisen (vgl. begründete Stellungnahme) als auch dialektischer Denkweisen (vgl. Streitgespräch), spielt es eine geringe Rolle, ob die linear-steigernde zuerst und dann die antithetisch-dialektische Erörterung eingeführt wird. Maßgebend ist vielmehr, dass die Schüler/innen die von der jeweiligen Themenstellung abhängige Bearbeitungsform erkennen (vgl. V 10). Erst Form und Inhalt des Arbeitsauftrages oder der Themenfrage lassen den Schluss zu, wie der Aufsatz zu gestalten ist. Ein Großteil der Sprach- und Aufsatzbücher geht von der irrigen Annahme aus, die linear gestaltete Erörterung sei leichter zu bewältigen, vielleicht aufgrund des Trugschlusses, dass die Einnahme des Standpunktes einer Partei (ohne Berücksichtigung entgegenstehender Meinungen) während des Schreibprozesses weniger Zeit beansprucht und damit leichter zu bearbeiten sei. Das rein zeitliche Argument behält für die Lehrer/innen nur deshalb sein Gewicht, weil die Zahl der Deutschstunden in den letzten Jahren in einigen Bundesländern gekürzt wurde und damit die Zahl und der Umfang der Lernzielkontrollen ebenfalls einer Kürzung erliegen muss. So mag es durchaus sinnvoll erscheinen, Themen des Kapitels: Die antithetische und dialektische Erörterung (S. 223 ff.) heranzuziehen, zu denen die Schüler/innen lediglich *ihren* Standpunkt erörternd und argumentierend (und nicht den des potenziellen Gegners) darstellen oder ausbauen.

Allein ein Beispiel soll erläutern, warum der Begriff „einfache Erörterung" unglücklich gewählt ist. (Er suggeriert zudem, Schüler/innen seien noch nicht reif genug, um komplex denken zu können.) Die Frage „Warum verursachen Menschen Klimakatastrophen?" bedarf wohl keiner dialektischen Bearbeitung, ist aber nicht schon deshalb einfach, weil es sich um eine linear zu erörternde Sachfrage handelt. Keine Lehrkraft wird sie in einer 7. oder 9. Klasse zur Lernzielkontrolle (ohne Vorbesprechung) heranziehen.

Der Begriff der einfachen Erörterung ist weiterhin irreführend, weil er in den Sprach- und Aufsatzbüchern sowie in den Lehrplänen unterschiedlich verwendet wird. Zum einen meint er die lineare, steigernde Erörterung, die wie die begründete Stellungnahme ohne Gegenargument zu überzeugen versucht, zum anderen bezeichnet er Erörterungen, die von einer einfachen (simplen) Themenstellung ausgehen oder allein von Sachfragen (im Gegensatz zu den Wert- und Problemfragen), die dann aber wiederum durchaus antithetisch behandelt werden können oder müssen.

Das Gegensatzpaar linear-antithetisch drückt klarer aus, welche Form der Erörterung gewünscht ist und wird in unserem Kontext ausschließlich verwendet. Eine Unterscheidung in Sach-, Wert- und Problemfragen reicht nicht aus, um eine Entscheidung fällen zu können, ob steigernd oder dialektisch erörtert werden soll.

Vorschlag 10:

Die Klasse beschäftigt sich im UG oder in GA erörternd und argumentierend mit der Themenstellung verschiedener (auch älterer) Sprach- und Aufsatzbücher (vgl. auch V 3). Folgende Fragen sind hilfreich:

- Warum sind manche Themen auf jeden Fall linear zu bearbeiten? Wodurch erkenne ich dies?
- Welche Themen sind eindeutig, welche unzureichend formuliert? Welche fordern eine Entscheidung, eine Wertung, sachliche Informationen, eine Berücksichtigung von Gegenargumenten? Welche Begiffe müssen geklärt oder definiert werden? Sollte die Themenstellung in der Einleitung oder im ersten Abschnitt des Hauptteils erläutert werden?
- Warum hemmen manche Themen die Motivation zu schreiben erheblich (oder mehr als andere)? Entstammen sie möglicherweise veralteten Sprachbüchern?
- Warum sind personenbezogene Themen leichter zu bearbeiten als andere?
- Welche Themen müssen umformuliert werden, um klarer verständlich zu sein?

Welche Hinweise gibt die Themenstellung auf die Bearbeitung des Themas?

Beispiele:
- Rauchen ist gefährlich. (Warum ist Rauchen gefährlich?)
- Camping – toll oder nicht?
- Umweltschutz ist in.
- Einwegflaschen – ja oder nein?
- Welche Vorzüge hat ein Sparbuch (Girokonto)?
- Bar- oder Rateneinkauf?
- Tonband (Kassettenrekorder) oder CD?
- Per-Anhalter-Fahren ist nichts für Jugendliche.
- Selbstbedienung oder Kauf über den Ladentisch?
- Sind Noten berechtigt?
- Wozu leisten Olympische Spiele ihren Beitrag?
- Warum sollte man ein Musikinstrument spielen können?
- Sollte man wegen einer Fernsehsendung aufbleiben dürfen? (Warum ich gern fernsehe.)
- Sollte der Fernsehkonsum (für Kinder, Jugendliche, Erwachsene) beschränkt werden?
- Ist erörtern (diskutieren, debattieren) sinnvoll?
- Eltern sollten eher Talkshows mit ihren Kindern durchführen anstatt zu glotzen.
- Ist die Maus ein Haustier oder nicht?
- Was spricht für eine Katze als Haustier?
- Ist Höflichkeit heute noch wichtig?
- Fotoapparat oder Filmkamera?
- Sollen Kinder (Jugendliche) ein eigenes Zimmer haben?
- Sollte die Zeitungslektüre in der Schule zur Pflicht gemacht werden?
- Ist Sport gesund? (Warum ich gerne Sport treibe.)

Themenauswahl für die lineare oder steigernde Erörterung

- Disziplin und Gehorsam sind in der Schule wichtig.
- Welche Funktionen sollten die Nachrichten im Fernsehen erfüllen?
- Welche Aufgaben sollte eine Tageszeitung haben?
- Wieso sind Videogeräte in Haushalten so beliebt?
- Sollten Kinder und Jugendliche für Hilfsarbeiten im elterlichen Haushalt bezahlt werden?
- Die Bundesregierung lehnt es ab, auf deutschen Autobahnen ein Tempolimit einzuführen.
- Wie kann man seinen Erfolg in der Schule steigern?
- Jugendliche machen Popstars zu Idolen. Wie bewertest du dieses Verhalten?
- Wie stellst du dir eine tüchtige Textilverkäuferin vor?
- Warum bist du Mitglied in einer Jugendgruppe?
- Die Haushaltstechnik hat die Rolle der Hausfrau verändert. Neben vielen Vorzügen bringt sie aber auch Gefahren mit sich. (Abschlussprüfung Realschule 1976!)
- Was spricht für, was gegen die Forderung, eine Mutter solle in erster Linie für ihre Familie da sein? (Abschlussprüfung Realschule 1976!)
- Wie kann man Nahrungsmittel für längere Zeit haltbar machen?
- Wie kann man Unfälle beim Sportunterricht vermeiden?
- Welche Aufgaben hat der Rundfunk für das Bildungswesen?
- Warum setzen sich immer mehr Fast-Food-Lokale durch?
- Haben Ideale heute noch Sinn?
- Welche Charaktereigenschaften schätzt du besonders an jungen Menschen?
- Soll man immer seine Meinung sagen?
- Welche Kräfte formen den Charakter des Menschen?
- Ist die Bezeichnung „tugendhafter Mensch" heute noch ein Ehrentitel?
- Führen oder wachsen lassen? Wie stehst du dazu?
- Was bietet ein Theaterbesuch?
- Welche Bedeutung hat die Mode?
- Auf welchen Gebieten kann eine Frau guten Geschmack beweisen? usw.

Vorschlag 11:

Gliederung als Vorarbeit für die Erörterung

Auch die lineare Erörterung bedarf der Gliederungsübungen. Mithilfe verschiedener Themen üben die Schüler/innen das Gliedern ihrer gesammelten Stichpunkte. EA, PA oder GA, Brainstorming und -writing, die Textarbeit nach Aushändigung von Kopien mit durcheinander geworfenen Stichwörtern und -punkten, Schulübungen wie HAs ergeben unterschiedliche Wege für die Vorarbeiten der Erörterung. Ziel der Unterrichtssequenz ist die Beherrschung der Regeln zur Gliederung und deren Umsetzung.
Beispiele:
Thema: Warum ich gerne Sport treibe? (Gliederung/Schülerarbeit)

A) Aktueller Anlass
B) Gründe:
    1. Besondere Bildung der Muskulatur
    2. Förderung der Gesundheit
    3. Abbau von Aggression
    4. Freude am Mannschaftssport
    5. Freude an körperlicher Betätigung
    6. Freizeitausgleich zum Schulalltag
    7. Kontakt mit Freunden und Freundinnen
C) Eigene Meinung

Gliederung anhand eines Themenbeispiels

Anmerkung: Da eine Steigerung nach der Wichtigkeit der Aspekte bei diesem Thema rein subjektiv ist, bleibt die Reihung dem Schüler oder der Schülerin überlassen, wobei es vermutlich günstiger ist, Punkt 5 an zweite Position zu stellen, um die Übergänge in der Durchführung besser gestalten zu können. Die Gliederungspunkte A und C sollten noch konkretisiert werden. Wird den Schülerinnen und Schülern die im Nominalstil gehaltene Gliederung ausgehändigt, lässt sich eine weitere Übung anschließen. Die Schüler/innen verändern die Stichpunkte zu vollständigen Sätzen. Je nach Schwierigkeitsgrad der Thematik kann zu Beginn der Gliederungsübung auch eine genauere Begriffsanalyse eingebunden werden.

Gliederung kann auch mit der Klärung eines Begriffes beginnen

Beispiel: Was ist Sport?
1. Herkunft und Wortsinn:
   - disportare (lat.): sich zerstreuen, vergnügen
   - sport (engl.) in der Bedeutung um 1820 in den allgemeinen Sprachschatz übernommen
   - heute Sammelbegriff für alle (planmäßigen) körperlichen Übungen
2. Merkmale:
   - zweckfreie Freude und Lust an körperlicher (und geistiger) Betätigung/ Kraft
   - weitere Differenzierung in Leistungssport und Sport als Beruf möglich
   - Anforderungen an Willensstärke, Geistesgegenwart, Konzentration
3. Bedeutung:
   - körperliche Ertüchtigung und Förderung der Gesundheit
   - sozial-ethische Werte wie Ausdauer, Mut, Fairness, Kameradschaft, Regelbeachtung, Verständigung, Verantwortung, Gemeinschaftsgefühl, spielerische Konkurrenz
4. Formen:
   - Einzelsport, Gruppen- und Mannschaftssport, Leistungs- und Berufssport

Thema: Welche Ursachen hat geringer Erfolg in der Schule?
A) Möglichkeit der Steigerung der Leistungen in der Schule
B) I. Persönliche Probleme
    1. Krankeit
    2. Depressionen

weiteres Gliederungsbeispiel zu einem anderen Thema

219

3. Versagensängste
4. Konzentrationsschwäche
5. fehlende Motivation und Desinteresse
6. Faulheit
7. Oberflächlichkeit (Schlamperei)
II. Schwierigkeiten im sozialen Umfeld
1. Probleme im Elternhaus
1.1 Krankheit der Eltern
1.2 Arbeitslosigkeit der Eltern
1.3 Spannungen zwischen den Eltern (Trennung der Eltern)
1.4 Erziehungsmethoden
2. Streit mit Freunden und Freundinnen
3. Probleme im Sportverein
4. Liebeskummer
III. Probleme in der Schule
1. Konflikte mit den Lehrern und Lehrerinnen
1.1 Unklare Vermittlung des Stoffes
1.2 Schlechtes Verhältnis zur Lehrkraft
2. Schlechtes Verhältnis zu den Mitschülern und Mitschülerinnen
3. Schwierigkeiten mit dem Stoff
C) Probleme bei der Beseitigung oder Minderung der Ursachen

Verbal- oder Nominalstil in der Gliederung

Anmerkung: Für das Prinzip der Steigerung gilt oben Angeführtes ebenfalls. Auch diese Gliederung lässt eine Umformulierung im Verbalstil als sinnvolle Übung zu. Eine Reihe von Themen regt Schülerinnen und Schüler dazu an, den gesammelten Stoff nach einem Grundmuster übergeordneter Bereiche zu gliedern wie persönlich, psychisch, sozial, gesellschaftlich, rechtlich, wirtschaftlich, politisch usw.

M

zur Gliederung eines Themas (lineare oder steigernde Erörterung)

Um eine *Erörterung* logisch aufbauen zu können benötigen wir, nachdem wir die Stoffsammlung erstellt haben, einen Plan. Dieser Plan ist die Gliederung, das Gefüge, die Struktur, der gedankliche Aufbau des Aufsatzes. Er ist eine wichtige Hilfe für die Ausarbeitung und ist vergleichbar mit einer Art Inhaltsverzeichnis. Die Gliederung erleichtert Verfasser/in und Leser/in die Orientierung. Die Einzelpunkte der Stoffsammlung werden hierfür zu Gruppen zusammengefasst und entsprechenden Oberbegriffen zugeordnet. In der *linearen (steigernden) Erörterung* werden die Gesichtspunkte nach ihrer Bedeutung, also steigend vom weniger Wichtigen zum Schwerwiegenden, gegliedert.
Unabhängig davon, welche Art der Nummerierung gewählt wird, muss die sprachliche Gestaltung der Gliederung einem Prinzip folgen: Entweder wird sie durchgehend in nominalisierten Stichwörtern (Nominalstil) oder in ganzen, möglichst kurzen Sätzen (Verbalstil) formuliert.
Die Gliederung kann wie folgt unterschiedlich nummeriert werden. Die Buchstaben A, B, C stehen für Einleitung (A), Hauptteil (B) und Schluss

(C) und müssen mit eigenen Worten formuliert werden und einen Themenbezug haben (analog dazu 1., 2. und 3. der rein nummerischen Gliederung).
Es genügt also nicht, lediglich die Wörter Einleitung, Hauptteil und Schluss
zu schreiben:
Möglichkeiten der Nummerierung:

A) oder A. *(Einleitung)*		1.	*(Einleitung)*
B) oder B. *(Hauptteil)*		2.	*(Hauptteil)*
I.		2.1	*(Achtung: Letzte Zahl ohne Punkt!)*
	1.	2.1.1	
	2.	2.1.2	
II.		2.2	
	1.	2.2.1	
	2.	2.2.2.1	
		2.2.2.2	
	3.	2.2.3.1	
		2.2.3.2	
C) oder C. *(Schluss)*		3.	*(Schluss)*

Vorschlag 12:
Eine weiterer Weg, den Schülerinnen und Schülern Argumente sowohl einfäl-
tiger oder dürftiger als auch gut entfalteter Qualität einsichtig zu machen, ist
die bereits schriftlich vorbereitete Kopie (Textarbeit), die eine Reihe von
(Pseudo-)Argumenten beinhaltet, über deren Qualität im UG diskutiert wird.
Beispiel (Das Thema ist bewusst als Forderung formuliert, die allerdings nicht
ausschließt, dass Gegenmeinungen entwickelt werden.):
Thema: Auch sechzehnjährige Jugendliche sollen wählen dürfen.
Arbeitsauftrag: Überprüfe die Qualität der Argumentation und formuliere –
wenn erforderlich – bessere Begründungen.

V
Argumentation neu überarbeiten

* Da schon Achtzehnjährige in den Krieg geschickt werden, sollten Sechzehnjährige auch wählen dürfen.
* Sechzehnjährige sollen nicht wählen, weil sie der neuen Ich-will-Spaß-Generation angehören.
* Sechzehnjährige sollen zum Wählen gehen, weil die Menschen immer älter werden.
* Sechzehnjährige sollten nur dann wählen dürfen, wenn sie eine Prüfung in Politik abgelegt haben.
* Der Kürzung der Gelder im Bildungsbereich steht die Senkung des Wahlalters auf 16 Jahre entgegen.
* Da Jugendliche in stärkerem Maße von Umwelteinflüssen und Modeerscheinungen abhängig sind als Erwachsene, kann es gefährlich sein, wenn sie schon mit sechzehn wählen dürfen.
* Die den Sechzehnjährigen unterstellte Unmündigkeit im politischen Denken gilt allerdings auch für alle Volljährigen und Erwachsenen. Auch sie zeigen geringes politisches Interesse, leiden an fehlender Bildung und der finanziellen Knappheit im Bildungsbereich.

- Das Thema bedürfte einer Differenzierung zwischen Kommunalwahlrecht, Wahlrecht auf Landesebene und Bundestagswahl. Sollen Jugendliche ab 16 Jahren auch auf Bundesebene das Wahlrecht erhalten, müsste das Grundgesetz, nämlich der Art. 38, geändert werden, wozu zwei Drittel aller Abgeordneten im Bundestag und im Bundesrat für eine Änderung stimmen müssten, was angesichts der derzeit anstehenden Probleme kein Thema im Parlament sein dürfte.
- Die Meinungsbildung benötigt gerade im politischen Bereich, dem Bereich der Mitgestaltung unserer Demokratie, einen langfristigen Prozess, der mit dem 16. Lebensjahr noch nicht abgeschlossen ist.

zum Argument

Die bloße Formulierung einer These bildet noch kein Argument. Ein *Argument* überzeugt erst dann, wenn es inhaltlich logisch aufgebaut ist und die Bestandteile Behauptung, Begründung, Beweis oder Beleg und Beispiel beinhaltet. Dabei können Tatsachen, Tatsachenbeobachtungen, überprüfbare Berichte, Detailkenntnisse, nachvollziehbare Überlegungen, nachvollziehbare und glaubwürdige Einzelbeispiele, allgemein anerkannte Grundforderungen und Werte (wie z. B. die Menschenrechte) im Gegensatz zu Vorurteilen und überzeugende persönliche Erfahrungen hilfreich sein.

Die antithetische und dialektische Erörterung

Alle in den Vorschlägen und Merktexten angesprochenen Argumentations-
prinzipien gelten auch für die antithetische und dialektische (Prob-
lem-)Erörterung. Die enge Beziehung der Ausführung des Aufsatzes zum Thema oder zur Themenfrage erfordert eine recht ausführliche und klar logische
Textorganisation, wobei die Bezeichnung antithetisch und/oder dialektisch
nicht immer eine bloße Gegenüberstellung von völlig entgegengesetzten Meinungen und Argumenten, sondern auch eine Reflexion und Differenzierung
von Begriffen erforderlich machen kann. (Beispiel: Möchtest du lieber auf
dem Land oder in der Stadt leben?) Eine weitere Form der Themengestaltung
stellt gegensätzliches Verhalten zur Diskussion und fordert somit zur antithetischen Denkweise auf. (Beispiele: Nimm Stellung zu dem Sprichwort „Reden
ist Silber, Schweigen ist Gold." oder: Erörtere den Sinn des japanischen Sprich-
worts „Wer lächelt statt zu toben ist immer der Stärkere".)

Der Arbeitsauftrag „Erörtere (Erörtern Sie) die Behauptung ...!" oder die Kon- *Arbeitsaufträge*
kretisierung der Themenstellung schließen sich sinnvollerweise einer zum *zur antitheti-*
Nachdenken veranlassenden oder auch provozierenden These an, die befür- *schen/*
wortet (bejaht) oder widerlegt (verneint) werden kann. (Beispiel: In unserer *dialektischen*
persönlichen Entwicklung durchlaufen wir alle einen Prozess, Sozialisation *Erörterung*
genannt, in dem wir bestimmte Rollen erlernen und bestimmte Positionen *verstehen*
annehmen. Dies garantiert den Fortbestand unserer Gesellschaft. Zeigen Sie
Notwendigkeit und Gefahr der Anpassung.)

Schreibanlässe können auch Aufforderungen zur Beschäftigung mit umfassenderen, umfangreicheren Thesen sein, die dann zwar bereits textgebunden
sind, aber noch nicht der Aufsatzart der Texterörterung zuzuordnen sind. (Beispiel: „Mehr noch als die Schwierigkeiten bei der Angleichung der Lebensbe-
dingungen im vereinten Deutschland haben freilich die Ausschreitungen des
vergangenen Jahres gegen Fremde sowie die Angriffe auf Stätten der Erinnerung an die Opfer des Dritten Reiches die Menschen des In- und Auslandes
bewegt. Die Täter kommen aus extremistischen Kreisen. Unter ihnen befinden sich unverhältnismäßig viele junge Menschen." (zit. nach Bayer. KM –
Beibl. Nr. 16/1993, S. 136) Der sich anschließende Arbeitsauftrag lautet: Erörtern Sie Ursachen der und Maßnahmen gegen die Ausschreitungen und
Verbrechen deutscher Bürger gegen ausländische Mitbürger.)

Je nach Leistungsfähigkeit der Jahrgangsstufe und der jeweiligen Klasse sowie *unterschiedli-*
Themenstellung weisen Erörterungen unterschiedliche Formen des Aufbaus *che Themen-*
auf. Sie können in der Weise antithetisch strukturiert sein, dass der Hauptteil *formulierung:*
das Für (Teil I) und das Wider (Teil II) beinhaltet, um im Schlussteil dann die
Folgerungen oder die subjektive Meinung und Beurteilung darzubieten, die *antithetisch*
sich inhaltlich unmittelbar an Teil II (Für oder Wider) anschließen und somit
einem logischen Prinzip folgen. (Beispiel: Was spricht für, was gegen das Rauchen?)

Die Erörterung wird dann zur (echt) dialektischen erhoben, wenn ein Teil III *dialektisch*
im Hauptteil der Ausführung verlangt wird, in dem eine oder mehrere Synthe-
sen entwickelt werden sollen. (Beispiel: Für die Freiheit im demokratischen

Staat ist jeder Einzelne verantwortlich. Erörtern Sie diese Behauptung.) Je nach Zielsetzung des Aufsatzunterrichts der jeweiligen Lehrkraft sollte der Klasse deutlich gemacht werden, ob und wann es sinnvoll ist, Synthese, Schlussfolgerung und persönliche Meinung in den Schlussabschnitt des Hauptteils oder in den Schlussteil zu integrieren.

eigene Überlegungen in den Schlussteil = dialektische Erörterung

Eine weitere Möglichkeit, die sich wiederum aus der Themenstellung ergeben kann, ist die Einbindung der eigenen Ansichten in jeden jeweiligen Abschnitt der Ausführung. Die sachliche Form der Erörterung unterbindet dabei nicht unbedingt den Blickwinkel der Ich-Perspektive. Anders als im Protokoll ist es durchaus denkbar, dass die Schüler/innen in der Einleitung, im Schlussteil, in Überleitungen und in Stellungnahmen zu den einzelnen Argumenten die Ich-Form verwenden, um so z. B. eine deutlichere Abgrenzung von übernommenen (Sach-)Informationen zu erzielen. (Auf diese Weise wird einer Inflation des unpersönlichen „man" vorgebeugt.)

Vorschlag 13:

Die Schüler/innen gestalten im gemeinsamen Prozess des Brainstorming eine Polaritätenliste, um die unterschiedliche Art der Themenstellung der antithetischen oder dialektischen Erörterung verstehen zu lernen. Einzelne Begriffe (mit Hinweis auf die Bedeutung der Abstrakta im Gegensatz zu den Konkreta) können durch Diskussion und/oder Heranziehung einschlägiger Literatur definiert werden. Beispiel:

Schule	Freizeit
Frieden	Krieg
Mühe, Plage, Stress	Erholung, Muße
Langeweile	Kurzweil
(An-)Spannung	Entspannung
Kopflastigkeit	Gefühl, Emotionalität
Unzufriedenheit	Zufriedenheit
Fremdbestimmung	Eigeninitiative
Faulheit	Fleiß
Erste Welt	Dritte Welt
usw.	usw.

Vorschlag 14:

Gliederung für eine antithetische/dialektische Erörterung

Wie in V 11 üben die Schüler/innen das Gliedern des Stoffes, wobei innerhalb des Hauptteils der Gliederung mithilfe von Buchstaben und Ziffern die römischen Zahlen I, II, III für das Kapitel der Thesen (I), der Antithesen (II) und der Synthese (III) mit den dazugehörigen Argumenten stehen. III kann auch in C, den Schlussteil, integriert sein. Demnach werden z. B. zuerst alle Vor-, dann alle Nachteile vorgetragen.

Beispiel für eine weitere Möglichkeit der Differenzierung:
Gliederungsübung zur Erörterung des Themas: „Erziehen Hausaufgaben zur Übernahme von Verantwortung?"
(Die folgende Gliederung ist ein Vorschlag. Sie ist ausführlich gestaltet, um zu zeigen, dass eine überlegte Gliederung der „halbe" Aufsatz sein kann.)

A. Funktion und Wert von Hausaufgaben werden immer wieder diskutiert.

B. I.   Hausaufgaben können eine wichtige sinnvolle Funktion haben als

Eine gute und übersichtliche Gliederung ist der halbe Aufsatz

     1. Nachbereitung dessen, was im Unterricht gelernt wurde (Gedächtnisstütze)
     2. Weiterführung dessen, was im Unterricht gelernt wurde (selbstständiges Umgehen mit Gelerntem)
     3. Vorbereitung dessen, was im Unterricht besprochen werden wird (Übernahme von Mitverantwortung)

  II. Hausaufgaben sind sinnlos, wenn sie nur dienen als
     1. Disziplinierungsmittel seitens der Lehrer
     2. Disziplinierungsmittel seitens der Eltern
     3. verwendetes Mittel ohne Bezug zum Unterricht

  III. Hausaufgaben, die zur Übernahme von Verantwortung erziehen, sollen (müssen)
     1. von den Schülern selbstständig bewältigt werden können
     2. sinnvoll (dar-)gestellt sein
     3. nach Möglichkeit Anreize zur Beschäftigung mit der Materie beinhalten

  IV. Wenn Hausaufgaben zur Übernahme von Verantwortung erziehen sollen, muss klar sein, dass
     1. nicht sie allein diese wichtige Funktion haben können
     2. dem Schüler Verantwortung und Verantwortlichkeit erfahrbar gemacht werden
     3. Hausaufgaben niemals als reine Fleißarbeit dienen, sondern immer als (sinnvoller) Beitrag des Erkenntnisprozesses

C. Die Themenfrage kann nicht isoliert gesehen werden, sondern muss im Zusammenhang mit allen möglichen Bereichen, in denen Verantwortung eine Rolle spielt, betrachtet werden.

Anmerkung: Manche Themenstellung erlaubt aber auch eine Vorgehensweise nach dem dialogischen Modell, der schrittweisen Entwicklung von Thesen und Antithesen. Die Dezimalgliederung bietet sich hierfür förmlich an.

Vorschlag 15:
Je nach Unterrichtskontext und entsprechenden Vorübungen zur Erörterung wie Diskussion oder Debatte bearbeiten die Schüler/innen wahlweise zwei oder drei Themen als HA oder sie beginnen mit Stoffsammlung und Gliederung im Unterricht und setzen die schriftliche Ausführung des Aufsatzes zu Hause fort. Gemeinsame Besprechung und Verbesserung mithilfe von Beispielaufsätzen führt zu folgenden Merktexten. Dabei kann sich aufgrund der Vor-

besprechungen zum Streitgespräch oder zu Diskussion und Debatte M 1 erübrigen, M 2 gibt aber nochmals Anweisungen, wie eine antithetisch-dialektische Erörterung aufzubauen ist.

M

Wie argumentiert man ausgewogen in der Erörterung?

Eine weitere Sichtweise in der Argumentationslehre liegt zugrunde, wenn wir zwischen *These*, *Basisargument* und *Beleg* unterscheiden. Dann ergibt sich aus diesen drei Teilen in ihrer Summe wiederum ein umfassendes *Argument*. Wird an dieses oder zu diesem eine Art Gegenstimme erhoben, die die Funktion hat, das Gegenteil von dem zu behaupten, was gerade argumentativ durchdacht, gesagt oder geschrieben wird (wurde), sprechen wir von einem „advocatus diaboli", dem Anwalt des Teufels, wobei die Gegenargumente gar nicht immer diabolisch sein müssen. Durch die Fähigkeit, sich in diese Gegenstimme hineinzuversetzen, wird ein Sachverhalt von zwei konträren Seiten beleuchtet und damit in seiner Ernsthaftigkeit hinterfragt.

Erweist sich diese gegenteilige Meinung als völlig falsch, dann gewinnen wir durch die Falsifizierung (durch das Erkennen, dass es falsch ist) die Erkenntnis, dass das zuerst Behauptete seine Richtigkeit hat. Erweist sich der gegnerische Standpunkt als ebenfalls nachvollziehbar oder berechtigt, sehen wir uns einem Problem gegenüber, das *antithetischen Charakter* hat. Der These folgt die Anti- oder Gegenthese, eine Entscheidung steht noch aus. Finden wir zu diesem Gegensatz oder Widerspruch einen dritten Weg, eine Lösung, dann bilden wir eine sogenannte *Synthese* und lösen das Problem oder den Konflikt dialektisch.

Eine weitere Möglichkeit besteht darin, dass wir uns einem der beiden Standpunkte anschließen und diesem durch besonders engagierte Argumentation starkes Gewicht verleihen, wobei deutlich wird, dass es sich um unsere subjektive Anschauung handelt.

Häufig wird zwischen antithetischer und dialektischer Erörterung kaum unterschieden

In der Regel wird zwischen antithetischer und dialektischer Argumentation und Erörterung nicht unterschieden, um die Möglichkeit offen zu halten, eine oder keine Synthese zu bilden.

Die im Klassenverband auftretenden und besprochenen Schwierigkeiten bei der Anfertigung der Erörterung können durch weitere Übungen abgebaut werden. So leisten Ü 1 und Ü 2 beispielsweise Hilfestellung bei der Formulierung von Einleitung und Schlussteil (s. Kapitel 14.6), die Vorlage und Besprechung fehler- und musterhafter Gliederungen und Aufsätze können einen weiteren Schritt zur Leistungssteigerung bedeuten.

Die Anfertigung der _dialektischen Erörterung_ vollzieht sich in folgenden Schritten:

1. Themenanalyse
2. Materialbeschaffung
3. Begriffsdefinitionen
4. Stoffsammlung
5. Gliederung nach übergeordneten Gesichtspunkten
6. Formulierung der Gliederung im Nominal- oder Verbalstil (nicht beide Stile mischen!)
7. Entwurf und sprachliche Gestaltung einer Einleitung, die zum Thema oder der Themenfrage hinführt
8. Reihung und sprachliche Verknüpfung der Argumente im ersten Teil des Hauptteils, für die man selbst nicht plädiert, unter Beachtung der Bildung von logischen Absätzen
9. Überleitung zu den Argumenten im zweiten Teil des Hauptteils, die die Gegenposition zum ersten Teil beinhaltet
10. Übergang zur Formulierung einer Lösung, eines Kompromisses, einer klaren eindeutigen, logisch ableitbaren persönlichen Stellungnahme oder einer Synthese im dritten Teil des Hauptteils mit entsprechendem Ausblick im Schlussteil

Alternative: Einbindung der Lösung oder eigenen Meinung in den Schlussteil des Aufsatzes

Die Texterörterung

Auch wenn in Lehrplänen, Sprach- und Trainingsbüchern zur Aufsatzkunde unterschieden wird zwischen der normalen und der textgebundenen Erörterung – letztere geht in der Themenstellung von einem Zitat, Sprichwort oder einer Redensart aus –, wurde im vorangegangenen Kapitel diese Differenzierung bewusst nicht vorgenommen. Die Texterörterung unterscheidet sich von dieser Art der textgebundenen, linearen und dialektischen Erörterung lediglich darin, dass sie von einem umfangreicheren Text ausgeht, der in der Regel ein Medientext (wie Zeitungs-, Funk-, Fernsehbericht, Kommentar, Reportage, Glosse) ist, in dem ein Problem angesprochen, diskutiert, erörtert oder provozierend, ironisch, satirisch abgehandelt wird. Die Texterörterung stellt damit Ansprüche an das textanalytische Denken, ohne selbst schon Textanalyse

oder Interpretation zu sein. (Die Texterörterung ist freilich häufig Bestandteil der Textanalyse, insofern dient sie auch als eine mögliche Übergangsform von der Erörterung hin zur Textanalyse.) Informierende, appellative, kommentierende und kritische Texte sind somit einerseits Anstoß für die Auseinandersetzung mit einem Problem, andererseits Aufforderung, den mitgeteilten und angebotenen Meinungen gegenüber eine eigene persönliche Stellungnahme zu entwickeln, die wiederum je nach Textvorlage und Arbeitsauftrag linearsteigernd oder antithetisch-dialektisch gestaltet werden kann.

Im Folgenden wird darauf verzichtet, Textbeispiele anzuführen, da der Aufsatzunterricht zumeist dem Aktualitätsprinzip folgt und die Auswahl aktueller Medientexte der einzelnen Lehrkraft überlassen bleibt.

Sollen sich Schüler/innen mit einem Text erörternd auseinander setzen, gelingt ihnen der Aufbau ihrer Argumente oder Gegenargumente stets besser, wenn sie die Textsorte, die Struktur des Textes und die Absicht des Autors oder der Autorin analytisch erarbeitet haben. Auch wenn die vollkommene Textanalyse erst in höheren Jahrgangsstufen als Lernzielkontrolle gefordert wird, so gehen Schüler/innen ab der 5. Klasse reflektierend mit (nicht-)fiktionalen Texten um und Lehrkräfte können auf Vorkenntnisse zurückgreifen.

Vorschlag 16:

V Um nach der Besprechung der linearen und dialektischen Erörterung rasch in die Texterörterung einsteigen zu können, wird der Klasse ein ausgewählter Zeitungsartikel vorgelegt, zu dem hilfreiche Fragen (zur Förderung des Textverständnisses) formuliert werden. Sie ebnen den Weg für die Gestaltung eigener Argumente.

Beispiel: Ein Presseartikel handelt von den Gefahren, denen sich Motorradfahrer im Straßenverkehr aussetzen. Folgende Fragen bzw. Arbeitsaufträge sind auch für andere Texte transferierbar:

- Unterstreiche die wichtigsten Informationen, die der Text den Lesern und Leserinnen bietet.
- Welche Absicht(en) verfolgt der Verfasser/die Verfasserin in diesem Text?
- Wie ist der Text gedanklich aufgebaut?
- Wodurch werden die Behauptungen gestützt?

- Findest du die Argumentation des Textes überzeugend? Begründe deine Meinung.

Anmerkung: Ist der Text ironisch abgefasst, wie beispielsweise Gerhard Zwerenz' Kurzgeschichte über die kriegerische Aufrüstung zerstrittener Nachbarn „Sich nicht alles gefallen lassen", kann ein ähnlicher Fragenkatalog angewendet werden. Als linear abgefasste Texterörterung ließe sich die Themenfrage dazu stellen „Erörtere andere Möglichkeiten der Konfliktlösung!".

zur Text-erörterung

Um eine *Texterörterung* anfertigen zu können, musst du sämtliche Merktexte zur Erörterung nochmals studieren und lernen. Den Text, den du zur Erörterung heranziehen musst, betrachtest du analytisch, indem du dir Klarheit verschaffst über die Textsorte, die Thematik, die Hauptaussagen und die verfolgte Absicht. Benenne in der *Einleitung* deiner Texterörterung die Textart, wenn möglich ihre Funktion und Aussageabsicht oder beschreibe den Anlass deiner Überlegungen. Fertige nach der Stoffsammlung, die v. a. deine eigene Meinung mit Begründungen zum Inhalt hat, eine Gliederung deiner Gedanken an.

Im *Hauptteil* deiner Ausführung baust du deine Thesen (und Gegenthesen) zu Argumenten aus, indem du Zustimmungen, Einwände, differenzierende Ergänzungen formulierst. Wenn es der Text erlaubt, stellst du das Anliegen der Hauptaussagen in einen umfassenderen Zusammenhang (gesellschaftlich, historisch, persönlich).

Im *Schlussteil* ziehst du Folgerungen, fasst die eigene Stellungnahme zusammen oder machst Vorschläge, die zur im vorgelegten Text angesprochenen Problematik eine Lösung bieten.

Die literarische Erörterung

literarische Erörterung geht weiter als die Texterörterung

Die *literarische Erörterung* erfordert weitreichendere Kenntnisse als die Texterörterung. Sie ist die schriftliche Auseinandersetzung mit Problemen, Sachverhalten, Fragen, (Teil-)Aspekten poetischer Texte und dichterischer Werke in ihrem jeweiligen historischen und gesellschaftlichen Kontext. Sie kann sowohl als erläuternde Darstellung von einzelnen Abschnitten oder Kapiteln eines Werkes als auch als argumentative, linear oder kontrovers geführte Abhandlung abgefasst werden.

In der Regel wird vorausgesetzt, dass nach dem Lesen einer Ganzschrift (Kurzgeschichte, Erzählung, Roman, Drama) und deren genauer Besprechung die Schüler/innen fähig sein sollen, einen Teilaspekt, der informativen oder darstellenden Charakter haben kann, oder auch ein besonderes, kritisch zu reflektierendes Problem der Lektüre zu erfassen und zu erörtern. Dazu ist es

Ausschnitt, Kapitel, Szene etc. sind Ausgangspunkt für die literarische Erörterung

häufig nötig, einen Ausschnitt, ein einzelnes Kapitel, eine Szene oder einen gedanklich abgeschlossenen Dialog als zu erörternde Textgrundlage anzubieten, um den Schülerinnen und Schülern eine angemessene Bearbeitung zu ermöglichen. Die Themenstellung beinhaltet jeweils die Entscheidung, ob Kenntnisse zum gesamten Text eingebunden werden müssen oder nicht, ob steigernd-linear oder dialektisch erörtert werden muss.

Da die Aufsatzform der literarischen Erörterung die Beherrschung der Techniken und Fähigkeiten der Problemerörterung, der Texterörterung, der Inhaltsangabe sowie der literarischen Charakteristik fordert, ist sie frühestens in den 9. oder 10. Klassen der Realschule sowie des Gymnasiums als Lernzielkontrolle einzusetzen.

Vorschlag 17:

Die Schüler/innen wiederholen die Merksätze und entsprechende Techniken zu den Aufsatzarten der Erörterung, der literarischen Charakteristik und – soweit schon besprochen – der Textanalyse. In der Phase der Besprechung einer Lektüre (z. B.: *Das Feuerschiff* von Siegfried Lenz, *Der Vater eines Mörders*, *Sansibar oder der letzte Grund* von Alfred Andersch, *Jugend ohne Gott* von Ödön von Horváth, *Die Geschwister Oppermann* von Lion Feuchtwanger, *Die Leiden des jungen Werthers* von J. W. von Goethe, *Die Räuber* von F. Schiller, *Andorra* von Max Frisch, *Der Hauptmann von Köpenick* von Carl Zuckmayer, *Der gute Mensch von Sezuan* von Bertolt Brecht und anderes) üben die Schüler/innen mithilfe von Leitfragen die Arbeitstechniken des Markierens, Exzerpierens, Zitierens, der Angabe der Quellen bzw. des Hinweises auf den Fundort der besprochenen oder zu Rate gezogenen Textpassage, der Stoffsammlung und Gliederung (vgl. Kap. 14.3, V 11). Weitere Fortschritte in der Einübungsphase der literarischen Erörterung können analog zu V1–V16 dieses Kapitels (14.3) erzielt werden.

Beispiele für Leitfragen:
* Aus welcher (historischen) Situation ist der Text wohl entstanden?
* An wen richtet sich der Text?
* Welche Absichten verfolgt der Autor?

- Auf welche Weise werden sie den Lesern und Leserinnen vermittelt?
- Sind Begriffe abzuklären?
- Welche Gesichtspunkte sind besonders wichtig und welche Textstellen eignen sich, die Themenfrage zu erörtern?
- Welche Wirkung zeigt das angesprochene Problem?

Für die Ausführung der *literarischen Erörterung* gilt dieselbe nach einzelnen Arbeitsschritten gestaffelte und planmäßige Vorgehensweise wie für die Problem- und Texterörterung, wobei der Bezug zum literarischen Werk stets erkennbar bleiben muss. Das Thema gibt Hinweise, worauf beim Lesen des poetischen Textes genau zu achten und ob die Erörterung steigernd oder dialektisch abzufassen ist. Dementsprechend wird nach dem Markieren und Exzerpieren der für das Thema wichtigen Textstellen eine Gliederung angefertigt.

M *zur literarischen Erörterung*

Die *Einleitung* der literarischen Erörterung beinhaltet Angaben zum Autor, zur Autorin, zur Zeit, in der das Werk entstanden ist, zum Anliegen der Textvorlage, wobei das Interesse der Leser/innen der Erörterung für die zu behandelnde Frage geweckt werden soll. Ein Zitat, Aphorismus, eine Definition oder eine kurze Inhaltsangabe der Ganzschrift oder des Textauszugs können ebenfalls als Einleitung dienen.

Einleitung

Im *Hauptteil* wird die tiefgründige Beschäftigung und Auseinandersetzung mit einem Teilaspekt, einem Sachverhalt oder Problem, die im dichterischen Text aufgeworfen werden, in einer logisch-argumentativen Abhandlung gestaltet. Ausgehend von einer Gliederung, deren Abfolge auch in der literarischen Erörterung identisch mit der Ausarbeitung des Aufsatzes sein muss, werden die einzelnen Argumente – je nach Themenstellung – linearsteigernd oder dialektisch aufgebaut und miteinander verknüpft. Der notwendige Bezug zum poetischen Text macht es erforderlich, dass Zitate und Belegstellen (Seitenangaben) in den erörternden Kontext eingebunden werden.

Hauptteil

Im *Schlussteil* können Ideen zur Einleitung aufgegriffen, Probleme abschließend beurteilt, neue Perspektiven eröffnet, Vergleiche zu anderen literarischen Werken gezogen werden, um die Erörterung abzurunden.

Schluss

Streitgespräch, Diskussion und Debatte bieten Einübungsmöglichkeiten für mehrere Formen der Erörterung oder des Problemaufsatzes. So ist die *begründete Stellungnahme* – meist in Briefform gestaltet – noch die einfachste Form eines argumentierenden Textes. Die entwickelnde Darstellung von Sachverhalten und Problemen schlägt sich nieder in der *linear-steigernden Erörterung*, während sich die kontroverse Darlegung von antithetisch formulierten Themen durch die *dialektische Erörterung* bewältigen lässt. Texte, die zur gedanklichen Auseinandersetzung reizen, sind Grundlage für die *Texterörterung*. Auch in dichterischen bzw. poetischen Werken werden

Z *zur Erörterung allgemein*

unterschiedliche Probleme thematisiert, die in *literarischen Erörterungen* behandelt werden. Alle Formen der Erörterung fordern Stoffsammlungen und Gliederungen, um die stringente Reihenfolge der Argumente besser anordnen zu können. Steigernd werden die Argumente dann sinnvollerweise geordnet, wenn die Themafrage in eine einzige Richtung weist. Die dialektische Form bietet sich an, wenn die durch die Themenstellung gegebenen Hinweise sich als Widersprüche oder kontroverse Begriffspaare gegenüberstehen.

14.4 Hinweise zur Aufsatzbewertung und -beurteilung

Die Beurteilung und Benotung der Erörterungsaufsätze nach Form und Inhalt verläuft nach ähnlichen Mustern wie bei allen anderen Aufsatzarten. Da sich Form und Inhalt gegenseitig bedingen, ist gerade bei schwierigen Erörterungsthemen immer auch der Maßstab in den Kontext der von der Lehrkraft durchgeführten Vorbesprechungsphasen zu stellen. Neben den rein formalen Aspekten der Bewertung wie Rechtschreibung, Grammatik, Satzbau, Zeichensetzung sind inhaltliche Kriterien maßgebend.

formale und inhaltliche Aspekte ausschlaggebend

Die allgemeinen inhaltlichen Anforderungen an die Erörterung sind:
- genaue Bestimmung des Auftrags und korrekte Analyse der Themenstellung
- Erhebung der Vorgaben des Textes wie Definition der Leitbegriffe
- Analyse der ausgesprochenen und unausgesprochenen Voraussetzungen
- logische Gliederung des Aufbaus
- Übereinstimmung der Gliederung mit der Struktur der Ausführung
- Erfassung des Problems im Hauptteil
- Formulierung des Problems oder Sachverhalts
- Aufzeigen des Gesamtzusammenhangs
- logischer Aufbau der Argumente und Gestaltung der Argumente unter Berücksichtigung ihrer Funktion; Substanz, Aussagequalität und somit Überprüfbarkeit der Argumente im Hinblick auf ihren Themenbezug und Stellenwert im Aufsatz; Richtigkeit und Klarheit des Aufbaus
- evtl. Entwicklung möglicher Gegenthesen und -argumente
- Herausarbeiten der Zusammenhänge von Ursachen, Bedingungen, Wirkungen und Folgen
- Begründung eines eigenen Standpunkts
- Entwicklung alternativer Standpunkte (soweit erforderlich)

spezielle Anforderungen an Texterörterung und literarische Erörterung

Für die Text- sowie die literarische Erörterung gilt:
- Verstehen des Inhalts und der Struktur des Textes
- Wiedergabe des Themas, des Problems, des Hauptgedankens oder der Intention, der Argumente des Textes sowie Beschreibung der Argumentation unter Einbeziehung der Textsorte
- Erläuterung der bedeutenden Begriffe und Aussagen des Textes
- Beschreibung der Situation, des Sachverhalts oder des angesprochenen Problems

- Beurteilung der Aussagen des Textes und Begründung des eigenen Standpunktes
- Entwicklung eigener Standpunkte und Lösungsmöglichkeiten in steigernder oder dialektischer Form

Die Annahme, den Schülerinnen und Schülern werde die Aufgabenstellung zu leicht gemacht, wenn in der Vorbereitungsphase Themenblöcke besprochen werden, die dann auch Gegenstand der Lernzielkontrolle sind, erweist sich als falsch, da der argumentative Schreibprozess zu unterschiedlichen Themen ohne Vorkenntnisse die Anforderungen des linearen oder dialektischen Erörterns nicht erfüllen kann. Allein um einer Objektivierung der Bewertung willen sollte den Schülerinnen und Schülern die Möglichkeit gegeben werden, sich auf den Problemaufsatz (Test) mithilfe der im Unterricht erarbeiteten Materialien vorzubereiten. Das qualitative Niveau der Arbeiten liegt dann im Durchschnitt höher, die Korrekturen der angefertigten Aufsätze werden eher angenommen, Möglichkeiten der Verbesserung und Steigerung schneller erkannt.

Vorher besprochene Themenblöcke können auch Gegenstand der Lernzielkontrolle sein

An einem Beispiel soll obige Forderung begründet werden. Ein Thema wie „Die Nachteile des Drogenkonsums" bereits in einer Testsituation, die bewertet bzw. benotet wird, zum Aufsatzthema zu machen, ohne vorher Zeitungsartikel und -berichte u. Ä. als Hausaufgabe oder im Unterricht bearbeitet zu haben, führt bei einem Großteil der Schüler/innen zwangsläufig zu schlechteren Ergebnissen. Die Begründung, hier finde ein Transfer statt, ist dann zu dürftig, wenn andere nahe liegende Themen, die den Transfer ermöglichen würden, nicht besprochen wurden. Die Bedenken, verschiedene Themen seien zu leicht gestellt, wenn im Deutschunterricht bereits Argumente z. B. gegen den Drogenkonsum gesammelt worden seien, sind angesichts der gleichzeitig geäußerten Klage, Schüler/innen könnten heute nicht mehr in reinem und gutem Deutsch formulieren, fehl am Platze. (Stimmte diese Argumentation, müssten alle Schüler/innen, die ihren Stoff in Erdkunde, Biologie, Geschichte und anderen Fächern gelernt haben, ihre Tests in einem recht anspruchsvollen oder zumindest korrekten Deutsch darbieten.)

Des Weiteren kommt hier eine manchmal von Lehrkräften mitgetragene Einstellung zur Geltung, dass die Fähigkeit, gutes Deutsch zu sprechen und zu schreiben, eine Angelegenheit des angeborenen Talents oder der Determinierung durch das Elternhaus sei. Hier spielt bei kurzfristiger Betrachtungsweise die Erfahrung wohl eine Rolle, dass Lernfortschritte im Deutschunterricht nachweislich immer noch sehr selten oder schwer feststellbar (evaluierbar) sind. Schüler/innen „transportieren" z. B. ihre Note 4 im Fach Deutsch von Schuljahr zu Schuljahr, ohne je selbst an eine (mit Arbeit verbundene) Steigerungsmöglichkeit zu denken. Sie finden sich damit ab und blockieren ihre eigene Lernfähigkeit und werden möglicherweise in dieser Haltung „ideologisch" von den Eltern und Lehrkräften unterstützt.

Der Zehntausendmeterläufer erreicht sein Ziel nie, wenn er nicht trainiert. Schülerinnen und Schülern, Eltern und Lehrkräften fehlt häufig der optimistische Zugang zu einem didaktischen Instrumentarium, das ein Aufsatz-Trai-

Aufsatztraining fördert und sichert Lernfortschritte – nicht nur bei der Erörterung

ning mit Erfolgsaussicht verspricht. Die Anweisung viel zu lesen sowie die Warnung vor zu intensivem Fernsehkonsum genügen nicht, um bereits übermorgen die Aufsatznote anzuheben. Die überforderte Lehrkraft kann freilich nicht durch die ständige Korrektur von Tausenden von fehlerhaften Aufsätzen dieser Misere Paroli bieten, vielmehr sind auch im Deutschunterricht endlich neue Vermittlungs- und Unterrichtsmethoden angesagt (Beispiele: Suggestopädie, TZI = themenzentrierte Interaktion, NLP = neurolinguistisches Programmieren, Schreibwerkstatt mit Methoden emanzipatorischer Korrektur durch Mitschüler/innen, Gruppenarbeit, Freiarbeit, Brainwriting, Interwriting, multimedialer Einsatz wie Metaplan, Mindmap, Flipchart und anderes). Methodenvielfalt und unterschiedliche Techniken müssen zudem entsprechend inhaltlich gefüllt werden, um den steinigen Weg von der ungeschickten, unpassenden, falschen Formulierung einfacher oder komplizierter Sätze bis hin zum stilistisch und inhaltlich korrekten Deutsch auch begehen zu können.

Weil zu der Frage, wie sich die Vorbereitungsphase zur Einübung der Erörterung gestalte, innerhalb der Fachschaften Deutsch sowie in den unterschiedlichen Lehrplänen der Bundesländer kein einheitlicher Konsens besteht, ist eine annähernde Chancengerechtigkeit in der Bewertung von Deutschaufsätzen bis heute nicht erreicht. Die Germanistikabteilungen der Universitäten, die Fachschaften an den Realschulen und Gymnasien sollten erneut die Zusammenarbeit suchen. Die Trainer/innen und Leiter/innen von Managementschulungen in Industrie- und Dienstleistungsbetrieben, wo Rhetorikkurse, Kommunikationsseminare, Sprachkompetenzübungen unter Berücksichtigung neuer Lehrmethoden durchgeführt werden, um die Defizite der Mitarbeiter/innen im Beherrschen der deutschen Sprache und der erforderlichen Formulierungskunst abzubauen, sollten ihre Erfahrungen in Schulen einbringen können, um a) länderübergreifend Informationsmaterial zur Verfügung stellen zu können und b) Schule und insbesondere den Deutschunterricht in stärkerem Maße berufsorientiert zu gestalten.

Bei Durchsicht und Korrektur von Klassensätzen zur Erörterung an Realschulen und Gymnasien (auch innerhalb der Schulen selbst) zeigt sich eine sehr unterschiedliche Qualität der Aufsätze. Nicht um einer Nivellierung willen werden Themenbereiche im Deutschunterricht in Form von Materialsammlungen, Kurzreferaten, Debatten, Diskussionen, schriftlichen Streitgesprächen und begründeten Stellungnahmen vorbereitet, sondern um gezielt in die Techniken der Argumentation einzuführen, die dann objektiver bewertbar sind, wenn Schüler/innen gezielt auf bestimmte Themenbereiche vorbereitet worden sind.

Themenstellungen sind nicht manipuliert, können aber auch nicht immer wertfrei sein

Dem anderen Einwand, die Art der Themenstellung der Erörterungen berge wie einst im Besinnungsaufsatz die Gefahr der Manipulation und einseitigen Stellungnahmen in sich (vgl. MdÜ zur Erörterung), muss entgegengehalten werden, dass eine wertfreie Themenstellung ohnehin nicht möglich ist. Abweichende und provokative Schülermeinungen können häufig auch als eigenständige Leistung positiv beurteilt oder benotet werden, um auf diese Weise der Bewertung und Zensur des Aufsatzes das Odium der rein subjektiven Einschätzung durch die Lehrkraft zu nehmen, vorausgesetzt dass Schüler/innen ihre Argumentation logisch, stringent und überzeugend gestalten.

14.5 Aufsatzbeispiele
Das Streitgespräch

Der Schüleraufsatz wurde in einer 8. Klasse (Gymnasium) angefertigt.
Thema: Sollten Diskussionsstunden im Deutschunterricht vermieden werden?
Herbert (= H) und Rosie (= R) streiten über Sinn und Zweck von Diskussionsstunden im Deutschunterricht.

H: „Diskussionsstunden sind vergeudete Zeit. Unsere Klasse weiß zum Beispiel so *Schüleraufsatz* wenig von Grammatik, dass es notwendig ist, dass die Lehrkraft Stunden durch- *zum Streitge-* führt, in denen richtig gepaukt wird, damit die Deutschaufsätze besser werden. Die *spräch* letzte Klassenarbeit ist auch recht schlecht ausgefallen."

R: „Diskussionsstunden dienen doch der Aussprache in der Klasse."

H: „Deutschstunden sind doch nicht zur Aussprache da."

R: „Lass mich bitte ausreden. Das ist freilich nur ein Nebeneffekt. Wenn wir z. B. über den Sinn und Zweck von Schulfesten diskutieren oder über größere Probleme, erfahren wir die Meinungen aller Schüler. So wird auch das Wissen jedes Einzelnen vergrößert."

H: „Das Wissen holen wir uns von der Lehrerin oder aus Büchern, nicht durch das Diskutieren."

R: „Das bestreite ich ja gar nicht, aber du darfst auch die Erfahrungen von Vierzehnjährigen nicht unterschätzen und auch Erfahrungen sind Wissen."

H: „Das mag ja sein, aber wie willst du Kenntnisse anreichern, wenn es wie in der letzten Stunde so ein heilloses Durcheinander gibt? Da gewinne ich für mich keine neuen Erkenntnisse."

R: „Du meinst wohl die vorletzte Stunde, denn in der letzten haben wir ja gerade über unser falsches Verhalten diskutiert. Vorausgesetzt, wir hören uns gegenseitig zu, lassen den anderen ausreden, überlegen uns, warum jemand eine bestimmte Meinung vertritt, dann können wir aus der Diskussion lernen."

H: „Aber wenn der Lehrer verlangt, dass wir über den Umweltschutz und die Klimakatastrophen reden sollen, dann hat doch kaum einer von uns eine Ahnung. Wer liest schon in unserer Klasse Zeitung? Da ist es besser, man holt sich die Informationen aus der Literatur."

R: „Das eine schließt doch das andere nicht aus. Eine gute Diskussionsstunde kann man ja auch vorbereiten, und wenn dann jeder oder jede von uns verschiedene Informationen und Beispiele mitbringt oder in der Diskussion äußert, lernen alle dazu."

H: „Du meinst, man kann sich dann all die Beiträge merken? Das geht doch gar nicht."

R: „Man kann ja eine Mitschrift oder ein Ergebnisprotokoll anfertigen oder Texte vervielfältigen, um die Inhalte der Diskussion zu vertiefen oder festzuhalten."

H: „Das gibt ein Chaos wie letztes Mal. Keiner hat was davon."

R: „Du wiederholst dich in deiner Argumentation. Ein Beispiel für eine misslungene Diskussionsstunde überzeugt mich noch nicht, denn wir müssen halt einfach noch lernen andere Ansichten zu akzeptieren. Da denken einige von deiner Clique, sie könnten die Diskussionsstunden für jeden Blödsinn nutzen."

H: „Den Vorwurf lass ich mir nicht gefallen. Wir haben uns ausgesprochen und einige meinten, diskutieren müssten sie erst lernen. Ich bin aber der Meinung, dass Diskutieren weniger bringt als ein Lehrervortrag oder Gruppenarbeit."

R: „Siehst du: In der Gruppe musst du ja auch Streitgespräche führen, um eine Einigung zu erzielen, da akzeptierst du es."

H: „Du denkst, ich widerspreche mir, aber eine Kleingruppe ist halt überschaubar."

R: „Viele Ideen, Informationen und Beiträge ergeben aber manchmal ein besseres Ergebnis. Denk nur daran, wie viele Aspekte wir in der gemeinsamen Diskussion über Kriegsspielzeug gesammelt haben. Das hätte ein Einzelner nie geschafft. Und wenn die Moderation zur Diskussionsstunde gut durchgeführt wird, kommt ja auch fast jeder zu Wort."

H: „Das überzeugt mich schon, was du sagst. Aber nicht jeder hat sich getraut, einen Beitrag zu geben, und oft sind es immer wieder dieselben, die sich äußern, auch das spricht gegen Diskussionsstunden."

R: „Diesen Einwand seh ich schon ein. Da liegt ein Nachteil. Gut fand ich allerdings, als die Lehrkraft jeden einzelnen Schüler reihum aufgefordert hat, ein abschließendes Statement abzugeben. Da mussten alle etwas sagen. Das war doch nicht schlecht."

H: „Ich erinnere mich. Und so schlecht waren die Beiträge tatsächlich nicht. Vielleicht schätze ich die Lage in der Klasse zu pessimistisch ein. Wir werden ja sehen, wer Recht behält."

R: „Okay. Mach's gut."

Anmerkung: Die Dialogisierung eines umstrittenen Sachverhalts oder Problems sollte als kreativer Schreibakt betrachtet werden. Daraus folgt, dass eine genaue Festlegung von Regularien für die Korrektur falsch wäre. Z. B. werden häufige Wortwiederholungen in der Alltagssprache nicht sanktioniert. Auch im (erfundenen) schriftlich festgehaltenen Streitgespräch haben Schüler/innen mehr Freiheiten als in anderen Formen der Erörterung.

Die begründete Stellungnahme

Dem Schüleraufsatz (8. Schuljahr, Gesamtschule) zum Thema „Abschaffung von Kriegsspielzeug", der in Briefform abgefasst werden sollte, gingen Diskussionsstunden über Erziehung, Aggression, Krieg, Kriegsspielzeug voraus. Adressaten des Briefes konnten einzelne Spielwarenladeninhaber, die Fabrikanten oder Verbände sein. Die einzunehmende Rolle des Absenders wurde ebenfalls nicht festgelegt. In der Betreffzeile sollte das Thema angeführt werden. (Der Briefkopf wird im folgenden Beispiel weggelassen.)

Sehr geehrte Damen und Herren (des Bundesverbandes der Spielwarenindustrie), *Schüleraufsatz*
als ich vorige Woche mit meinen beiden Kindern, drei und fünf Jahre alt, einkaufen *zur begründe-*
ging, fiel mir auf, dass es in fast allen Spielwarenläden erschreckend viel Kriegsspielzeug *ten Stellung-*
gibt. Ich möchte Sie im Folgenden bitten oder gar auffordern, die Firmen anzuregen, *nahme*
kein Kriegsspielzeug mehr herzustellen. Es gibt wichtige Argumente, die gegen eine
Produktion sprechen.
Die heutige Welt ist voll von Krieg und Waffen. Manche Leute sagen, wenn es schon so
viele Kriege gibt, soll man die Kinder gleich von klein auf zum Krieg erziehen. Das ist
freilich total falsch, denn gerade, weil es so viel Gewalt auf der Welt gibt, sollte man
alle Kinder zum Frieden erziehen. Man sollte ihnen beibringen, miteinander auszu-
kommen und sie zu einem friedlichen Gemeinschaftsleben erziehen. Man sollte miteinander auskommen, ohne handgreiflich zu werden. Wenn es vorkommt, dass sich
zwei Kinder streiten, sollten sie so vernünftig sein und miteinander diskutieren. Im
Spiel schießen Kinder andere Menschen ab und töten sie. Das Kriegsspielzeug fordert
sie dazu auf, Aggressionen und Hass spielerisch einzusetzen. Diese Kinder werden
möglicherweise später zu brutalen Menschen und sehen im echten Krieg lediglich ein
Spiel mit dem Einsatz von Menschenleben. Gewalt verherrlichende Horrorfilme richten ähnlichen Schaden an. Das Argument, mit dem Kriegsspielzeug könnten Kinder
ihre Aggressionen abreagieren, leuchtet deshalb nicht ein, weil es genügend friedliche
Spiele gibt, in denen es Sieger gibt. Aber diese Spiele erziehen zum fairen Wettkampf.
Es wird nicht getötet und gemordet. Über aggressives Verhalten von Kindern muss
geredet werden. Das stillschweigende Übergehen dieser Probleme und das Bereitstellen von Kriegsspielzeug baut Aggressionen ja geradezu auf.
Eltern sollten Verständnis für ihre Sprösslinge und deren Aggressivität haben. Ihnen
Waffen oder Videospiele mit Killeraufträgen zu schenken führt sicherlich zu einer zunehmenden Gewaltbereitschaft unter Jugendlichen, weil hier der Spaß am Krieg im
Vordergrund steht. Es ist doch viel schöner, wenn Kinder in friedlichen Verhältnissen
aufwachsen. Sie haben eine unproblematische Zukunft, gewinnen, weil sie freundlich
sind und Konflikte mündlich auszutragen gelernt haben, eher Freunde.
Ich hoffe, Sie gehen auf meine Bitte ein und machen sich stark für eine Abschaffung
und Einstellung der Produktion von Kriegsspielzeug. Manche Betriebe geben hier ein
gutes Beispiel. Arbeitsplätze gingen auch nicht verloren, denn anstelle des Kriegs-
spielzeugs müssten die Kunden ja anderes Spielzeug kaufen.

Mit freundlichen Grüßen
Simone Seika

Anmerkung: Der Argumentationsaufbau kann leicht verbessert werden. Trotz
kleiner sprachlicher Unebenheiten (z. B. gehäufte Verwendung von „man")
gilt der Aufsatz als gut, weil er formal korrekt gestaltet ist und das persönliche
Engagement gut zum Tragen kommt.

Die linear-steigernde Erörterung

In einer 9. Klasse (Gymnasium) wurde der folgende fehlerhafte Schüleraufsatz angefertigt:
Thema: „Tierversuche sind Tierquälerei. Sie müssen abgeschafft werden." Setze dich in einer linear-steigernden Erörterung mit dieser Forderung auseinander!

Schüleraufsatz zur linearen Erörterung

Die Pharma- und Kosmetikindustrie fordert ständig Tierversuche. Das ist falsch. Im Folgenden möchte ich nun Stellung zu diesen Tierquälereien geben.
Erstens verenden viele Tiere im Tierpark schon beim Fang oder Transport an Aufregung, Stress und Verzweiflung. Im Zoo sterben viele Tiere an Reaktionen durch den Platzmangel hervorgerufen, an Futterumstellungen und an zu geringer Bewegungsfreiheit für Tiere mit Bewegungsdrang. Zehn von neun Tieren krepieren beim Fang oder Transport.
Zweitens ist es doch so, dass nicht alle Tierversuche durchgeführt werden müssen, da es erwiesen ist, dass Tiere auf Arzneimittel oft anders reagieren als Menschen. Also, was soll ein Versuch mit Ratten oder Mäusen? Trotz durchgeführter Tierversuche kommt man auf kein eindeutiges Ergebnis. Kann man nicht Computer als Ersatzmethode verwenden? Außerdem verstehe ich nicht, dass in der Kosmetikindustrie Tierversuche praktiziert werden, da diese Artikel auch aus pflanzlichen Grundstoffen hergestellt werden können.
Drittens finde ich auch, dass man Haustiere wie Hunde oder Katzen nicht in kleinen Wohnungen halten sollte oder sich ein Haustier anschaffen und sich überhaupt nicht darum kümmern. Ich bin der Meinung, dass das auch zur Tierquälerei gehört. Auf dieses Thema bin ich durch den Deutschunterricht und Artikel im Sprachbuch gekommen. Insgesamt plädiere ich deshalb für eine Abschaffung von den Tierversuchen und der Tierquälerei, auch wenn es manchmal noch notwendig sein kann (Aids, Krebs), dass geforscht wird. Auch gibt es ja schon Beispiele von den Herstellern, dass pflanzliche Stoffe statt Tiere hergenommen werden. Das ist eine erfreuliche Erfahrung.

Anmerkung: Die sprachlich-stilistischen Fehler mit inhaltlichen Folgen (z. B. „Kann man nicht Computer als Ersatzmethode verwenden?"), der unlogische Aufbau des gesamten Aufsatzes, die passagenweise Themaverfehlung sowie die Strukturierung der einzelnen Argumente weisen auf die Lustlosigkeit (und damit möglicherweise auf die falsche Wahl des Themas) hin, mit der die Erörterung angefertigt wurde. Der „Musteraufsatz" ist auf diese Weise Quelle für die Erstellung einer Fehlerliste (z. B. Unverständnis dem Thema gegenüber, fehlende Begriffsbestimmung, falsche Gewichtung, unlogische Reihung usw.), die die Klasse gemeinsam erarbeitet und die hinführt zu einer Wiederholung der Merksätze zur Argumentation und zur Erörterung.

Die antithetisch-dialektische Erörterung

Der in einer 10. Klasse (Realschule) angefertigte Schüleraufsatz wird leicht gekürzt wiedergegeben.
Thema: Erörtere G. B. Shaws Äußerung über den Sport, dass er in ihm ein ausgezeichnetes Mittel sehe, Hass und Unfrieden zwischen die Menschen zu säen!

„London – Das Fußballeuropapokalspiel zwischen Arsenal London und Real Madrid musste leider vorzeitig im ausverkauften Wembley-Stadion beim Stande von 1 : 1 abgebrochen werden. Nach einer Fehlentscheidung des Unparteiischen entstand unerklärlicherweise ein Handgemenge, das zu einer Riesenschlägerei ausartete. Erregte Zuschauer liefen auf den Rasen. Erst nach über einer Stunde konnte durch die berittene Polizei wieder Ruhe hergestellt werden. 50 Hooligans wurden vorübergehend festgenommen." Immer wieder konnten in den letzten Jahren Zeitungsartikel ähnlichen Inhalts gelesen werden. Gibt dieses Beispiel G. B. Shaw uneingeschränkt Recht? *Schüleraufsatz zur antithetischen Erörterung*

London ist nur ein beliebiges Beispiel für eine Reihe unangenehmer Ereignisse, die eigentlich mit Sport nichts mehr zu tun haben. Auch in anderen Städten dieses Globus wie Wien, Brüssel, Bahia, Rio de Janeiro haben sich derartige Vorgänge schon abgespielt. Nach einer Niederlage der kolumbianischen Fußballnationalmannschaft bei der letzten Weltmeisterschaft wurde sogar ein Stürmer wegen Versagens beim Torschuss von Zuschauern ermordet. Man mag hier von Exzessen sprechen, immerhin zeigen sie aber, dass tatsächlich Sport ein Anlass für Hassreaktionen sein kann.

Auch in anderen sportlichen Disziplinen kann der Fall eintreten, dass Unfrieden gesät wird. Jeder Sportler will den anderen überflügeln, ja besiegen. Er trainiert dafür täglich hart und verbissen, er opfert seine Zeit und quält sich. Ist er seinem Gegner im Boxkampf oder im Tausendmeterlauf nun unterlegen, schürt das möglicherweise seinen Hass auf den Gegner. Eine Feindschaft zwischen den Gegnern wird dann auch noch über die Presse der Öffentlichkeit mitgeteilt. [...] Nicht die Leichtathletik- oder Fußballmannschaft Deutschlands oder Frankreichs hat den Wettkampf gewonnen, sondern – so die Presse – Deutschland oder Frankreich als Nation hat angeblich andere Staaten besiegt. Auch diese Formulierungen können dazu beitragen, die Wut auf Menschen einer anderen Nation zu steigern.

Da Sport heute ein großes Geschäft ist, Sport zum Beruf geworden ist, riesige Geldbeträge für Siege ausgezahlt werden, kann der Ehrgeiz ins Unermessliche steigen und die Niederlage, die mit finanziellem Verlust kombiniert ist, dazu führen, dass Neid, Wut und Hass entbrennen. Misserfolg im Sport kann ein menschliches Schicksal ruinieren. Wie anders ist der häufige Einsatz unfairer Mittel zu verstehen? Warum kommen Dopingmittel trotz strenger Kontrollen immer wieder zum Einsatz? Die reine Geldgier sorgt hier sicherlich auch für einen Unfrieden unter den Sportlern und Sportlerinnen.

Ist also Sport tatsächlich ein geeignetes Mittel, die Untugenden Hass und Unfrieden unter den Menschen zu verbreiten?

Wenn wir von Ereignissen wie London, Brüssel, Rio oder Bahia ausgehen, so sind wir freilich empört und schütteln den Kopf über derartige Gewaltausschreitungen. Unfairness im Wettkampf, Betrug, Bestechung, Einsatz von Dopingmitteln empören allerdings die meisten Menschen, Sportler wie Zuschauer. [...] Sport ist nicht nur Kampf, sportliche Betätigung bewirkt auch Freude an der körperlichen Bewegung oder Förderung der Gesundheit. Genügend Untersuchungen zeigen, dass viele Schulkinder heute Haltungsschäden haben, weil sie zu wenig Sport treiben. Sie erkennen die Freude am Sport nicht früh genug oder haben zu wenige Möglichkeiten Sport zu treiben. Andererseits zeigt die Entwicklung in den letzten Jahren, dass immer mehr Erwachsene die Notwendigkeit sportlicher Betätigung erkannt haben. Fitness-Center schießen aus dem Boden, neue Sportarten [...] erfreuen sich immer größerer Beliebtheit. [...]

Sport fördert die Kameradschaft und das gegenseitige Verständnis auch zwischen Menschen verschiedener Nationen und Hautfarben. Das Fernsehen lieferte hierzu in den letzten Jahren oft ergreifende Bilder, wenn sich Gegner bei den olympischen Sommerpielen trotz Sieg und Niederlage gratulierten oder gar um den Hals fielen. Das norwegische Publikum applaudierte und feuerte die Wettkämpfer der Winterspiele frenetisch an, unabhängig davon, welcher Nation sie angehörten. Es war laut Presse ein Fest der Völkerverständigung und des friedlichen Miteinanders. [...]

Jeder einzelne Mensch selbst ist es, der den Sport zu einem ausgezeichneten Mittel machen könnte, dass Kameradschaft, Gemeinschaftsgefühl, Abbau von Rassenhass, Toleranz und bessere Menschenkenntnis gesät werden.

Gliederung:

A) Sportliches Ereignis aus der jüngsten Vergangenheit

B) I. Bestätigung der Meinung G. B. Shaws
   1. Auswüchse bei sportlichen Wettkämpfen
   2. ungezähmter Ehrgeiz und falsches Erfolgsstreben
   3. übertriebenes Nationalgefühl
   4. Geldgier
   5. Unfairness

   II. Widerlegung der Meinung G. B. Shaws
   1. Sport als Förderer
      a) der Freude an körperlicher Bewegung
      b) der Gesundheit
   2. Sportwettkämpfe als Förderer
      a) der Kameradschaft und des Gemeinschaftssinns
      b) der Völkerverständigung
      c) der Toleranz

C) Hervorhebung der positiven Folgen des Sports

14.6 Übungen zur Lernzielkontrolle

Ü 1: Da Streitgespräche, Stellungnahmen und Erörterungen die Fähigkeit, einen Sachverhalt oder ein Problem beurteilen zu können, abverlangen, ist eine einfache Verbalisierungsübung die Beurteilung von konkreten Dingen einerseits sowie von abstrakten Begriffen andererseits. Beispiele: Nach welchen Gesichtspunkten beurteilst du ein Fahrrad, Moped, Snowboard, Software, Videospiele, einen Sportwagen, Computer, eine Stereoanlage, Freiheit, Mut, Coolsein, Angst, Glück? Die Schulung zur Fähigkeit, Begriffe definieren zu können, verlangt eine genauere Auseinandersetzung mit Begriffen und Wortbedeutungen. Ergebnisse können schriftlich festgehalten werden.

Ü 2: Die Konfliktbereitschaft auf verbaler Ebene sowie die Fähigkeit, tragfähige Kompromisse zu bilden, werden durch Übung gesteigert. Rollen- und Planspiele, simulierte Talkshows oder Pro-und-Kontra-Sendungen tragen dazu bei, dass Schüler/innen Meinungen und Interessen und Menschen verstehen lernen und ihre eigene Sprachkompetenz verbessern. Um die Fähigkeit zu erlangen, in schiftlicher Form Stil und Ausdruck zu festigen und auszubauen, ge- *Schreibübung* nügen kleine Schreibübungen wie

- Entwicklung von Thesen zum Thema oder als Transfer zu verwandten Themen
- Festhalten der wichtigsten Thesen einer Diskussion
- Formulieren des eigenen Standpunkts
- Formulieren des gegnerischen Standpunkts
- Festhalten des Ergebnisses des Streitgesprächs, der Diskussion

Die Übungen können im Unterricht oder als HA durchgeführt werden. Sie werden auf jeden Fall im Plenum der Klasse besprochen und mündlich oder schriftlich verbessert. In höheren Klassen werden Diskussionen bzw. deren Ergebnisse protokolliert.

Ü 3: Am Beispiel ausgewählter Themen (vgl. Kap. 14.7) – unabhängig von unterschiedlichen Formen der Erörterung – werden Einleitungen formuliert *Verfassen von* und im Plenum der Klasse vorgelesen und beurteilt. Eine Einleitung ist gut, *Einleitungen* wenn sie keinen Punkt der Ausführung beinhaltet und zum Thema überleitet oder hinführt. Hilfreich ist für manche Schüler/innen, das Thema sinngemäß oder wörtlich an das Ende der Einleitung stellen zu können, um sich auf diese Weise den Übergang zum Hauptteil zu erleichtern. Das Ergebnis des UG kann sein, einen Hefteintrag zu entwerfen, aus dem hervorgeht, welche Möglichkeiten bestehen, um eine Einleitung zu gestalten.

Beispiel:

In Abhängigkeit vom Thema können wir in der *Einleitung* ausgehen

- von der Begriffserklärung *Was kann in*
- vom Gegenteil *der Einleitung*
- von einem übergeordneten allgemeinen, historischen, gesellschaftlichen *stehen?* Zusammenhang
- von einer provozierenden Feststellung oder Frage, die die Leser/innen neugierig macht
- vom Allgemeinen zum Besonderen oder umgekehrt
- von einem Erlebnis oder einer Begebenheit oder von einer eigenen Erfahrung
- von einem Beispiel, das sich nicht mit den Beispielen des Hauptteils deckt
- von einem Vergleich, einer Analogie oder (Thema-)Ähnlichem
- vom geschichtlichen Hintergrund
- von einem Zitat oder Sprichwort
- von einer Zeitungsmeldung
- vom eigenen Plan des Schreibenden, wie er oder sie in der Argumentation vorgehen will

Ü 4: Analog zu Ü 1 werden Möglichkeiten diskutiert, den Schluss zu gestalten. Beispiel für einen abschließenden Hefteintrag:

Der Schluss hat folgende Funktionen:

Was beinhaltet der Schluss?

- Darstellung der Entscheidung, der Lösung, des Kompromisses, der Synthese
- Abschluss der Argumentation
- Entlassung der Leser/innen
- Zusammenfassung der Ergebnisse
- Verweis oder Hinweis auf die allgemeine Bedeutung der Themenfrage oder ein ähnliches Problem
- Ausblick auf Allgemeines oder Besonderes
- Prognose für die Zukunft
- nachdenklich stimmende oder provozierende Feststellung
- evtl. Möglichkeit, das gewichtigste Argument als abschließenden Höhepunkt zu setzen

Ü 5: Um Argumente stichhaltig zu gestalten, ist es sinnvoll, die Beziehungen zwischen den einzelnen Aussagen deutlich zu machen. Hilfreich sind, um den Satzbau logisch zu gestalten, die Verwendung von Kon- und Subjunktionen (Bindewörtern) wie außerdem, ebenso, eng damit verknüpft, ferner, hinzu kommt, nicht zuletzt, so, weiter. Verschiedene Sprachbücher geben eine Menge an Hinweisen für die der Erörterung angemessene Gestaltung des hypotaktischen Satzbaus.

Beispiel für die Erstellung einer Tabelle:

Übersicht der Binde- oder Fügungswörter bzw. Konjunktionen und Subjunktionen:

Überleitungen und Verbindungen von Argumenten

Bindewort	Konjunktion	Beispiele
verbindend, (an-)reihend oder anschließend	kopulativ disjunktiv	und, auch, ferner, nicht nur – sondern auch, schließlich, sowohl – als auch, weder – noch, da, noch, außerdem, sowie, einerseits – andererseits, teils – teils, nicht nur – sondern auch, je – desto, bald – bald oder, entweder – oder, sondern
gegensätzlich	adversativ	aber, dagegen, dennoch, einerseits – andererseits, jedoch, während dagegen, hingegen, sondern allein, doch, indes, sonst, trotzdem, anstatt dass, während, indessen
begründend	kausal	da, dann, nämlich, weil, denn, daher, deshalb, darum, deswegen, aus diesem Grunde, dass
folgernd	konsekutiv	also, daher, deshalb, deswegen, folglich, sodass, ohne dass, infolgedessen, mithin, demnach
einschränkend, einräumend	konzessiv	obwohl, trotzdem, wenn auch – so doch, zwar – aber, obgleich, obschon, ob, ob auch, wenngleich, wenn schon, auch wenn, und wenn, wie auch, dennoch, doch, trotzdem

Bindewort	Konjunktion	Beispiele
vergleichend	komparativ	wie, als ob, wie wenn, gleich als ob, je, je nachdem, so – wie, gleichsam – wie
zeitlich	temporal	dann, vorher, damals, darauf, nachher, sofort, gleich
örtlich	lokal	dort, dorthin, hier, darüber, drunter, darin, dazwischen, daneben, hinter, dazu
bedingend	konditional	wenn, wofern, falls, im Falle dass, vorausgesetzt dass, unter der Bedingung dass, für den Fall dass, unter dieser Bedingung
zweckgebunden, bezweckend	final	damit, darum, dazu, um – zu, dass, auf dass, hierzu, dazu, zu diesem Zweck, in dieser Absicht
die Mittel berücksichtigend	instrumental	dadurch dass, dadurch, indem, damit, vermittels von, davon
Art und Weise	modal	so, indem, dadurch dass

Ü 6: Verfasse eine kurze Widerlegung folgenden Arguments: Die Überlastung während des Schulalltages mit Nachmittagsunterricht lässt sich dadurch verringern, dass man die „leichten" Fächer wie Musik, Kunsterziehung oder Zeichnen, Sport, Religion oder Ethik auf den Nachmittag konzentriert.

14.7 Themenvorschläge zur Erörterung
Themen zur begründeten Stellungnahme, zur steigernden oder linearen Erörterung:

1. Persönliches und Probleme der Jugend
   - Warum ich gerne Sport treibe, singe, tanze, ein Musikinstrument spiele, bastle
   - Warum ich mich mit Computerspielen beschäftige
   - Warum ich niemals rauchen werde
   - Warum ich gerne Motorrad fahren, ohne Eltern in den Urlaub fahren, die Noten abschaffen, in der Schülerzeitung mitarbeiten würde
   - Warum ich in meiner Freizeit (gerne) jobbe
   - Warum ich gerne Klassensprecher/in wäre
   - Warum wünschen Jugendliche sich ein Motorrad?
   - Der Alkoholmissbrauch durch Jugendliche nimmt erheblich zu. Wie erklären Sie sich diese Tatsache und wie könnte man ihr begegnen?
   - Wie kann der Drogenkonsum eingeschränkt werden?
   - Welche Überlegungen sind notwendig, um sich für einen bestimmten Beruf zu entscheiden?
   - Warum gehöre ich gerne einem Jugendkreis (Verein) an?
   - Warum und wozu halte ich mir ein Haustier?
   - Wozu lese ich Bücher?
   - Von welchen Gesichtspunkten sollte man sich bei der Urlaubsplanung leiten lassen?

- „Niemand, der richtig cool drauf ist, hat mit Politik was zu tun." Erläutern Sie die Ursachen für das politische Desinteresse der Jugendlichen. Wie beurteilen Sie selbst die sich daraus ergebende Problematik?

2. Medien
   - Wähle eine regelmäßig ausgestrahlte Fernsehsendung aus und stelle dar, was dir daran gefällt. Begründe deine Ansicht.
   - Videospiele erfreuen sich großer Beliebtheit. Erörtern Sie die Ursachen dieser Erscheinung.
   - Welche Vorteile hat das Informationsangebot der Tageszeitung im Vergleich zu dem des Rundfunks und Fernsehens?
   - Ursachen für die Beliebtheit von Horror- und Gewaltdarstellung im Fernsehen
   - Ursachen für die Beliebtheit von Videogeräten (Handys, Tamagotchis und anderes) in den deutschen Haushalten
   - Computer und Video (Fernsehen) zerstören das Kindsein. Erörtere diese Aussage.
   - Welche Vorteile hat das Informationsangebot einer Tageszeitung der seriösen Presse im Vergleich zur BILD-Zeitung?
   - Kann im Zeitalter des Ferhsehens und des Computers Literatur noch von Bedeutung sein?

3. Jugend, Erziehung und Bildung
   - Worin besteht der Gewinn einer Wanderfahrt?
   - Erörtere Sinn und Zweck des Taschengelds für Kinder und Jugendliche.
   - Erörtern Sie, warum die Zahl der jugendlichen Rauschgiftsüchtigen immer noch steigt.
   - Erörtere Gründe und Auswirkungen des übermäßigen Alkoholkonsums in der Bundesrepublik, vor allem bei Jugendlichen, und mache Vorschläge, wie diesem Problem begegnet werden könnte.
   - Stelle dar, was du am Stundenplan deiner Klasse ändern würdest, wenn du die Möglichkeit dazu hättest, und begründe deine Meinung!
   - Erörtere die Forderung nach einer besseren Integration (Eingliederung) von Körperbehinderten in Realschulklassen (Gymnasialklassen)!
   - Was muss eine Jugendzeitschrift bieten, die Ihnen gefallen soll?
   - Die Feststellung, dass Literatur als eine gesellschaftlich wichtige Erscheinung angesehen werden muss, ist im Laufe des letzten Jahrzehnts verkommen. Erörtere diese Feststellung und die Frage, welche Möglichkeiten der Literaturunterricht in der Schule bietet, diese Entwicklung aufzuhalten!
   - Sind Autoritäten in der Gesellschaft (Schule, im Elternhaus) noch gefragt? Nehmen Sie kritisch Stellung, indem Sie den Begriff der Autorität genauer untersuchen.
   - Die Medien berichten von einer Zunahme der Attraktivität der Kirchen. Schüler/innen stellen im Unterricht häufiger rein religiöse Fragen. Worin siehst du die Ursachen für einen derartigen Wandel der Interessen und Einstellungen junger Menschen?

- Erörtern Sie, warum Sie zur Gruppe der Punks (Hippies, Skinheads, Pfadfinder, Hooligans) gehören möchten/auf gar keinen Fall gehören möchten.
- Warum wird Zehnjährigen schon ein Schulwechsel zugemutet?
- Erörtere Gründe, warum die Selbstmordquote bei jungen Menschen besonders hoch ist!
- Kleider machen Leute. Kann ein Mensch nach seinem Äußeren beurteilt werden?
- Worin liegt die Bedeutung einer Schülerzeitung? Erörtere Sinn und Zweck.
- Ursachen für Schulversagen
- Ursachen für die Zunahme von Gewalt und Aggression an deutschen Schulen
- Die Notwendigkeit der Gleichberechtigung und Gleichstellung der Mädchen und Jungen
- Jugendlichkeit ist ein Leitbild unserer Zeit. Die Vorstellung von Leistung, Ansehen, Schönheit, Glück verbindet sich bei vielen Menschen mit der von Jungsein. Wie erklären Sie sich diesen Kult der Jugend und wie stehen Sie dazu?
- Ohne Zweifel ist der Sport eine Beschäftigung, die mit fortschreitender Technik des Menschen immer unentbehrlicher wird. Erörtere diese Behauptung unter Berücksichtigung des Schulsports. (Alternative: Zeige auf, inwieweit es sinnvoll ist, junge Menschen zu sportlicher Tätigkeit zumindest im schulischen Bereich zu verpflichten.)
- Worauf könnte man das Generationenproblem (den Generationskonflikt) zurückführen und welche Möglichkeiten zur Überwindung bieten sich an?
- Die heutige Jugend wächst in einer Zeit technischen Fortschritts, wirtschaftlichen Wohlstands und Friedens auf. Dennoch sind viele Jugendliche unzufrieden und fühlen sich verunsichert. Auf welche Ursachen führst du diese Tatsache zurück?
- Nach welchen Gesichtspunkten werden Mitmenschen beurteilt? Äußern Sie sich zur Zuverlässigkeit dieser Maßstäbe!
- Die Familie – eine überholte Einrichtung? Welche Umstände tragen in unserer Zeit besonders zu einer Auflösung der Familie bei? Gibt es auch positive Folgen dieser Entwicklung? Wo könnte eine intakte Familie dem Einzelnen bei der Bewältigung seiner Probleme gerade heute entscheidende Hilfen geben?
- Wie lässt es sich mit einer selbstständigen und kritischen Haltung vereinbaren, andere als Autorität anzuerkennen? Zeigen Sie an Beispielen aus verschiedenen Bereichen wie Familie, Schule, Beruf, Politik, wo Autorität in Anspruch genommen und allgemein anerkannt wird.
- Erörtern Sie Ursachen, Erscheinungsformen und Auswirkungen des Vorurteils, aufgezeigt an selbst gewählten Beispielen!
- Nehmen Sie Stellung zu der These, die fehlende Bereitschaft zur Erziehung eigener Kinder sei Ausdruck unserer Leistungs- und Freizeitgesellschaft!

4. Politik, Wirtschaft und Gesellschaft

- Vor welche Aufgaben werden der Staat und der einzelne Staatsbürger durch die zunehmende Motorisierung gestellt?
- Warum gibt es so viele Verkehrsunfälle? Erörtern Sie kritisch die Ursachen.
- Die Notwendigkeit der Verantwortung im Straßenverkehr
- Welche Aufgaben kann die Automation übernehmen?
- Wie erklären Sie sich die in den letzten Jahren starke Zunahme des Tourismus?
- Welche Gründe sprechen für die Schaffung autofreier Fußgängerzonen in den Zentren der Städte?
- Warum ist der Naturschutzgedanke heute besonders wichtig?
- Das Leben in unserer Demokratie ist sinnvoll, erfordert aber persönlichen Einsatz.
- Viele Frauen fordern heute in allen Lebensbereichen gleiche Chancen wie die Männer. Hältst du diesen Anspruch für berechtigt? Begründe deine Entscheidung. .
- Erörtere den Stellenwert des Sports in unserer Gesellschaft (an ausgewählten Beispielen)!
- Erörtern Sie Ursachen und Folgen der Jugendarbeitslosigkeit für den Einzelnen sowie allgemeine Auswirkungen für die Gemeinschaft (Gesellschaft).
- Welche Probleme können sich ergeben, wenn Staat und Gesellschaft in unserem Land es auch in Zukunft nicht schaffen, wirksamer die Jugendarbeitslosigkeit zu bekämpfen?
- Ist die Frauenfrage (der Emanzipation) dadurch zu lösen, dass die Frauen so werden, wie heute die Männer sind?
- Hausbesetzungen sind in den Großstädten immer häufiger. Erläutere, warum dies so ist, welche Folgen sich daraus ergeben und was unternommen werden muss, um dieses Problem zu lösen.
- Die neofaschistische Szene setzt sich zu sehr hohen Prozentsätzen aus Jugendlichen zusammen. Erläutern Sie die Ursachen für die zunehmende Faszination, die für Jugendliche in der rechtsextremistischen Bewegung liegt!
- Ursachen und Folgen der Umweltverschmutzung
- Umweltschutz ist auch eine Aufgabe eines jeden Einzelnen. Welche Möglichkeiten sehen Sie für sich selbst, am Umweltschutz mitzuwirken?
- Sie werden bald mitverantwortlich sein für die politischen Entscheidungen unseres Volkes. Wie bereiten Sie sich darauf vor?
- Sport ist Mord. Widerlege diese kühne Behauptung.
- Der Breitensport bringt sowohl dem Einzelnen als auch der Gemeinschaft Gewinn. Erläutere diesen Gedanken!
- Was macht die Gastarbeiterfamilien zu Außenseitern unserer Gesellschaft und wie können wir ihre Probleme lösen helfen?

- Worin sehen Sie die Gründe für den starken Geburtenrückgang in der Bundesrepublik Deutschland?
- Immer wieder kommt es während oder nach Fußballspielen zu Zuschauerkrawallen. Kann man daher behaupten, dass der Fußballsport Aggressionen weckt?

Themen zum Streitgespräch, zur antithetischen und dialektischen Erörterung:

1. Persönliches und Probleme der Jugend
- Sollen Schüler/innen Ferienarbeit (Ferienjobs) annehmen?
- Zelten auf eigene Faust oder organisierter Urlaub? Wäge ab und entscheide dich.
- Sinn und Unsinn des Motorradfahrens – Erörtere Für und Wider zur Anschaffung eines Mofas/Mopeds/Motorrads.
- Ein Theater- oder Opernbesuch kostet heute auf den preiswerten Plätzen kaum mehr als ein Kinobesuch. Erörtern Sie Vor- und Nachteile von Theater und Kino und nehmen Sie dazu Stellung.
- „Gehorsam muss sein!" – „Gehorsam ist mit der freien Würde des Menschen nicht vereinbar!" Vergleiche die beiden Aussagen und nimm dazu Stellung.
- Ist es ein Zeichen von Schwäche oder Stärke, wenn jemand seine Meinung ändert?
- Versuche in rückschauender Betrachtung Wirkungen des Fernsehens bei dir selbst darzustellen und zu beurteilen. Erscheinen sie dir eher positiv oder eher negativ?
- Wehrdienst oder Zivildienst? Was spricht für das eine, was für das andere, und wofür würdest du dich entscheiden?
- Ist die Einführung eines sozialen Pflichtjahres für Mädchen sinnvoll? Begründe auch deine persönliche Entscheidung.
- Wohnen in einer Kleinstadt oder in einem Ballungsraum? – Stellen Sie Vor- und Nachteile dar und begründen Sie, wie Sie sich entscheiden würden.

2. Medien
- Immer häufiger gibt es auf dem Markt Videofilme mit äußerst brutalem Inhalt. Ist es in einem demokratischen Staat sinnvoll, den Verkauf und/ oder Verleih der Filme, die die Gewalt darstellen oder gar verherrlichen, zu verbieten?
- Lesen oder fernsehen? Warum und wozu bevorzugst du das eine oder das andere?
- Steigert das Fernsehen die Fähigkeit zum kritischen Denken oder schränkt es diese ein?

3. Jugend, Erziehung und Bildung
- Sollen an unserer Schule weiterhin Skilager (Schullandheimaufenthalte, Fahrten) durchgeführt werden? Begründe deine Entscheidung, indem du Vor- und Nachteile abwägst.
- Ziehst du einen autoritären oder einen auf Partnerschaft angelegten Unterrichtsstil der Lehrkraft vor? Begründe deine Entscheidung.
- Immer mehr Jugendliche wollen ihren Urlaub ohne Eltern verbringen. Erörteren Sie Gründe und Gegengründe.
- Sollte in der Schule die politische Bildung ausgebaut werden? Was spricht dafür, was dagegen?
- Welche Gründe sprechen für, welche gegen die Bewertung von Deutschaufsätzen?
- Soll Sexualkunde ein schulisches, fächerübergreifendes Thema sein oder nicht?
- Was spricht für, was gegen Koedukation? (Erörtern Sie Vor- und Nachteile der Koedukation in der Schule.)
- Erziehen Hausaufgaben zur Übernahme von Verantwortung?
- Zeigen Sie Notwendigkeit und Gefahr der Anpassung auf. (Alternative: „Seid unbequem, seid Sand, nicht das Öl im Getriebe der Welt!" Nehmen Sie Stellung zu dieser Aufforderung von Günter Eich.)
- Erörtern Sie Vor- und Nachteile der Einrichtung eigener muttersprachlicher Klassen für Gastarbeiterkinder und nehmen Sie dazu Stellung.
- Im Laufe unserer Schullaufbahn begegnet uns die (obligatorische) Aufsatzart der Erörterung. Stellen Sie Vor- und Nachteile dieser Art der schriftlichen Leistungs- und Lernzielkontrolle dar.
- „Nicht für das Leben, sondern für die Schule lernen wir!" Würden Sie Ähnliches behaupten oder den Satz gar umkehren in der Weise, wie er häufig zitiert wird? Begründen Sie Ihre Antwort anhand konkreter Beispiele.
- „Dänemark will Zensuren und Prüfungen abschaffen. Sitzen bleiben geschieht nur mit Zustimmung der Eltern!" Erörtern Sie die Aussagen dieser Zeitungsmeldung.
- Erörtere Möglichkeiten und Grenzen der Mitbestimmung durch Schüler/innen im Schulbereich!
- Beruf oder Schule – eine weit reichende Entscheidung. Welche Gesichtspunkte müssen Sie abwägen?
- Ordnungsmaßnahmen in der Schule – notwendige Disziplinierung oder überflüssige Schikane? Erörtere die Nutzlosigkeit und Erfordernis dieser Einrichtung.
- „Das Leben bedeutet Einsamkeit." – „Das Leben bedeutet Begegnung." Nehmen Sie Stellung zu diesen gegensätzlichen Äußerungen!

4. Politik, Wirtschaft und Gesellschaft
- Das Auto – Notwendigkeit oder Luxus?
- Sollten Tierversuche (gentechnische Experimente, Sekten, Spiritualismus u. a.) verboten werden?
- Ist die Gesellschaft der Bundesrepublik kinderfeindlich? Lege der Erörterung auch eigene Erfahrungen zugrunde.
- Erläutere positive und negative Auswirkungen des Massentourismus.
- Nehmen Sie Stellung zu der von Politikern geäußerten Forderung, die Deutschen sollten ihren Urlaub nur noch oder vor allem im Inland verbringen!
- Erörtern Sie Vor- und Nachteile des Tourismus in der Dritten Welt für Länder oder Regionen, in denen Fremdenverkehrseinrichtungen bereits etabliert sind.
- Bürgerinitiativen (Demonstrationen) als Herausforderung in der Demokratie – Nutzen und Gefahren
- Sollte in unserer Demokratie die Herstellung und der Verkauf von Kriegsspielzeug verboten werden?
- Kriege hat es immer gegeben, Kriege wird es immer geben. Nehmen Sie Stellung zu dieser Behauptung.
- Erörtere Sinn und Missbrauch des arbeitsfreien Samstags (der Arbeitszeitflexibilisierung).
- Erörtern Sie Vor- und Nachteile der modernen Arbeitsteilung.
- „Wir hören, dass in anderen Erdteilen Millionen Menschen vom Hungertod bedroht sind, aber wir schieben diese Tatsache von uns weg, als hätten wir damit nichts zu tun." (Roman Herzog) Erörtern Sie jeweils die Argumente, die für und gegen Entwicklungshilfe sprechen, und nehmen Sie dazu Stellung.
- Individual- oder Massenverkehrsmittel?
- Sollte man private Autofahrten an bestimmten Tagen verbieten?
- Nehmen Sie Stellung zur Behauptung G. B. Shaws, dass Sport Hass und Unfrieden zwischen die Menschen säe.
- Konflikte zwischen einzelnen Menschen, Gruppen und Staaten werden immer häufiger gewaltsam ausgetragen. Erörtern Sie diese Behauptung.
- Die Frage, ob für bestimmte Verbrechen die Todesstrafe wieder eingeführt werden soll, ist in der bundesdeutschen Bevölkerung umstritten. Erörtere mögliche Gründe dafür und dagegen.
- Soll der Arzt todkranken Menschen das Sterben erleichtern? Erörtern Sie die Gründe, die dafür und dagegen sprechen.
- „Wir leben in einer Zeit der unbegrenzten Kontaktmöglichkeiten." – „Die Welt von heute ist kommunikationsärmer denn je." Vergleichen Sie die beiden Aussagen und nehmen Sie Stellung dazu!

Themen zur Texterörterung

Die Texte, die Anlass sind für eine entsprechende Texterörterung, durchaus verbunden mit texanalytischen Fragen, werden nach dem Aktualitätsprinzip und entsprechend dem Leistungsstand der Klasse ausgewählt. Deshalb kann im Folgenden darauf verzichtet werden, eine breite Palette an Texten anzubieten, vielmehr soll nur ein (gekürztes) Beispiel gegeben werden, das lediglich Denkanstoß für eine erörternde Auseinandersetzung sein soll. (Die fließende Grenze zur linearen Erörterung ohne Textvorlage wird hierbei deutlich.)

Beispiel:

„Bei allen Völkern findet man seit frühester Zeit die Vorstellung, dass Schuld und alles Leid auf ein anderes Lebewesen oder eine andere Person übertragen werden können. Dem Gedankengang des Primitiven scheint das Abwälzen schuldhafter Verantwortung oder das Übertragen von Sorgen durchaus vernünftig und richtig. [...] Aber auch heute noch zeigt sich immer wieder die Tendenz, auf diese primitive Stufe des Denkens zu verfallen und einen Sündenbock zu suchen, dem man die Schuld für das eigene Versagen oder die eigenen Sünden aufladen kann." (G. W. Allport)

Stellen Sie mithilfe von Beispielen aus eigener Erfahrung und Kenntnis dar, inwiefern diese Aussage von G. W. Allport zutreffend ist, und erörtern Sie, welche Ursachen solche „Sündenbockpraktiken" (Allport) haben können.

Themen zur literarischen Erörterung

Da die Auswahl der poetischen Texte und Lektüren abhängig ist von den je-

weiligen Vorschlägen in den Lehrplänen, von der Entscheidung der Lehrkraft oder der Motivation der Schüler/innen sowie der Intensität der Besprechung der Dichtung, werden im Folgenden nur einige Beispiele von in 10. Klassen erprobten Themen angeführt.

a) Erörtern Sie die Behauptung, der Roman *Die Geschwister Oppermann* trage weltweit zum Verständnis der deutschen Variante des Faschismus bei, indem Sie am Beispiel einer Hauptfigur bzw. eines Protagonisten (Gustav, Martin, Edgar, Berthold Oppermann oder Wolfsohn) aufzeigen, wie dieser sich mit dem Völkischen auseinander setzen muss.

b) Lion Feuchtwanger beschreibt im Roman *Die Geschwister Oppermann* die Arisierung einer Fabrik zu Beginn des Nationalsozialismus. Erörtern Sie die Problematik der Verdrängung Gustav Oppermanns, indem Sie aufzeigen, inwieweit er bis zur Entscheidung, ins Exil zu gehen bzw. Widerstand zu leisten, den Faschismus unterschätzt.

c) Im Roman *Die Geschwister Oppermann* von Lion Feuchtwanger zeigen Wels, Vogelsang und Rittersteg Eigenschaften, die Kennzeichen des Nationalsozialismus sind. Erörtern Sie diese Behauptung, indem Sie aufzeigen, inwieweit es Lion Feuchtwanger durch die Darstellung und Charakterisierung dieser Figuren gelungen ist, den Alltag im Nationalsozialismus sowie den Nationalsozialismus als Ideologie zu beschreiben.

d) Inwieweit ist es berechtigt, den Protagonisten Franz Moor in Schillers Drama *Die Räuber* als typischen Schwerverbrecher zu bezeichnen? Erörtern Sie Gültigkeit und Unangemessenheit dieser moralischen Verurteilung.

e) „Man macht sich ein Bildnis. Das ist das Lieblose, der Verrat.", heißt es in Max Frischs *Tagebuch 1946–1949.* Erörtern Sie, inwiefern aufgrund einer Fixierung auf ein Bildnis durch die Mitmenschen der Protagonist André im Drama *Andorra* von Max Frisch zum Opfer und Sündenbock wird.

f) Erörtern Sie Vor- und Nachteile der Privaterziehung (zur Zeit des Sturm und Drang), indem Sie sich genauer mit der Figur Läuffer in dem Drama *Der Hofmeister* und dessen Anschauungen auseinander setzen.

g) Untersuchen und erörtern Sie, inwieweit es dem Autor Jakob Michael Reinhold Lenz gelungen ist, traditionelle Pädagogik (bis zum Jahre 1774) in Frage zu stellen und zu kritisieren.

h) Erörtern Sie die soziale Stellung des Hofmeisters in der Zeit des Sturm und Drang im Hinblick auf die Frage, ob öffentliche Erziehung oder private Erziehung den Jugendlichen (schichtenspezifisch betrachtet) dienen kann.

15   Textanalyse (Interpretation)

15.1 Methodisch-didaktische Überlegungen

„Es hieß, wir wollen Textanalyse lernen. Ein Text wurde vorgekaut und stundenlang darüber gesprochen. Er wurde auseinander gerupft und wieder zusammengeflickt. Aber wie eine ordentliche Textanalyse läuft, habe ich nie begriffen." (zit. nach Diskussion Deutsch, H. 50, 1979, S. 580) Die dargestellte Empfindung oder Meinung eines Schülers sollte nicht einfach als mangelnde Einsicht abgetan werden. Hans Magnus Enzensberger hat mit anderen Worten die Crux des Deutschunterrichts und der in ihm stattfindenden Versuche, Texte mithilfe der Lupe analysieren und interpretieren zu wollen, provozierend auf einen Punkt gebracht. Jede Textanalyse berge die Gefahr in sich, zur von Schülerinnen und Schülern empfundenen „Fledderei" zu werden. Einerseits fordert die Gesellschaft – ob in den Hochschulen oder im Berufsalltag – mündige Bürger/innen, die die Fähigkeit besitzen, sprachliche Sachverhalte und Probleme zu erfassen, zu beschreiben und zu erklären, andererseits wird der Vorwurf immer wieder neu aufgelegt, der Deutschunterricht zerstöre die Lust am Lesen und damit auch den notwendigen kritischen Umgang mit Texten. Schule versäume es – so Willi Fährmann oder Joachim Kaiser –, Enthusiasmus und Begeisterung für das Lesen „überspringen" zu lassen. Eine berechtigte Kritik, die allerdings nicht eingeht auf die Gratwanderung der Vermittlung textanalytischen Denkens, auf der sich jede Deutschlehrkraft befindet.

Textanalyse ist keine „Zerstückelung" von Texten

Wenn im Folgenden dennoch akribisch Hinweise und Regeln zur Umsetzung von Textanalysen gegeben werden, sollte berücksichtigt werden, dass hier nicht einer künstlichen Zerstückelung von Texten das Wort geredet wird, sondern vielmehr eine Palette an Vorschlägen unterbreitet werden soll, die es ermöglicht, eine Auswahl zu treffen, um Schwerpunkte zu setzen.

Lehrplanbezug

In den Lehrplänen und Sprachbüchern der verschiedenen Bundesländer wird in der Regel die analytische Betrachtung von Texten mit Beginn der 7. Klasse, die genaueren Richtlinien unterliegende Aufsatzart der Interpretation und Textanalyse ab der 9. Jahrgangsstufe gefordert. Ab der 7. Klasse tragen die einzelnen Kapitel zur Textbetrachtung in den Arbeits- und Sprachbüchern Überschriften wie „Texte genau, aktiv, orientierend lesen, Texte verstehen, erfassen, bewerten, wiedergeben, betrachten, bearbeiten, erschließen, beschreiben, auswerten, untersuchen, mit Texten (kreativ) umgehen, über Texte schreiben, sich mit Texten beschäftigen, auseinander setzen oder zu Texten Stellungnahmen abgeben". Der Begriff der Textanalyse wird vermieden, wiewohl die dazugehörigen Leitfragen und Arbeitsaufträge bereits einführen in die Arbeitstechniken dieser Aufsatzform. Die in einzelnen Lehrplänen vorgenommene Unterscheidung zwischen Textanalyse (von Sach- und Gebrauchstexten) und Interpretation (von poetisch-literarischen Texten) wird im Folgenden vernachlässigt, auch wenn der Begriff des Interpretierens, deutlicher als es das Wort Textanalyse vermag, die kreative Komponente des hermeneutischen Schreibprozesses integriert. Auch der Interpret analysiert Texte, aber anschließend deutet er sie und formuliert eine Textaussage.

Setzt analytisches oder aktives Lesen die Bereitschaft zum Lesen überhaupt und zur Annahme des möglichen Lesevergnügens voraus, wie oben angedeutet, mag das Plädoyer des Jugendbuchautors W. Fährmann für einen flexiblen Deutschunterricht, in dem das Erzählen, Vorlesen und Zuhören, das Lesen von Ganzschriften aus dem Bereich des Erfahrungshorizonts der Schüler/innen oder die Transformation von Literatur in Spiel, Bild und Ton eine wichtige Funktion einnehmen, seine Berechtigung haben. Es reicht nicht aus, wenn Didaktik und Methodik des Deutschunterrichts in einem nächsten Schritt abzielen auf die Vermittlung eines geistig-sinnlichen Erlebnisses durch Untersuchung von Gehalt und Gestalt literarischer Texte oder auf bloße Betrachtung von Gebrauchstexten. Die Gefahr der unreflektierten Identifikation mit den Texten lässt sich allein durch eine nicht nur affirmative und kritische Rezeption vermeiden oder reduzieren. Dies bedeutet nicht, dass die Auswahl der Texte eingeschränkt werden sollte, denn kritisches Lesen setzt nicht eine andere Literatur voraus, sondern einen bewussteren Umgang mit Literatur. Kritisches Lesen als Voraussetzung für die Fähigkeit, Texte analysieren zu können, ist also nicht abhängig von bestimmten Texten, sondern ist vielmehr bei allen Texten umzusetzen und umschreibt die Haltung des Lesers/der Leserin, umschreibt eine Haltung der Interpretation im engeren Sinne analog zum Pianisten, der ein Musikstück interpretiert. Ein wichtiger Schritt zum Ziel ist die Erkenntnis, dass jeder Text neben seinem Informationsgehalt (als Maßstab für neue Erkenntnisse und Einsichten in Sachverhalte) einen „Materialwert" besitzt, der den Gebrauchswert für die jeweiligen Leser/innen umschreibt. Letzterer ist gänzlich abhängig vom intellektuellen Erfahrungshorizont des einzelnen Konsumenten von Literatur. Den Horizont der Schüler/innen zu erweitern ist Aufgabe der Lehrkraft und gleichzeitig ein schwer wiegendes Argument für die Beibehaltung und Einübung textanalytischer Aufsatzformen.

Kritisches Lesen ist eine Voraussetzung für die Textanalyse

Ein Text enthält nicht nur Information

Kritisches Lesen und Analysieren beschränken sich somit nicht nur auf die Betrachtung des ästhetischen Wertes von Literatur, auf werkimmanente Interpretation oder Strukturieren von expositorischen Texten, sondern fragen auch nach historischen und gesellschaftlichen Zusammenhängen, in denen Literatur im weitesten Sinne des Wortes steht. Erst dann kann Lesen wieder dazu befähigen, vergangene und gegenwärtige gesellschaftliche Prozesse zu erkennen, Gesetze gesellschaftlichen Lebens zu entdecken, Kraft zu schöpfen für die Gestaltung der eigenen (Lebens-)Situation. Schülerinnen und Schülern jenseits von Arbeitstechniken der Textanalyse zu vermitteln, dass Literatur die Möglichkeit bietet, bisher Unentdecktes des eigenen Lebens in ihr wieder zu finden, mit ihr neu zu überdenken und Freude zu empfinden, mag in einer Zeit zunehmenden Semi- oder Analphabetismus einer Sisyphosarbeit gleichen. Mithilfe von Literatur bei Jugendlichen Betroffenheit auszulösen kann nur dann gelingen, wenn Literatur nicht mehr nur als Sprache des Prestiges (Ästhetizismus), sondern als Sprache des Subjekts, als Ausdruck von Subjektivität vermittelt wird, an der sich die Selbstreflexion der Leser/innen entzünden kann.

Werkimmanente Interpretationen liegen hinter uns, Kontext berücksichtigen ist wichtig

Literatur ist Sprachrohr des Subjekts und Ausdruck von Subjektivität

Synopse 13: Textanalyse von Sachtexten und literarischen Texten in verschiedenen Jahrgangsstufen

Textanalyse	Anforderung an die Textanalyse von Sachtexten	Anforderung an die Textanalyse/ Interpretation von literarischen Texten
Vorbereitungs- und Konzentrationsphase	genaues Lesen des Textes mit entsprechender Markierung wichtiger Textstellen	analytisches Lesen des Textes unter Berücksichtigung der häufig nicht expressis verbis ausgesprochenen Intention
Stoffsammlung	Zusammenstellen wichtiger Informationen oder Wertungen des Textes unter Zuhilfenahme von Leitfragen zum Text, stichpunktartige Formulierung der Hauptaussage (Interpretationshypothese)	Erkennen des historischen und gesellschaftlichen Kontextes unter Zuhilfenahme von Materialien und Informationen zum Autor, zur Autorin des Textes, stichpunktartige Beschreibung (Inhalt, Struktur, Sprache) und Bewertung des Textes
Struktur	weitgehend durch Leitfragen oder vorgegebene Arbeitsaufträge bestimmte Anordnung der Texterschließung (Vorbereitung auf Textanalyse)	selbstständige Gliederung der Textanalyse oder Interpretation nach übergeordneten Gesichtspunkten wie Bestimmung des historischen Kontexts, der Aussage, Wiedergabe des Inhalts, Analyse der Struktur und Sprache des Textes (Wortwahl, Satzbau, Stil), der Wirkung und eigene Stellungnahme oder Wertung
Inhalt	Gestaltung des Inhalts in Abhängigkeit von den Arbeitsaufträgen (Wird nach Personen und deren Verhalten gefragt? Sind Sachinformationen maßgebend?)	gemäß der Gliederung der Textanalyse Umsetzung des eigenen, subjektiven Text-, Sprach- und Problemverständnisses unter Berücksichtigung des historischgesellschaftlichen Zusammenhangs, genaue Darstellung der Abhängigkeit von Form und Inhalt des zu analysierenden Textes, Herausarbeitung der Autorintention, der Textformanten in ihrer Funktion (Wortwahl und rhetorische Figuren, Satzbau, Stil, Metaphorik)
Adressatenbezug	Vermittlung wesentlicher Gesichtspunkte des zu beschreibenden Textes gegenüber Lesern und Leserinnen der Textbeschreibung	informative und interpretatorische Deutung eines literarischen oder expositorischen Textes für eine nicht in den vorgelegten Text eingeweihte Leserschaft

Textanalyse	Anforderung an die Textanalyse von Sachtexten	Anforderung an die Textanalyse/ Interpretation von literarischen Texten
Stil und Form	weitgehend sachlicher Stil (unter möglicher Einbeziehung einer persönlichen Wertung der Intention);	weitgehend sachlicher Stil (unter möglicher Einbeziehung einer persönlichen Wertung von Intention, Stil und Sprache des vorgelegten Textes);
	einfacher, logischer Satzbau, Reihung der Argumente in der Regel gemäß dem vorgelegten Text;	logischer, hypotaktischer Satzbau;
		Möglichkeit der subjektiven Beurteilung des Textes aus der Ich-Perspektive;
	Zeitstufe: Präsens	Zeitstufe: Präsens

15.2 Definition

Der Begriff Text umfasst alle dauerhaft (meist schriftlich) fixierten Mitteilungen. Jeder Text kann seine Wirkung wiederholt ausüben und kann eine Absicht verfolgen. Auch L'art-pour-l'art-Texte haben eine Wirkung. Die Zuordnung und Einteilung der Texte in Gruppen erfolgt nach unterschiedlichen Kriterien wie ästhetischen, kommunikationstheoretischen, inhaltlichen, formalen, zweckgebundenen, wirklichkeitsbezogenen, semantisch-linguistischen, pragmatischen und anderen. Die Analyse der Texte ist abhängig vom jeweiligen textinternen und historisch-gesellschaftlichen (textexternen) Kontext. *Zuordnung von Texten unterschied-lichster Art*

Die Textanalyse ist die Aufsatzform, die sich beschreibend, deutend, wertend bzw. interpretatorisch und kritisch mit dem Inhalt, der sprachlichen Gestaltung, der Verknüpfung von Inhalt und Form (Gehalt und Gestalt) auseinander setzt. Das Anspruchsniveau einer Textanalyse steigt, wenn neben den textimmanenten inhaltlichen und sprachlichen Bestandteilen die Reflexion und Einbindung historisch-gesellschaftlicher Zusammenhänge gefordert werden. Text- und Problemverständnis der Interpreten münden schließlich in eine subjektive Wertung (Stellungnahme), die zu einem abschließenden Urteil des jeweiligen nichtfiktionalen oder fiktionalen Textes führt (Textaussage). *Die Textanalyse setzt sich mit sämtlichen direkten und indirekten Inhalten des Textes aus-einander*

15.3 Mögliche Unterrichtsschritte
Vorschläge zur Textanalyse von Sachtexten:

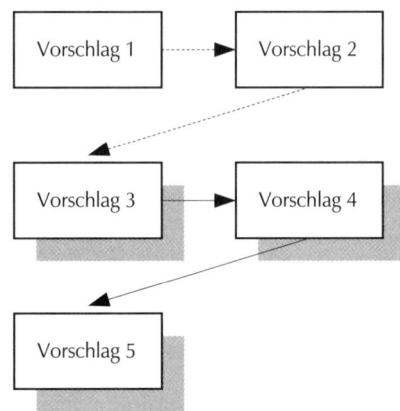

Vorschläge zur Textanalyse/Interpretation von literarischen Texten:

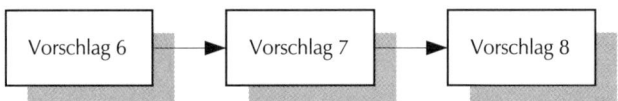

Vorschläge zur Textanalyse von politischen Reden:

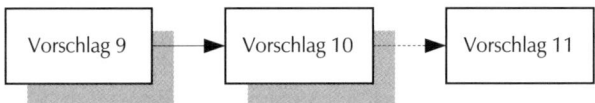

Erläuterung zu allen drei Übersichten: Die Vorschläge zur Unterrichtsgestaltung für die Durchführung der Textanalyse sind unterteilt in drei Abteilungen und behandeln nacheinander Sachtexte, literarische Texte und Reden.

Da die Aufsatzart der Textanalyse von sehr unterschiedlichen Textsorten und Texten ausgehen kann, die es zu analysieren gilt, wird das Kapitel „Mögliche Unterrichtsschritte" unterteilt. Eine Einteilung der Texte in Sachtexte und literarische Texte erscheint deshalb als sinnvoll, weil sich die Arbeitstechniken der Textanalyse zu den einzelnen Textarten und innerhalb der drei Gruppen (Sachtexte, literarisch-poetische Texte, politische Reden) zwar weitgehend gleichen, es aber Aufgabe der Interpreten bzw. Schüler/innen ist, die entsprechenden Funktionen und die davon abhängigen Merkmale der Texte zu erkennen. Die Gestaltung der Kapitel orientiert sich im Folgenden an der Unterrichtspraxis und handelt zuerst Sachtexte, dann literarische Texte ab. Ein weiteres untergeordnetes Kapitel wird den Techniken der Deutung politischer Reden gewidmet, weil hier rhetorische Texte eine eigene Kategorie darstellen.

Textanalyse von Sachtexten

Vorschlag 1:

Den Schülerinnen und Schülern der Klasse (wahlweise 7 bis 10) werden mehrere (kurze) Sachtexte vorgelegt. Arbeitsauftrag: Lies die Texte nach deiner eigenen Entscheidung in der dir beliebigen Reihenfolge durch, sortiere sie nach Bedeutung und Wichtigkeit von eins bis x und begründe schriftlich deine Entscheidung. Notiere anschließend die deiner Meinung nach wichtigsten Gedankengänge der einzelnen Texte.

Schüler/innen können begründet Texte auswählen

Hier hat die Erfahrung im praktischen Unterricht gezeigt, dass eine Zurückhaltung textanalytischer Kenntnisse der Lehrkraft zu erstaunlichen Ergebnissen führt. Um die Ursachen hierfür zu klären, sind mehrere Stunden zu planen, um erstens Textverständnis und subjektiven Gewichtungsgrad der Schüler/innen zu analysieren und zweitens das Verständnis den Textsorten gegenüber auch inhaltlich zu fördern.

Vorschlag 2:

Im Klassenverband werden zu zwei beliebigen Sachtexten, die von recht unterschiedlicher Qualität und/oder unterschiedlicher Thematik sein sollten, Meinungen eingeholt (UG). Einer der beiden ausgewählten Texte kann bewusst ein provokatorischer oder schwer verständlicher sein, um entsprechende Reaktionen in der Klasse auszulösen. Von Anmerkungen wie „Dieser Text ist toll" bis „Der Text ist doof, völlig unverständlich oder interessiert mich überhaupt nicht" ist jede Beurteilung erlaubt. Die gemeinsame Aufgabe besteht anschließend darin, die Gründe für die unterschiedlichen Anschauungen zu erklären. Fragen wie „Warum gefällt mir der Text (nicht)?", „Wieso verstehe ich ihn (nicht)?" u. Ä. führen zu der Erkenntnis, dass Einschätzungen und Kompetenzen von verschiedenen Faktoren abhängen und bei der Textanalyse dann zu unterschiedlichen Stellungnahmen führen.

Wirkung von Texten und Textvergleich

Vorschlag 3:

Texterschließung kann auch mithilfe des Textvergleichs eingeübt werden. Gemeint ist z. B. die Gegenüberstellung zweier unterschiedlicher Zeitungstexte (bei evtl. ähnlicher Thematik). Anders als in V 1 und V 2 werden hierzu Fragen (Folie, TA) zu den vorgelegten Texten ausgehändigt, die allerdings nicht so detailliert formuliert sein sollten, dass sie die Verstehensweise der Lehrkraft lediglich bestätigen.

Texterschließung mithilfe des Textvergleichs

Beispiel (Textvergleich zweier nichtfiktionaler Texte):

- Formuliere knapp die deiner Meinung nach wesentlichen Informationen beider Texte.
- Beschreibe die Wirkung der Aufmachung und Gliederung der Texte anhand der Überschriften (und Untertitel) im Vergleich.
- Wie sind die Texte aufgebaut?
- Welcher der beiden Texte erscheint dir als der wichtigere, fairer dargestellte, sachlichere, spannendere, die Meinung mehr beeinflussende, unterhaltendere?

M 1

*zur Texter-
schließung von
Sachtexten*

Ein erster Eindruck beim Lesen eines Textes führt meistens nur zu einer vorläufigen Erkenntnis. Deshalb ist es angebracht, den Text mit Markierungen, Randbemerkungen, Notizen oder durch Herausschreiben wichtiger Textstellen (Exzerpieren) zu bearbeiten. Um den Aufbau (die Struktur oder Gliederung) des Textes zu erfassen, ist es hilfreich, wenn zusammenfassende Überschriften für einzelne Abschnitte formuliert werden.

Da Inhalt und zentrale Aussage eines Textes in hohem Maße abhängig sind von der Art und Weise, wie die sprachliche Gestaltung durchgeführt ist, achten wir besonders auf den Satzbau, die Wortwahl und die Wortarten einschließlich der Schlüsselwörter, die Bildhaftigkeit (Metaphern), die Tempora (Zeiten der Verben), um so die sprachlichen Mittel der Über- und Untertreibung, der Verzerrung, der Ironie etc. erkennen zu können.

V

Vorschlag 4:

Um eine Textanalyse anfertigen zu können, muss die Fähigkeit, das Wesentliche eines Textes zu verstehen (Textverständnis) und zusammenzufassen, beherrscht werden. Die Schüler/innen wiederholen deshalb schriftlich in Einzelarbeit die wichtigsten Regeln und Merksätze zur Anfertigung der Inhaltsangabe (s. auch Kap. 8). Anschließend nähern wir uns der Textanalyse mithilfe von folgenden Leitfragen, die möglichst von den Schülern stichpunktartig erarbeitet werden sollen (Auftrag: Anhand welcher Fragen kann ich einen beliebigen Text am besten betrachten, beschreiben und analysieren?).

Leitfragen:

*Leitfragen für
die Textana-
lyse: schriftli-
ches Fixieren
von Stich-
punkten*

- Welche Begriffe muss ich nachschlagen, um den Text zu verstehen?
- Was muss ich tun, um den Inhalt und die Bedeutung eines Textes zu erfassen?
- Welche Kenntnisse muss ich mir aneignen, um den Text in seiner Funktion verstehen zu können?
- Welchen situativen Kontext hat der Text? In welchem Kommunikationszusammenhang steht er?
- Welche Gedankenführung zieht sich durch den Text? Wie ist der Text gegliedert?
- Zeigt er eine logisch nachvollziehbare Argumentation? Verschleiert er Wesentliches? Was? Stellt er wahre Sachverhalte dar? Welche?
- Welche Wirkung hat der Text auf mich? Gefällt er mir oder lehne ich ihn eher ab, und warum?
- Inwiefern stimme ich mit den Aussagen oder Thesen des Textes überein oder nicht?
- Welche Mittel verwendet der Autor oder die Autorin, um den Text „lesenswert" zu machen?
- Wie erreicht der Text sein Ziel und seine Wirkung?
- Wie beurteile und bewerte ich den Text?

Vorschlag 5:

Nach dem schriftlichen Fixieren der Untersuchungsergebnisse aus V 3 in Stichpunkten müssen diese grob gegliedert werden: in Ober- und Unterpunkte und deren Reihenfolge, in Einzelergebnisse und einen möglichen Ausblick am Schluss. Eigene Gedanken müssen klar vom Thema und der Aussage des Textes getrennt genannt und vollständig ausformuliert werden. Dann wird die Technik für das Erstellen der Einleitung, mit der jede Textanalyse beginnt, geübt. Die Einleitung muss folgende Elemente enthalten: Kernaussage des Textes, Angaben zum Erscheinungsdatum und -ort, potenzielle Zielgruppe und Kontext, in dem der Text angesiedelt ist. Anschließend kann ein erster Versuch unternommen werden, die Textanalyse als Ganzes zu schreiben.

Gliederung der Ergebnisse der Texterschließung

Den Schülern und Schülerinnen sollte dabei Folgendes klar sein (TA): Die Textanalyse ist eine geschlossene Ausführung, die dem (imaginären) Leser die einzelnen Analyseschritte, die klar und logisch miteinander verknüpft sein müssen, vor Augen führen muss.

Die Textanalyse ist eine geschlossene Ausführung

Beispiele für mögliche Gliederungen:

A. Stellenwert, Herkunft des Textes	1. Verfasser/in, Erscheinungsjahr des Textes, Epoche
B. Beschreibung des Textes	2. Texterschließung
I. Textsortenbestimmung	2.1 Inhalt des Textes
II. Aufmachung des Textes	2.1.1 Struktur (Aufbau)
1. Überschriften und Einteilung	2.1.2 Gedankenführung
2. Abbildungen	2.1.3 Intention
3. Strukturierung	2.1.4 Textsorte und ihre Funktion
III. Inhalt des Textes	2.1.5 Gattungsmerkmale
IV. Sprache des Textes	2.2 Textformanten
1. Wortwahl	2.2.1 Begriffe, Schlüsselwörter, Bilder
2. Satzbau und Stil	2.2.2 Weitere Wortwahl
V. Absicht	2.2.3 Satzbau
VI. Wirkung auf die Leser/innen	2.2.4 Zeitstufen und Wirklichkeitsebenen
	2.2.5 Stil
	3. Wirkung
C. Eigene Stellungnahme zum Text	4. Persönliche Wertung

Eine Textanalyse beginnt mit einer kurzen Einleitung, die knappe Angaben über den Titel, die Textsorte, den Autor/die Autorin enthält sowie Thema und Aussage des Textes nennt. Bedenke dabei, dass die Leser/innen deiner Ausführungen den dir vorgelegten Text nicht kennen. Die wichtigsten Handlungsschritte, Gedanken, Argumente, der zeitliche und logische Ablauf, Grund und Folge der Vorgänge müssen deshalb klar dargelegt werden.

M 2

zur Textanalyse

Gedankenfolge und Art der Argumentation beschreiben

Überprüfe dabei, ob es sich um einen informativen oder argumentativen Sachtext handelt, denn deine Gedankenführung muss jeweils dementsprechend unterschiedlich angelegt sein.
Du gehst auf einzelne Sinnabschnitte ein und beschreibst die Art der Argumentation, die wesentlichen Ausführungen und Überlegungen (inhaltliche Analyse).

sprachliche Gestaltung des Textes thematisieren

Im nächsten Abschnitt beschreibst du die sprachliche Gestaltung (formale Analyse), indem du die Wortwahl, die Stilebene, den Satzbau und die rhetorischen Figuren in ihrer jeweiligen Funktion erläuterst. Mit Textbelegen (Zitaten) kannst du deine Analyseschritte begründen.

eigene Stellungnahme

Abschließend erfolgt die eigene Stellungnahme, die persönliche Wertung des Textes. Eigene Gedanken zustimmender, ablehnender oder relativierender Art sollten begründet werden.

Umfang und Tempus

Die Textanalyse sollte nie mehr als ein Drittel des Umfangs des vorgelegten Textes überschreiten. Die Textanalyse berichtet möglichst sachlich, um die Leser/innen zu informieren. Die Zeitstufe ist das Präsens.

Textanalyse von literarischen Texten

Vorschlag 6:

Anhand ausgewählter Texte können Grundbegriffe der Textanalyse/Interpretation von Prosatexten erlernt werden. Eine erste Übung greift auf die bisherigen Kenntnisse der Schüler/innen zurück, die die ihnen bekannten epischen Texte umfassen (Stoffsammlung, Mindmap).

literarische Texte, die sich für eine Interpretation eignen

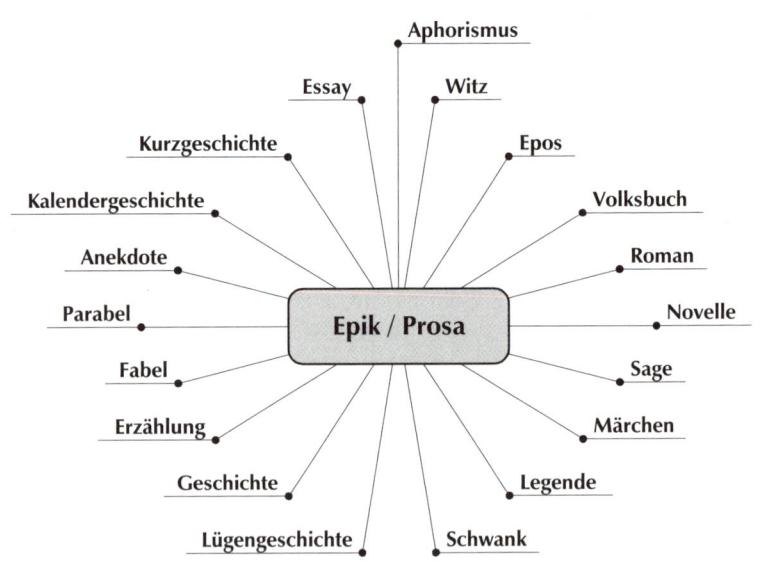

Die genaue Bestimmung der jeweils vorgelegten Textsorte hilft den Zugang zu den Texten zu eröffnen. Zeitraffung, -dehnung und -kongruenz der erzählten und der Erzählzeit, Erzähltempus, direkte, indirekte, erlebte Rede und innerer Monolog, auktoriale oder olympische, personale und Ich-Erzählsituation werden definiert und jeweils an ausgewählten Beispieltexten bestimmt. *Bestimmung der Textsorte*

Vorschlag 7:
Unter Berücksichtigung der MdÜ kann ein Versuch unternommen werden, in dem der Erfahrungshorizont und die Verstehensdisposition des Lehrers oder der Lehrerin zurückgenommen oder von den Schülerinnen und Schülern „fern gehalten" werden. Mit einem vervielfältigten, unbekannten Text (fiktionaler Art) – Entstehungszeit, Autor/in, Textsorte und Quelle werden nicht genannt – werden erste subjektive Eindrücke sowie das Textverständnis schriftlich dokumentiert (individuelle oder in PA ablaufende Schreibübung im Unterricht) und anschließend diskutiert. So ergeben sich alternative Lesarten des Textes. *erster Schritt: Textverständnis sichern* Die Gefahr, dass Schüler/innen die ihnen bereits bekannten Techniken lediglich reproduzieren, lässt sich wohl nicht umgehen. Das Problem, dass Schüler/innen eine Blockade aufbauen, nach dem Sinn und Zweck der Übung fragen (Schülerfrage: „Was soll das Ganze?") oder keinen Anlass und Auftrag erkennen, sich zum Text schriftlich zu äußern, kann behoben werden, wenn der Klasse erklärt wird, warum die Lehrkraft sich zurückzieht, ohne große Hilfen bereitzustellen. Zum einen sollen die Schüler/innen ihre jeweiligen Verstehensweisen in Abhängigkeit von einem beliebigen Text reflektieren, zum anderen würde die Einmischung der Lehrkraft eine Beeinflussung des subjektiven Textverständnisses bewirken. Nicht in jeder Klasse wird dieser Vorschlag zum Erfolg führen, an zwei Beispielen soll aber aufgezeigt werden, dass es sich lohnt, ein methodisches Risiko einzugehen.
Beispiel 1: In zwei 7. Klassen führte die Vorlage des Märchens *Hans im Glück* und das assoziative Spiel der Entdeckungen zum Text (Brainwriting) zu unterschiedlichen Ergebnissen vor allem in der inhaltlichen Auseinandersetzung. In einer der beiden Klassen waren Techniken der Analyse und die Kennzeichen der Textart Märchen bereits bekannt, sodass es nicht verwunderlich erschien, dass die Intention des Märchens in seiner Ursprünglichkeit gedeutet wurde: Glücksgefühle hat derjenige Mensch, der sich nicht mit Reichtum plagen muss, der keine Verantwortung trägt, der keinen Wert auf Anhäufung von Kapital legt. Die in die Textanalyse noch nicht eingeweihte Klasse beschrieb die verfolgte Absicht des Märchens in der Mehrheit als unsinnig und nicht zeitgemäß. Die Schüler/innen konnten sich mit der Figur des Hans im Glück nicht identifizieren, bezeichneten sie z. T. als „bescheuert" und psychiatriereif.
Beispiel 2: Zwei 9. Klassen (einer 9. am Gymnasium, einer 9. an der Realschule) wurden jeweils Bölls *Anekdote zur Senkung der Arbeitsmoral* vorgelegt, in der ein griechischer Fischer am Hafen seines Heimatortes schlummernd von einem deutschen Touristen auf seinen Müßiggang hin angesprochen wird. Der Tourist fordert ihn auf, doch fleißiger zu arbeiten, Fische im Überfluss zu

unterschiedliche subjektive Bewertung eines Textes durch die Schüler/innen

fangen, um sich dann im Rentenalter ausruhen zu können. Der Fischer antwortet lapidar, Letzteres tue er doch jetzt schon. Lehrerdisposition wie Sekundärliteratur würdigen die Anekdote als Möglichkeit zur Reflexion über unangebrachten Stress im Beruf, als Aufforderung Müßiggang und Kontemplation zu betreiben, Akkumulation von Kapital als nicht unbedingt erstrebenswert zu betrachten.

Titel und Autor der vervielfältigten Anekdote waren abgetrennt, der Text war nicht bekannt. Verschiedene Schüler/innen beider Klassen griffen in ihren Notizen auf Kenntnisse der 8. Klasse zu den Arbeitstechniken der Textanalyse zurück, ein Großteil nutzte die Gelegenheit zur freien schriftlichen Assoziation. In der 9. Klasse des Gymnasiums überwog deutlich obige Interpretation der Intention der Geschichte, die Schüler/innen der 9. Klasse der Realschule beurteilten die Anekdote z. T. als nicht anwendbar auf ihre Situation, als nett, aber nicht realistisch. Nach der 10. Klasse würden viele keinen Ausbildungsplatz bekommen, man könne sich nicht wie ein Fischer ernähren, man müsse arbeiten und sparen, um sich später in der Rente „ausruhen" zu können. Bölls Anekdote lässt tatsächlich in Zeiten, in denen Schüler/innen von Zukunftssorgen geplagt sind, eine andere Lesart zu als in Zeiten des Wirtschaftswunders.

Beide Beispiele deuten an, inwieweit Textverständnis durch familiäre und gesellschaftliche Verhältnisse beeinflusst werden kann. Eine freilich nicht empirisch abgesicherte Spekulation sei erlaubt: Schüler/innen der 9. Klasse am Gymnasium beschäftigen sich weitgehend nicht mit bald anstehenden Problemen der Arbeitswelt. Sie haben mehrheitlich die Vorstellung, irgendwann einmal die Abiturprüfung abzulegen, sind weniger Zukunftsängsten ausgesetzt. Überraschende Ergebnisse zum Textverständnis Jugendlicher kommen zustande, wenn im Unterricht die tradierte Rollenposition des Lehrers oder der Lehrerin in Frage gestellt wird. Der moralische Zeigefinger der Sekundärliteratur wurde in beiden Fällen zurückgenommen, ein Teil der Schüler/innen wies in den anschließenden Diskussionsrunden selbst darauf hin, dass auch eine optimistische Sichtweise zur Intention der Texte möglich sei.

Vorschlag 8:

Für die 7. bis 10. Jahrgangsstufe stehen unzählige literarische Texte zur Verfügung, um die Techniken der Textanalyse (auch Texterschließung bzw. Interpretation in einigen Bundesländern) zu üben.
Beispiele für Texte von folgenden Autoren und Autorinnen:

Texte nebenstehender Autoren eignen sich für die literarische Textanalyse (7.–10. Jahrgangsstufe)

Ilse Aichinger, Stefan Andres, Gina Basse, Tamar Bergmann, Horst Burger, Gerd Fuchs, Ulrike Haß, Heidi Hassemüller, Marlen Haushofer, Veronica Hazelhoff, Elke Hermannsdörfer, Isolde Heyne, Marie Luise Kaschnitz, Frauke Kühn, Angelika Kutsch, Ann Ladiges, Siegfried Lenz, Herbert Malecha, Hansjörg Martin, Angelika Mechtel, Gudrun Pausewang, Josef Reding, Peter Schneider, Wolfdietrich Schnurre, Martin Selber, Monika Springer, Thomas Valentin, Günther Weisenborn, Ursula Wölfel, Gabriele Wohmann und viele andere.

Neben einer Auswahl an Kurzprosa bieten diese Schriftsteller/innen Jugendliteratur, die entweder in Auszügen oder als Ganzschrift für die Klassenlektüre
gewählt werden können. Im Anschluss an die Lektüre eines umfangreicheren
Textes können anhand ausgewählter Textauszüge Techniken und Methoden
der Textanalyse geübt werden. Bereits in der 5. und 6., spätestens in der 7.
Jahrgangsstufe der Realschulen und Gymnasien werden zur Erschließung und
Analyse des Textes während des Leseprozesses einer gemeinsamen Lektüre
detaillierte Fragen zum Inhalt und zur Form des jeweiligen Werkes gestellt.
Im Folgenden zeigt ein Beispiel – als Text wurde eine Kurzgeschichte gewählt –,
wie sich mit der Steigerung des Anspruchsniveaus der Textanalyse auch die
Art der Fragen verändert. Die Textsorte der Kurzgeschichte und ihre typischen
Merkmale sind der Klasse jeweils bekannt. Die Kurzgeschichte *Ein sehr emp-
findlicher Hund* von Siegfried Lenz wurde in einer 5., 6., 7. Klasse mit folgenden Fragen als vorbereitende Übung auf die Textanalyse vorgelegt:

Beantwortung von Leitfragen als vorbereitende Übung

1. Bestimme die Textsorte.
2. Fasse das Wesentliche des Inhalts des Textes in drei bis vier Sätzen zusammen.
3. Warum verbindet der Autor in diesem Text durchweg die Substantive mit
   einem Adjektiv wie „italienischer Reichtum", „ärgerlicher Verlust", „an-
   spruchslose Spiele" und andere?
4. Was bedeutet das Adjektiv „kraftlos" in folgendem Kontext: „Wir gingen
   unter kraftloser Sonne an den Strand."?
5. „Auch ich setzte mich auf den Findling und rechnete aus, dass neben mir
   noch etwa acht Männer Platz gehabt hätten." Warum gebraucht der Autor
   den Konjunktiv und warum spricht er von acht Männern?
6. Lenz schreibt, die Ostsee schenke dem Strand wertlosen Tang. Nenne den
   Fachausdruck für dieses literarische Bild (die rhetorische Figur).
7. Lenz spricht in diesem Text mehrfach von einem „Wohnsystem". Erkläre,
   was der Autor meint.
8. Warum bezeichnet der Autor den Fuchsbau als „labyrinthisches Kunst-
   werk"?
9. „Der kleine Hund regt sich länger nicht, da behauptet der Erzähler, die
   Gefahr nehme zu." Von welcher Gefahr ist hier die Rede?
10. Warum ist der Autor nicht in der Lage, Aussagen über das Geschehen wäh-
    rend der „Wartezeit der Herren" zu machen?
11. Die Leser/innen können nicht wissen, wie lange die Männer gegraben
    haben. Warum stellt der Autor diese Frage dennoch („Wie lange mögen
    wir gegraben haben?")?
12. Wie endet die Erzählung?
13. Texte dieser Art weisen Gemeinsamkeiten im Aufbau sowie in der sprach-
    lichen Gestaltung auf. Nenne vier dieser Gemeinsamkeiten, die auch die-
    sen Text auszeichnen.

Obige Fragen zwingen die Schüler/innen zu genauem Lesen. Gerechtfertigt
werden kann diese Art der Fragetechnik durch die Feststellung, dass Jugendliche nicht nur quantitativ, sondern auch qualitativ sehr unterschiedliche Lese-

Wiederholtes, genaues Lesen des Textes ist Voraussetzung

gewohnheiten pflegen. Der gleiche Text kann im Unterricht und als HA unter völlig anderen Voraussetzungen bearbeitet werden. Die Allgemeingültigkeit der folgenden Fragen ist transferierbar auf nahezu jede Kurzgeschichte oder andere Textarten. Beispiele für allgemein gehaltene Fragen (nur Auswahl verwenden):

- Welche Erwartungen erweckt die Überschrift? (Erfüllt der Text diese Erwartungen?)
- Wer ist an der Handlung beteiligt?
- Wer ist die Hauptperson?
- Wann spielt die Handlung?
- Wo spielt sie?
- Was ist auffällig an der Handlung?
- Zieht die Handlung Folgen nach sich?
- Zeigen bestimmte Personen ungewöhnliches Verhalten?
- Gibt es dafür Gründe?
- Gibt der Text Hinweise darauf, ob sich das Verhalten der Personen ändert?
- Zeigen die Personen eine besondere seelische Verfassung?
- Zeigt die Handlung (die Geschichte) Spannung und, wenn ja, wodurch wird sie erzielt?
- Welche Einstellungen haben die Personen und wie steht der Erzähler dazu?
- Verrät der Text bestimmte Einstellungen?
- Zeigt der Text eine besondere Gestaltung? Welche sprachlichen Mittel weist er auf?
- Aus welchem Blickwinkel wird erzählt? Welche Erzählperspektiven verwendet der Autor? Was erreicht der Autor damit bei den Lesern und Leserinnen?
- An welchen Stellen des Textes wird das Gefühl, an welchen werden die Gedanken und das äußere Geschehen hervorgehoben, an welchen wird sachlich berichtet, an welchen be- und umschrieben?

M 3

zur Interpretation literarischer Texte

Bei der *Textanalyse/Interpretation erzählender Texte* muss neben den Kriterien für die Textanalyse von Sachtexten (siehe M2, S. 259f.) die Erzählweise und -perspektive berücksichtigt werden (Er-, Ich-, Wir-Form, erlebte Rede, innerer Monolog, auktoriale, personale Erzählsituation, Einstellung und Verhältnis zum Erzählgegenstand). Bei *dramatischen Texten* können die Gestaltungsmittel Monolog, Dialog, Regieanweisungen, Handlungsverlauf etc. sein. Lyrische Texte wiederum weisen oft Motive, Bilder, Metrum, Stropheneinteilungen etc. auf.

Insgesamt fließen bei der *Textanalyse fiktionaler Texte* gestalterische Besonderheiten wie Bilderreichtum, metaphorische Sprache, Symbolik, Stilebene, literaturhistorische Einordnung, Wahrheitsgehalt und ästhetische Wirkung ein.

Aufbau der Textanalyse/Interpretation (immer eine geschlossene Darstellung):
Zuerst musst du deine Interpretationshypothese (= Leitthese bei der Sachtextanalyse) formulieren. Sie sichert dein erstes Textverständnis. *Interpretationshypothese*
Als nächstes Schritt führst du inhaltliche Besonderheiten wie z. B. einen bestimmten Handlungsverlauf des jeweiligen Textes auf und benennst anschließend gestalterische/sprachliche Besonderheiten. Beide Elemente setzt du anschließend in Beziehung zueinander und untersuchst sie auf ihre Funktion. Das heißt, die Zusammenhänge zwischen Inhalt und Form/Gestaltung des Textes müssen für den Leser klar und deutlich nachvollziehbar sein. *Inhalt/Handlungsverlauf und sprachliche Gestaltung des Textes in Beziehung zueinander setzen*
Achte darauf, dass die gedankliche Überleitung zwischen den einzelnen Abschnitten deiner Textanalyse flüssig und logisch ist.

Textanalyse von politischen Reden

Vorschlag 9:
Sollten die Techniken der Argumentation erlernt werden, um sie aktiv als Vorbereitung auf die Erörterung anwenden zu können, verlangt die Textanalyse von Reden, verschiedene Argumentationsweisen während des Leseprozesses zu erkennen. Hilfreich ist hierfür eine ausführliche Wiederholung der Argumentationstechnik (vgl. Kap. 14.3, S. 202 ff.).

Die Wiederholung kann zu einem TA führen, der in etwa wie folgt gestaltet ist:
Um die Argumentationsstruktur einer Rede erschließen zu können, sollten wir uns als Leser/innen Klarheit verschaffen über: *Argumentationsstruktur einer Rede erkennen und analysieren*
• den Veranstaltungsort und den Anlass der Rede
• den gesellschaftlichen Kontext
• das Medium der Übertragung (Fernsehen, Rundfunk, Presse, interne Feier u. a.)
• die Absicht des Redners oder der Rednerin
• die Frage, ob die Rede vorwiegend mitteilende (informierende), sachliche oder unsachliche, polemische, parteiliche, wertfreie, belehrende, unterhaltende, künstlerisch-ästhetische, emotional-affirmative, ketzerische, ermutigende, pessimistische Textelemente enthält
• die Art der inhaltlichen und sprachlichen Gestaltung, die Methoden und rhetorischen Mittel, die der Redner oder die Rednerin verwenden

Vorschlag 10:
An die Wiederholung der Argumentationslehre schließt sich eine Vertiefung der Kenntnisse über die Besonderheiten der Rede an. Mithilfe ausgewählter Beispiele wird der Blick für die rationale, plausible, ethische Argumentationsweise geöffnet, die häufig in Abhängigkeit steht von der Art der Rede bzw. den Grundtypen der Rede wie Fest-, Fachvortrag, Gerichts- und Meinungsrede. Sehr unterschiedliche Unterrichtsmethoden führen ein in die Elemente der Rhetorik. Hörbeispiele, Videoaufnahmen. Vervielfältigte Reden können im Ple- *Wiederholung der Argumentationslehre*

num, in Einzelarbeit, PA oder GA auf spezifische Merkmale untersucht werden. Neben der Betrachtung von Stimmkraft und -volumen werden Vortragsweise, Konzeption, Gestaltung und Aufbau, Intention, Sprache und Stil der jeweiligen Rede untersucht. Steht die Textanalyse der politischen Rede am Anfang der Unterrichtseinheit des Umgangs mit Texten, so sind M 1 bis 4 in die Vorbereitungsphase zur Lernzielkontrolle zu diesem Kapitel mit einzubeziehen.

M 4

zur Textanalyse von Reden

Reden wollen überzeugen, sind in der Regel appellativ, wollen Verhaltensänderung, Zustimmung, Ablehnung des Gegners, Denkprozesse in Gang setzen.
Sie wirken auf die Adressaten, wollen überzeugen, zielen in ihrer Funktion auf die Beibehaltung oder Veränderung einer bestimmten Situation. Die Auswahl der Redemittel ist deshalb abhängig von der Redeabsicht, wofür die Redner/innen verschiedene Möglichkeiten des Sprechens nutzen:
☞ heftig erregtes Sprechen (Pathos)
☞ einseitig parteiliches Sprechen (Polemos)
☞ gemäßigt aufgelockertes Sprechen (Ethos)
☞ nüchtern argumentatives Sprechen (Logos).
Der Aufbau einer Textanalyse zu einer (politischen) Rede erfolgt gemäß M2 (2. Teil) zu Sachtexten.

Hilfreich in diesem Kontext ist die Kenntnis der einzelnen Textsorten oder Redearten, um die Intention der Rede besser oder leichter erkennen zu können.

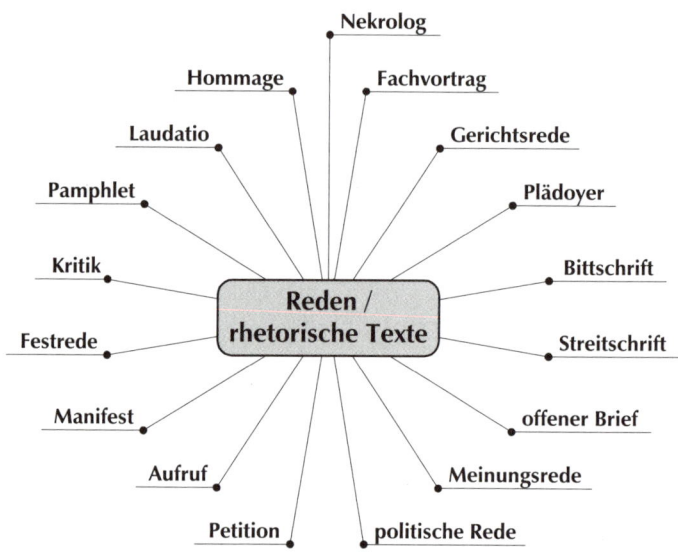

Vorschlag 11:

Der gesonderte Stellenwert der politischen Rede in der Zeit des Nationalsozialismus verdient ein eigenes, länger währendes Unterrichtsprojekt. An dieser Stelle soll lediglich ein Vorschlag zur Betrachtung herangezogen werden. Die zum reinen Zweckmittel und Ritual eingesetzte Rede während des Dritten Reiches bietet eine Unmenge an Ansätzen zur Schulung analytischen Denkens und Interpretierens. Antisemitische, antiliberale, antiindividuelle, antiparlamentarische, antidemokratische, antiintellektuelle, antirationale, antikommunistische, antisozialistische, antichristliche, antihumanistische, chauvinistische, rassistische, militaristische, nationalistische Töne spielen in ihrer Summe in kaum anderen Reden eine derartig bedeutende Rolle wie in Reden der Herren Hitler, Göring, Goebbels und ihrer Gefolgsleute. Eine (nominalisierte) Auflistung der Kennzeichen der Rede im Nationalsozialismus eignet sich auch als Hefteintrag, um im Sinne der Definition des faschistischen Syndroms (nach Th. W. Adorno und F. Hacker) Schülerinnen und Schülern eine Lerngrundlage zu bieten, die sie befähigt, deutliche Unterscheidungen der Merkmale der faschistischen Ideologie zu demokratischen Grundwerten vorzunehmen.

politische Reden

Reden im Nationalsozialismus

Kennzeichen der Ideologie des Faschismus und des Nationalsozialismus:

- Antisemitismus, Rassismus und Unterdrückung von Minderheiten
- Chauvinismus, übertriebener Nationalismus und Militarismus
- Antiparlamentarismus und antidemokratische Haltung
- Antiliberalismus und Anti-Individualismus (erzwungener Kollektivismus)
- Antirationalismus und Anti-Intellektualismus
- Antikommunismus (Antibolschewismus) und Antisozialismus
- Antihumanismus, antisozialdemokratische und antichristliche Haltung
- Intoleranz und Verfolgung Andersdenkender

An ausgewählten Beispielen werden Besonderheiten der faschistischen Ausdrucksweise erarbeitet (Textarbeit, UG, PA, LV). Je nach Leistungsniveau der Klasse werden Arbeitsaufträge und Fragen zum Text den Schülerinnen und Schülern ausgehändigt. Sie erfassen und erschließen Appelle, Tautologien, Schlag-, Schlüssel- und Leitwörter, Nominalstil, Abkürzungen, Euphemismen, Übertreibung, Wiederholung, Abwertung des Gegners, Ritualisierung der Begriffe, Aufwertung nationalsozialistischer Ideen und Vorhaben, Verschleierung, Drohung, Ankündigung von Aktion, Aggressionen und Vernichtungswillen, Aussagen und ethisch-moralische Intention, Schwarz-Weiß-Malerei, Freund-Feind-Schema.

Kaum eine andere Textsorte ermöglicht den Schülerinnen und Schülern einen derartig deutlichen Einblick in die Notwendigkeit formaler Analyse. Gerade sie öffnet die Augen für Techniken der Propagandarede. Liegt die Gewichtung der meisten Interpretationstechniken auf einer Vorgehensweise, von der Betrachtung des reinen Inhalts ausgehend bis hin zu den Textformanten, so ermöglicht die Untersuchung von grammmatischen Strukturen, der Wortwahl, der Stilistik im Rahmen der Untersuchung der während des Nationalsozialismus eingesetzten Sprache und der entsprechenden rhetorischen Mittel einen überzeugenden Einblick in die Verquickung von Gehalt und Gestalt.

Unterstrichen werden kann diese Feststellung durch die Demonstration der Intonation, Stimmlage, Mimik und Gestik der jeweiligen Redner/innen mithilfe von Dokumentationsmaterial. Die Besprechung der den Habitus und Gestus parodierenden Darbietungen oder Szenen wie in Bertolt Brechts Drama *Der aufhaltsame Aufstieg des Arturo Ui* oder in Charles Chaplins Film *Der große Diktator* wirken im angesprochenen Kontext auf Schüler/innen motivationssteigernd.

15.4 Hinweise zur Aufsatzbewertung und -beurteilung

Je nach Grad und Intensität der Vorbesprechung in unterschiedlichen Jahrgangsstufen können die Anforderungen zur schriftlichen Leistungskontrolle der Textanalyse unterschiedliches Anspruchsniveau besitzen. Mögliche Kriterien zur Bewertung des Inhalts sind der jeweilige Qualitätsgrad des Verständnisses der Kommunikationssituation (Textfunktion im Verwendungszusammenhang) und der zentralen Aussage des zu analysierenden Textes unter Berücksichtigung

Kontroll-kriterien

- des Themas, des angesprochenen Problems
- der Verwendung fachspezifischer Grundbegriffe und der den Text kennzeichnenden Methoden
- des Erfassens der Argumentationsstruktur des Textes und Beschreiben des Kontextes (Wirkungszusammenhang: des historischen, soziokulturellen Hintergrunds)
- der Wertung des Textes: eigenständige Einschätzung, Urteil zum Verhältnis von Anspruch und Effektivität des Textes, der Einschätzung der Lesererwartung

Die Bewertung des formalen Bereichs bezieht sich wie bei allen Aufsatzarten auf die Art der Gestaltung der Form, der Sprache, des Wortschatzes, des Stils, der Rechtschreibung, der Zeichensetzung, der Strukturierung, der Stringenz.

15.5 Aufsatzbeispiele

Der Aufsatz einer Schülerin der 10. Klasse des Gymnasiums basiert auf folgendem Arbeitsauftrag: Analysieren Sie Margarete Kubelkas Text *Wiederbegegnung im Feuer*. (Aus Platzgründen kann der Vorlagetext zu dieser Aufgabe hier nicht abgedruckt werden.)

Die Gattung Kurzgeschichte, verschiedene rhetorische Mittel wie die Ironie, Erzählperspektiven und -situationen, der mögliche Aufbau einer Textanalyse, das Zusammenspiel von Inhalt und Form waren im Klassenverband mithilfe anderer Prosatexte eingehend besprochen worden.

Der Text „Wiederbegegnung im Feuer" von Margarete Kubelka gehört zu der Gattung Kurzprosa und ist eine Kurzgeschichte. Sie zeigt einen entscheidenden Lebensabschnitt der Hauptperson, des Reporters Hanno Weber. Der Leser wird unvermittelt in die Handlung einbezogen. Es gibt nur einen Handlungsstrang, der zielstrebig auf die Schlusspointe hinführt: Hanno Weber hat seine Kindheit akzeptiert als einen Teil seines Lebens und muss sie nicht mehr verdrängen, er kann sie aber vergessen. Die Kurzgeschichte besitzt auch novellenhaften Charakter, da sich durch die Geschichte das Sinnbild oder Motiv des Hauses zieht, das für Hannos verdrängte Kindheit steht.

Schüleraufsatz: Interpretation eines literarischen Textes (Kurzgeschichte)

Hanno Weber hat sich vom Zeitungsboten zum Reporter hochgearbeitet. Er besitzt alle Dinge eines Menschen des Mittelstandes. Im Gegensatz zu seinen Eltern und anderen Vorfahren, die handwerkliche Tätigkeiten ausführten oder Fabrikarbeiter waren, hat er – wie er meint – mehr erreicht. Deswegen versucht er seine ärmliche Kindheit und alle Begleitumstände zu vergessen, zu denen auch ein altes Haus gehört, in dem er mit seiner Familie gewohnt hat. Seinen Namen verändert er von Hans zu Hanno. Eines Tages wird er – er ist schon erwachsen – für eine Berichterstattung – eben zu jenem Haus – gerufen, da es brennt. Er wird an diesem Ort von allen seinen Kindheitserinnerungen eingeholt, aber nicht nur von schlechten, sondern auch wider Erwarten von guten. Durch diese Erfahrung wandelt sich seine Einstellung zu seiner Vergangenheit und er kann sie jetzt vergessen, nicht wie früher, weil er sich ihrer schämt, sondern weil sie zu einem Teil von ihm geworden ist. Während all diese Gefühle in ihm ablaufen, interviewt er eine Bewohnerin (Gastarbeiterin) des Hauses.

Die Autorin erzählt in dieser Kurzgeschichte von einer Wandlung in der Haltung des Hanno Weber. Er wird sich seiner Verdrängung der Kindheit bewusst und lernt, seine Vergangenheit zu akzeptieren. Solange er seine Kindheit verdrängt, da sie ihm zu ärmlich vorkommt, wirkt sein angeblich schöneres Leben aufgesetzt und unnatürlich, sobald er sich ihrer aber nicht mehr schämt, spürt er Erleichterung. M. Kubelka möchte damit verdeutlichen, dass der Mensch nur, wenn er sein Leben als Ganzes sieht, wenn er gute und schlechte Dinge gleichermaßen zu sich gehörig zählt, glücklich werden kann und er auch letztere erst dann vergessen kann, wenn sie nicht mehr wichtig sind.

Die Autorin schreibt die Geschichte distanziert ironisch in der auktorialen Erzählsituation. Sie erzählt aus der Er-Perspektive. Allerdings greift sie selbst in der Gestalt eines Erzählers am Anfang in die Erzählung bewertend ein (Zeile 1 bis 45). Sie spricht den Leser direkt an („Wir" können nicht erwarten ...; „Der Leser wird es [...] begreiflich finden."). Hanno Weber und Frau Apollinides hegen vollkommen andere Gefühle gegenüber dem Haus. Für Hanno bedeutet es eine elende, dreckige Kindheit, erinnert an unangenehme Erlebnisse, an einen hart arbeitenden Vater, der krank wird, an eine starke, mächtige Mutter. Diese Erinnerungen passen so gar nicht in das Bild, das er sich in seinem Leben inzwischen aufgebaut hat. Er versucht dieses Haus zu vergessen und ist beinahe erleichtert, als es abbrennt. Für Frau Apollinides bedeutet dieses Haus einen Teil ihres jetzigen Lebens, ein Stück Existenz. Sie braucht es im Gegensatz zu Hanno Weber. Wenn dieses Haus abbrennt, hat sie keine Wohnung mehr, und was sie besitzt, ist verbrannt. Sie empfindet einen schmerzlichen Verlust.

Durch die Beschreibung der Gerüche, die in Hansens Kindheit in dem Haus eine Rolle spielten (Zeile 25–28), durch kindliche Ausdrücke und Wortwiederholungen („der Hund, der ...") einerseits sowie durch lange, komplizierte hypotaktische Sätze andererseits schafft es die Autorin, die Leser auf Distanz zu halten. Ironie verstärkt diesen Effekt noch, wenn es heißt, der Hund sei eigentlich viel zu alt im Vergleich zu dem, was er zu fressen bekäme, oder „das hölzerne Geländer war blankpoliert von vielen Generationen von Kinderhintern". Wie sehr die Erzählerin selbst auf Distanz zur Geschichte geht, zeigen die krassen Gegensätze von gepflegtem Erzählstil und umgangssprachlichen Ausdrücken. Wenn Hanno es vorzieht, „dieses Haus im Geiste zu seinen abgelegten Socken [ ] zu legen" oder ein Zufall und „seine zugegeben flotte Feder" ihm „den Sprung an ein größeres Blatt" ermöglichen, dann wird deutlich, wie die Autorin eine leicht belustigte Distanz der Leser/innen zum Geschehen provoziert. So wie gehobener Stil und gewöhnliche Formulierungen ständig wechseln, so variieren auch Hypo- und Parataxe. Das ursprünglich vornehm Ausgedrückte wird ironisiert. Der Leser wird zu Beginn dieses Abschnitts gar indirekt selbst kritisiert, denn ihm wird unterstellt, dass er selbst leicht unangenehme und unschöne Dinge vergisst oder verdrängt: „Der Leser wird es also durchaus begreiflich finden, dass Hanno es vorzog ..." Bewusst wechselt M. Kubelka ihren Stil in der aus acht Abschnitten bestehenden Kurzgeschichte nach dem vierten Abschnitt. Die Handlung umschreibt das Feuer, die Erinnerungen Hannos, die Rettungsaktionen der türkischen und spanischen Frauen. Die Ironie schwindet, der einfache Satzbau überwiegt, die Ausdrucksweise ist nicht mehr gespreizt oder distanziert, aber auch nicht umgangssprachlich, sie ist sachlich beschreibend: „Das alte Dach brach knisternd zusammen." Die Wiederbegegnung mit dem Haus und der Kindheit findet in den Flammen statt. Hanno kann jetzt vergessen.

Seltsam wirkt in dieser Geschichte auf mich, dass Frau Apollinides und die anderen Frauen der Gastarbeiterfamilien kaum zur Geltung kommen, aber M. Kubelkas Absicht ist ja aufzuzeigen, wie Erinnerungen – hier durch einen Zufall eingeleitet – bewältigt werden können.

Anmerkung: Unter Berücksichtigung des Schwierigkeitsgrades und der kreativen Abstraktionsleistung der Schülerin kann dieser Aufsatz durchaus mit „sehr gut" beurteilt werden, auch dann, wenn der Aufbau dieser Interpretation nicht den gängigen Mustern entspricht und wenn weitere zahlreiche Stilfiguren gefunden oder entdeckt werden könnten. Bedeutend ist nicht die Summe der aufgezählten rhetorischen Mittel, sondern die Art der Darstellung.

15.6 Übungen zur Lernzielkontrolle

Analog zu den Übungen zu anderen Aufsatzarten dienen die Übungen der Unterstützung zur Durchführung der Unterrichtsvorschläge und können je nach Leistungsstand der Klasse nach Bedarf eingeflochten werden. Im Gegensatz zu den Vorschlägen beziehen sie sich nur auf Details im Kontext der Aufsatzerziehung. Die einzelnen Übungen können auch auf verschiedene Gruppen in der Klasse verteilt werden, wobei die Ergebnisse jeder Gruppe der gesamten Klasse zugänglich gemacht werden sollten.

Ü 1: An beliebig ausgewählten Texten wird jeweils die Wortwahl untersucht. Schwerpunkte sind Bestimmung der Wortarten, Wortbedeutungen, Wortbildung, Schlüsselwörter, Reizwörter, Schlagwörter, Fremdwörter und Fachtermini, ungewöhnliche Wortzusammensetzungen, Verteilung der Personalpronomina, Reichtum an Adjektiven u. Ä. Die jeweilige Funktion der Wörter sollte erarbeitet werden.

Ü 2: An beliebig ausgewählten Texten wird jeweils die Syntax untersucht. Satzbau, Satzarten, Satzreihen, Satzgefüge, Satzlänge, Satzverknüpfung, Para- und Hypotaxe, Übersichtlichkeit und Wirkung der Satzeigentümlichkeiten sind Untersuchungsgegenstand.

Wortwahl in Sachtexten und literarischen Texten untersuchen

Ü 3: In beliebig ausgewählten Texten wird jeweils die Sprach- und Stilebene bestimmt. Niedere und gehobene Umgangssprache, Mundart bzw. Dialekt, Sprache der Wissenschaft, Jargon, Kunstsprache, poetische Sprache, Fachsprache, Redewendungen, Sprichwörter, aphoristische Sprache, verbaler und nominaler Stil (vgl. Ü 2), ausgebauter (elaborierter) und mit vielen Kon- und Subjunktionen versehener Code, eingeschränkter (restringierter) Code u. Ä. können analytisch auf ihre Funktion im Text untersucht werden.

Sprach- und Stilebene bestimmen

Ü 4: Bestimmte Texte zwingen zu genauerer semantischer Betrachtung. Die konkreten und sachlich fassbaren Inhalte und Sachverhalte sowie die Abstrakta im ausgewählten Text werden definiert. In Ergänzung zu Ü 3 werden Eigenschaften der Sprache bestimmt. Ist sie klar, sachbezogen, straff, distanziert, ironisch, emotional und gefühlsbeladen, bildhaft, reich an Metaphorik, dunkel, ungenau, absichtlich vage, mehrdeutig, ichbezogen u. Ä.?

Ü 5: In Abhängigkeit von der gewählten Textart untersucht die Klasse möglicherweise mithilfe eines Glossars zu den rhetorischen Figuren die stilistischen Mittel oder Textformanten wie Auf- und Abwertung, Über- und Untertreibung, Beschwichtigung, Metaphern, Symbole, Chiffren, Alliterationen, Motive, Anapher u. Ä. sowie traditionell vorgeprägte Muster, die um der Wirkung und Intention willen eingesetzt werden.

Stilmittel untersuchen

15.7 Themenvorschläge zur Textanalyse

Allgemeine gattungsunabhängige Hinweise: Bearbeiten Sie gemäß den Arbeitsaufträgen einen der drei zur Auswahl stehenden Texte. Fertigen Sie die Textanalyse als einen kontinuierlich gestalteten Aufsatz an. Eine Einteilung in inhaltliche Abschnitte ist dabei sinnvoll. Eien knappe Gliederung der Textanalyse ist auf einem gesonderten Blatt zu entwerfen. Die Arbeitsaufträge haben Vorschlagscharakter.

Prosa

Analysieren Sie den vorliegenden Romanauszug aus Heinrich Manns *Der Untertan*, indem Sie den Inhalt der Szene behandeln, die stilistischen und poetischen Mittel und ihre Funktion untersuchen, Erzählsituation und Intention des Autors berücksichtigen.

Drama

Interpretieren Sie Szene 1, 2 und 3 im ersten Akt des Dramas *Der Hofmeister* von J. M. R. Lenz: Fassen Sie den Inhalt der ersten drei Szenen zusammen, wobei Sie aufzeigen, dass die Lenz'schen Figuren und Charaktere typische Vertreter der Sturm-und-Drang-Literatur sind, indem Sie die für den Sturm-

und-Drang typischen formalen (sprachlichen) und inhaltlichen Elemente sowie die Intention erläutern.

Interpretieren Sie aus Bertolt Brechts Drama *Leben des Galilei* Bild 14 den Monolog Galileis, indem Sie den Appellcharakter des Textabschnitts im Hinblick auf die Person des Wissenschaftlers beschreiben und Art und Funktion der Mittel der sprachlichen Gestaltung untersuchen.

Analysieren Sie die Monologe Arturo Uis aus Bertolt Brechts Drama *Der aufhaltsame Aufstieg des Arturo Uis* (S. 119 f. und 121 f., edition suhrkamp 144), indem Sie die Kommunikationssituation, die sprachlichen und dramaturgischen Mittel (z. B. für die Figurengestaltung), die typischen Elemente modernen Theaters, die Intention des Autors u. Ä. berücksichtigen.

Lyrik

Interpretiere das Gedicht „An die Welt" von Andreas Gryphius, indem du die thematische Struktur, die Sprach- und Bildgestaltung des Gedichts aufzeigst. Stelle dazu auch Zusammenhänge zwischen Gehalt und Form her und deute die dichterische Aussage. Berücksichtige den historischen Hintergrund.

Interpretiere das Gedicht „Kurt Schmidt statt einer Ballade" von Erich Kästner, indem du die thematische Struktur, die Sprach- und Bildgestaltung des Gedichts aufzeigst. Stelle dazu auch Zusammenhänge zwischen Gehalt und Form her und deute die dichterische Aussage. Berücksichtige den Titel des Gedichts sowie die Intention.

Rede

Analysieren Sie die Rede Görings (Hitlers, Goebbels usw.), indem Sie z. B. die Hauptgedanken der Rede zusammenfassen und die Intention des Sprechers, die Kommunikationssituation, den historisch-situativen Kontext, die moralisch-ethische Einstellung Görings, die Wortwahl, den Satzbaus, die rhetorischen Mittel u. Ä. berücksichtigen.

Exkurs: Produktionsorientiertes und kreatives Schreiben

Produktionsorientiertes und kreatives Schreiben

Das abschließende Kapitel des Handbuchs *Unterrichtspraxis Aufsatz* über produktionsorientiertes und kreatives Schreiben bietet neben den MdÜs und der Definition von Kreativität und kreativem Schreiben Anregungen und Beispiele für die Unterrichtspraxis. Es erfüllt nicht die Funktion vollständiges Material für eine „Schreibwerkstatt" zur Verfügung zu stellen. Im Literaturverzeichnis finden sich ergänzend Hinweise auf jüngere Publikationen zu diesem Thema.

In den vorangestellten Kapiteln stellt nahezu jede Aufsatzart auch Anforderungen an die Fähigkeit (neue) Ideen hervorzubringen. In den MdÜs wie auch in den Unterrichtsvorschlägen zu den verschiedenen Aufsatzarten fließen stets auch Anregungen ein, die kreative Operationen und Problemlösungen verlangen, die den spielerischen und selbstständigen Umgang mit Sachverhalten, mit Sprache als Material und mit poetischen Verfahren sowie die produktive Auseinandersetzung mit Text- und Bildmaterial fordern. Tätigkeiten und Fähigkeiten wie Erkennen, Gestalten, Erörtern, Analysieren und andere bilden somit trotz zahlreicher vorgegebener Regeln und Merksätze keinen Gegensatz zu kreativen Schreibleistungen.

Entsprechend berücksichtigen die Lehrpläne der verschiedenen Schultypen in den Bundesländern heute mehr denn je den Stellenwert der Kreativität im Deutschunterricht, was nicht bedeutet, dass Schüler/innen in der Vorbereitungsphase und während des kreativen Schreibprozesses sich selbst überlassen bleiben. Ähnlich wie in der Einübungsphase der Techniken zu den überlieferten Aufsatzarten geht die Didaktik des Deutschunterrichts von der optimistischen Grundhaltung aus, dass neben den rezeptiven und kognitiven Lernprozessen auch produktive und innovative Vorgänge erlernt oder trainiert werden können. Der Begriff Kreativität ist im Sprachgebrauch des Schulalltags bis hin zu Managementschulungen nicht mehr wegzudenken. Als Modebegriff und Schlagwort ist er allerdings selten klar definiert. Wird unter „Kreativität" die Schöpferkraft verstanden, Ideen hervorzubringen, vorgegebene Wirklichkeiten oder Produkte der Fantasie zu neuen Beziehungen zu verbinden oder zu verknüpfen, so kann diese Fähigkeit bei unserem Thema konkret auch als Voraussetzung für jede Aufsatzart betrachtet werden. Da Kreativität – ähnlich wie Konzentrationsfähigkeit – trainiert und entsprechende Techniken erlernt werden können, bieten eine Reihe von Sprachbüchern Anregungen zu kreativen Übungen für den Deutschunterricht an: Transformation von Texten, Übertragung vorgegebener Muster auf neue Fälle, Reimspiele, gezielte Veränderungen von syntaktischen Regeln, optische Arrangements von Buchstaben, Wortschatzübungen und -spiele, Adaptionen von Erzählschemata, Kombinationen von Erzählmustern und verschiedenen Textsorten, Abweichung von Regeln, Variationsmöglichkeiten zu Vorlagen der poetischen Gattungen und anderes.

Kreativität und kreatives Schreiben sind demnach vielschichtige und mehrdeutige Begriffe, sie ermöglichen eine Abkehr von allzu strengen und rigiden Vorgaben und tragen zur Chancenverbesserung für die Selbstverwirklichung im Schreibprozess bei.

Analog zu Heinz Hoffmanns Definition von Kreativität in *Kreativitätstechniken für Manager* (Landsberg/Lech, 1987) lassen sich für den Deutschunterricht folgende drei Ebenen von Kreativität herausfiltern:

- Die Ebene der *Ausdruckskreativität* beinhaltet die spielerische Kreativität. Sie ist Ausdruck der Person und bezieht sich nicht nur auf Sprache und Stil, sondern die gesamte Gestaltung des Produkts (Idee, Form, Struktur, Verknüpfung der Gedanken).
- Die Ebene der *produktiven Kreativität* umschreibt den Prozess, in dem bereits existierende Lösungen verändert, ausgebaut und verbessert werden.
- Die Ebene der *erfinderischen Kreativität* erfasst die Fähigkeit aus verschiedenen bekannten Lösungswegen einen neuen zu schaffen.

Weitere Formen der Kreativität wie die innovative und emergentive (lat. emergere = auftauchen lassen, hervorbringen, offenbar werden) beschreiben die Erfindung von Lösungen bzw. den schöpferischen Prozess, völlig Neues zu schaffen.

Werden die Schlagwörter kreativer, produktiver und produktionsorientierter Schreibprozess im Deutschunterricht auf ihre inhaltliche Konkretisierung hin überprüft, so ergibt sich trotz fließender Grenzen folgende sinnvolle Unterscheidung:

- Der Terminus „Kreatives Schreiben" ist einerseits als Oberbegriff für alle Formen schöpferischer und erfinderischer Schreibakte zu betrachten, unabhängig von der Art der den Schreibprozess auslösenden Impulse. Andererseits ist er Synonym für den Selbstausdruck des oder der Schreibenden und bedeutet freies Schreiben ohne Vorgabe oder Auflage. Regelwerke oder Regularien fehlen. Texte, Arbeitsanregungen, Ideenvorgaben dienen lediglich als Impulse.
- Produktionsorientiertes Schreiben bezeichnet den Prozess, der – manchmal irreführend in den Lehrplänen der Bundesländer auch als kreativer oder freier Schreibprozess ausgegeben – stärker textgebunden ist. Er ist aktives Training, die passive Rezipientenrolle abzustreifen, und umfasst den schöpferischen Vorgang, bei dem Reaktionen auf Vorlagen zum Ausdruck kommen (Beispiele: Transferierung, Transponierung, Analogiebildung, Verfremdung, Parodie, Gegenentwurf, Berichtigung, Aktualisierung).

Produktionsorientierte (Schüler-)Texte beziehen sich häufig auf einen Ausgangstext und sind insofern besser zu beurteilen und zu benoten. In diesem Punkt unterscheidet sich produktionsorientiertes von kreativem Schreiben. Die Bewertbarkeit ergibt sich durch die Aufgabenstellung. Je konkreter der Arbeitsauftrag ist, umso leichter ist die produktionsorientierte Leistung des Schülers/der Schülerin zu beurteilen.

Produktionsorientierte Schreibformen werden zwar in allen Lehrplänen der Bundesländer erwähnt, ihre Bedeutung im Hinblick auf die Lernzielkontrolle (z. B. in Form von Klassenarbeiten) wird allerdings unterschiedlich eingeschätzt, was einerseits zurückzuführen sein könnte auf das Wissen um die Schwierigkeit der Beurteilung und Bewertbarkeit von Ergebnissen kreativen Schreibens und andererseits abhängen mag von der Tatsache, dass Kreativität nicht angeordnet werden kann.

Die Forderung nach möglichst großer Objektivierung der Notengebung im Fach Deutsch sowie der Wunsch, das schulische Schreibtraining nicht einengenden Regeln zu unterwerfen, erleichtern nicht gerade die didaktische Diskussion.

Um den Prozess des kreativen Schreibens im Deutschunterricht überhaupt erst einleiten zu können, sollten folgende Voraussetzungen geschaffen werden, indem Schülerinnen und Schüler angeregt werden

- zu Freude, Spaß und Interesse am Schreiben, an Schreibprozessen und an den Ergebnissen
- zur Annahme von Kenntnissen über möglichst viele Methoden des kreativen Schreibens
- zur Bereitschaft, Neuland zu betreten
- zum so genannten inneren Dialog (der Schreibenden)
- zum Abbau von Killerphrasen wie „Daraus wird nie was." oder „Das habe ich alles schon versucht."
- zur Motivation, die im Laufe des Schreibprozesses zu einer intrinsischen werden sollte
- zur Bereitschaft, nicht allein ergebnisorientiert zu arbeiten
- zur Akzeptanz des spielerischen Freiraums und der größeren Eigenständigkeit sowie des fehlenden Konsensus (im Sinne einer Pluralität der Ergebnisse)
- zur Bereitschaft, Impulse zu finden, die die Fantasie anregen

Anregungen und Beispiele

Mehr als die in den Realschulen, Gesamtschulen und Gymnasien vorgesehenen und verbindlich vorgeschriebenen Aufsatzarten erlaubt der kreative Schreibprozess assoziatives, asynchrones und divergierendes Denken. Dualität von Denken und Fühlen sowie spielerische Elemente stehen stärker im Vordergrund. Um Schreib- und Mitteilungsangst überwinden zu helfen ist es in Abhängigkeit von der jeweiligen Klasse sinnvoll, vor dem Vorgang des freien Schreibens produktionsorientiert zu verfahren, d. h. text- und materialgebundene Anregungen zu geben. Schreibhemmungen lassen sich zudem durch gemeinsames Produzieren von Ideen abbauen. Einzelarbeit empfiehlt sich deshalb in vielen Klassen erst am Ende der PA oder GA oder der gemeinschaftlichen Arbeit im Klassenverband.

Anregungen und Beispiele für produktionsorientiertes Schreiben
Den Lehrerinnen und Lehrern stehen eine reiche Auswahl an Möglichkeiten
zur Verfügung, die in den verschiedenen Sprachbüchern sowie in den vorangestellten Kapiteln zu den einzelnen Aufsatzarten bereits zum Tragen kommen. Im Folgenden wird in einer Übersicht eine Auswahl an Methoden angeboten:

Textsortenunabhängige Verfahren
- Lückentexte ausfüllen
- Fortsetzungsgeschichten, -szenen oder -gedichte schreiben (in Einzelarbeit,
  PA oder GA, als Zirkelspiel, zu dem mit Zeitvorgabe der einzeln angefer-
  tigte Text weitergereicht wird)
- Reizwortgeschichten, -szenen oder -gedichte
- Einleitung, Hauptteil oder Schluss einer Geschichte, einer Szene oder ei-
  nes Gedichtes selbstständig gestalten
- Zu einem Text, einem dargestellten Milieu oder einer Figur eine Vorge-
  schichte verfassen
- Zu einem vorgegebenen Text den Wechsel der Perspektive, des Stils und/
  oder der Textsorte vornehmen
- Texte mit Kommentaren versehen (z. B. zwischen einzelnen Sätzen oder
  Zeilen subjektive Bemerkungen einblenden)
- Texte im Konjunktiv formulieren
- Texte an beliebiger Stelle durch eine Fantasiereise ergänzen bzw. sich durch
  einen Textauszug in eine Fantasiereise begeben
- Texte verfremden (z. B. zur Parodie oder Satire)
- Texte in den eigenen Dialekt umsetzen
- Texte in ihrer Struktur verändern (z. B. mit dem Schlussteil beginnen)
- Texte verknappen und/oder eine neue Pointe gestalten
- Zentrale Figur(en) und/oder Milieu austauschen und/oder neue Figuren
  in die Handlung einführen
- Sich selbst in einen Text hineindichten und neu gestalten
- Eine Figur aus einem Text herauslösen und in einem anderen Milieu auf-
  treten lassen
- Inhaltlich einen Gegentext entwerfen (z. B. eine dargestellte Idylle ver-
  fremden)
- Textcollagen und -montagen herstellen
- Eine im vorgegebenen Text nur angedeutete Handlung ausbauen

Textsortenabhängige Verfahren
- Mit vorgegebenen (Reim-)Wörtern ein Gedicht entwerfen
- Syntaktische Veränderungen an Gedichten vornehmen (z. B. zu Gedich-
  ten von Trakl, Hölderlin, Goethe)
- Gedichte bestimmter Struktur entwerfen (z. B. Haikus, Sonette, Knittel-
  verse, Limmericks und andere)
- Montagegedichte verfassen

- Hör- und Spielszenen entwerfen (z. B. durch Umwandeln eines Prosatextes oder Gedichts)
- Gemäß dem Muster einer Prosatextsorte einen eigenen Text entwerfen (z. B. Fabel, Parabel, Märchen, Kurzgeschichte)
- Texte in eine andere Textsorte transformieren (z. B. zu einer Kurzgeschichte ein Gedicht anfertigen)
- Einen Brief, einen inneren Monolog, eine erlebte Rede, eine Tagebuchnotiz einer Figur verfassen
- Freie Gestaltung vorgegebener Textsorten wie Reportage, Sinnsprüche, Aphorismen, Porträts, Anekdoten, Witze, visuelle und konkrete Gedichte, Sciencefiction-Story und anderes
- Trivialgeschichten schreiben (analog zu Arztromanen, Liebesgeschichten, Krimis, Western, Abenteuergeschichten) u. Ä.

Beispiel:
Fabel und Parabel in einer 10. Klasse des Gymnasiums sind besprochen worden. Eine der beiden Textsorten oder auch eine Mischform sollte schriftlich (ohne weitere Vorgabe) als Hausaufgabe ausgestaltet werden.

Das schlaue Loch
Es war einmal ein großes rundes Loch, das glaubte, furchtbar schlau zu sein. Es war – das kam hinzu – auch recht charakterschwach. Es drehte sich immer im Wind und äußerte sich fast zu jedem Thema. Einmal traf das große Loch auf einen kleinen Würfel und begann entsetzlich klug daherzureden. Seine Rede war gespickt mit Fremdwörtern und Fachausdrücken. Allerdings widersprach es sich sehr häufig. Eine echte eigene Meinung konnte der Würfel nicht erkennen. Das Loch benahm sich dennoch recht überheblich und glaubte, der kleine Würfel würde sowieso nichts verstehen. Deshalb sah das große Loch den Würfel von oben herab an. Während das Loch nun ständig redete, sagte der Würfel kein einziges Wort. Als aber der Redeschwall des Lochs zu Ende gegangen war, stellte der Würfel, der alles andere als dumm war, nur fest: „Wie kann man sich nur so mit Wissen vollpfropfen und doch ein großes rundes Nichts bleiben?"

Freies Schreiben

Weder Lehrer/innen noch Schüler/innen dürfen zu Beginn des „kleinen Schreibseminars" fertige Texte erwarten oder im Sinn haben. Da jeder Mensch potenziell zu kreativer Leistung fähig ist, können die durch Notendruck, Gruppenzwang oder vorgeschriebene Leistungsanforderungen verursachten Hierarchien in der Klasse verbalisiert und reflektiert werden, um sie als mögliche Störfaktoren und Arbeitsblockaden während der Kreativitätsübungen möglichst fern zu halten.

Um frei schreiben zu können, müssen Ideen gefunden werden, ohne sie gleich zu bewerten. Ideenfindung mithilfe der Methode des Brainstorming und Brainwriting bietet sich in unterschiedlichen Formen an: Klassengespräch, Notieren der Ideen, Austausch der Notizen und Ergänzung durch die nächsten Schüler/innen in der Gruppe oder im Klassenverband usw. Da es zu Beginn des „Seminars" keine (textgebundenen) Vorgaben gibt, sollte klar sein, was erlaubt ist. Die Auskunft, alles sei erlaubt, reicht nicht aus, um weitere Arbeitsschritte einzuleiten, vielmehr weist die Lehrkraft die Schüler/innen auf Folgendes hin:

Annahmen, Vermutungen, Ahnungen, Tagträume, Fiktionen, Rätsel, Abwegiges, Hypothesen, freie Einfälle, zielloses Denken, fantastische Vorstellungen, Gedankenchaos, Divergierendes, Witziges, verrückte Assoziationen, Irrtümer, Paradoxien, Selbstdarstellungen, Hervorholen der im Gedächtnis gespeicherten Bilder, Erfahrungen, Ereignisse, Gefühle usw. können zur Vorbereitung des freien Schreibprozesses herangezogen werden. Daraus folgt:

- Jede Einleitung ist „richtig". Einleitung, Hauptteil und Schluss unterliegen keinerlei Vorschriften.
- Jeder Text ist erwünscht. Regeln zu Inhalt und Form existieren nicht. Der Hinweis auf die notwendige Beachtung der Menschenwürde bei der freien Gestaltung von Texten mag in Klassen mit einer sehr schwierigen Gruppenstruktur sinnvoll sein, um der Gefahr, dass Mitschüler/innen oder andere Personen verbal verletzt oder gekränkt werden, vorzubeugen.
- Themaverfehlung gibt es nicht, ist nicht möglich.

Um die Fantasie anzuregen sind in den meisten Klassen einige Vorübungen notwendig, da das Ambiente des Klassenzimmers sowie die bisherigen Erfahrungen der Schüler/innen im Unterricht weitere Kreativitätsblockaden darstellen können. Um sinnvolle Ergebnisse zu erzielen sind Doppelstunden in etwa wie folgt einzuteilen:

Aufbau einer Doppelstunde:
- 10 bis 15 Minuten werden Impulse gegeben, die die Kreativitätsübung erst ermöglichen.
- 10 Minuten werden der Entspannung, der Meditation, dem Brain-Gym oder den Fantasiereisen gewidmet.
- 70 bis 80 Minuten dauert der Schreibprozess.

Reicht die Doppelstunde nicht aus, wird der Schreibprozess in der nächsten Deutschstunde oder in individueller Arbeit zu Hause fortgesetzt. In weiteren Stunden werden die Ergebnisse vorgelesen und gewürdigt.

Während der Phase des freien Assoziierens gibt die Lehrkraft den Schülerinnen und Schülern folgenden Hinweis (evtl. in Form eines TA):

Tipp zur Erleichterung des freien Schreibens
Denkt nicht an eine bestimmte Aufgabenstellung. Solltet ihr euch im Konflikt befinden, weil euch 100 Gedanken gleichzeitig durch den Kopf schießen, notiert euch auf einem gesonderten Blatt all die Gedanken, die ihr gerne verwerfen möchtet. Vielleicht ergibt sich später aus diesen Notizen sogar ein wichtiger neuer Gedanke.

Anregung 1: Ein möglicher Impuls im Rahmen einer Vorübung kann in Anlehnung an die konkrete Poesie erfolgen. Die Schüler/innen schreiben ein beliebiges Wort auf eine DIN-A4-Seite. Einige dieser Wörter (Worte) sind im Klassenverband Auslöser für frei geäußerte Assoziationen. Im UG wird die Pluralität der Assoziationen deutlich.

Beispiel: das Wort „Schnee" (ins Zentrum der Tafel oder eines Posters geschrieben) löst unterschiedliche Gedankenketten oder Vorstellungen aus wie Skifahren im Gebirge, Bauen eines Schneemannes, Schneeballschlacht, durch Umweltschadstoffe eingeschwärzter Schnee, Rauschgift, Winterolympiade und andere. Die verschiedenen Assoziationen zeigen das Spektrum der Bilder und Fantasieprodukte, die allein *ein* Begriff auslöst. Cluster (engl.: Traube, Büschel, Haufen) oder Mindmaps zu weiteren beliebigen konkreten Begriffen wie Blume, Baum, Kuscheltier oder zu Abstrakta wie Sehnsucht, Angst, Wut, Liebe, Glück und anderen können angelegt werden, um Fantasie und Imagination zu fördern.

Das Clusterverfahren beruht auf einem Assoziations- und Schreibverfahren, bei dem um ein in die Mitte geschriebenes Leit- oder Kennwort spontane Ideen, Gedanken und Gefühle in Form von Wörtern, Satzfetzen oder vollständigen Sätzen gruppiert werden. Ähnlich ist die Methode des Mindmapping, die aber – wie die vorangegangenen Kapitel gezeigt haben – eine deutlichere inhaltliche Strukturierung aufweist.

Wird aus dem rezeptiven Verhalten (Aufnahme und Verständnis des Begriffs oder Kennworts), das Gedanken und Gefühle bereits zulässt, ein produktives im Schreibprozess, so wird Fantasie verdichtend aufs Papier gebracht. Die Vorübung führt unmittelbar zum aktiven Prozess des freien Schreibens.

Motivierend für diesen Prozess mag die Bekanntgabe des Vorhabens sein, am Ende des „Projekts" ein kollektives Ergebnis vorstellen zu wollen: Die neu geschaffenen Texte werden in der Schule zu einer Broschüre oder einem kleinen Buch gebunden und am Tag des Schulfestes präsentiert und verkauft. Weitere Möglichkeiten der Präsentation:

- Abdruck einzelner Beiträge in einer Schülerzeitung oder im Jahresbericht der Schule
- mündlicher Vortrag der produzierten Texte in einer Lesung (der Klasse, der Jahrgangsstufe usw.) in der Aula der Schule, im nahe gelegenen Freizeitheim, in der Stadtbücherei
- mündlicher Vortrag der produzierten Texte in einer Lesenacht in der Schülerbücherei
- Einbindung der produzierten Texte in einen schulinternen Schreibwettbewerb mit möglicher Prämierung der schönsten (besten, ausgefallensten) Texte
- Darbietung der Texte in einer abendlichen Lesung, zu der die Eltern eingeladen werden
- visuelle Ausstellung der Texte in den Gängen bzw. Fluren der Schule, in der Schülerbücherei, in einem in den Pausen geöffneten Klassenzimmer oder Studierraum

Anregung 2: Im Plenum bespricht die Klasse, welche literarische Gattung für das freie Schreiben gewählt wird. Im folgenden Beispiel entscheidet sich die Klasse mehrheitlich für Lyrik. (Diese Entscheidung kann freilich auch die Lehrkraft bereits vorgeben.) Im nächsten Schritt wird im Plenum z. B. festgelegt, ob Stabreime, bestimmte Vokale, die Anzahl der Wörter oder die Zeilenzahl festgelegt werden sollen. Die Klasse einigt sich z. B. auf die Vorgabe von sechs Zeilen. In jede Zeile wird ein im Klassenverband abgestimmter, möglichst allgemein gehaltener Oberbegriff gesetzt, der eine Art Anweisung enthält, die aber auf sehr verschiedene Weise umgesetzt werden kann. Anstelle der Vorarbeit im Klassenverband können in GA oder PA voneinander abweichende Ideen festgehalten werden. Eine weitere Alternative stellt folgende GA dar: Vier Schülerinnen und Schüler bilden eine Gruppe. Jedes Gruppenmitglied hat ein DIN-A4-Blatt als Arbeitsgrundlage mit den vorgegebenen sechs Zeilen und dem Oberbegriff. Nach Ausfüllen einer Zeile wird das Blatt im Uhrzeigersinn an den Nachbarn oder die Nachbarin weiter gereicht um sodann die nächste Zeile erfindungsreich auszufüllen. Im Folgenden zeigen zwei Gedichte die Konkretisierung dieses zuletzt genannten Verfahrens. Für jede der erwähnten Vorgehensweisen empfiehlt sich eine maximale Zahl von Zeilen zu vereinbaren, um im möglichen Zeitrahmen bleiben zu können.

	Oberbegriff	Ergebnis 1 (8. Klasse)	Ergebnis 2 (9. Klasse)
1. Zeile	Gegenstand, Pflanze, Tier	Bäume	Ein Osterhase
2. Zeile	Gefühle	liebe ich	hüpfte zu meiner Freude mir ins Herz
3. Zeile	Tätigkeit 1	deshalb säge ich am Baum	da zog er seinen Zylinder
4. Zeile	Tätigkeit 2	packe den Baum ein	ließ ihn verschwinden
5. Zeile	Denkanstoß 1	und stelle ihn bei uns vors Haus	seitdem glaube ich
6. Zeile	Denkanstoß 2	damit der Hund des Nachbarn nicht ständig auf unsere Terrasse pisst	nicht mehr an Zauberer
		alternative Lösung in Zeile 6: das übermorgen abgerissen werden soll	alternative Lösung in Zeile 6: dass Osterhasen im Herzen keinen Platz haben
Überschrift	beliebig	Baumrettung	Fauler Zauber

Anregung 3: In Gruppen mit vier Personen werden Prosatexte im Zirkelverfahren angefertigt. Als Impuls wird ein einleitender Satz, den man übernehmen kann oder nicht, an die Tafel geschrieben. (Beispiel: „Besser wäre gewesen, er hätte nichts gesagt.") Im Abstand von vier bis fünf Minuten wird in den Gruppen der Text im Uhrzeigersinn an den Nachbarn oder die Nachbarin weiter gereicht und sogleich fortgesetzt. Schwierigkeiten haben die Schüler/innen vor allem dann, wenn durch den Wechsel der Fortsetzungstexte sehr verschiedene inhaltliche Richtungen eingeschlagen werden, sodass ein Teil der Arbeiten zur reinen Nonsensdichtung führen können.

Der folgende Text entstand in einer 9. Gymnasialklasse. Dem Wunsch der Klasse, einen Prosatext entwerfen zu dürfen, wurde entsprochen. Die in Klammern gesetzten Ziffern zeigen den Wechsel bzw. die Weitergabe an Mitschüler/innen an. In einer Vierergruppe entstehen auf diese Weise vier unterschiedliche Texte. Im gebotenen Beispiel formulierten drei Schüler/innen vier Abschnitte, ein Gruppenmitglied drei. Das Ende des freien Schreibprozesses kann durch Vorgabe eines Zeitlimits herbeigeführt werden.

Besser wäre gewesen, er hätte nichts gesagt.

(1) Aber es regte mich fürchterlich auf, dass mein Vater mir schon wieder die 4 in Biologie zum Vorwurf machte. (2) Derweil (im Original „Daweile", *Anm. d. Verf.*) war's doch so, dass ich ihn gebeten hatte, mir keinen Vorwurf vorzuwerfen (eine Formulierung, die eigentlich von Karl Valentin stammt, *Anm. d. Verf.*). Aber er blieb stur. Bei jeder Gelegenheit spottete er über mich und behauptete, er sei in der Schule in Biologie immer gut gewesen. (3) Ich hatte ihm schon hundert Mal erklärt, dass wir in Biologie nur selten gescheites Zeug lernen. Die Menschenkunde sei ja noch gut, aber wenn man lernen muss, welche Gene entscheidend sind, damit die Tomate rot wird und der Schmetterling bunt, kotzt mich das eben an. (4) Wie gut, dass mein Vater keine Ahnung hat von den Bio-Lehrplänen. (5) „Aber es ist doch so", sagte mein Vater,

„dass du für das Leben lernst und nicht für die Schule." „Mag ja sein", sagte ich dann, (6) „aber du weißt auch nicht, wie der Fernseher im Inneren arbeitet, wenn du ihn einschaltest, jeden Abend, wenn du nach Hause kommst. Mir Stubenarrest oder Ausgehverbot anzudrohen, wenn ich in der Schule nicht besser werde, führt doch nur dazu, dass ich trotze und gar nicht mehr lerne." (7) „Das wär ja noch schöner. Dann wird der Arrest eben einfach verlängert oder du darfst nicht mehr fernsehen", schimpfte mein Vater. „Essen darf ich schon noch oder muss ich dann hungern?", fragte ich frech. (8) Bevor mein Vater explodieren konnte, schaltete sich meine Mutter ein und sagte zu meinem Vater: „Zeig doch der Ines mal aus deinem alten Ordner eines deiner Schulzeugnisse, denn ich glaube nicht, dass du in der Schule so ein unbeschriebenes Blatt warst." Mutter grinste, mein Bruder und ich auch. „Das gibt's doch gar nicht", motzte mein Vater. (9) Er ging in den Nebenraum und murmelte noch: „Dass die meine Fähigkeiten anzweifeln!" Er kam zurück ohne Ordner und setzte sich an den Tisch, an dem wir Abendbrot essen wollten.

(10) Aber jetzt war Vater verblüfft, denn wir drei hielten zusammen und klopften mit den Suppenlöffeln auf den Tisch und machten einen Riesenlärm und brüllten im Chor: „Ordner holen, Ordner holen!" Endlich stand Vater auf und (11) holte den Ordner mit seinen alten Zeugnissen. Wir lachten sehr, als wir seine Zeugnisse sahen. Seine Noten waren ganz gut bis auf eine 4 in Biologie in der 8. Klasse, aber die Zeugnisbemerkungen waren köstlich: (12) „Das Verhalten des den Unterricht häufig störenden Schülers Herbert H. könnte besser sein. Seine Mitarbeit wird oft unterbrochen durch sein schlechtes Benehmen." Ich glaube fast, Vater wurde rot. Das habe ich noch nie an ihm gesehen. (13) Mein Bruder sagte: „Wir gehen alle zum Biologielehrer von Ines und zeigen ihm dein Zeugnis aus der 8. Klasse und fragen ihn, ob Noten doch vererbbar sind. Da wird der Biologielehrer sagen, das alles liegt in den Genen." (14) In dem Moment mochte ich meinen Bruder, so doof er sich sonst oft benahm. Am liebsten hätte ich ihn gedrückt (umarmt). Mein Vater klappte den Ordner zu und ging beleidigt in sein Arbeitszimmer.

(15) Endlich war Schluss mit seinen ständigen Vorwürfen und Ruhe kehrte in unser Familienleben ein.

Anhang

Stichwortregister

Literaturverzeichnis

I. Zur allgemeinen Aufsatzdidaktik

Bartnitzky, Horst und Hecker, Ulrich (Hrsg.): Deutschwerkstatt. Handlungs-
bezogener Deutschunterricht in der Sekundarstufe I. Konzepte – Beispiele – Tipps. Essen 1991

Baurmann, Jürgen/Ludwig, Otto: Schreiben: Texte und Formulierungen überarbeiten. Basisartikel, in: Praxis Deutsch 137 (1/1996)

Burger, Hermann: Die allmähliche Verfertigung der Idee beim Schreiben.
Frankfurt/M. 1986

Buzan, Tony: Kopftraining. München 1984

Dörfler, Heinz: Wie zur Lektüre führen? Eröffnungsvarianten, in: Der Deutschunterricht 3/96, S. 11–21

Fingerhut, Karlheinz: Der subjektive Faktor im neuen Literaturunterricht. Einige Überlegungen zum Wertewandel in der Literaturdidaktik, in: Der
Deutschunterricht 84/85, S. 345–359

Fingerhut, Karlheinz: Kann ,Handlungsorientierung' ein Paradigma der
Literaturdidaktik sein?, in: Der Deutschunterricht 98/87, S. 581–600

Fritzsche, Joachim: Schreibwerkstatt. Stuttgart 1989

Fritzsche, Joachim: Zur Didaktik und Methodik des Deutschunterrichts: Stuttgart 1994

Frommer, Harald: Verzögertes Lesen. Über Möglichkeiten, in die Erstrezeption
von Schülerlektüren einzugreifen, in: Der Deutschunterricht 2/71, S. 10–
27

Frommer, Harald: Lesen im Unterricht. Von der Konkretisation zur Interpretation, Sekundarstufe I und II. Hannover 1988

Hesse, Jürgen und Schrader, Hans-Christian: Die perfekte Bewerbungsmappe.
Mit vielen Beispielen für Initiativbewerbungen. Frankfurt/M. 1997

Kügler, Hans: Erkundung der Praxis. Literaturdidaktische Trends der 80er Jahre
zwischen Handlungsorientierung und Empirie, in: Praxis Deutsch 90
(1988), S. 4–9 (Rezensionen und grundlegende Kritik des Ansatzes; Ent-
gegnungen von Rupp – Praxis Deutsch 92 (1988), S. 5–7 – und von
Waldmann – Praxis Deutsch 93 (1989), S. 4 – mit Stellungnahme von
Kügler – Praxis Deutsch 94 (1989), S. 2–4)

Leeb, Root: Das ist Trippel. Bildergeschichten zum Erzählen. München 1994

Peseschkian, Nosrat: Der Kaufmann und der Papagei. 100 orientalische Geschichten. Frankfurt/M. 1989

Praxis Deutsch, Heft 136: Szenische Interpretation, 1996

Rico, Gabriele: Garantiert schreiben lernen. Reinbek 1984

Rico, Gabriele: Schreiben lernen. Reinbek 1984

Rupp, Gerhard: Kulturelles Handeln mit Texten. Fallstudien aus dem
Schulalltag, Paderborn 1987

Scheller, Ingo: Szenische Interpretation. Basisartikel, in: Praxis Deutsch 136
(1996), S. 22–32

Schneider, Wolf: Deutsch für Kenner. Hamburg 1988

Schneider, Wolf: Deutsch für Profis. Hamburg 1984

Spinner, Kaspar H.: Die deutsche Kurzgeschichte und ihre Rolle im Deutschunterricht, in: Die neuen Sprachen 94:3 1995, S. 231–242

Spinner, Kaspar H.: Interpretieren im Deutschunterricht. Basisartikel, in: PD 81 (1987), S. 17–23

Steinbeck, John: Tagebuch eines Romans. München 1987

Vucsina, Sonja: Vom Wort zum Text. Linz 1996

II. Zu produktionsorientierten und freien Schreibformen

Angstmann, Gustl: Schreiben hilft leben. Wege zur Selbstentfaltung. Freiburg i. Br. 1989

Bertschi-Kaufmann, Andrea: Lesen, Gestalten, Verarbeiten. Produktive Wege im Literaturunterricht, in: Der Deutschunterricht 6/96, S. 26–33

Bradbury, Ray: Zen in der Kunst des Schreibens. Basel 1987

Bullerdiek, Bolko: Einmischungen, Anregungen zu einem produktiven Umgang mit Lyrik und kurzer Prosa. Stuttgart 1991

Fritzsche, Joachim: Zur Didaktik und Methodik des Deutschunterrichts, Bd. 2: Schriftliches Arbeiten: Poetisches Schreiben. Stuttgart 1994, S. 159–168

Haas, Gerhard: Handlungs- und produktionsorientierter Literaturunterricht i. d. Sekundarstufe I. Hannover 1984 (2./1986)

Hagehülsmann, Ute: Transaktionsanalyse – wie geht denn das? Paderborn 1993

Homberger, Dietrich: Kreativität und Kontrolle. Anmerkungen zu einem fachdidaktischen Dilemma im Schreibunterricht, in: Deutschunterricht 1/97, S. 12–19

Jentzsch, Peter: Schreiben als produktive Texterkundung, in: Deutschunterricht 11/96, S. 514–523

Kasper, Josef: Die Nase als Nabel der Welt. Erkundungen und Reflexionen im Universum des Olfaktorischen (zu Süskind: Das Parfum), in: Der Deutschunterricht 3/96, S. 42–48

Mosler, Bettina und Herbholz, Gerd: Die Musenkußmischmaschine. 120 Schreibspiele für Schulen und Schreibwerkstätten. Essen 1991

Praxis Deutsch, Heft 120: Kreatives Schreiben, 1993

Praxis Deutsch, Heft 123: Handlungs- und produktionsorientierter Literaturunterricht, 1994 (Basisartikel von Haas, Menzel, Spinner)

Projekt Kreatives Schreiben (Hrsg.): Kreatives Schreiben zwischen Literatur und Lebenshilfe. Aachen 1989

Rube, Christoph: Interpretation als Zwangsarbeit? Zum kreativen Umgang mit Kurzprosa, in: Der Deutschunterricht 93/87, S. 69–74

Schalk, Gisela und Rolfes, Bettina: Schreiben befreit. Bonn 1986

Scheidt, Jürgen von: Kreatives Schreiben. Texte als Wege zu sich selbst und zu anderen. Frankfurt/M. 1989

Selling, Bernard: Schreiben wie der Schnabel wächst. Kreatives Schreiben für kleine und große Kinder. Braunschweig 1996

Spinner, Kaspar H.: Produktionsaufgaben bei der Romanbehandlung. Am Beispiel A. Seghers, Das siebte Kreuz, in: PD 95 (1989), S. 57–59

Spinner, Kaspar H.: Rezeptionshandlungen/Produktionsaufgaben, in: Willenberg, Heiner: Zur Psychologie des Literaturunterrichts. Frankfurt 1997, S. 188–203

Spinner, Kaspar H.: Wider den produktionsorientierten Literaturunterricht – für produktive Verfahren, in: Der Deutschunterricht 98/87, S. 601–611

Waldmann, Günter: Grundzüge und Theorie und Praxis eines produktionsorientierten Literaturunterrichts, in: Hopster, Norbert (Hrsg.): Handbuch ‚Deutsch' Sek. I, Paderborn 1984, S. 98–141

Waldmann, Günter: Produktiver Umgang mit Lyrik, Baltmannsweiler 1988

Waldmann, G./Bothe, K.: Erzählen, Eine Einführung in kreatives Schreiben und produktives Verstehen von traditionellen und modernen Erzählformen. Stuttgart 1992

Weller, Rainer: Sprachspiele. Stuttgart 1986

Werder, Lutz von: Lehrbuch des kreativen Schreibens. Berlin 1990

Zopfi, Christa und Emil: Wörter mit Flügeln. Kreatives Schreiben. Bern 1995

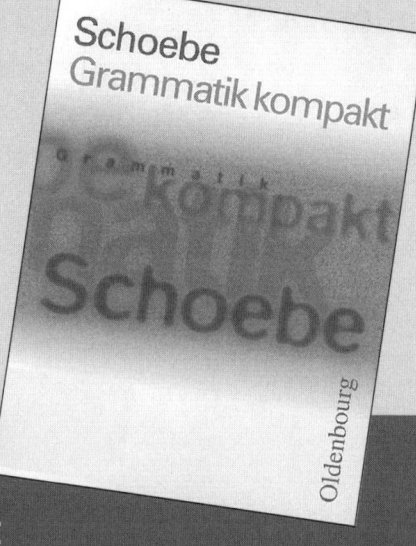